O INCONSCIENTE JURÍDICO

Julgamentos e Traumas no século XX

O livro é a porta que se abre para a realização do homem.

Jair Lot Vieira

Shoshana Felman

O INCONSCIENTE JURÍDICO

Julgamentos e Traumas no século XX

Tradução: Ariani Bueno Sudatti
Doutora em Filosofia do Direito pela Faculdade de Direito da USP
Pós-doutora em Letras pela Unicamp

Prefácio: Márcio Seligmann-Silva

O INCONSCIENTE JURÍDICO
JULGAMENTOS E TRAUMAS NO SÉCULO XX

SHOSHANA FELMAN

TRADUÇÃO: ARIANI BUENO SUDATTI
PREFÁCIO: MÁRCIO SELIGMANN-SILVA

1ª Edição 2014

Copyright © 2002 by the President and Fellows of Harvard College
All rights reserved
"Published by arrangement with Harvard University Press"

© desta tradução: *Edipro Edições Profissionais Ltda.* – *CNPJ nº 47.640.982/0001-40*

Todos os direitos reservados. Nenhuma parte deste livro poderá ser reproduzida ou transmitida de qualquer forma ou por quaisquer meios, eletrônicos ou mecânicos, incluindo fotocópia, gravação ou qualquer sistema de armazenamento e recuperação de informações, sem permissão por escrito do Editor.

Editores: Jair Lot Vieira e Maíra Lot Vieira Micales
Coordenação editorial: Fernanda Godoy Tarcinalli
Revisão técnica: Bruno Mendes dos Santos
Revisão: Fernanda Godoy Tarcinalli
Diagramação e Arte: Karine Moreto Massoca e Heloise Gomes Basso

Dados Internacionais de Catalogação na Publicação (CIP)
(Câmara Brasileira do Livro, SP, Brasil)

Felman, Shoshana
  O inconsciente jurídico : julgamentos e traumas no século XX / Shoshana Felman ; tradução Ariani Bueno Sudatti ; prefácio Márcio Seligmann-Silva. – São Paulo : EDIPRO, 2014.
  Título original: The juridical unconscious : trials and traumas in the twentieth century.
  Bibliografia.
  ISBN 978-85-7283-796-5

  1. Direito - Aspectos psicológicos 2. Direito na literatura 3. Julgamento - História - Século 20 - Aspectos psicológicos I. Seligmann-Silva, Márcio. II. Título.

13-13748 CDU-34(04)

Índices para catálogo sistemático:
1. Direito : Ensaios 34(04)

edições profissionais ltda.
São Paulo: Fone (11) 3107-4788 – Fax (11) 3107-0061
Bauru: Fone (14) 3234-4121 – Fax (14) 3234-4122
www.edipro.com.br

Sumário

Prefácio	7
Agradecimentos	15
Lista de abreviaturas	17
Introdução	21

1. O silêncio do narrador
O dilema de justiça em Walter Benjamin 39

2. Formas de cegueira judicial, ou a evidência do que não pode ser visto
Narrativas traumáticas e repetições jurídicas no caso O. J. Simpson e em *A sonata a Kreutzer*, de Tolstoi 89

3. Teatros da justiça
Arendt em Jerusalém, o julgamento de Eichmann e a redefinição do significado jurídico na esteira do holocausto 149

4. Um fantasma na casa da justiça
A morte e a linguagem do direito 187

Referências	229
Índice remissivo	249

Prefácio

Márcio Seligmann-Silva[*]

**Trauma, lei e literatura:
o olhar crítico de Shoshana Felman sobre o Direito**

Shoshana Felman é, sem dúvida, uma das críticas e teóricas da literatura mais influentes no panorama atual. Sua obra vem inspirando diversos autores e apontando para novas abordagens da literatura e da cultura de um modo geral, nas quais ela faz convergir seu erudito saber literário e filológico com seu competente domínio da psicanálise, dialogando ainda, como vemos aqui, de modo muito competente, com os estudos jurídicos.[**] Assim, desde o início dos anos 1990, ela foi, ao lado de Cathy Caruth, uma das principais responsáveis pelo estabelecimento dos "estudos de trauma", que até hoje têm multiplicado de modo muito criativo a leitura e a interpretação de fenômenos culturais, sobretudo a partir do processo histórico, violento e catastrófico que culminou nas grandes guerras do século XX e se estende até nossos dias.

O presente ensaio é uma aposta muito bem sucedida em outros encontros interdisciplinares, não menos profícuos e absolutamente atuais. Estudos literários, psicanalíticos e teoria do Direito encontram-se aqui para lançar uma luz inusitada sobre os verdadeiros nós, buracos negros, da história da cultura moderna, e notadamente do século XX. Partindo de autores como Freud, Walter Benjamin, Levinas e Hannah Arendt, postos em diálogo com Tolstoi, Zola, Kafka, entre outros, a autora vai apre-

---

[*] Doutor em Teoria Literária pela Universidade Livre de Berlim, pós-doutor pela Universidade de Yale e professor livre-docente de Teoria Literária na Unicamp. Entre outros, é o autor de *O Local da Diferença* (Editora 34, 2005), vencedor do Prêmio Jabuti na categoria Melhor Livro de Teoria/Crítica Literária 2006, e foi professor visitante em Universidades no Brasil, na Alemanha, na Argentina e no México.

[**] De Felman já se encontra publicado no Brasil um importante ensaio que permite uma boa introdução no seu universo temático e teórico: FELMAN, Shoshana. Educação em crise, ou as vicissitudes do ensino. In: NESTROVSKI, Arthur; SELIGMANN-SILVA, Márcio (Orgs.). *Catástrofe e representação*. São Paulo: Escuta, 2000.

sentar e analisar os traumas sociais coletivos que estruturam nossas sociedades. Seu *locus* privilegiado neste estudo é o da caixa de ressonância dos tribunais. Felman adentra a cena do tribunal, o "teatro da justiça", para flagrar não o triunfo da razão e da justiça, mas sim o momento em que os traumas sociais são aí reencenados, postos em ação e, via de regra, *reafirmados*. Ao invés de encarar o tribunal e a cena do julgamento como local de uma catarse social curativa, ou seja, de resolução dos conflitos, Felman nos ensina a vê-los como oportunidades para maior explicitação dos traumas – individuais e coletivos –, e de seus entrecruzamentos. Todavia essa explicitação, ou *mise en action*, dos traumas não está voltada para a sua elaboração crítica, mas, antes, presta-se a reproduzir e aprofundar os mesmos e, ainda, silenciar as suas demandas de representação.

O título deste livro não deixa de remeter ao conceito freudiano de inconsciente e à sua reelaboração feita por Walter Benjamin. Em seu ensaio sobre "A obra de arte na era de sua reprodutibilidade técnica", Benjamin afirmara com relação ao cinema que, com essa técnica, "entra em ação a câmera, com seus meios auxiliares – seu descer e subir, seu interromper e isolar, sua dilatação e compressão do ocorrido, seu ampliar e reduzir. Somente por meio da câmera chegamos a conhecer o inconsciente óptico, assim como conhecemos o inconsciente pulsional por meio da psicanálise". Felman, por sua vez, mostra de que maneira podemos perceber os tribunais e os julgamentos jurídicos como uma via privilegiada de acesso aos traumas sociais, funcionando também como uma lupa, ou seja, uma lente que aproxima e dilata as fissuras da sociedade. Nessa cena, os testemunhos desempenham um papel fundamental.

Na teoria literária, o conceito de testemunho desempenha um papel central para se entender o processo histórico, com sua violência estrutural, sobretudo a partir do século XX: era tanto de genocídios, guerras e grandes perseguições em massa, como também de afirmação dos direitos humanos. Mas esse testemunho no tribunal está bloqueado, marcado pela sua própria impossibilidade. O teatro do direito (e não tanto o teatro da justiça) apenas aparentemente abre-se para a voz das testemunhas. Na verdade, a violência institucional que alicerça o direito silencia e oprime essas vozes. Mais do que isso, simbolicamente, a própria sala de tribunal, com sua pomposidade e com as hierarquias reforçadas pelas roupas, pelos códigos discursivos e de conduta, pela presença de "autoridades", reproduz uma estrutura de poder socialmente injusta e desigual, e revela que o direito e a lei são colunas fundamentais que sustentam essa mesma estrutura. Essa instância que se quer imparcial e digna de mediar os conflitos entre as partes é, na verdade, cega para as questões subjetivas, para os traumas e dramas sociais que estão ali, no meio da sala do tribunal, mas são ao mesmo tempo obliterados e emudecidos.

Felman vai tomar o testemunho de um sobrevivente de Auschwitz, que sucumbe no momento de seu depoimento e entra em coma durante o julgamento de Eichmann, como o momento paradigmático para percebermos essa incomensurabilidade entre o direito e o trauma. Voltaremos a essa cena.

Para Benjamin, como lemos em seu ensaio de 1921 "Zur Kritik der Gewalt" ("Para uma crítica do poder/violência"), assim como para seu contemporâneo Kafka, existe uma força violenta, mítica, que dormita no direito. Esfera jurídica e justiça, além de não terem nada a ver uma com a outra, seriam, antes, forças antagônicas. Benjamin destaca o elemento sacrificial do direito, que se manifesta de modo claro na possibilidade de instituição da pena de morte. O final do romance *O processo*, de Kafka, que encena a execução fria e absurda do réu K. – que sequer teve apresentada a sua culpa ou fora condenado por qualquer crime –, é outra das cenas que Felman retoma neste ensaio para nos falar dessa força sacrificial. Ela aproxima essa passagem literária da trágica trajetória de Walter Benjamin, que na fronteira entre a Espanha e a França deu cabo de sua própria vida, impedido de seguir em sua fuga da Gestapo por falta de um visto em seu passaporte. Dramas pessoais e literários explicitam o elemento traumático do inconsciente jurídico. Literatura (Kafka) e histórias de vida (Benjamin) se unem para compor essa contraleitura do significado do direito. Assim como na famosa parábola kafkiana "Diante da lei", em que um camponês é barrado diante da porta da lei e lá permanece sem poder entrar até a sua morte, do mesmo modo, lembra Felman, Benjamin sucumbiu na fronteira, na porta que poderia levá-lo à liberdade, pela simples ausência de um carimbo (para além dos vários outros vistos que já havia conseguido em seu passaporte).

De resto, uma das questões fundamentais que a autora enfrenta é justamente o bloqueio cultural às questões "pessoais" na cena do tribunal, que poderiam servir de ponte aos traumas sociais coletivos. Para ela, existiria um *abismo* entre o direito e a representação dessas questões. No caso do famoso julgamento de O. J. Simpson,*** divulgado nos EUA como sendo "o julgamento do século", ela lê o confronto de dois dramas e traumas que se embatem no tribunal, um apagando o outro: trauma de gênero (violência contra a mulher) e trauma de raça (violência contra os afrodescendentes). A imagem do rosto da ex-esposa de O. J. Simpson com marcas de espancamento, as gritantes evidências da violência de gênero (na cena do crime e na história do casal) não foram levadas em conta no julgamento. Antes, ele foi guiado pelo medo social de se repetir a terrível tradição norte-americana de perpetração de uma "jus-

---

***. Trata-se do julgamento do famoso jogador de futebol americano Orenthal James Simpson, que foi acusado de assassinar em 1994 a ex-esposa, Nicole Brown Simpson, e seu amigo, Ronald Goldman. A fuga espetacular de Simpson foi televisionada para todo o mundo e seu julgamento, em 1995, foi considerado "o julgamento do século", tendo sido assistido por mais da metade da população norte-americana. Nessa ocasião ele foi absolvido pelos dois crimes por um tribunal de júri.

tiça branca", que condena réus afrodescendentes como meio de reforçar estereótipos escravocratas, racistas e de violências seculares.

Por outro lado, a autora recorre a Tolstoi e à sua magistral novela *A sonata a Kreutzer*, mostrando como nessa peça literária a violência de gênero, apresentada no final do século XIX, já se mostrava tão ominosa quanto no final do século seguinte. O protagonista dessa novela confessa ter assassinado a esposa, e apresenta esse crime como algo que escapou inteiramente à justiça institucional – já que o direito o absolveu. A diferença fundamental com relação ao julgamento de O. J. Simpson é que, na literatura, toda a trama de encobrimento da violência de gênero intrínseca às relações matrimoniais é esmiuçada e posta à luz do dia. A literatura tira o manto de hipocrisia que cobre a realidade da violência que dormita nas relações de gênero e, de um modo geral, nas relações sociais, fazendo justiça à elaboração crítica do trauma. No caso específico dessa violência de gênero intra-matrimônio, a casa, o lar, a família são vistos como o local de um mal-estar – como Freud já havia revelado.

Felman, ao entrecruzar direito, psicanálise e literatura, mostra-nos como a esfera subjetiva é esmagada pelo direito, na mesma medida em que recebe um local, um espaço, na literatura. E é justamente a partir da esfera subjetiva que o direito e a estrutura de poder são desconstruídos criticamente. Mas a autora não desdobra um tipo de pensamento maniqueísta que simplesmente opõe o inferno jurídico a um eventual paraíso literário. Pelo contrário, ela está atenta às ambiguidades dessas instâncias. Assim, o tribunal de Nuremberg, por exemplo, é visto tanto como um tribunal que reiterou a força e a violência dos vencedores, como também deve ser visto como um momento fundamental na instituição dos "crimes contra a humanidade". Mais do que isso ainda, e essa é a originalidade da leitura da autora, nesse julgamento, pela primeira vez, convocou-se um grande trauma social coletivo (a violência extrema contra os judeus) ao tribunal. A história adentrou a corte. Já K-Zetnik, sobrevivente do nazismo, um escritor e literato conhecido por produzir uma densa literatura sobre Auschwitz, foi a testemunha que sucumbiu no julgamento de Eichman. Essa cena mostra como a literatura colapsou diante do tribunal, e como seu testemunho se dá em outro nível. A reflexão de Felman traz à discussão do tema o famoso *J'accuse* [Eu acuso], de Zola. A literatura, mostra Felman, presta um testemunho, avant la lettre, quanto às (in)justiças dos tribunais, seja Tostoi com relação a O. J. Simpson, seja Zola e seu Eu acuso, com relação ao julgamento Eichmann, seja Kafka e seu "Diante da lei" com relação a Benjamin.

Também na antiga tragédia podemos ver a literatura servindo de testemunho do inconsciente jurídico. Muitos estudiosos já destacaram a continuidade entre a cena dos tribunais e a da tragédia grega, com suas duas partes confrontando-se e tendo a "justiça" no seu horizonte. Refiro-me aqui sobretudo à *Oresteia*, de Ésquilo, uma trilogia na qual assistimos a Agamenon ser assassinado por sua esposa, Clitemnestra, que em seguida é assassinada por seu filho, Orestes, que, por sua vez, na terceira tragédia, é absolvido desse seu crime no tribunal inaugural, fundador do direito positivado, no Monte Ares, julgamento este presidido por ninguém menos que Palas Atena. A deusa representa aí o direito instituído, que se une às Fúrias prometendo manter a ordem. A ordem do direito, lembrava Benjamin no anteriormente referido ensaio, necessita de um poder ameaçador ("Die rechterhaltende Gewalt ist eine drohende."). Esta ideia faz-nos lembrar justamente da seguinte passagem da tragédia *Eumênides*, a terceira da trilogia, quando Palas Atena define a nova ordem jurídica que estava sendo instaurada a partir do julgamento de Orestes:

> Prestai atenção ao que instauro aqui, atenienses, convocados por mim mesma para julgar pela primeira vez um homem, autor de um crime em que foi derramado sangue. A partir deste dia e para todo o sempre, o povo que já teve como rei Egeu terá a incumbência de manter intactas as normas adotadas neste tribunal na colina de Ares [...] Sobre esta elevação digo que a Reverência e o Temor, seu irmão, seja durante o dia, seja de noite, evitarão que os cidadãos cometam crimes, a não ser que eles prefiram aniquilar as leis feitas para seu bem (quem poluir com lodo ou com eflúvios turvos as fontes claras não terá onde beber). Nem opressão, nem anarquia: eis o lema que os cidadãos devem seguir e respeitar. Não lhes convém tampouco expulsar da cidade todo o Temor; se nada tiver a temer, que homem cumprirá aqui seus deveres?

Esse perfil falocêntrico e patriarcal que é dado à ordem jurídica, como aquela que empunha a espada para existir, é também desdobrado nas falas do tribunal, quando Orestes e seu advogado, Apolo, empilham prova sobre prova para convencer os jurados quanto à inocência do matricida. Orestes apela todo o tempo para a figura de seu pai, Agamenon, e Apolo, por sua vez, evoca também seu pai, Zeus, como guardião da verdade e da justiça. Vale lembrar que Atena é apresentada nessa tragédia como uma deusa sem mãe, nascida diretamente de seu genitor, Zeus. Orestes acaba absolvido, pelo "voto de Minerva", ou seja, de Palas Atena. Por outro lado, o parricida Édipo, como sabemos, da trilogia de Sófocles sobre esse personagem, uma vez descobertos seu crimes "involuntários", é cegado e banido de sua cidade: matar a mãe é perdoável, o pai, jamais, parecem-nos dizer esses protomodelos sociais do Ocidente.

Esse convencer objetivo, marcado pela comprovação espetacular, de preferência visual, típico do tribunal, deve ser oposto a um outro espaço para recepção do testemunho oral, muitas vezes fragmentado e carregado de subjetividade. É esse espaço testemunhal que Felman defende aqui, destacando os quase insuperáveis limites de sua acolhida por parte da instituição jurídica. Sem organização política, a voz do testemunho individual e coletivo, daqueles que sofreram uma grave injustiça social ou privada, não consegue dobrar o poder do direito. Poder esse que se concretiza simbolicamente nas casas da Justiça, esses palácios com suas colunas gregas, que parecem ainda ornar templos em homenagem a Palas Atena, a quem se sacrificam as vítimas. O modo como Felman abre nossos olhos para perceber o condicionamento recíproco entre trauma e direito e, ao mesmo tempo, para a força da fala testemunhal – apresentada na literatura e em filmes, como o *Shoah*, de Lanzmann, e *Que bom te ver viva*, de Lúcia Murat –, deve nos inspirar a lutar no sentido de ampliar na sociedade os espaços de *audição* aos traumas pessoais e sociais. Essa mudança na sociedade só pode ser compreendida como parte de um longo e intenso processo de lutas sociais, nas quais justamente os testemunhos dos oprimidos se levantam contra a opressão numa tentativa de resistência e de elaboração do trauma. É evidente, e este livro o mostra claramente, com autores como Kafka, Benjamin, Dostoievski, Zola e Tolstoi, que uma mudança na esfera do direito só poderá se dar no contexto de uma sociedade ela mesma transformada, com outra estrutura de poder e uma distribuição econômica menos injusta. Mas estabelecer uma crítica do direito é algo efetivo, que é parte dessa luta por uma transformação mais global da sociedade. Nos templos do direito, como nas tragédias, a justiça estará sempre em um longínquo horizonte. O testemunho no seu sentido forte, político, de engajamento crítico na mudança – e não em seu sentido positivista, que reafirma o poder da esfera jurídica, tal como se dá nas salas de tribunal –, é acolhido nas artes e em algumas esferas públicas, deixando suas marcas na sociedade como um todo e, inclusive, forçando as barreiras erguidas pelo direito. A crítica do direito, em grande parte, só é possível justamente graças à articulação política do testemunho na vida social e concreta. Mas se os sem voz e excluídos, se os traumas não articulados, pessoais, comunitários, étnicos e sociais, eventualmente adentram a corte, isso ocorre não por conta de uma mudança imanente ou de uma abertura democrática da esfera jurídica em si mesma, mas, antes, como fruto de lutas que se desenrolam há décadas – e mesmo séculos –, que também visam a tirar a venda da Justiça.

Felman nos lança, com esta obra, uma série de questões que atingem o âmago da instituição jurídica. Assim como Freud abalou nossa identidade e visão do que é o ser humano, ao revelar o inconsciente psicológico, também Felman, ao apontar para o inconsciente jurídico, reconfigura o direito e seus limites. Ambos, psicanálise e a visada de Felman, apostam na força da palavra: de um logos subjetivado que enfrenta as feridas geradas pelo logos totalitário e monológico. Com essa abertura crítica proposta por este livro, percebemos também em que medida sua autora conseguiu, de modo raro e exemplar, se colocar muito além de sua disciplina e galgar um espaço sólido para a crítica cultural. Só podemos desejar que esse gesto se multiplique.

Esse gesto também aponta para a originalidade da autora dentro da área dos estudos em "Law and Literature", ou seja, das interfaces entre direito e literatura. Diferentemente de outras abordagens que se limitam a tratar dos momentos em que a literatura aborda especificamente temas jurídicos, ao invés de se apoiar nos estudos literários para melhor compreensão da hermenêutica jurídica ou, ainda, de tratar das implicações jurídicas do campo literário e tradutório, Felman vai muito além, e busca revelar as camadas mais profundas desse encontro entre direito e literatura. Como vimos, para ela, tanto o conceito de trauma é um importante vaso comunicador entre essas áreas, como também as análises de Benjamin, Levinas e Arendt sobre os fenômenos do direito e da justiça servem de chave nessa empresa de estabelecer um diálogo entre o mundo do direito e o das letras. Felman constrói uma plataforma conceitual e filosófica bastante robusta, que permite repensar o campo direito e o da literatura em uma perspectiva inovadora e muito criativa. Também nesse sentido, este estudo é fundamental.

Por fim, é importante destacar a qualidade do trabalho de tradução levado a cabo por Ariani Sudatti, doutora em direito pela FDUSP e também formada em Letras pela Unicamp. Essa dupla formação garantiu o rigor desta empreitada e nos abriu o acesso a essas preciosas ideias de Felman, que, devido à sua formulação conceitual, exige uma tradução atenta e cuidadosa, capaz de transitar entre as duas áreas. Só posso esperar que este belo e potente livro tenha a acolhida que merece entre nós e gere uma reflexão (auto)crítica por parte daqueles que atuam na esfera jurídica ou então que se interessam pelos grandes debates que enfrentam a questão da Justiça e do Direito.

Berlim, 7 de abril de 2013.

Agradecimentos

Este livro não poderia ter sido traduzido sem a contínua resposta crítica de duas pessoas cuja proficiência e conhecimento técnico em duas áreas específicas (aqui reunidas e pensadas em conjunto) são maiores do que a minha: Michal Shaked, na jurisprudência (e pensamento jurídico), e Cathy Caruth, na teoria do trauma (e suas implicações conceituais). Eu agradeço a ambos pelo rigor, que para mim foi uma inspiração mestra, e pela ajuda que forneceram na precisão dos conceitos aqui desenvolvidos. Outros preciosos interlocutores e leitores mestres foram Barbara Johnson, que, junto com Eyal Perettz, auxiliou-me no concludente processo de formulação da estrutura sintética da introdução, e Rivka Spivak, que me ajudou e acompanhou na formulação da síntese do enquadramento teórico do Capítulo 1. Winfried Menninghaus solicitou a primeira versão do texto de Benjamin, e presenteou-me com sua extraordinária erudição e com sua percepção para as nuanças da língua alemã presentes no texto de Benjamin. Minha trajetória por Benjamin deve-se muito ao seu encorajamento amigo. Idit Zertal leu as versões iniciais dos Capítulos 1 e 3, e contribuiu com seu discernimento literário e sua perspectiva histórica, e me deu seu sinal de aprovação. Dori Laub forneceu a perspicaz e técnica resposta psicanalítica às versões iniciais dos Capítulos 3 e 4. Irad Kimhi seguiu a evolução do manuscrito, capítulo por capítulo, e contribuiu com sua generosa e impecável atenção filosófica, seu interesse e sua intuição. Pnina Lahav, refletidamente e de livre e espontânea vontade, doou seu tempo e seu respaldo jurídico, lendo as primeiras versões dos Capítulos 2 e 3. Sua mente aberta, simpática e seus pertinentes comentários encorajaram-me a perseguir o projeto futuro. Eu sou grata a Elizabeth Rottenberg por sua fé nesse livro e por sua preparação do índex. Finalmente, eu gostaria de agradecer a Dália Tsuk, por sua elevada distinção, seu conhecimento jurídico e pela assistência no suporte e na extensa pesquisa interdisciplinar do Capítulo 2.

* * *

Uma primeira versão da segunda metade do Capítulo 1 apareceu sob o título "*Benjamin's silence*" (O silêncio de Benjamin) em *Critical Inquiry 25* (1999, p. 201-34).

Uma primeira versão do Capítulo 2, intitulada "Forms of judicial blindness or the evidence of what cannot be seen: traumatic narratives and legal repetitions in the O. J. Simpson case and in Tolstoy's *The Kreutzer sonata*" (Formas de cegueira judicial ou a evidência do que não pode ser visto: narrativas traumáticas e repetição legal no caso O. J. Simpson e em *A sonata a Kreutzer*, de Tolstoi) presente em *Critical Inquiry 23* (1997, p. 738-88).

Uma versão revisada e ampliada desse ensaio, intitulada "Forms of judicial blindness: traumatic narratives and legal repetitions (Formas de cegueira judicial: narrativas traumáticas e repetição legal) foi publicada em *History, memory and the law* [História, memória e a lei] (SARAT; KEARNS, 1999, p. 25-94).

Uma primeira versão do Capítulo 3, intitulada "Theaters of justice: Arendt in Jerusalem, the Eichmann trial and the redefinition of legal meaning in the wake of the holocaust" (Teatro da justiça: Arendt em Jerusalém, o julgamento de Eichmann e a redefinição do sentido da lei no despertar do holocausto), foi publicada em *Theoretical inquiries in law 1* (Tel-Aviv University Law School journal), dossiê *Judgment in the Shadow of the Holocaust* (2000, p. 465-507).

Uma versão revisada desse ensaio, intitulada "Theaters of justice: Arendt in Jerusalem, the Eichmann trial and the redefinition of legal meaning in the wake of the holocaust" (Teatro da justiça: Arendt em Jerusalém, o julgamento de Eichmann e a redefinição do sentido da lei no despertar do holocausto), foi publicada em *Critical Inquiry 27* (2001, p. 201-38).

Uma primeira versão do Capítulo 4, intitulada "A ghost in the house of justice: death and the language of the law" (Um fantasma na casa da justiça: morte e linguagem da lei) foi publicada em *Yale Journal of Law and the Humanities 13*, dossiê *Cultural Studies and the Law* (2001, p. 241-82).

LISTA DE ABREVIATURAS

Esta lista de abreviaturas corresponde às citações presentes no texto e nas notas.

AJ Corr.   KOHLER, Lotte; SANER, Hans. *Hannah Arendt and Karls Jaspers*: correspondence, 1926-1969. Nova York: Harcourt Brace, 1992.

BC   BENJAMIN, Walter. A Berlin chronicle. In: _____. *Reflections*: essays, aphorisms, autobiographical writings. Tradução de Edmund Jephcott. Editado com uma introdução de Peter Demetz. Nova York: Schocken Books, 1986a.

Brodersen   BRODERSEN, Momme. *Walter Benjamin*: a biography. Tradução de Malcolm R. Green e Ingrida Ligers. Martina Dervis (Ed.). Londres: Verso, 1996.

"Critique"   BENJAMIN, Walter. Critique of violence. In: _____. *Reflections*: essays, aphorisms, autobiographical writings. Tradução de Edmund Jephcott. Editado com uma introdução de Peter Demetz. Nova York: Schocken Books, 1986b.

EeJ   ARENDT, Hannah. *Eichmann em Jerusalém*: um relato sobre a banalidade do mal. Tradução de José Rubens Siqueira. São Paulo: Companhia das Letras, 1999.

EN   LEVINAS, Emmanuel. *Entre nous*: thinking-of-the-other. Tradução de Michael B. Smith e Barbara Harshaw (European Perspectives). Nova York: Columbia University Press, 1998.

"GEA"	BENJAMIN, Walter. Goethe's elective affinities. Tradução de Corngold. In: _____. *Selected Writings, Volume I*: 1913-1926. Marcus Bullock e Michael W. Jennings (Ed.). Cambridge: Harvard University Press, 1996a.
Ill.	BENJAMIN, Walter. *Illuminations*. Editado com uma introdução de Hannah Arendt. Nova York: Schocken Books, 1969.
"Kafka"	BENJAMIN, Walter. Franz Kafka: on the tenth anniversary of his death. In: _____. *Illuminations*. Editado com uma introdução de Hannah Arendt. Nova York: Schocken Books, 1969a.
"MY"	BENJAMIN, Walter. The metaphysics of youth. In: _____. *Selected Writings, Volume I*: 1913-1926. Marcus Bullock e Michael W. Jennings (Ed.). Cambridge: Harvard University Press, 1996f.
Proceedings	EICHMANN, Adolf. The trial of Adolf Eichmann: record of proceedings in the district court of Jerusalem. v. 1. Jerusalém: [s.n.], 1962. In: HAUSNER, Gideon. *Justice in Jerusalem*. Nova York: Harper and Row, 1968. [1966].
R	BENJAMIN, Walter. *Reflections*: essays, aphorisms, autobiographical writings. Tradução de Edmund Jephcott. Editado com uma introdução de Peter Demetz. Nova York: Schocken Books, 1986.
RR	MAN, Paul de. *The rhetoric of romanticism*. Nova York: Columbia University Press, 1984.
Scholem	SCHOLEM, Gershom. *Walter Benjamin*: the story of a friendship. Tradução de Harry Zohn. Nova York: Schocken Books, 1988.
Segev	SEGEV, Tom. *The seventh million*: the israelis and the holocaust. Tradução de Haim Watzman. Nova York: Farrar, Straus and Giroux, 1993.
Shivitti	KA-TZETNIK 135633. *Shivitti*: a vision. Tradução de Eliyah Nike De-Nur e Lisa Hermann. São Francisco: Harper and Row, 1989.
Shoah	LANZMANN, Claude. *Shoah*: the complete text of the film. Nova York: Pantheon Books, 1985b.

"SRK"	BENJAMIN, Walter. Some reflections on Kafka. In: _____. *Illuminations*. Editado com uma introdução de Hannah Arendt. Nova York: Schocken Books, 1969c.
"O N."	BENJAMIN, Walter. O Narrador. In: _____. *Magia e técnica, arte e política*: ensaios sobre literatura e história da cultura. Tradução de Sérgio Paulo Rouanet. Revisão técnica de Márcio Seligmann-Silva. 8. ed. rev. São Paulo: Brasiliense, 2012.
SWI	BENJAMIN, Walter. *Selected Writings, Volume I*: 1913-1926. Marcus Bullock e Michael W. Jennings (Ed.). Cambridge: Harvard University Press, 1996.
TEM	CARUTH, Cathy (Org.). *Trauma*: explorations in memory. Baltimore: Johns Hopkins University Press, 1995.
"Teses"	BENJAMIN, Walter. Theses on the philosophy of history. In: _____. *Illuminations*. Editado com uma introdução de Hannah Arendt. Nova York: Schocken Books, 1969d.
UAH	NIETZSCHE, Friedrich. *The use and abuse of history for life*. Tradução de Adrian Collins. Editado com uma introdução de Julius Kraft. Nova York: Liberal Arts Press, 1949, 1957.
UE	CARUTH, Cathy. *Unclaimed experience*: trauma, narrative, and history. Baltimore: Johns Hopkins University Press, 1996.

Introdução

> É a hora da justiça... é a hora das instituições habilitadas a julgar
> e a hora dos estados em que as instituições se consolidam
> e a hora da Lei universal... e a hora dos cidadãos iguais perante a lei...
> É a hora do Ocidente! Hora da justiça que todavia a caridade exigiu...
> É em nome da responsabilidade por outrem, da misericórdia,
> da bondade às quais apela o rosto do outro homem
> que todo o discurso da justiça se põe em movimento.
>
> Emmanuel Levinas, *O outro, utopia e justiça*

> Os homens, os incomparáveis, não devem eles ser comparados
> ...Devo emitir juízo... Ali está a origem do teorético.
> Mas é sempre a partir do rosto,
> a partir da responsabilidade por outrem,
> que aparece a justiça.
>
> Emmanuel Levinas, *Filosofia, justiça e amor*

Esse livro lida com a relação oculta entre julgamentos e traumas[1]: dois temas que nas gerações anteriores existiram como dois fenômenos separados, mas que começaram a ser relacionados, eu defenderei, na segunda metade do século XX.[2] Julgamento e trauma começaram – sustento – a ser *articulados conceitualmente* a partir do julgamento de Nuremberg, tentando resolver o trauma massivo da Segunda Guerra Mundial pelos recursos conceituais e pelas ferramentas do direito. Em decorrência de Nuremberg, o direito foi desafiado a enfrentar as causas e consequências dos traumas históricos. Fundando um precedente e um novo paradigma de julgamento, a comunidade internacional buscou restaurar o equilíbrio do mundo restabelecendo o monopólio jurídico da violência e concebendo a justiça não simplesmente como castigo, mas como uma marca simbólica advinda das feridas de uma história traumática: a liberação da violência em si mesma.

O século XX – uma era de julgamentos históricos – foi efetivamente um século de traumas, e (concomitantemente) um século de teorias do trauma.[3]

Desde que Freud publicou, no limiar da Primeira Guerra Mundial, os seus *Pensamentos para os tempos de guerra e morte* (1915); desde que a guerra e a morte destrutivamente e catastroficamente retornaram e repetiram a sua devastação traumática no holocausto de duas guerras mundiais; desde as traumáticas e prolongadas repercussões da Guerra do Vietnã; desde as revoluções totalitárias da primeira metade do século XX e suas novas formas de organização da escravidão, massacre, engodo das massas, brutalidade e horror em larga escala; desde que as feministas perceberam no final do milênio que as renovadas manifestações de violência doméstica e as dissimuladas brutalidades íntimas e o horror privado são de fato traumas coletivos; desde o aparecimento de novas formas de opressão política, racial e sexual, e sua tradução histórica em demandas jurídicas, o trauma quase invisivelmente invade o direito em todas as suas formas. Em uma era na qual os julgamentos – televisionados e transmitidos em várias mídias – cessaram de ser um assunto de interesse exclusivo dos juristas e penetraram e invadiram de modo crescente a cultura, a literatura, a arte, a política e as deliberações da vida púbica como um todo, a relação oculta entre o trauma e o direito foi gradualmente se tornando mais visível e mais dramaticamente aparente.

Por essa razão, eu sustento que essa relação absolutamente crucial – que até agora permaneceu escondida ou legalmente ilegível – historicamente veio à tona como resultado de três acontecimentos inter-relacionados ao século XX, cuja interação eu tentarei precisamente pensar a respeito: (1) a descoberta da psicanálise e, com isso, a descoberta do trauma como um novo centro conceitual, como uma dimensão essencial da experiência histórica e humana, e como uma nova forma de compreensão da causalidade histórica e da temporalidade histórica; (2) o sem precedente número de desastres em escala de massa que semeou a destruição no século XX, cuja devastação massivamente traumática foi possível graças ao desenvolvimento das armas de destruição em massa e das tecnologias de morte que permitiram violações sem precedentes ao corpo humano nunca antes vivenciadas; e (3) o inédito e repetido uso de instrumentos jurídicos para enfrentar as heranças traumáticas e as ofensas coletivas deixadas por esses eventos.

O século XX trouxe à tona, assim, a relação oculta entre o trauma e o direito. As consequências do 11 de setembro de 2001 nos Estados Unidos dramatizaram essa mesma conexão para o século XXI. Em 20 de setembro, em discurso à Nação, o presidente George W. Bush descreveu e nomeou o choque e o trauma coletivos da América:

Em 11 de setembro, os inimigos da liberdade cometeram um ato de guerra contra o nosso país. Os americanos conheceram as guerras, mas nos últimos 136 anos eles estiveram em guerra em solo estrangeiro, com exceção do domingo de 1941. Os americanos conheceram as causas da guerra, mas não no centro de uma grande cidade numa pacata manhã.
Os americanos conheceram ataques surpresa, mas nunca contra milhares de civis.
Tudo isso nos sobreveio num único dia, e a noite caiu num mundo diferente...
Eu jamais esquecerei essa ferida em nosso país e aqueles que a provocaram.[4]

Mas tão logo o trauma coletivo ("a ferida em nosso país") foi nomeado, sua relação com o direito e com a justiça emergiu ou reemergiu de um modo que repara e cura para uma restauração comunitária de sentido.

Nosso pesar transformou-se em raiva, e a raiva, em resolução. Seja conduzindo nossos inimigos para a justiça, ou trazendo a justiça aos nossos inimigos, a justiça será feita.[5]

Como um modelo herdado das grandes catástrofes e dos traumas coletivos do século XX[6], a promessa do exercício da justiça *legal* – da justiça pelo julgamento e pela lei – tornou-se a mais apropriada e a mais essencial, basicamente a resposta mais significativa da civilização para a violência que a golpeou.[7]

Na virada do século e na virada do milênio, a história contemporânea pode ser tida como cristalizada em torno desses dois pólos: por um lado, o julgamento (direito e justiça), e por outro, o trauma (tanto trauma coletivo como privado, trauma e memória, trauma e esquecimento, trauma e perdão, trauma e repetição do trauma). Nunca houve uma relação tão firme entre justiça e trauma como aquela que se desenvolveu nas últimas décadas.

* * *

Este livro gira em torno da análise de dois julgamentos específicos – muito diferentes um do outro – cuja memória jurídica e os exemplos historicamente concretos eu vejo aqui como paradigmáticos para refletir sobre a interação entre direito e trauma no século XX. Esses julgamentos – que estão dentre aqueles tidos como "o julgamento do século" no seu momento (apesar de que talvez a proliferação desse epíteto seja em si mesma um sintoma do século XX) – são o julgamento de Eichmann, em 1961, que ocorreu em Jerusalém, e o julgamento de O. J. Simpson, que ocorreu em 1995 em Los Angeles. Dois eventos que moldam e apóiam minha compreensão desses dois julgamentos e de seu amplo contexto no século XX são o julgamento de Nuremberg, em 1945-1946, e a história do suicídio de Walter Benjamin, em setembro de 1940. Confrontando uma história pública relevante (e o dilema da justiça) com uma história privada relevante (e seu dilema da justiça biográfico), eu refletirei sobre as relações entre o público e o privado nesses dois julgamentos (como duas encarnações da relação entre direito e trauma em nosso tempo) histórica e alegoricamente implicados.[8]

Eu argumento que os julgamentos de Adolf Eichmann e de O. J. Simpson, embora pareçam diferentes em termos de sua história jurídica, de seu contexto cultural e de sua agenda jurídica particular, marcam uma dificuldade profissional estruturalmente similar e um desafio histórico. O que caracteriza esses julgamentos (uma característica que compartilham, de fato, com outros julgamentos traumáticos, mas que muito espetacularmente potencializam e ampliam) é que neles o direito – tradicionalmente chamado à consciência e à cognição para arbitrar entre pontos de vista opostos, os quais são, ambos, em princípio, acessíveis à consciência – encontra-se respondendo a, ou involuntariamente envolvido com, processos que são inacessíveis à consciência ou para os quais a consciência é propositadamente cega. O que precisa ser ouvido na corte é precisamente o que não pode ser articulado na linguagem jurídica.

Assim, no caso do julgamento de Eichmann, a lei vê-se invocada a responder a reivindicações que vão muito além das simples necessidades da consciência e da cognição em decidir acerca da culpa ou da inocência de Eichmann; tem de responder, em larga escala, à experiência histórica traumática do holocausto e ao confronto jurídico com o profundo trauma de raça, de ser judeu na Europa (de Hitler). No caso do julgamento de O. J. Simpson, o sistema jurídico, que inicialmente foi convocado para decidir um caso pessoal de assassinato, encontrou-se em uma situação embaraçosa e foi impelido a julgar algo a mais. Do lado da acusação, o caso levado a juízo tornou-se o trauma de mulheres violentadas e, do lado da defesa, o caso que se impôs foi ainda um outro trauma, aqui de novo o impactante fator de raça: o trauma de ser negro na América.

Portanto, ambos os julgamentos, assim como o julgamento de Nuremberg, viram-se voltados para alguma coisa diversa de um simples litígio ou de uma simples controvérsia com pretensões jurídicas: tornaram-se verdadeiros teatros da justiça. Eles foram eventos jurídicos *críticos*, ambos dramatizaram ou desencadearam uma crise emblemática no direito, tendo em vista que cada uma dessas crises atuou representando também uma transcendente, vasta e profundamente traumática (ainda que não sempre consciente) *crise cultural*. Esses julgamentos encenaram espetáculos paradoxais, ambos acerca do drama do direito e do drama da cultura. Eles resumiram, em vista disso, cada um a seu modo, uma crise de legitimidade e uma crise de verdade, que se organizaram, elas próprias, em torno de um *conteúdo traumático crítico* que, como um imã, polarizou a crise cultural, a política, a moral e a epistemologia de suas gerações. Não foi coincidência que todos esses julgamentos foram rotulados, no período em que ocorreram, "julgamentos do século". Em diferentes contextos, todos esses julgamentos foram percebidos e deveriam ser lembrados como julgamentos decisivos de sua era e das diferentes culturas as quais externalizam as crises.

Refletindo sobre esses eventos jurídicos paradigmáticos na interação da lei com a introdução do trauma em juízo, explorarei três perspectivas principais:

1. Eu observarei as maneiras pelas quais o direito tenta conter o trauma e traduzi-lo numa terminologia técnico-jurídica, reduzindo-o a sua estranha interrupção. Enigmaticamente, contudo, enquanto o direito empenha-se em conter o trauma, é, na verdade, frequente que o trauma domine e, com sua lógica furtiva, no final controle o julgamento. Então, mostro que, quando um júri ou um juízo confrontam o trauma no tribunal, estão sempre contaminados com uma particular cegueira jurídica, que involuntariamente reflete e duplica a cegueira constitutiva da cultura e a consciência em relação ao trauma. Um padrão emerge com o julgamento, enquanto ele tenta colocar um fim ao trauma, inadvertidamente, atua para além disso. Desconhecidamente, o julgamento então repete o trauma e restaura sua estrutura. Eu mostrarei então, que o direito, assim como a própria sociedade, para além de seus quadros conceituais e de seus fundamentos racionais, conspícua e notavelmente, tem seu próprio inconsciente estrutural (profissional).[9]

2. Eu olharei nas formas por meio das quais o direito e os procedimentos legais, no entanto, parecem ser transformados pela interação com o trauma, uma transformação que requer uma reformulação e reconceitualização sobre aquilo que está em jogo no direito e nos julgamentos. Um diálogo entre direito e trauma ocorre, embora de uma maneira não convencional e não tradicional. Eu analiso esse diálogo e tento demonstrar e indicar concretamente como o choque do encontro com o trauma penetra o julgamento e impacta a estrutura do direito de forma imprevisível, reformulando os procedimentos e conferindo ao julgamento (para o drama da lei) uma nova dimensão jurisprudencial.

3. Eu irei demonstrar e analisar as maneiras pelas quais a introdução do trauma na corte problematiza a estereotipada divisão entre o público e o privado e exige uma reflexão, em particular, da relação entre o que se presume ser um trauma privado e aquele que se presume ser coletivo, um trauma público.

Por meio da ampla categoria do significantemente sintomático "julgamento do século", com o qual os dramas e traumas jurídicos definiram o fim do milênio, eu foco no caso Eichmann e no caso O. J. Simpson não apenas porque ambos exemplarmente incorporam e iluminam mutuamente paradigmas de julgamentos de raça (abuso dos negros, abuso dos judeus, memória traumática dos escravos, memória traumática dos genocídios), como também, mais genericamente, porque eles concretizam uma dicotomia *estrutural*, ou dois *pólos conceituais* distintos, de julgamentos de trauma. O primeiro pólo é aquele pelo qual o direito se confronta com o *trauma privado*. O segundo pólo, diametralmente oposto ao primeiro, é aquele com o qual o direito se depara com um *trauma coletivo*.

Não obstante a incorporação exemplar desses dois pólos, os julgamentos de Simpson e de Eichmann também demonstram como nos julgamentos contemporâneos de traumas ambos os pólos, do trauma privado e do coletivo, não podem ser tidos separadamente, mas pelo contrário, um vai se transformando no outro.

O julgamento de Simpson busca inicialmente lidar com um trauma privado e com uma ofensa privada. O julgamento supunha ser o julgamento de uma violência íntima que levou a um assassinato (privado). Muito embora um caso criminal seja sempre, claramente, "público" ou "coletivo", no sentido de que a acusação se dá em nome da comunidade, inicialmente a única questão de interesse coletivo nesse caso dizia respeito ao fato de o réu ser uma celebridade glamorosa. Mas na medida em que o julgamento se prolongou e que as versões contrárias da acusação (em relação ao trauma de uma esposa violentada e assassinada) e da defesa (em relação ao trauma de um homem inocente, acusado e linchado apenas em decorrência de sua raça) são desveladas e confrontadas uma com a outra, a ofensa privada sobre disputa (os danos causados pelo marido ou pela esposa) deram origem a um imenso eco *coletivo* e provocaram uma imensa identificação *coletiva*, tanto que os traumas privados disputados no tribunal receberam da paixão da audiência – como de um coro – a sua própria *generalização* conceitual e dramática, de forma tão intensa que o julgamento de um trauma privado de violência doméstica e de um assassinato privado da esposa pelo seu ex-marido, gradualmente e retrospectivamente, tornou-se um modelo, um drama jurídico arquetípico dos traumas históricos (coletivos) das perseguições, dos abusos, das discriminações, dos assassinatos, dos homicídios praticados pelo Estado e dos assassinatos legalizados sofridos pelos afro-americanos, ao lado e em contraposição aos traumas históricos (coletivos) dos abusos, das humilhações, dos assassinatos sofridos pelas mulheres (e pelas esposas violentadas). Os traumas privados tornaram-se emblemas ou ícones dos traumas coletivos (publicamente compartilhados, inesperadamente comuns e onipresentes): dois dos principais traumas sociais, a violência de raça e a violência de gênero.

Em oposição, o julgamento de Eichmann foi tipicamente e desde o início um julgamento de um crime coletivo (e do agente arquetípico desse crime).

O que estava em jogo desde o início era a perseguição dos judeus e a forma com que essa história de perseguição atingiu o clímax com o Holocausto. Pelo projeto e formato, o julgamento de Eichmann intenta lidar com um *trauma coletivo*, com uma ofensa coletiva e uma memória coletiva. Mas também era uma proposta consciente e deliberada de transformar uma massa incoerente de traumas privados (os secretos, escondidos e silenciados traumas individuais dos sobreviventes) em um trauma coletivo, nacional e público, e então fornecer uma cena pública para uma coleção de abusos individuais e traumas privados; tornar público e transformar politicamente em público abusos que foram vividos como privados e ocultados pelos sujeitos individuais traumatizados, que se tornaram, em suas próprias percepções, os "portadores do silêncio". O julgamento foi um esforço jurídico consciente não apenas para dar às vítimas uma voz e um palco, para quebrar o silêncio do trauma, para divulgar e revelar segredos e tabus, mas também para transformar essas descobertas numa história nacional, coletiva, para reunir de maneira consciente, meticulosa, diligente e sem precedentes *um registro jurídico público e coletivo de um trauma de massa* que antes existia apenas de maneira reprimida como uma série de histórias privadas e memórias traumáticas não contadas e fragmentadas. O julgamento de Eichmann, portanto, foi o julgamento para concessão de autoridade (capacidade de articulação e de transmissão) ao trauma por meio de um processo jurídico de transformação do individual no trauma coletivo e por um processo paralelo de tradução jurídica do "privado" no "público". Eu defendo que, seja pelo papel que forneceu às vítimas, seja pela consciente supressão da dicotomia entre o público e o privado, o julgamento de Eichmann antecipou em muitas décadas questões jurídicas que estariam por vir.

Este livro, então, faz que o julgamento de Eichmann e o julgamento de Simpson sejam confrontados. Ambos demonstram a indivisibilidade e a reversibilidade entre trauma privado e trauma coletivo. O julgamento de Simpson começa com um caso de crime na esfera privada, mas move-se do trauma privado para o trauma coletivo. O julgamento de Eichmann inicia-se com um crime coletivo mas direciona-se do trauma coletivo para uma espécie de liberação dos traumas privados, por meio dos quais restaura a consciência, a dignidade e o discurso. Analisados aqui lado a lado, esses dois estudos de caso ilustram duas idiossincrasias e, ainda mais estruturalmente, paradigmas arquetípicos de julgamentos de traumas. Juntos, esses dois eventos jurídicos sintetizam de uma só vez os traumas centrais do século XX e os dois extremos do espectro legal dos julgamentos de situações traumáticas, os dois pólos dinâmicos da relação entre julgamento e trauma na nossa era.

* * *

Minha referência teórica é a articulação de três visões contemporâneas que são raramente colocadas juntas. Os três pensadores cujas referências conceituais estão subjacentes a este livro são Sigmund Freud, Walter Benjamin e Hannah Arendt. Eles são constantemente vistos de maneira apartada, não relacionados um com o outro. Esse livro consiste numa tentativa de integração de suas ideias, de reunir as ferramentas conceituais que eles forneceram,[10] e efetivamente fazer que suas visões e seus conceitos suportem-se mutuamente. Minha premissa é ter esses três teóricos essencialmente como três precursores dos teóricos da memória. Eu sugiro, na verdade, que há maneiras pelas quais Freud, Benjamin e Arendt também poderiam ser vistos (elucidados e profundamente compreendidos) como *teóricos do trauma*. Portanto, este não é apenas um livro sobre julgamentos (e a relação entre julgamentos e traumas no século XX): é também um livro sobre três leituras precursoras do século XX, três testemunhos culturais que tornaram a experiência do trauma um *insight*, e cujos conceitos inovadores nos forneceram novas ferramentas para refletir sobre os nossos tempos.

* * *

Outra dimensão pela qual eu leio o significado cultural desses julgamentos históricos é a dimensão complementar da literatura. A literatura emerge da extrema tensão entre direito e trauma como um impulso existencial, correspondendo ainda a uma diversa dimensão de sentido. Um encontro entre direito e literatura – compreendido de nova maneira e metodologicamente concebido em termos completamente não habituais – irá, assim, acenar do fundo desses julgamentos. Eu analiso como o testemunho de alguns autores literários em relação ao trauma e em relação às questões de direito corrobora e complementa o testemunho de críticos e de pensadores, de teóricos do trauma. Eu mostrarei que nesses dois julgamentos, como em todo caso culturalmente sintomático e traumático, o sentido jurídico e o sentido literário necessariamente informam e deslocam um ao outro. A complexidade da cultura, eu sustento, frequentemente assenta-se nas discrepâncias entre o que a cultura pode articular como justiça jurídica e o que articula como justiça literária.

O que na verdade é a justiça literária, em oposição à justiça jurídica? Como a literatura faz justiça ao trauma de uma maneira que o direito não faz ou não pode fazer?

A literatura traz uma dimensão de encarnação concreta e uma linguagem do inacabado que, em contraste com a linguagem jurídica, abarca não a clausura, mas precisamente o que num dado caso jurídico recusa ser contido e não pode ser fechado. É em relação a essa recusa do trauma de ser enclausurado que a literatura faz justiça. Os autores literários neste livro estão, assim, além ou à margem da clausura jurídica, à beira do abismo em que se situa o direito; eles fixam sua visão nas profundezas e, desse lugar sem fundo, reabrem o caso jurídico acabado.

Mas os autores literários neste livro não estão fora dos tribunais. Eles estão dentro.

Tolstoi presta testemunho *avant la lettre* no julgamento de O. J. Simpson. Zola (e de uma maneira diferente, Celan) presta testemunho *avant la lettre* no julgamento de Eichmann. Ambos, K-Zetnik e Zola, encontram-se literariamente convocados ao tribunal. Mas enquanto o talento literário de Zola ganha a posteridade, um julgamento e uma verdade que o autor fracassou em obter do tribunal francês, o talento literário de K-Zetnik, inevitavelmente introduzido em seu testemunho no tribunal de Eichmann, como era previsível, apenas se depara com a censura e com a impaciência jurídica da corte israelense. O magistrado, autoritariamente, instrui a testemunha a se restringir ao protocolo da corte e apenas responder às perguntas da acusação. O escritor, respondendo dramaticamente e de maneira inesperada, desmaia no local onde presta seu depoimento, diante dos presentes e do juiz. O julgamento de Eichmann então, inadvertidamente, ilustra, de uma só vez, a tensão entre direito e trauma e a tensão entre direito e literatura.

Pode-se ler esse momento dramático do julgamento de Eichmann como uma profunda alegoria entre a relação da consciência no direito e o inconsciente jurídico nos julgamentos traumáticos. O colapso do escritor pode ser lido como uma parábola ao colapso da linguagem no encontro entre direito e trauma. Isso revela o literário como uma dimensão do silêncio no tribunal, uma dimensão que incorpora o inexprimível, que traz à tona, pela profunda falência das palavras, a importância do corpo da testemunha no tribunal. Portanto, o julgamento de Eichmann inclui essa dimensão do colapso do corpo como uma dimensão dotada de sentido jurídico.

O momento imprevisível do colapso do escritor consagrou-se como o mais memorável momento do julgamento de Eichmann. Ele sintetiza a quintessência do julgamento como um local para a memória do trauma do extermínio encenado com a súbita imagem da testemunha no colapso de um cadáver. O julgamento articula esse sentido jurídico por meio da inesquecível interrupção da consciência: pelo corpo inconsciente da testemunha, história com a qual o tribunal se pronuncia para além dos limites da palavra. Isso porque o corpo da testemunha é o mais conclusivo local de memória para o trauma individual e coletivo – é porque o trauma torna o corpo relevante e porque o corpo, testemunhando o trauma, *torna-se relevante no tribunal* de uma maneira nova – que esses julgamentos tornaram-se não apenas cenas discursivamente memoráveis, mas também, de maneira dramática, um teatro concreto da justiça.

Notas de 1 a 10

1. A palavra trauma significa ferimento, especialmente aquele produzido por lesão física. O uso original do termo deriva da medicina; mais tarde foi adotado por psicanalistas e psiquiatras para designar um

impacto para o eu (e para os tecidos da mente), um choque que cria uma quebra ou ruptura, uma lesão emocional que deixa danos permanentes na psique. O trauma psicológico ocorre como resultado de uma experiência insuportável, incontrolável e aterrorizante, normalmente um ou mais eventos violentos, ou a exposição prolongada a tais eventos. O dano emocional frequentemente permanece oculto, como se os indivíduos estivessem ilesos. O escopo completo dos sintomas manifesta-se apenas tardiamente, às vezes após anos e anos. O desencadeamento dos sintomas é frequentemente um evento que inconscientemente remete ao sujeito da cena traumática original e é assim vivido como uma repetição do trauma. Trauma resulta então em sequelas psicológicas por toda a vida, e continua a ter consequências posteriores ao longo da existência de uma pessoa. Exemplos clássicos de catalisadores traumáticos incluem guerras, experiências em campos de concentração, experiências em prisões, incidentes de terrorismo, acidentes automobilísticos ou industriais e traumas de infância, tais como incesto ou abuso físico sexual. Exemplos clássicos de sintomas traumáticos incluem ansiedade (em sinais de perigo) ou, ao contrário, apatia e depressão; vícios, repetição compulsiva – em pensamento, fala ou fantasia – da situação traumática ou, ao contrário, amnésia; e pesadelos repetitivos em que o evento traumático se reproduz. Hoje se compreende que o trauma pode ser tanto coletivo como individual e que comunidades traumatizadas são algo distintas de grupos de indivíduos traumatizados; ver ERIKSON apud CARUTH, 1995, p. 183-99. Grupos oprimidos que tenham sido continuamente sujeitos a abuso, injustiça ou violência sofrem de trauma coletivo, bem ao exemplo de soldados que estiveram expostos a atrocidades de guerra. O século XX pode ser definido como um século de trauma.

2. Nos últimos anos, o trauma tem recebido uma atenção renovada tanto nas humanidades quanto nas ciências – por psiquiatras, médicos, terapeutas, neurobiólogos, pesquisadores do cérebro, sociólogos, pensadores políticos, filósofos, historiadores e críticos literários.

   Ainda assim, apesar de atrair interesse no pensamento moderno, a teoria do trauma ainda não adentrou os estudos jurisprudenciais. Uma vez que a consequência de qualquer crime (bem como seu remédio legal) é literalmente um trauma (morte, perda de propriedade, perda de liberdade, medo, choque, destruição física e emocional), eu antecipo o argumento de que trauma – tanto o individual quanto o social – é a realidade básica oculta do direito. Este livro ilustra esse argumento e analisa ao mesmo tempo sua relevância particular à história contemporânea e suas implicações gerais (para o direito, para a sociedade, para a história, para a literatura, para a cultura como um todo).

   Na segunda metade do século XX, seguindo os passos da Europa pós-guerra, os Estados Unidos pós-Vietnã trouxeram ao foro da pesquisa contemporânea inovadores estudos neurobiológicos, bioquímicos e psicológicos sobre o que ficou conhecido como "Transtorno de Estresse Pós-Traumático", ou TEPT (*Posttraumatic Stress Disorder*, ou PTSD). TEPT "reflete a imposição" e a "gravação" na mente e na memória da "inevitável realidade de eventos horríveis, a tomada da mente, psíquica e neurobiologicamente, por um evento que ela não pode controlar" e o qual ela portanto sofre repetidamente além do choque do primeiro momento e além do terror da ocorrência original (CARUTH, 1996, p. 57). Mas TEPT, escreve Cathy Caruth, não é meramente um efeito de destruição; é também "um enigma de sobrevivência" (Ibid., p. 57-8). Sem dúvida, "a teoria do trauma frequentemente divide-se em duas tendências básicas: o foco no trauma como o dilaceramento de um eu previamente inteiro e o foco na função, do trauma, de sobrevivência, no sentido de permitir que um indivíduo passe por uma experiência insuportável" (Ibid., p. 131). E "é somente reconhecendo a experiência traumática como uma relação paradoxal entre poder destrutivo e sobrevivência que nós podemos [...] reconhecer o legado [...] da experiência catastrófica" (Ibid., p. 58). Ver também CARUTH, 1995, p. 3-12; 151-7; para uma discussão sobre a história da noção de trauma e para as tentativas recentes de defini-lo, ver FIGLEY, 1985-1986.

   Para teorias do trauma de forma geral e para discussões sobre trauma em configurações específicas, ver também van der KOLK; McFARLANE; WEISAETH, 1996; DANIELI; RODLEY; WEISAETH, 1996; van der KOLK, 1984; van der KOLK, 1987; ROTHSTEIN, 1986; LIFTON, 1979; KRYSTAL, 1968; LACAPRA, 2000; LEYS, 2000; AGAMBEN, 1999; CHALSMA, 1998; OSOFSKY, 1997; MILLER, 1984; Herman, 1997; AGGER; JENSEN, 1996; AGGER, 1994; LAUB; AUERHAHN, 1993; FRESCO, 1984; LIFTON, 1986; LIFTON, 1969; LIFTON, 1967; WINNICOTT apud WINNICOTT; SHEPERD; DAVIS, 1989b; WINNICOTT apud WINNICOTT; SHEPERD; DAVIS 1989a; e BETTELHEIM apud BETTELHEIM, 1952.

3. Em meio à massa de estudos clínicos, científicos e humanísticos sobre a experiência traumática (ver nota 2), este livro tem um grande débito principalmente à teorização de trauma oferecida pelas obras de Cathy Caruth (ver CARUTH, 1996, daqui em diante abreviado por *UE*, e CARUTH, 1995, daqui em diante abreviado por *TEM*). A posição distintiva da contribuição de Caruth para esse campo de

investigação que ela ajudou a formatar e criar deriva do fato de que ela é (de modo único entre os pesquisadores) uma verdadeira *pensadora da área*, de fato a teórica interdisciplinar de maior autoridade e originalidade. A obra pioneira de Caruth oferece ao mesmo tempo uma nova metodologia de leitura e um iluminador conceito articulando trauma, psicanálise e história dentro de uma visão integrada, abrangente e inovadora. Essa visão poderia ser resumida em três pontos principais que são também cruciais para as leituras neste livro:

(1) Trauma é uma dimensão essencial da experiência histórica, e sua análise fornece um novo entendimento da causalidade histórica;

(2) O resultado da experiência catastrófica é atravessado por um enigma de sobrevivência; o legado da experiência traumática impõe uma reflexão sobre e fornece um novo tipo de percepção da relação entre destruição e sobrevivência;

(3) Uma vez que a experiência do trauma dirige-se ao Outro e demanda a escuta de um outro, isso implica uma dimensão humana e uma dimensão ética em que o Outro recebe prioridade sobre o eu. Essa dimensão ética está fortemente relacionada à questão da justiça. Em uma análise exemplar do até agora inexplorado legado do trauma na última obra de Freud, *Moisés e o Monoteísmo*, Caruth mostra de modo notável e paradigmático como o livro em si – o testamento de Freud sobre a *história como trauma* – é o lugar de uma inscrição de um trauma histórico: de quando Freud parte dramaticamente de Viena, então invadida e anexada pela Alemanha de Hitler. A análise de Caruth revela como o próprio trauma de Freud em face ao Nazismo persecutório é historicamente transformado em pensamento. É sem dúvida sob as circunstâncias altamente traumáticas de sua saída forçada de Viena que Freud reflete sobre a partida histórica de Moisés do Egito e articula sua inovadora e perspicaz teoria da história como trauma, exemplificada por sua análise do impacto tardio e da repetitiva e traumática história da fundação do monoteísmo. Neste sentido, Caruth explora de maneira exemplar como os textos de psicanálise (bem como os de literatura e teoria) "tanto *falam sobre* como *falam por meio* da profunda narrativa da experiência traumática" (*UE*, p. 4; destaques meus).

Trauma, portanto, "não serve simplesmente como gravação do passado, mas precisamente registra *a força de uma experiência*" que "não foi reclamada", que "não foi completamente reconhecida" (*TEM*, p. 151) e que "não pode ser colocada entre os esquemas de conhecimento prévio" (*TEM*, p. 153). Caruth analisa concretamente, assim, a *profundidade humana* irreconhecida do trauma (da experiência por trás da teoria), uma experiência por meio da qual o trauma irá *possuir* o sujeito, mas não se tornará uma simples narrativa ou uma simples memória possuída ou reconhecida por ele ou ela. "Ser traumatizado é precisamente estar possuído por uma imagem ou evento" (*TEM*, p. 4-5). Trauma é, portanto, o confronto com "um evento que é ele mesmo constituído [...] por sua falta de integração dentro da consciência" (*TEM*, p. 152). O evento registra ainda (como observa Freud na vida de indivíduos, bem como de comunidades) um impacto *tardio*: torna-se precisamente *persistente*, tende a retornar historicamente e a repetir-se na prática e no ato, até o ponto preciso em que permanece *irreconhecido* e indisponível ao conhecimento e à consciência. Assim como os pesadelos traumáticos de soldados que regressam e que, anos depois da guerra, continuam a se repetir, e assim revivem reiteradamente a dor, a violência, o horror e o inesperado da cena traumatizante original, também a história está, da mesma forma, segundo Freud, sujeita a formas compulsivas de repetições traumáticas (imemoriais ainda que comemorativas). Freud então mostra como a energia traumática histórica pode ser a força motriz da sociedade, da cultura, da tradição e da história em si.

Se TEPT (Transtorno de Estresse Pós-Traumático, um conceito oficialmente reconhecido pela Associação Americana de Psiquiatria em 1980) "deve ser entendido como um [...] sintoma", Caruth assim argumenta, "então *não é tanto um sintoma do inconsciente, quanto um sintoma da história. Os traumatizados*, podemos dizer, carregam uma história impossível dentro de si, ou eles se tornam, eles próprios, o sintoma de uma história que eles não podem possuir por inteiro" (*TEM*, p. 5; destaque meu).

A ideia central de Caruth, com que ela traduz e em que localiza a ideia central de Freud em *Moisés e o Monoteísmo*, é "que a história, como o trauma, nunca é simplesmente própria de um indivíduo, que a história é precisamente a maneira em que estamos implicados nas traumas uns dos outros" (*UE*, p. 24).

A teoria do trauma de Caruth é, assim, radicalmente orientada ao Outro. É essencialmente uma teoria e prática de ouvir o trauma do outro, como "um meio de distribuir o isolamento imposto pelo evento [traumático]" (*TEM*, p. 11). As leituras compassivas, perspicazmente humanas e eticamente comprometidas ressaltam "a maneira pela qual o próprio trauma de um está amarrado com o trauma do outro, a maneira por meio da qual o trauma pode levar, portanto, ao encontro com o outro" (*UE*, p. 8).

O que Caruth propõe, em resumo, ao sintetizar de modo filosófico, psicanalítico e literário o campo interdisciplinar dos estudos sobre o trauma, é *um novo modo de ler e de escutar* que "tanto a linguagem do trauma quanto o silêncio de sua emudecida repetição de sofrimento demandam de forma profunda e imperativa" (*UE*, p. 9). O Outro é necessário, Caruth aponta insistentemente, para que se escreva a história do trauma, para que ela seja constituída de algum modo. "A história do trauma, em sua inerente extemporaneidade, só pode acontecer pela escuta do outro. O significado do *discurso do trauma além de si mesmo* concerne, sem dúvida, não apenas ao isolamento individual, mas a um isolamento histórico mais amplo que, em nossa época, é comunicado no nível de nossas culturas. Tal discurso pode estar localizado, por exemplo, na insistência de Freud, em seu exílio na Inglaterra, em ter seu livro final sobre trauma – *Moisés e Monoteísmo* – traduzido para o inglês antes que ele morresse; ou nos sobreviventes de Hiroshima comunicando suas histórias aos Estados Unidos por meio da narrativa escrita por John Hersey, ou mais genericamente nos sobreviventes de catástrofes de uma cultura dirigindo-se aos sobreviventes de outra. Este falar e este escutar – um falar e um escutar *a partir do lugar do trauma* – não depende", sugere Caruth, "do que nós simplesmente sabemos um do outro, mas do que nós não sabemos ainda sobre nossos próprios passados traumáticos". "Em uma era catastrófica [...] o trauma em si pode fornecer o elo exato entre culturas" (*TEM*, p. 11; destaque meu).

A teorização de Caruth sobre o trauma é largamente reconhecida e amplamente citada como canônica, apesar das recentes controvérsias acadêmicas que ela tem ocasionado – polêmicas que, por sua vez, reconhecem e confirmam a centralidade de sua teorização que elas estão tentando disputar e diminuir, mas de cujo ímpeto criativo elas estão alimentadas e com o qual elas desenham o núcleo de suas próprias percepções (secundárias).

Essas polêmicas estão transformando os estudos do trauma em um campo de disputas acadêmicas e de conflito de ideologias do conhecimento e de bolsas de estudos, no qual historiadores em particular – historiadores de ideias e historiadores de ciência – tentam recuperar e incorporar as descobertas do campo. Essas disputas e essas reivindicações por hegemonia, via de regra, não são a preocupação do presente livro, porque elas são parasitas do tópico. Mas analisarei aqui um livro emblemático (sintomático), na tentativa de demonstrar meu argumento geral de que é exatamente a reivindicação por hegemonia desses livros que compromete ao mesmo tempo sua posição derivada e, mais importante, sua verdadeira intenção oculta de negação daquilo que eles pretendem investigar e sobre o que eles discutem com tanta veemência.

Um exemplo representativo de um livro que alimenta a controvérsia de tal modo a reduzir o relevante interesse do trauma à trivialidade de conflito acadêmico é a polêmica obra de Ruth Leys, *Trauma: a genealogy* (Trauma, uma genealogia) (LEYS, 2000). A palavra genealogia é apropriada de Foucault, inspirado em Nietzsche, mas não há nada de *nietzschiano* (nada verdadeiramente filosófico) e nada de *foucaultiano* (nada político ou ético) a respeito do livro. Seu título é enganoso. O livro é muito menos interessado em traçar a história (estudar o passado) do que em caçar bruxas (legislar o futuro institucional). Uma genealogia é, por sua natureza intrínseca, o oposto de uma polêmica. Com certeza seria extremamente útil dispor de uma "genealogia" do trauma que reunisse todas as várias compreensões oferecidas pelas teorias do trauma ao longo de sua evolução histórica. Mas a intenção do livro, pelo contrário, é fundamentalmente executar um *processo de exclusão* de colegas colaboradores da área. A disputa é baseada não apenas em argumentos, mas em pura violência verbal, como se a autoridade de alguém pudesse ser consolidada por epítetos arrogantes e condescendentes e pela ressentida desqualificação pessoal daqueles pesquisadores cuja influência o livro gostaria tanto de excluir. ("Ao leitor que chegou até aqui não será necessário dizer que minha discussão sobre Caruth e Van der Kolk tem um limite crítico, que é a falta de minha discussão sobre figuras anteriores. Em primeiro lugar, fico desanimada com a baixa qualidade do trabalho científico de Van der Kolk [...] Da mesma forma, a respeito de Caruth, eu sinto uma impaciência semelhante com a negligência de seus argumentos teóricos"; LEYS, 2000, p. 305).

Como se, por acaso, ocorre que os três principais alvos do livro são os três mais criativos e originais colaboradores da área: a médica-clínica Judith Herman (que equivocadamente acredita na veracidade da memória traumática), o médico-clínico Bessel van der Kolk (que equivocadamente acredita na gravação literal do trauma na mente) e a teórica filosófica e literária Cathy Caruth (que equivocadamente aceita a "literalidade" da memória traumática). No entanto, o livro de Leys permanece inteiramente derivado das percepções daqueles que ela ataca: sua discussão sobre Pierre Jane se alimenta da redescoberta e reavaliação de Janet por Van der Kolk; sua discussão sobre a importância histórica da Primeira Guerra Mundial se alimenta da análise pioneira de Judith Herman sobre a importância política dessa guerra como uma mudança de paradigma e como uma emancipação de gênero na teoria do trauma; sua discussão sobre Freud se alimenta das leituras pioneiras de textos de Freud no livro essencial de Cathy Caruth (*UE*).

Quando Leys repete ao longo do livro que ela irá criticar Caruth, "cujas ideias sobre o trauma estão bastante em voga hoje nas humanidades" (LEYS, 2000, p. 16) e cuja abordagem "tem recebido considerável aprovação, não apenas dos humanistas de várias áreas, mas também de psiquiatras e médicos" (Ibid., p. 266), ela reconhece que o que Caruth faz é tanto "novo" (Ibid., p. 304) quanto "surpreendente" (Ibid., p. 16), e que seu trabalho tem naturalmente "uma certa distinção e aparente autoridade" (Ibid., p. 16); mas ela continua quase obsessivamente atribuindo a substância das teorias de Caruth e sua autoridade a noções alegadamente derivadas de Paul de Man (ver, por exemplo, LEYS, 2000, p. 16, 17, 266, 275, 304, em que Leys atribui a De Man tanto a assim chamada "teoria do performativo" de Caruth quanto a sua teoria da "literalidade do significante"). O que conta aqui não é a evidente distorção das supostas teorias de De Man, mas, ilustradamente, o modo pelo qual a "genealogia" é tida sistematicamente como presumida e mal interpretada. Ainda que Caruth tenha sido, de fato, em seu primeiro livro (CARUTH, 1991), uma eminente aluna filosófica e literária de De Man, seu trabalho atual sobre o trauma segue numa direção própria, que se destaca radicalmente de seu antigo professor, o qual a princípio evitava a psicanálise como tal. De fato, a teoria da "literalidade do significante", atribuída por Leys a De Man, na realidade origina-se não em de Man, mas em Lacan, com cuja perspectiva pioneira sobre o trauma Caruth não tem familiaridade. A conexão (infundada) a De Man está na mente (assombrada?) da observadora.

Trauma: a genealogy empenha-se em oferecer, portanto, não uma genealogia do trauma (a menos que seja De Man, genealogicamente, o real trauma por trás desse livro), mas, em vez disso, uma *genealogia de política acadêmica*. Em sua fixação por De Man, no entanto, o livro se engana até mesmo a respeito dessa história institucional em pequena escala – essa genealogia de política acadêmica.

O principal problema do livro, no entanto, não é sua falsificadora *institucionalização* das raízes dos estudos sobre o trauma, mas sua falsificação muito mais substancial da obra do próprio Freud. A proposição central do livro é (admitidamente, dessa vez) derivada da suposição de Mikkel Borch-Jakobsen, de que "o paradigma mimético serve como um princípio-chave estruturador no pensamento de Freud" (LEYS, 2000, p. 13). Nesse sentido, o trauma é interpretado ao longo do livro em termos da assim chamada *mimesis e antimimesis*. A mimesis é baseada na "noção de identificação [da vítima] com o agressor" e na tendência histórica de imitar ou "'mimetizar' outras desordens" (Ibid., p. 6). Porque "é bem sabido que a ascensão da teoria do trauma estava associada desde o início com [histeria e] hipnose" (Ibid., p. 8) e porque "a hipnose era o meio pelo qual Charcot legitimou o conceito de trauma ao propor que as crises histéricas que ele sugestivamente induzia em seus pacientes eram reproduções de cenas traumáticas" (Ibid., p. 8), Leys alega por meio de generalização que também em Freud e em seus futuros seguidores "trauma foi portanto entendido como uma experiência de imitação hipnótica ou identificação – o que eu chamo de *mimesis*" (Ibid., p. 8). Em contraste, "a tendência antimimética" seria "a tendência a considerar o trauma como se fosse um evento puramente externo" (Ibid., p. 10). Freud, de acordo com Leys, está dividido e permanece indeciso entre esses dois polos; e assim são todas as teorias do trauma subsequentes. Essa é a premissa central do livro e também sua repetição conclusiva: "Meu argumento é que o conceito de trauma vem sendo historicamente estruturado de tal forma a, simultaneamente, oferecer resoluções a favor de um ou outro polo da dicotomia mimético/antimimético e a resistir e finalmente vencer todas as tentativas de resolução" (Ibid., p. 299). "Por enquanto não seria necessário declarar que, como historiadora ou genealogista do trauma, meu projeto tem sido revelar e investigar as tensões inerentes à estrutura mimética-antimimética" (Ibid., p. 306).

O que há de errado com essa teoria artificial? Para começar, sua aridez de inspiração, sua falta de profundidade humana e, como ela própria admite, sua flagrante irrelevância clínica: "Quais são, então, as implicações de meu livro?", pergunta Leys e responde: "*A primeira* é que os debates atuais sobre o trauma estão fadados a terminar em *um impasse*, pela simples razão que eles são o resultado inescapável da oscilação mimética-antimimética" (Ibid., p. 305). "*Uma segunda implicação* de meu livro é simplesmente essa: se é verdade que todo o discurso sobre o trauma no Ocidente tem sido estruturado por uma tensão insolúvel e por um conflito entre mimesis e antimimesis, então *seria um equívoco dos terapeutas pensar que o tratamento* das vítimas do trauma *deveria seguir a teoria*" (Ibid., p. 307; itálico meu). Insensível igualmente às nuances textual, clínica e histórica, a eterna redescoberta da velha ideologia e das mesmas categorias acadêmicas familiares (mimesis, não-mimesis) reduz o surpreendente e o desconhecido do trauma ao (puramente acadêmico) conhecido. De fato *extrapola*, a partir da complexidade e da estranheza do inconsciente, uma terminologia estetizante e familiarizante da consciência. Essa terminologia também é algo a-historicamente essencializante. Sem levar em conta a diversidade histórica e a concreta singularidade clínica e humana, "todas essas contradições surgem de *uma mesma força essencial*, a inabilidade estrutural de dois paradigmas em excluir rigorosamente o outro" (Ibid., p. 301).

Muito mais severo que o impulso essencializante dessa "genealogia" é a berrante falsificação do significado da obra de Freud. Uma vez que Freud está preso aqui na pré-história da psicanálise (histeria e hipnose), a compreensão do livro a respeito da noção de trauma é confinada distorcidamente ao trauma sexual. A obra madura de Freud e sua preocupação posterior com memória, história, violência, cultura e guerra são aqui virtualmente ignoradas. É tão sintomático quanto revelador que esse livro discute apenas um punhado de casos de trauma privado e parece esquecer totalmente – não tem real domínio sobre – as tragédias genocidas e as realidades contemporâneas massivas de trauma coletivo. O livro confunde ou falha em reconhecer o fato de que a teoria do trauma é muito mais cheia de consequência no Freud maduro, onde nem sempre está explicitamente ligada ao termo trauma, devendo ser decifrada em termos filosóficos, textuais e literários. Embora Freud seja a pedra fundamental do livro de Leys, ela própria nunca fornece qualquer leitura explicativa ou engajamento direto com o texto de Freud que não por meio da extensiva citação da obra interpretativa de Caruth e das declarações sinópticas e simplórias coletadas de fontes secundárias e "sumariadas" a partir de um pequeno número de escritores secundários que falam sobre Freud (Laplanche, Borch-Jakobsen, Rose, o dicionário psicanalítico de Laplanche e Pontalis). Assim, todas as leituras reais de textos de Freud são de fato emprestadas, e suas ideias são quase literalmente *incorporadas* do criticado livro de Caruth, de acordo com um processo que, nos termos da própria Leys, deve ser definido como "imitativo", como, por exemplo, o que Leys chama de "identificação mimética". No que poderia servir de descrição de sua própria obra polêmica e crítica, Leys escreve: "de acordo com Freud, a violência é inerente no processo imitativo-identificatório, que ele descreve como identificação canibalesca, devoradora e incorporadora, que prontamente se transforma em um desejo hostil de se livrar do outro ou do inimigo, com quem há pouco havia se unido" (Ibid., p. 30). "Brevemente", escreve Leys, "Freud coloca o laço ou vínculo hipnótico-sugestivo no centro do paradigma traumático [...] Mas e se – como sugere Freud – o trauma for compreendido por consistir na própria identificação imitativa ou mimética? Então [...] a vítima de um trauma identifica-se com o agressor" (Ibid., p. 31-2).

A noção (central para o livro de Leys) de que o trauma é idêntico para um hipnótico ou que "a identificação mimética" – a teoria de que a identificação é a característica que define o que é o trauma – não é apenas um completo equívoco e uma redução incrível é, de fato, uma aberração. Nesse ponto de vista, os eventos desastrosamente traumáticos de 11 de setembro de 2001 nos Estados Unidos (o colapso das torres do World Trade Center, os estragos no Pentágono e a queda do avião na Pensilvânia) deririvam da, e seriam definidos pela, identificação mimética dos americanos com os agressores – com os terroristas.

A confusão conceitual que predomina nessa "teoria" descrita no livro (supostamente genealógico) deriva da queda da psicanálise em hipnose: na verdade, a "genealogia" procede como se as duas experiências históricas (psicanálise e hipnose) fossem contínuas e comensuráveis em todos os aspectos. "A conceitualização do trauma estava inevitavelmente conectada com o surgimento da hipnose [...] A hipnose forneceu a Freud um modelo de identificação inconsciente" (Ibid., p. 36). Leys esquece o fato de que a psicanálise nasceu (como Lacan aponta) precisamente por meio de um procedimento *negativo* por meio do qual Freud optou por renunciar à hipnose. O livro confunde o caminho pelo qual a ruptura com a hipnose é que constitui a originalidade e a radicalidade da psicanálise. O estudo então deriva de – e encapsula – uma incompreensão de diversos conceitos psicanalíticos que estão aqui jogados um sobre o outro sem noção crítica de seus limites e de suas diferenças cruciais: inconsciente, identificação, imitação, trauma, ferida narcísica, desordens histéricas. A redução do "conceito de trauma de Freud" a "arqui-trauma de identificação" (Ibid., p. 32) remonta à asserção gritantemente absurda de que não existe algo como o *evento* de trauma: "Dessa perspectiva, o 'evento' traumático é redefinido como aquele que, precisamente porque desencadeia o 'trauma' de identificação emocional, não pode, estritamente falando, ser definido como um evento" (Ibid., p. 33). Essa percepção perde de vista tudo relacionado à realidade do trauma. Podemos não compreender do que se trata o trauma ou de onde ele vem. Mas se trauma não é um evento (precisamente uma realidade histórica concreta e singular – um choque – que não entendemos mas que devemos aceitar), então não é nada. Trauma, pode-se dizer, é o evento por excelência, o evento como ininteligível, como o puro impacto de um acontecimento absoluto. Mas o livro de Leys reduz o evento (como reduz a história) àquilo que chama "o *tema* de identificação mimética" (Ibid., p. 33, destaque meu). A temática é precisamente (ao contrário do evento) o que já está dominado e compreendido. O trauma como uma *temática* autocontida é reduzido por Leys, essencialmente, às desordens de uma ferida narcísica. Mas reduzir o trauma a uma ferida narcísica é, ao mesmo tempo, trivializá-lo e negá-lo, recuperar sua estranheza e sua alteridade. O que fatalmente se perde de vista nessa "teoria" do trauma (uma teoria sobre as identificações do ego) é, sem dúvida, o Outro. *Trauma: a genealogy*, um livro que não reconhece qualquer evento (e no qual, consequentemente, nada acontece), é sintomaticamente um livro em que o narcisismo é a única realidade.

Daí vem o ataque de Leys ao que ela chama de "o *pathos* do literal" na análise de Caruth. A depreciação e a exclusão do literal (compreendido de maneira positivista e reducionista) originam-se quase naturalmente da exclusão do evento. Onde não há evento e nem singularidade histórica (apenas uma essência de "identificação mimética") obviamente não há literalidade significante (ou simbólica) que possa ser compreendida como tal, quer dizer, como *literalmente significante*, literalmente simbólico, bem à maneira da análise de "A carta roubada" por Lacan. Se Ruth Leys falha em enxergar ou compreender a natureza da carta e a natureza da literalidade do significante no texto de Caruth, é porque ela o vê de modo positivista e com o entendimento literal, exatamente como faz o policial no conto de Poe. Na verdade, sua prática persistente de crítica ao texto de Caruth reside em uma espionagem implacável (da literalidade) das palavras omitidas nas citações de Caruth a partir do texto de Freud. As omissões são persistentemente detectadas e as palavras elididas são triunfantemente restabelecidas, por meio de um gesto obsessivamente positivista e autocongratulatório de preencher lacunas. E, ainda assim, a carta (ao mesmo tempo traumatizando e encapsulando o significado do trauma) não é encontrada.

As *omissões* de Caruth aqui não são especialmente importantes – quando cita a mesma passagem em seu livro posterior, *Unclaimed Experience*, ela restabelece a segunda das frases faltantes. Mas elas são sintomáticas de sua rejeição geral da explicação edipiana de Freud para as neuroses. (*UE*, p. 278)

Outra coisa que Caruth desconsidera no texto de Freud, uma *omissão* [...] Essa omissão envolve a aceitação de Freud da teoria de Lamarck. (*UE*, p. 284)

Caruth também acredita na transmissão do trauma entre gerações [...] Se Caruth não menciona ou necessita as teorias lamarckianas de Freud, é porque a sua versão de De Man para aquela tecnologia explica como os próprios textos conseguem a mesma transformação da história em memória. (*UE*, p. 286)

Caruth *não omite nada* significante nessa passagem [...] Mas sua análise depende de uma artimanha, pois envolve *a omissão* de palavras específicas na passagem que ela cita, a qual poderia parecer desaprovar sua alegação. Eu cito a passagem novamente, desta vez restaurando as palavras omitidas [em colchetes]. (*UE*, p. 288)

"A polícia", escreve Lacan em sua famosa análise de "A carta roubada",

A polícia procurou *em toda parte*: o que deveríamos entender – haja vista o lugar em que a polícia [...] supôs que a carta poderia ser encontrada – em termos de um esgotamento (sem dúvida teórico) de espaço [...] Não temos então o direito de perguntar como é que a carta não foi encontrada *em lugar algum*, ou, mais ainda, observar que tudo o que nos foi dito a respeito de uma concepção mais ampla de ocultação não explica, com todo rigor, que a carta escapou de ser detectada, uma vez que a região vasculhada na prática a continha, como se prova no fim das contas na descoberta de Dupin [...]

De fato, observemos mais de perto o que acontece com a polícia. Não somos privados de nada relacionado aos procedimentos usados ao revistar a área submetida à sua investigação: desde a divisão de espaço em compartimentos do qual o menor volume não poderia escapar à detecção [...] até um microscópio que expõe o refugo de qualquer perfuração na superfície de seu vazio, sem dúvida, a infinitesimal abertura de uma brecha do mais ínfimo abismo [...] Mas os detetives têm uma noção tão imutável do real, que eles falham em perceber que sua busca tende a transformá-la em objeto. (Ver LACAN apud MEHLMAN, 1972, p. 52-5)

Os detetives, diz Lacan, falham em ver a carta (e falham em compreender o que literalidade significa) porque sua busca transforma isso em um objeto – porque eles confundem o simbólico com o real; e assim também faz Leys. Por que Ruth Leys precisa realmente, como um detetive em uma cena de crime, literalmente espionar as palavras omitidas de Caruth e Freud? Por que esse policiamento da carta? Por que esse policiamento do território de conhecimento? Eu me arrisco a propor que é precisamente a vitalidade e a força da visão de Caruth e, mais genericamente, o radicalismo do trauma em si – o modo em que (precisamente) o evento do trauma desestabiliza a segurança do conhecimento e atinge o fundamento das prerrogativas institucionais do que é conhecido – que é experimentado como uma ameaça e precisa assim ser dominado, contido e censurado.

Por fim [escreve Leys], nos capítulos 7 e 8 eu examino as obras de dois teóricos do trauma do período pós-Holocausto e pós-Vietnã, Bessel van der Kolk e Cathy Caruth [...] O que é novo em suas obras [...] é uma fascinação com [...] a ideia, atualmente na moda, de que o domínio do trauma é o indizível e o irrepresentável [...] No entanto, como eu argumento, não há garantia na teoria mimética para sua insistência [...] em que a experiência traumática esteja fora ou além da representação como tal [...] Ambos os autores [...] enfatizam a tendência do trauma de infectar ou contagiosamente influenciar outros. Na obra de Van der Kolk isso toma a modesta forma de propor que o terapeuta pode ser tão afetado pelo sofrimento do paciente que ele ou ela venha, por sua vez, a ficar traumatizado. Na obra de Caruth o *topos* da infecção toma a forma mais dramática de propor que o trauma vivenciado por uma geração pode ser contagiosamente transmitido às gerações seguintes, resultando em que cada um de nós pode ser imaginado como receptor de um trauma que nós nunca vivenciamos diretamente. (LEYS, 2000, p. 304-30)

Em contraste, Ruth Leys nega a transmissão de trauma entre gerações e a subversão de representação pela alteridade do evento, o que ela recebe como nada menos que um escândalo para o pensamento (tradicional). Ela então nega em princípio as consequências pelas quais o trauma se recusa a ser categorizado, e fundamentalmente subverte nossos parâmetros de referência. Leys procura dissimular esse temor a partir de consequências tanto da "ciência" quanto como da "ética", anunciando que a análise radical de Caruth sobre a impossibilidade de se localizar o trauma é de modo semelhante "imoral" porque pode induzir-nos a confundir vítimas e perpetradores (Ibid., p. 78, 38-9, 292-7). Não corremos, porém, tal perigo e, se corrêssemos, nenhuma moralização rasa poderia proteger-nos dele. Nenhuma moralização rasa e nenhuma categorização pseudocientífica podem apagar as consequências revolucionárias da experiência traumática. Categorização não é ética, muito menos ciência: é dogma. "Conservadorismo", escreve Charles Sanders Peirce, "no sentido de um temor a consequências, está absolutamente fora do plano da ciência – a qual, pelo contrário, tem sempre sido retransmitida pelos radicais e pelo radicalismo, no sentido da disposição de levar as consequências aos seus extremos" (PEIRCE, 1955, p. 58). Ao contrário de Caruth e Van der Kolk, Ruth Leys não tem tal disposição. Governada pelo que Peirce chama de "temor a consequências", que o livro tenta suprimir, policiar, *negar e censurar, Trauma: a genealogy* se constrói como moralizante e como normalizante somente a custo de sua participação acrítica e cega na censura daquilo sobre o que pretende dizer. "Negação, repressão e dissociação operam em um nível social, bem como em um individual", escreve Judith Herman (1997, p. 2). Como esse exemplo demonstra, há (e assim *pode* haver) livros inteiros sobre trauma cujo real intuito subtextual e institucional é (inconscientemente ou não) participar nos "processos sociais comuns de silenciamento e negação" (Ibid., p. 9) do desconcertante fenômeno do trauma.

4. "Address by President George W. Bush to a Joint Session of Congress" (Discurso do Presidente George W. Bush a uma Sessão Conjunta do Congresso) proferido em 20 de setembro de 2001 (2001, p. A29).

5. Ibid.

6. "Não estamos ludibriados", disse Bush, "pelas pretensões de piedade. Nós já vimos desse tipo antes. *Elas são herdeiras de todas as ideologias assassinas do século XX.* Ao sacrificar a vida humana para servir a suas visões radicais, ao abandonar todo valor exceto a sede pelo poder, eles seguem o caminho do fascismo, do nazismo e do totalitarismo" (Ibid., itálico meu).

7. Essas páginas foram redigidas em decorrência dos acontecimentos do "11 de Setembro"; os Estados Unidos haviam acabado de entrar em uma guerra militar contra o terrorismo, cujos derradeiros desdobramentos históricos e *consequências jurídicas* não podem ser prognosticadas ou previstas ou com total certeza ou com uma total clareza de visão moral. Meu ponto aqui não é político, mas analítico. Quaisquer sejam as consequências políticas e morais, é significante que a ideia de justiça por julgamento e pela lei foi imediatamente concebida e articulada como resposta prometida dos Estados Unidos e como a mais significante e significativa resposta da civilização ocidental precisamente à perda de significado e ao enfraquecimento [*disempowerment*] ocasionado pelo trauma.

8. Para referências à imensa literatura jurídica (*legal scholarship*) sobre a dicotomia entre o privado e o público, incluindo a reavaliação geral dessa dicotomia e a relevância dessa reavaliação para as diversas críticas culturais e políticas e para os diversos movimentos críticos jurídicos, ver capítulo 3, nota 223; ver também TEITEL, 1999, p. 285; e SIMPSON, 1997, p. 801.

9. Esse inconsciente jurídico consiste não somente na maneira por meio da qual o direito repete o trauma, mas também, mais especificamente, precisamente na maneira pela qual aquilo que não pode ser articulado em linguagem jurídica é, por outro lado, representado no palco jurídico, encenado e reencenado

no tribunal de duas formas dramáticas jurídicas: (a) em estruturas compulsivas de repetições jurídicas (capítulo 2), e (b) em momentos de explosão e de interrupção da estrutura jurídica (capítulo 4).

10. Desse modo, eu mostro, por exemplo, (capítulo 4) como Benjamin está secretamente presente em *Eichmann em Jerusalém*, de Arendt, e como essa presença secreta lança nova luz sobre o livro de Arendt, não simplesmente como um livro sobre julgamentos do pós-guerra, mas como um livro de luto: um luto autobiográfico desarticulado que inscreve silenciosamente no texto de Arendt sua própria perda e sua própria história traumática silenciada e não contada.

1. O SILÊNCIO DO NARRADOR
O DILEMA DE JUSTIÇA EM WALTER BENJAMIN

> Podemos nos indagar se a relação do narrador com seu material,
> a vida humana, não é ela mesma a relação de um artesão...
> exemplificada pelo provérbio como um ideograma de uma narrativa.
>
> A morte é a sanção de tudo o que o narrador tem de narrar.
> É da morte que deriva sua autoridade.
>
> Walter Benjamin, *O Narrador*

> Nenhuma justiça... parece possível sem um princípio de responsabilidade,
> para além de todos os vivos presentes, diante dos espectros daqueles
> que ainda não nasceram ou que já estão mortos, sejam eles vítimas de guerras,
> da violência política ou de outras formas de violência, nacionalista, racista,
> colonialista, sexista, ou de outros tipos de extermínio.
>
> Jacques Derrida, *Espectros de Marx*

Por que começar um livro sobre julgamentos com a história da vida e do pensamento de Walter Benjamin? A história, argumentaria eu, é uma parábola para o século XX, uma parábola que um sofisticado autor de literatura poderia talvez intitular "Diante da Lei": diante da lei tanto no sentido temporal quanto naquele espacial.[11]

"Kafka não usa a palavra 'justiça'," escreve Walter Benjamin, "e, no entanto, o ponto de partida de sua crítica é a justiça."[12] Do mesmo modo, poder-se-ia dizer: Benjamin raramente usa a palavra "justiça", sendo, no entanto, a justiça o ponto de partida para sua crítica. A história da vida e da obra de Walter Benjamin (o único capítulo neste livro que não se refere a um julgamento) é, eu o proporia, uma história acerca da relação entre silêncio e justiça. É uma história que alcança o *status* daquilo que Benjamin chamará de "um provérbio": "Podemos dizer que um provérbio são ruínas de antigas narrativas, nas quais a moral da história abraça um gesto como a hera abraça um muro" ("O N.", p. 239).[13]

Primeira parte: A justiça em Benjamin

– I –

Duas histórias, portanto, aqui se cruzarão e, por meio de seu cruzamento, lançarão luz uma a outra: a história da vida de Walter Benjamin e a história de seus escritos.

Embora Benjamin não escreva sobre julgamentos, ele efetivamente escreve sobre a história como a arena de uma luta constante entre justiça e injustiça. Decisivamente, escreve sobre a relação entre história e justiça. Na esteira de Benjamin, este capítulo é devotado a uma investigação e (após Benjamin) a uma tentativa de conceituação dessa relação central que, como mostrarei mais tarde, de maneira semelhante, rege os julgamentos. Os capítulos seguintes ilustram concretamente como as questões que Benjamin identificava como centrais (como constitutivas dentro da relação entre história e justiça) atualmente surgem como questões mnemonicamente persistentes e recorrentes no centro dos julgamentos contemporâneos.

História, justiça e o direito

Os julgamentos têm sido sempre contextualizados em – e afetados por – uma relação geral entre história e justiça. Mas nem sempre estiveram judicialmente preocupados com essa relação. Até meados do século XX, foi em princípio mantida uma divisão radical entre história e justiça. O direito era concebido ou como a-histórico ou como expressando um estágio específico no desenvolvimento histórico da sociedade. Mas direito e história estavam separados. Os tribunais reconheciam, às vezes, que constituíam parte da história, mas não julgavam a história enquanto tal. Esse estado de coisas mudou desde a constituição do tribunal de Nuremberg, que (por meio do julgamento dos líderes nazistas como representantes do regime histórico e do fenômeno histórico do nazismo), pela primeira vez, convocou a própria história a uma corte de justiça.[14]

Na esteira de Nuremberg, ocorreu um deslocamento de posição na relação entre história e julgamentos[15]. Não só tornou-se admissível julgar a história, como também tornou-se judicialmente necessário fazê-lo. Embora não tenha sido essa a intenção, Nuremberg efetivamente produziu essa revolução conceitual que afeta implicitamente todos os julgamentos posteriores, e não apenas a tradição dos crimes de guerra e do direito penal internacional. Na segunda metade do século XX, tornou-se parte da função dos julgamentos reparar judicialmente não só injustiças privadas, como também injustiças históricas coletivas.[16]

A história em julgamento

Assim, o julgamento de Eichmann submete a julgamento a história inteira da perseguição e do genocídio nazistas dos judeus europeus.[17] Décadas depois, a defesa no julgamento de O. J. Simpson submete a julgamento a história inteira do linchamento e da discriminação de negros americanos, ao passo que a acusação submete simultaneamente a julgamento as injustiças históricas infligidas impunemente às mulheres espancadas e às esposas assassinadas. Este livro examina esses dois exemplos legais paradigmáticos entre os muitos outros julgamentos (tanto civis como penais) que julgam a história enquanto tal: o caso *Brown v. Ministério da Educação* nos Estados Unidos; o caso britânico por difamação *Irving v. Lipstadt*; o julgamento francês de Klaus Barbie; os julgamentos dos oficiais e torturadores da "Guerra Suja" na Argentina; o julgamento turco dos acusados de terem cometido genocídio contra os armênios em 1921; os tribunais de crimes de guerra internacionais *ad hoc* para Ruanda e para a ex-Iugoslávia. Nesse último caso, da Bósnia e da antiga Iugoslávia, o crime da história consiste (novamente) tanto no assassinato indiscriminado de seres humanos, quanto no assassinato de seres humanos de um determinado sexo, tanto no próprio crime de genocídio, quanto no ultraje associado tendo como alvo as mulheres. O que o tribunal de crimes de guerra em Haia pela primeira vez submete a julgamento como um crime contra a humanidade não é apenas o crime étnico (a história genocida) dos massacres e da limpeza étnica, mas também o crime sexual do estupro sistemático e coletivo (a história genocida sexualizada).

A significação de todos esses casos legais que submetem a história a julgamento – uma significação que este livro se propõe a extrair e examinar – não é apenas que são revolucionários no sentido de que o que julgam é tanto "o privado" quanto "o público", mas também, ainda mais significativamente, que neles o tribunal proporciona um palco para a expressão dos oprimidos. O julgamento permite (o que Benjamin chamou de) a "tradição dos oprimidos"[18] articular sua reivindicação de justiça em nome de um julgamento – de uma acusação explícita ou implícita – da própria história. *O julgamento contribui para que seja expresso o que historicamente restou "sem-expressão".*

Neste capítulo analisarei como, *antecipando desenvolvimentos no direito* e adiantando-se à história, Benjamin expressa precisamente essa reivindicação de justiça em nome da tradição dos oprimidos. Afirmo que Benjamin é o filósofo e o precursor conceitual, o arauto dessa reivindicação de justiça. Suas teorias constituem uma alegoria da necessidade de recuperar o silêncio dos oprimidos em nome de um julgamento da própria história. Nisso está ele inscrito profeticamente em relação a julgamentos contemporâneos. As reflexões de Benjamin sobre história predizem, ou no mínimo antecipam, o que realmente acontecerá na esfera do direito na segunda metade do século XX.

Os *sem-expressão*

O tribunal, eu afirmei, proporciona um palco "à tradição dos oprimidos", contribuindo para que os "sem-expressão" dessa tradição (o silêncio dos perseguidos, o indizível do trauma da opressão) venham a se expressar.

Walter Benjamin originalmente cunhou o termo *sem-expressão* (*das Ausdruckslose*) *como um conceito literário inovador*[19], um conceito que essencialmente liga a literatura e a arte à comunicação (muda e, não obstante, poderosa) do que não pode ser dito em palavras,[20] mas o que faz a arte estar no "mundo verdadeiro", o que "despedaça" a arte, diz Benjamin, no "torso de um símbolo", num "fragmento" do mundo real ("GEA", p. 340). O *sem-expressão*, na literatura (e, eu o mostrarei mais tarde, no direito), é, assim, uma articulação que tem significado, embora e porque não tem possibilidade de enunciação.

Mas ao relacionar a literatura, por meio do *sem-expressão*, não só a um silêncio e a uma mudez, mas também a um momento que conota morte, trauma e petrificação – "o momento em que a vida é petrificada, como se hipnotizada num único momento" ("GEA", p. 340) – Benjamin criou, segundo argumentarei, um conceito inovador em matéria de ideias ou métodos, que pode ser também aplicado a fenômenos políticos, e que, em particular, arroja nova luz às *críticas da história*[21] do século XX e aos desenvolvimentos históricos contemporâneos, incluindo recentes desenvolvimentos jurídicos.[22]

Emprego o termo *sem-expressão* em todo este livro no sentido pioneiro de Benjamin,[23] mas também naquele de Levinas[24] (cuja ressonância adicional está aqui incluída no sentido benjaminiano):[25] *sem-expressão* (*das Ausdruckslose*) são aqueles que a violência privou de expressão; aqueles que, por um lado, foram historicamente reduzidos ao silêncio e que, por outro, foram historicamente tornados sem rosto, privados de seu *rosto humano* – privados, a saber, não só de uma linguagem e de uma voz, mas mesmo da expressão muda, sempre presente num rosto humano *vivo*.[26] Aqueles que a violência paralisou, suprimiu ou debilitou, aqueles que a violência tratou em suas vidas como se já estivessem *mortos*, aqueles que foram tornados (em vida) *sem-expressão*, sem uma voz e sem um rosto tornaram-se – de forma muito semelhante aos mortos – historicamente (e filosoficamente) *sem-expressão* (*das Ausdruckslose*).

Este livro propõe-se a investigar precisamente o *status* dos *sem-expressão* no tribunal, e as formas jurídicas pelas quais o *sem-expressão* da história encontra uma expressão em julgamentos que julgam a própria história e em procedimentos legais que se ocupam dos crimes da história (e tentam repará-los).

Nos casos discutidos neste livro e em outros que lhes são semelhantes, o tribunal ou intencionalmente proporciona um palco para o *sem-expressão* da história, ou não intencional e inconscientemente decreta essa inexpressabilidade e é forçado a testemunhá-la e com ela se deparar: legalmente lidar com ela. Por meio do processo, o *sem-expressão* ao menos recupera parcialmente a humanidade viva e a *expressão* de um rosto humano. No julgamento (para contrapor dois conceitos-chave benjaminianos), o *sem-expressão* converte-se em *narração*.

Sustento que Benjamin reivindica antecipadamente esse tipo de exercício de justiça e esse tribunal que julga a história.

Ele compreende, antecipando-se a outros, a significância da relação entre história (opressão, trauma, violência) e silêncio. Prevê, antecipando-se a outros, a necessidade de justiça para reparar esse silêncio, arrastando a própria história ao julgamento.

Benjamin prevê, sustento (à frente do que acontecerá na segunda metade do século XX), ao mesmo tempo a necessidade urgente do reparo de injustiças históricas coletivas e os abomináveis atos de "barbárie" – os crimes bárbaros –, que são constitutivos da história enquanto tal.[27] Ele analisa, em antecipação, simultaneamente as razões e a necessidade histórica imperativa de pôr a história enquanto tal em julgamento, de levar a história enquanto tal – e, sobretudo, a história contemporânea – a uma corte de justiça.

– II –

"Esperança no passado", ou justiça para os mortos

A história, nas reflexões de Benjamin, está associada não apenas à estrutura de um julgamento, porém, mais radicalmente, ao "Dia do Juízo": o dia em que a injustiça histórica será abolida precisamente por meio do ato do juízo; o dia em que justiça e memória coincidirão (talvez o dia em que o julgamento será redimido da *desmemória* política que lhe é inerente. Somente no Dia do Juízo o significado da história (um significado que não pode ser dominado ou possuído por "homem ou homens")[28] emergirá do inconsciente político[29] e virá à luz. Somente no Dia do Juízo o passado se apossará plenamente de seu significado: um significado em que mesmo o *sem-expressão* da história (o silêncio das vítimas, a mudez dos traumatizados) adquirirá expressão histórica. "Decerto, somente uma espécie humana redimida recebe a plenitude de seu passado – o que corresponde a dizer, somente para uma espécie humana redimida seu passado tornou-se citável em todos os seus momentos. Cada um dos seus momentos vividos transforma-se numa citação *à l'ordre du jour* – e esse dia é o Dia do Juízo" ("Teses", p. 242). A invocação de um Dia do Juízo ao qual a própria história está destinada é frequentemente interpretada como testemunho do envolvimento de Benjamin com – ou ato de fé em – uma escatologia messiânica. Eu o interpreto secularmente como o dia (revolucionário, legal) que colocará a própria história em julgamento, o dia em que a história terá de fazer o balanço de suas próprias flagrantes injustiças.

Dia do Juízo implica uma necessária referência da história e da justiça histórica a um redespertar dos mortos;[30] e a justiça é, realmente, para Benjamin, acima de qualquer justiça (e muito paradoxalmente, vida) para os mortos. Vida para os mortos reside numa lembrança (por parte dos vivos) de sua história; justiça para os mortos reside numa lembrança (por parte dos vivos) da injustiça e do ultraje cometidos contra eles. A história é, assim, muito além das narrativas oficiais, uma reivindicação mnemonicamente persistente e recorrente que os mortos dirigem aos vivos, cuja responsabilidade não é apenas lembrar os mortos, mas protegê-los contra serem *apropriados de maneira incorreta*: "O dom de despertar do passado as centelhas da esperança é privilégio exclusivo do historiador convencido de que tampouco os mortos estarão em segurança se o inimigo vencer" ("Teses", p. 255).

Crítica da violência

O que os mortos um dia irão submeter a julgamento é a violência da história: todos os que até agora venceram participam do cortejo triunfal, que os dominadores de hoje conduzem por sobre os corpos dos que hoje estão prostrados no chão ("Teses", p. 256); a violência pela qual os governantes instituem sua própria regra (sua própria violência) como lei: usurpadores, eles têm a si mesmos como sendo os donos da justiça. "Walter Benjamin observou", escreve Mariana Varverde, "que toda reflexão filosófica em torno de justiça pode ser recuperada por projetos políticos questionáveis, como parte da apropriação burguesa de toda forma de 'bens culturais' [...] A apropriação das filosofias da justiça pelas classes governantes de cada geração foi o interesse maior dos pensamentos de Benjamin sobre a história."[31]

Somente os mortos podem julgar a pura violência da apropriação histórica de filosofias da justiça: somente a partir da perspectiva dos mortos pode essa violência disfarçada de justiça e mascarada como direito ser vista em sua nudez e submetida a julgamento.

O direito – e o tribunal em si mesmo – estão, portanto, não inteiramente (e não por definição) do lado da justiça; partilham da violência da história. Assim, o direito deve ser julgado juntamente com a própria história. Como a história, o direito tem uma relação inerente com a morte. É precisamente essa relação constitutiva do direito com a violência e a morte que tem de ser desnudada e, por sua vez, denunciada. "A tarefa de uma crítica da violência" – Benjamin observa – "pode ser resumida como aquela de expor suas relações com o direito e com a justiça".[32]

> Pois se violência, violência coroada pelo destino, é a origem do direito, não está longe a suspeita de que a instituição da violência suprema – a violência sobre a vida e a morte, a qual se apresenta na forma da ordem jurídica –, as origens do poder-violência interferem de maneira representativa na ordem jurídica e ali se manifestam de forma terrível... Pois, no exercício da violência sobre a vida e a morte, o direito se fortalece mais do quem em qualquer outra forma de fazer cumprir a lei. Mas ali se manifesta também o elemento de podridão do direito [...] O direito [...] aparece [...] numa luz moral tão ambígua, que a questão que se apresenta é se não haveria outros meios não violentos para regular os interesses humanos conflitantes. ("Critique", p. 286-7)[33]

Essa crítica radical da violência nasceu (Benjamin o explica) da catástrofe sem igual e da violência ideológica e tecnológica sem paralelo da Primeira Guerra Mundial: um evento divisor de águas do século XX que sintetiza o inimaginável de agressão e brutalidade revelado no mundo contemporâneo. É precisamente essa epifania de violência, que desfilou enganosamente como civilização, que é preciso urgentemente desmascarar, desmistificar, e submeter a julgamento. Depois da Primeira Guerra Mundial, não é mais possível se falar de violência ingenuamente.

> Se, na última guerra, a crítica da violência militar foi o ponto de partida para uma apaixonada crítica da violência em geral – crítica que pelo menos ensina uma coisa: *que a violência não é mais exercida ou tolerada de forma ingênua* –, não obstante a violência tornou-se objeto da crítica não apenas como poder instituinte de um direito, mas também foi julgada de maneira ainda mais arrasadora quanto a uma outra função. Pois o que caracteriza o militarismo, que só chegou a ser o que é por causa do serviço militar obrigatório, é uma duplicidade na função da violência. O militarismo é a compulsão para

o uso generalizado da violência como meio para os fins do Estado. Pois a subordinação dos cidadãos às leis – no caso presente, o serviço militar obrigatório – é um fim jurídico. Se aquela primeira função da violência (militarismo) passa a ser a instituição do direito, sua segunda função (serviço militar obrigatório) pode ser chamada de manutenção do direito. Uma vez que o serviço militar obrigatório é um caso de aplicação da violência mantenedora do direito (que em princípio não se distingue dos outros casos de aplicação dessa violência), sua crítica realmente eficaz não é tão simples quanto querem os ativistas e pacifistas com suas declamações. Pelo contrário, ela coincide com a *crítica de toda e qualquer violência jurídica*, ou seja, com a crítica do poder legislativo ou executivo, não podendo ser realizada por menos. ("Critique", p. 284; destaques meus)

A violência é legislativa quando institui a si própria como lei e cria novas normas jurídicas e novos padrões prescritivos. Tal como ocorrido, por exemplo, com o tribunal dos vencedores instaurado como precedente histórico em Nuremberg:[34] foi a violência da vitória que possibilitou os processos de Nuremberg e que permitiu aos Aliados Ocidentais vitoriosos (e ao seu tribunal) estabelecerem um instituto e um precedente jurídico pioneiros para todo o futuro do direito, bem como uma nova sujeição à autoridade judiciária e um novo conceito jurídico de "crimes contra a humanidade". Quando a violência não está na origem da legitimação como legislação (quando ela não institui uma nova lei que a legitima *ex post facto*), é legitimada como preservadora da lei, está a serviço de uma lei preexistente. Tal, como salienta Benjamin, é o caso da instituição do recrutamento compulsório na Primeira Guerra Mundial ou, para tomar um exemplo mais extremo e mais óbvio, o caso da violência nazista desenvolvida a serviço das leis de Nuremberg. "Toda violência como um meio é ou legislativa ou preservadora da lei. Se não reivindica um ou outro desses predicados, perde toda validade. Resulta, entretanto, que toda violência como um meio, mesmo no mais favorável dos casos, está implicada na natureza problemática do próprio direito" ("Critique", p. 287).

No Dia do Juízo, *o direito, portanto, julgará o direito*: o direito ocidental (o Tribunal Militar Internacional) julgará o direito nazista; o direito russo julgará o direito soviético e libertará, anistiará e reabilitará as vítimas do julgamento de Moscou. Nesse aspecto, o mais característico julgamento da história é o terceiro dos julgamentos de Nuremberg, o assim chamado Caso de Justiça, no qual os juízes nazistas (e servidores civis) foram submetidos a julgamento e condenados.

O próprio direito é, consequentemente, tanto redentor quanto opressor; e assim é potencialmente todo julgamento. Todo julgamento pode ser ambas as coisas ao mesmo tempo, ou pode ser, em lugar disso, uma ou outra. O interesse de Benjamin pela justiça deriva precisamente dessa contradição – dessa suspensão entre redenção e opressão – inerente à própria natureza do direito. É porque a redenção é impossível que há uma exigência de justiça e um imperativo de justiça. Almeja-se justiça e tem-se esperança de justiça jurídica porque a única redenção secular provém do direito.[35] Todavia, o direito não oferece nenhuma redenção derradeira e nenhum dia do juízo final.[36] "Justiça", escreve Levinas, "é sempre uma revisão da justiça e a expectativa de uma melhor justiça."[37] O Dia do Juízo é tanto concreto (particular, político, histórico) quanto condenado a permanecer historicamente eternamente adiado.

– III –

Justiça, morte, silêncio e os não apropriados

Quando Benjamin reivindicou justiça para os mortos, não previu ainda a si mesmo como morto. Ou previu? Sabia que ele mesmo seria um dia uma vítima da violência da história exibindo suas injustiças insanas como jurídicas? Já sabia que, em tais circunstâncias, preferiria dar cabo da própria vida a submeter-se aos enganos e às distorções de tal história? Quando este livro, por seu turno – depois de Benjamin –, reivindicar justiça para os mortos, o reivindicará muito especificamente, em primeiro lugar, para o próprio Walter Benjamin: para a *história privada* de sua vida e de sua morte, e para a *história pública* – doravante o legado coletivo – de seu trabalho de reflexão e de imaginação. Para fazer justiça a Benjamin, contudo, ele falará do silêncio de Benjamin.

Embora a filosofia da história de Benjamin incorpore uma visão de justiça redentora que, ao trazer os "sem-expressão" à expressão recuperará e restaurará os desaparecidos, a história silenciada dos oprimidos e dos destituídos de direitos, a vida de Benjamin como um refugiado judeu alemão oprimido e destituído de direitos resume, de maneira contrastante, um drama de *justiça distorcida* muito similar (em seus precisos detalhes factuais) às realidades do *processo* de Kafka. Se o romance aparentemente fantástico de Kafka efetivamente retrata de maneira profética a futura tragédia jurídica de Walter Benjamin e o cortejo de *perversões* totalitárias possíveis e reais do direito, poderia ser dito que o processo de Kafka[*] é, na verdade – acima de todos os processos legais –, o julgamento fundamental do século (aquele que verdadeiramente submete o século ao julgamento)? Como K. no processo de Kafka, Benjamin é assediado pela lei. Como K., ele é finalmente silenciado por meios jurídicos. Realmente, o

---

[*]. Daqui em diante mencionado K. (N.E.)

drama de sua queda final no silêncio ilustra, a contrastar com suas esperanças, tanto o fracasso da civilização de redimir os silenciados quanto a capacidade silenciadora da própria lei em seu potencial (e em sua realidade totalitária) como o mais pernicioso e o mais brutal instrumento de violência da civilização. Como K. no processo de Kafka, Benjamin termina sendo, ele mesmo, uma vítima assassinada de uma cultura persecutória que se mascara como um tribunal e de um direito que mascara seus próprios crimes por meio de procedimentos legais e tecnicidades jurídicas.

"Em 26 de setembro de 1940", escreve Hannah Arendt, "Walter Benjamin, que estava para emigrar para a América, deu cabo de sua vida na fronteira entre a França e a Espanha":

> Houve várias razões para isso. A Gestapo confiscara seu apartamento de Paris, que continha sua biblioteca [...] e muitos de seus manuscritos [...] Além disso, nada o atraía para a América, onde, como ele costumava dizer, as pessoas provavelmente não encontrariam outro uso para ele a não ser carreá-lo de cima a baixo do país a fim de exibi-lo como "o último europeu". Mas o que ensejou de maneira imediata o suicídio de Benjamin foi um golpe incomum de má sorte. Pelo acordo de armistício entre Vichy, França e o Terceiro Reich, refugiados de Hitler corriam o perigo de ser embarcados de volta para a Alemanha [...] Para salvar essa categoria de refugiados [...] os Estados Unidos haviam distribuído um certo número de vistos de emergência por meio de seus consulados na Europa não ocupada [...] Benjamin esteve entre os primeiros a receber tal visto em Marselha. Além disso, obteve rapidamente um visto de transporte para permitir que ele chegasse a Lisboa e de lá embarcasse num navio. Entretanto, ele não tinha um visto de saída francês [...] o qual o governo francês, ansioso para agradar a Gestapo, invariavelmente negava aos refugiados alemães. Em geral, isso não representava grande dificuldade, uma vez que uma estrada relativamente curta, e de modo algum de difícil acesso, a qual podia ser atravessada a pé sobre as montanhas de Port Bou, era bem conhecida e não vigiada pela polícia francesa da fronteira. Ainda assim, para Benjamim, que aparentemente sofria de um problema cardíaco [...] até a mais curta caminhada constituía um grande esforço, e ele deve ter chegado num estado de completo esgotamento. O pequeno grupo de refugiados ao qual ele se juntara alcançou a cidade da fronteira espanhola apenas para ficar sabendo que a Espanha fechara a fronteira naquele mesmo dia e que os oficiais da fronteira não aceitavam vistos elaborados em Marselha. Era de se esperar que os refugiados retornassem à França pela mesma estrada no dia seguinte. Benjamin suicidou-se durante a noite e, em decorrência disso, os oficiais da fronteira, impressionados com esse suicídio, permitiram que seus companheiros prosseguissem para Portugal. Algumas semanas depois, o embargo dos vistos foi suspenso novamente. Um dia antes, Benjamin teria atravessado a fronteira sem qualquer problema; um dia depois, o povo em Marselha já teria sabido que naquele momento era impossível atravessar pela Espanha. Somente naquele dia, em particular, tornou-se possível a catástrofe.[38]

"Diante da Lei," escreve Kafka, "está um porteiro. Um homem do campo dirige-se a esse porteiro e pede para entrar na lei."

Mas o porteiro diz que agora não pode permitir-lhe a entrada. O homem do campo reflete e então pergunta se não pode entrar mais tarde. "É possível," diz o porteiro, "mas agora não." Uma vez que a porta da lei continua, como sempre, aberta, e o porteiro se posta ao lado, o homem se inclina para olhar o interior através da porta. Quando nota isso, o porteiro ri e diz: "Se o atrai tanto, tente entrar apesar da minha proibição. Mas veja bem: eu sou poderoso [...] Aqui ninguém mais poderia ser admitido, pois essa entrada estava destinada só a você. Agora eu vou embora e fecho-a".[39]

A verdade da vida de Benjamin como um refugiado judeu alemão perseguido, como uma pessoa que foge, sem pátria, como alguém que cruza ilegalmente a fronteira, e como um suposto imigrante para o novo mundo é a verdade do processo de Kafka. Como K., Benjamin "realmente tornou-se uma figura muda sob a forma do homem acusado, uma figura (insiste Benjamin) da mais impressionante intensidade".[40] Como K., Benjamin é fundamental e radicalmente *um sujeito sob um regime de julgamento*.

Mas nessa era em que a lei torna-se o mais flagrante instrumento de violência da cultura, nesse mundo totalitário das leis de Nuremberg e dos julgamentos de Moscou, Benjamin (de modo semelhante a K. e diferentemente de K.) não é sequer submetido a julgamento. É simplesmente excluído da Lei. Ele meramente não tem um visto de saída do país (França) para o qual fugiu vindo da Alemanha nazista e no qual obteve um asilo nada acolhedor como um refugiado alemão sem pátria, segregado, destituído de direitos e confinado. Como K., Benjamin morre nas mãos de oficiais, de representantes da lei: dos policiais (espanhóis) que o prendem por não ter um visto de saída (da França ocupada); Benjamin confronta, como K., os guardiões de procedimentos e os guardiões de fronteiras, os porteiros que negam o ingresso e proíbem a entrada na Lei. Os derradeiros momentos de Benjamin, portanto, assemelham-se aos derradeiros momentos de K. de maneira impressionante e sinistra.

> Depois da troca de algumas cortesias para saber quem ia realizar as tarefas seguintes – os senhores pareciam ter recebido as tarefas sem divisão – [...] Os senhores deitaram K. No chão, inclinaram-no junto à pedra e acomodaram sua cabeça em cima. A despeito de todo o esforço que faziam, e de toda a facilidade de que K. dava provas, a sua posição mantinha-se forçada e inverossímil... Começaram de novo as repulsivas cortesias; um passava para o outro a faca por cima de K. numa posição que nem mesmo era melhor do que as posições já obtidas. *Agora K. sabia exatamente que o seu dever teria sido agarrar a faca que pendia sobre ele de mão a mão e enterrá-la em seu corpo. Mas não fez isso, e sim virou o pescoço ainda livre e olhou ao redor. Não podia satisfazer plenamente a exigência de subtrair todo o trabalho às autoridades...* Seu olhar incidiu sobre o último andar da casa situada no limite da pedreira. Como uma luz que tremula, as folhas de uma janela abriram-se ali de par em par, uma pessoa que a distância e a altura tornavam fraca e fina inclinou-se de um golpe para a frente e esticou os braços mais para a frente ainda – Quem era? Um amigo?

Uma pessoa de bem? Alguém que participava? Alguém que queria ajudar? Era apenas um? Eram todos? Havia ainda possibilidade de ajuda? Havia ainda objeções que teriam sido esquecidas? Havia-as com certeza. A lógica é, na verdade, inabalável, mas ela não resiste a uma pessoa que quer viver. Onde estava o juiz que ele nunca tinha visto?

Mas na garganta de K. colocavam-se as mãos de um dos senhores, enquanto o outro cravava a faca profundamente no seu coração e a virava duas vezes. Com os olhos que se apagavam, K. viu os senhores perto do seu rosto, apoiados um no outro, as faces coladas, observando o momento da decisão. "Como um cão!" – disse K. Era como se a vergonha devesse sobreviver a ele.[41]

Há, entretanto, uma diferença essencial entre Benjamin e K.: K. submete-se ao "procedimento" e com ele colabora. Benjamin, contrariamente, cumpre o que K. gostaria de fazer, mas não consegue: ele morre por suas próprias mãos, ele "livra os oficiais de sua tarefa". *Sentencia-se a si mesmo* à morte a fim de evitar precisamente a execução do veredicto pelas autoridades – os oficiais (nazistas) da época. Em K. há, na verdade, um elemento oculto de *identificação* com a lei, e *com os oficiais* – um elemento, assim, de colaboração com os carrascos. É precisamente essa "cooperação" entre a vítima e o carrasco que Hannah Arendt definirá anos mais tarde, por ocasião do julgamento de Eichmann, como "a totalidade da ruína moral que os nazistas produziram na respeitável sociedade europeia, não apenas na Alemanha, mas em quase todos os países, não apenas entre os perseguidores, mas também entre as vítimas".[42] K. sabe que seu assassinato pela lei constitui "uma vergonha" que "sobreviverá a ele", mas a vergonha é também sua *distorção* – sua "contorção" – pela lei.[43] Benjamin diz *não* à distorção. Ele não permitirá que a história como violência se aproprie dele e se aproprie de sua morte. Ele morrerá não nas mãos de outros – dos oficiais da lei –, mas sim por suas próprias mãos. Silenciará por sua própria decisão.

Silêncio, Benjamin o sabe bem, é a essência da opressão e da traumatização, mas é também alguma coisa que escapa (resiste) ao senhor. Essa recusa muda de cooperação (e de identificação) com o senhor – essa resistência muda à sua própria apropriação pelas forças (fascistas) de distorção histórica – é a significância fundamental da própria morte autoinfligida de Benjamim. Essa morte (para emprestar as palavras de Levinas) é "uma brecha produzida pelo humano no barbarismo do ser".[44] Benjamin cria essa *brecha*. Ele não permitirá que a história suprima seu brado final por justiça, mesmo que esse brado tenha de ser "sem-expressão" e tenha de permanecer para sempre um brado mudo. Silenciado pela lei, ele não permitirá que a história se aproprie do *significado* de seu silêncio.

"A conversação", Benjamin sempre lembrava, "empenha-se rumo ao silêncio, e o ouvinte é realmente o parceiro silencioso. Aquele que fala recebe significado dele; o silencioso é a fonte não apropriada de significado".[45]

Por meio de sua escolha da morte e pelo seu silenciamento autoinfligido, Benjamin permanece, como a justiça, uma fonte não apropriada de significado. Sua vida torna-se uma parábola da relação entre história e silêncio.

Segunda parte:
O silêncio de Benjamin

> Nada mais desolado do que seus adeptos,
> nada mais abandonado por Deus do que seus oponentes.
> Nenhum nome que fosse mais decorosamente honrado pelo silêncio.
>
> Walter Benjamin, *Monument to a warrior* ("Monumento ao guerreiro"),
> *One-way street* (Rua de mão única)

> Não espera de mim nenhuma palavra que me pertença.
> Nem deveria eu ser capaz de dizer qualquer coisa nova;
> pois no quarto onde alguém escreve o ruído é tão grande [...]
> Que aquele que tem algo a dizer dê um passo à frente e fique silencioso!
>
> Walter Benjamin, *Karl Kraus*

Proponho agora tratar – e escutar – aquele elemento na própria linguagem e escrita de Benjamin que especificamente, decisivamente permanece além da apropriação e além da comunicação. "Em toda linguagem e criações linguísticas", Benjamin disse, "permanece como acréscimo, além daquilo que pode ser transmitido, algo que não pode ser comunicado [...] É tarefa do tradutor liberar em sua própria linguagem aquela linguagem pura que está exilada entre línguas estrangeiras, libertar a linguagem aprisionada numa obra."[46] Na própria obra de Benjamin, no seu estilo condensado, enigmático, e na articulação essencialmente elíptica de seu pensamento, uma sobrecarga de significado está por completo literalmente "aprisionada" em exemplos de silêncio. É tarefa do tradutor da própria obra de Benjamin escutar esses exemplos de silêncio, cujas implicações, eu mostrarei, são ao mesmo tempo estilísticas, filosóficas, históricas e autobiográficas. "A meio caminho entre poesia e teoria",[47] minha amplificação crítica desse silêncio – minha própria tradução da linguagem que está ainda aprisionada na obra de Benjamin – concentrar-se-á, assim, naquilo que o próprio Benjamin ressaltou, mas aquilo que se mantém não ouvido, despercebido na reprodução mecânica criticamente repetitiva de sua obra: "aquele elemento em uma tradução que vai além da transmissão do assunto".[48]

– IV –

Guerras e revoluções

> Nada é compreendido acerca desse homem
> até ser percebido que, necessariamente e sem exceção,
> tudo – linguagem e fato – cai para ele na esfera da justiça [...]
> Para ele, também, justiça e linguagem permanecem fundadas uma na outra.
>
> Walter Benjamin, *Karl Kraus*

É costume encarar Benjamin essencialmente como um filósofo abstrato, um crítico e um pensador da modernidade (e/ou da pós-modernidade) na cultura e na arte. Contrastando com essa abordagem dominante, proponho agora encarar Benjamin – de maneira muito mais específica e mais concreta – como um pensador, um filósofo, e um narrador das guerras e revoluções do século XX. "As guerras e as revoluções", escreve Hannah Arendt, "determinaram, até aqui, a fisionomia do século XX. E, distintamente das ideologias do século XIX – tais como nacionalismo e internacionalismo, capitalismo e imperialismo, socialismo e comunismo, as quais embora ainda invocadas por muitos como causas justificativas, perderam contato com as principais realidades do nosso mundo –, a guerra e a revolução [...] sobreviveram a todas as suas justificações ideológicas."[49]

> [...] as sementes da guerra total se desenvolveram a partir da Primeira Guerra Mundial, quando a distinção entre soldados e civis deixou de ser respeitada, por ser inconsistente com as novas armas então usadas [...]
>
> A magnitude da violência liberada na Primeira Guerra Mundial poderia, de fato, ter sido suficiente para dar origem a revoluções, mesmo sem qualquer tradição revolucionária, e mesmo que nenhuma revolução tivesse ocorrido antes.
>
> É certo que nem mesmo as guerras, e muito menos revoluções, são sempre inteiramente marcadas pela violência. Onde quer que a violência domine de forma absoluta, como por exemplo nos campos de concentração dos regimes totalitários, não apenas as leis – *les lois se taisent*, assim se expressou a Revolução Francesa –, mas tudo e todos devem permanecer em silêncio.[50]

Na minha interpretação, a obra que Benjamin produziu ao longo da sua vida testemunha os modos nos quais acontecimentos sobrevivem às suas ideologias e consumam, dissolvem o discurso que o século XIX constrói para fundamentação de seus significados históricos e utópicos do século. Os textos de Benjamin consumam, assim, um em oposição ao outro e um por meio do outro, tanto a "constelação que põe a ameaça do aniquilamento total, pela guerra, em confronto com a esperança de emancipação de toda a humanidade, pela revolução,[51] quanto a sucessão mortal de convulsões históricas mediante as quais a cultura – na voz de Benjamin, que é dessas mesmas a mais profunda testemunha – tem de silenciar.

Teoria e autobiografia

O silêncio pode ser tanto o exterior da linguagem quanto uma posição no interior da linguagem, um estado de ausência de ruído ou ausência de palavras. Silenciar é, entretanto, não um estado, mas um acontecimento. É a significância do acontecimento que enfatizarei e tentarei, ademais, compreender na sequência. O que significa que a cultura – na voz de sua mais profunda testemunha – tenha de silenciar? O que significa para a cultura? O que significa para Benjamin? Como Benjamin vem a representar e incorporar concretamente, pessoalmente, a fisiognomonia do século XX? E como, por seu turno, é essa fisiognomonia refletida, concretizada, no próprio rosto de Benjamin?

Na busca por respostas a essas questões, irei justapor e apreender no seu conjunto textos teóricos e autobiográficos. A própria obra de Benjamin inclui um registro singular de um acontecimento autobiográfico que, na minha opinião, é crucial para as teorias do autor tanto quanto o é para o destino dele (ainda que os críticos geralmente o negligenciem). Benjamin narra esse acontecimento em um de seus momentos raros em que é pessoalmente direto, no texto autobiográfico (lírico) intitulado *A Berlin chronicle* (*Crônica berlinense*). Interpretarei esse acontecimento em conjunto com, e por meio de, dois ensaios teóricos centrais que constituem as pedras fundamentais da obra tardia de Benjamin: "O Narrador" e "Sobre o conceito da história". Ao ler as anotações autobiográficas mais pessoais, mais idiossincrásicas por meio das construções teóricas de maior projeção e mais pioneiras, meu esforço reside em conferir um rosto para a teoria de Benjamin.[52] A questão conceitual que dominará e guiará esse esforço será: qual é a relação entre a teoria e o acontecimento (e qual é, em geral, a relação entre acontecimentos e teorias)? Como a teoria emerge do drama (e do trauma) concreto de um acontecimento? Como o drama (e o trauma) concreto de um acontecimento torna-se teoria? E como tanto o acontecimento quanto a teoria relacionam-se com o silêncio (e com a incorporação de silêncio de Benjamin)?

– V –

Teorias do silêncio

Porque, na minha percepção, em Benjamin a teoria é (paradoxalmente) muito menos obscura do que a autobiografia, iniciarei minha leitura rigorosa de Benjamin tratando primeiramente dos dois ensaios teóricos – talvez os mais conhecidos textos abstratos de Benjamin –, dos quais proponho ressaltar as apostas teóricas *comuns*. Sustentarei que tanto "O Narrador" quanto o "Sobre o conceito da história"[53] podem ser interpretados como duas teorias do silêncio derivadas das, e relacionadas às, duas guerras mundiais: "O Narrador", escrito em 1936, está, retrospectivamente, explicitamente associado à Primeira Guerra Mundial; "Teses", escrito pouco antes da morte de Benjamin em 1940, representa seu derradeiro repensar da natureza dos acontecimentos históricos e da tarefa da historiografia frente aos desdobramentos do início da Segunda Guerra Mundial.

O que sugiro é que esses dois textos estão, efetivamente, ligados. Proponho que sejam lidos em mútuo confronto e um através do outro, como dois estágios num quadro filosófico e existencial maior, e como duas variações de uma teoria benjaminiana global das guerras e do silêncio. Sustento, portanto, que "O Narrador" e "Teses" podem ser vistos como duas variações teóricas do mesmo profundo texto subjacente. Minha metodologia é aqui inspirada pela maneira como o próprio Benjamin discute – em sua juventude – "Dois Poemas de Friedrich Hölderlin",[54] analisando os dois textos (como ele o expressa) "não em sua semelhança, que não existe", mas em sua "comparabilidade",[55] e tratando-os – a despeito de sua distância – como duas "versões" (ou duas transformações) do mesmo texto profundo.

O fim da narrativa

"O Narrador" é apresentado como um estudo literário do escritor russo do século XIX Nikolai Leskov, e de sua impressionante arte da narrativa. Mas a principal preocupação do ensaio é retratar a narrativa como uma *arte perdida*: as realizações do modelo do século XIX servem como base para um diagnóstico diferencial dos modos por meio das quais *a narrativa se perde no século XX*. Algo aconteceu, sugere Benjamin, que produziu a morte – a agonia – da narrativa, tanto como um gênero literário quanto como um modo discursivo na vida cotidiana. Benjamin anuncia, assim, um drama histórico do "fim da narrativa" – ou uma teoria cultural inovadora da falência da narrativa – como uma apreciação crítica e teórica (por Leskov) de um estado de coisas histórico geral.

A teoria, com isso, é a maneira de Benjamin apreender e trazer à consciência um fenômeno cultural inconsciente e um processo histórico imperceptível que tomou lugar fora da percepção de qualquer um e que pode, portanto, ser decifrado, entendido e notado, apenas retrospectivamente, em seus efeitos (seus sintomas). Os efeitos, diz Benjamin, são os de que hoje, de maneira muito sintomática, *tornou-se impossível narrar uma história*. A arte da narrativa se perdeu juntamente com a capacidade de experiências.

> São cada vez mais raras as pessoas que sabem narrar devidamente... É como se estivéssemos sendo privados de uma faculdade que nos parecia totalmente segura e inalienável: a faculdade de intercambiar experiências.[56]

Entre as razões que Benjamin apresenta para essa perda – a ascensão do capitalismo, a esterilização da vida pelos valores burgueses, o declínio do artesanato, a influência crescente da mídia e da imprensa –, a primeira e mais dramática é que as pessoas foram emudecidas pela Primeira Guerra Mundial. Vindo de campos de batalha devastados, retornaram mudas para um mundo destroçado onde nada permaneceu igual, exceto o céu. Essa explicação vívida e dramática é colocada imediatamente no início do texto, como um argumento introdutório explosivo, um choque ou uma explosão iniciais infligidos ao leitor, choque com o qual todo o resto do texto terá de lidar e superar. A introdução é, realmente, tão poderosa quanto inapreensível. O texto, ele mesmo, absolutamente não a processa, nem realmente a integra aos argumentos que se seguem. E essa inapreensibilidade ou não integrabilidade do início não é uma mera coincidência; ela duplica e ilustra o argumento central do texto, de que a guerra deixou um impacto que emudeceu seus sobreviventes, com o efeito de interromper agora a continuidade da narrativa e do entendimento. A articulação repete em ato o conteúdo da afirmação: tem de permanecer, de certo modo, inassimilável.

Em Benjamin, entretanto, a articulação é produtiva no sentido de reter o que não pode ser assimilado. E, é crucialmente importante, em minha opinião, que aquilo que não pode ser assimilado se cristalize em torno de uma data. Antes que possa ser compreendida, a perda da narrativa é *datada*. Seu processo é remontado ao trauma coletivo maciço da Primeira Guerra Mundial.

> Não, está claro que as ações da experiência estão em baixa, e isso numa geração que entre 1914 e 1918 viveu uma das mais terríveis experiências da história universal. Talvez isso não seja tão estranho como parece. Na época, já se podia notar que os combatentes voltavam silenciosos do campo de batalha. Mais pobres em experiências comunicáveis, e não mais ricos. Os livros de guerra que inundaram o mercado literário dez anos depois continham tudo menos experiências transmissíveis de boca em boca. Não, o fenômeno

não é estranho. Porque nunca houve experiências mais radicalmente desmentidas que a experiência estratégica pela guerra de trincheiras, a experiência econômica pela inflação, a experiência do corpo pela fome, a experiência moral pelos governantes. Uma geração que ainda fora à escola num bonde puxado por cavalos viu-se sem teto, numa paisagem diferente em tudo, exceto nas nuvens, e em cujo centro, num campo de forças de correntes e explosões destruidoras, estava o frágil e minúsculo corpo humano. ("O N.", p. 212-3)

Assim, a narração foi reduzida ao silêncio pela Primeira Guerra Mundial. O que emergiu das torrentes de destruição – do barulho das explosões – foi somente a mudez do corpo em sua vulnerabilidade absolutamente impotente, desamparada. Ressoando com essa mudez do corpo está a mudez do narrador.

Mas esse silenciamento da narração é contrastado e coberto pela nova sonoridade, o ruído emergente da informação – "o jornal sendo claramente... a expressão da alterada função da linguagem no mundo do turbulento capitalismo".[57]

Num mundo em que o discurso público é usurpado pelas metas comerciais e pelo ruído da informação, soldados retornando da Primeira Guerra Mundial não podem encontrar nenhum espaço social ou coletivo no qual integrar sua experiência de morte. O trauma deles tem de permanecer uma matéria privada que não pode ser simbolizada coletivamente. Não pode ser permutada, tem de silenciar.

O inesquecível

Foram-se os dias em que morrer era "um processo público na vida de um indivíduo com um caráter altamente exemplar" ("O N.", p. 223). Sem considerar a experiência do campo de batalha, a mortalidade é autoilusoriamente negada na esterilizada vida burguesa, a qual se empenha em manter a morte longe dos olhos simbólica e literalmente.[58]

A narração nasceu, entretanto, a partir do *pathos* de uma permuta última entre o moribundo e o vivo. Pinturas medievais representam a origem da narração: mostram que o lugar arquetípico ou inaugural da narração é o leito de morte, no qual o moribundo (ou o narrador original) revê sua vida (evoca suas memórias) e, assim, dirige os acontecimentos e lições de seu passado àqueles que o cercam. Um falante moribundo é um narrador que naturalmente tem autoridade: deriva sua autoridade da morte.[59]

Hoje, contudo, moribundos morrem privadamente e sem autoridade. Não são atendidos por nenhum ouvinte. Não narram histórias. E não há nenhuma autoridade – e certamente nenhuma sabedoria – que tenha sobrevivido à guerra. "Não podemos dar conselhos nem a nós mesmos nem aos outros. Aconselhar é menos responder a uma pergunta do que fazer uma sugestão sobre a continuação de uma história que está se desenrolando" ("O N.", p. 216).

Não é simplesmente que não haja mais uma proposta para continuação da história ou da narrativa. A Primeira Guerra Mundial é *a primeira guerra que não pode mais ser narrada*. Suas testemunhas e seus participantes perderam suas histórias. A única significação que "O Narrador" pode doravante articular é a dupla perda da espécie humana: uma perda da capacidade de simbolizar e uma perda da capacidade de moralizar.[60]

Uma filosofia da história

A eclosão da Segunda Guerra Mundial em 1939 (três anos após a publicação de "O Narrador"), leva Benjamin a escrever, em 1940 – nos meses que seriam os últimos de sua vida – o que chamei de sua segunda teoria do silêncio, intitulada "Sobre o conceito da história" também conhecida como "Teses sobre o conceito da história". De início, esse texto parece completamente diferente de "O Narrador". Seu tópico não é a literatura, mas a história, da qual o ensaio oferece não um diagnóstico, mas uma teoria. A teoria é programática: seu tom não é descritivo, mas prescritivo. As "teses" são audaciosamente condensadas e provocativamente dogmatizadas. Não refletem explicitamente sobre o silêncio. Em lugar disso, o ensaio concentra-se em *discursos* (eruditos e científicos) sobre a história. A palavra *silêncio* não está presente no texto.

E, todavia, a mudez está no âmago da reflexão e da situação do escritor. Como o narrador que silencia ou retorna mudo da Primeira Guerra Mundial, o historiador ou o teórico da história encarando a deflagração da Segunda Guerra Mundial é igualmente *reduzido à mudez*: nenhuma ferramenta conceitual ou discursiva já feita, nenhum discurso acerca da história revela-se suficiente para explicar a natureza dessa guerra; nenhuma estrutura conceitual disponível em que a história é costumeiramente percebida revela-se adequada ou satisfatória para compreender ou explicar os desdobramentos históricos correntes. Face ao caráter inimaginável dos acontecimentos, o que é reclamado, sugere Benjamin, é um *deslocamento radical de nossos quadros de referência*, uma radical reavaliação em nova base de nossos métodos e de nossas filosofias da história. "A corrente perplexidade de que as coisas que estamos experimentando são 'ainda' possíveis no século XX *não é* filosófica. Essa perplexidade não é o começo do conhecimento – ao menos que seja o conhecimento de que a visão de história que lhe dá origem é insustentável" ("Teses", p. 245).

A história é agora a propriedade e a adequação dos nazistas (daqueles que podem controlá-la e manipular seu discurso). É em virtude de uma lealdade com a história que Hitler está propondo vingar a Alemanha por sua derrota e sua humilhação na Primeira Guerra Mundial. Todos os discursos existentes sobre a história revelaram-se ineficientes quer para predizer, quer para contrariar o regime e o fenômeno de Hitler.[61]

A história na Alemanha nazista é fascista. O fascismo legitima-se em nome da identidade nacional com base em uma unidade e em uma continuidade da história. Os princípios filosóficos dessa concepção são herdados do historicismo do século XIX, que equiparou temporalidade com progresso, ao pressupor o tempo como uma entidade de desenvolvimento natural, progressivamente ampliando a maturação e avançando rumo a um aprimoramento à medida que o tempo (e a história) passam. Benjamin rejeita essa concepção, a qual se tornou insustentável face aos traumas do século XX.

É o vencedor que para sempre representa a presente conquista ou a presente vitória como um melhoramento em relação ao passado. Mas a realidade da história é a dos traumatizados pela história, a realidade materialista daqueles que são oprimidos pela nova vitória. O historicismo está, entretanto, baseado numa identificação inconsciente com o discurso do vencedor e, assim, numa adesão não crítica à perspectiva narrativa do vencedor. "Se alguém pergunta com quem realmente ocorre a empatia dos adeptos do historicismo", escreve Benjamin:

> A resposta é inequívoca: com o vencedor... Ora, os que num dado momento dominam são os herdeiros de todos os que venceram antes. A empatia com o vencedor beneficia sempre, portanto, esses dominadores. Isso já diz o suficiente para o materialista histórico. Todos os que até agora venceram participam do cortejo triunfal, que os dominadores de hoje conduzem por sobre os corpos dos que hoje estão prostrados no chão. Os despojos são carregados no cortejo triunfal como de praxe. Eles são chamados de bens culturais. O materialista histórico os observa com distanciamento. Pois todos os bens culturais que ele vê têm uma origem sobre a qual ele não pode refletir sem horror. Devem sua existência não somente ao esforço dos grandes gênios que os criaram, mas também à servidão anônima dos seus contemporâneos. Nunca houve um documento da cultura que não fosse simultaneamente um documento da barbárie. E, assim como o próprio bem cultural não é isento de barbárie, tampouco o é o processo de transmissão em que foi passado adiante. Por isso, o materialista histórico se desvia desse processo, na medida do possível. Ele considera sua tarefa escovar a história a contrapelo. ("Teses", p. 244)

O historicismo é, assim, baseado numa percepção da história como vitória. Mas é cego em relação a essa pressuposição. Tão cego que não vê a ironia com a qual esse axioma foi tomado emprestado – levado a extremos – pelos discursos do fascismo. O fascismo é, na completa literalidade, uma *filosofia da história como vitória*. Diferentemente do historicismo, não está inconsciente desse preconceito: está fundado numa *reivindicação* cínica e consciente dessa filosofia da história.[62]

O historicismo está, assim, baseado numa confusão entre verdade e poder. A história real é, ao contrário, a discrepância inelutável entre os dois.[63] A história é a perene arena de conflito onde a memória coletiva é nomeada como uma *dissociação constitutiva* entre verdade e poder.

Qual é, então, a relação entre história e silêncio? Numa filosofia histórica sobre o poder (consciente ou inconsciente), os destituídos de poder (os oprimidos) são constitucionalmente privados de voz.

Porque a história oficial é baseada na perspectiva do vencedor, a voz com a qual ela fala com autoridade é *ensurdecedora*: torna-nos inconscientes do fato de que permanece na história uma reivindicação, um discurso que *não ouvimos*. E em relação a esse *ensurdecimento*, os governantes do momento são os herdeiros dos governantes do passado. A história transmite, com suficiente ironia, um legado de surdez do qual os historicistas compartilham inconscientemente. O que é chamado de progresso, e o que Benjamin vê apenas como um empilhamento de catástrofe sobre catástrofe, é, portanto, a transmissão do discurso histórico de governante para governante, de uma instância histórica de poder para uma outra. Essa transmissão é constitutiva daquilo que é (de maneira desorientada) percebido como continuidade na história. "O *continuum* da história é o dos opressores." "A história dos oprimidos é um *discontinuum*."[64]

Se a história, a despeito de seu espetacular tempo triunfal, é, assim, barbaramente carregada de conflito de maneira constitutiva, o historiador não está de posse de um espaço onde é distanciado, imparcial, "objetivo"; o filósofo da história não pode ser um estranho em relação ao conflito. Frente à apropriação ensurdecedora da filosofia histórica pelo fascismo, diante do uso nazista das mais *civilizadas* ferramentas da tecnologia e do direito para uma perseguição racista sumamente bárbara, não existe "objetividade". Uma articulação histórica procede não de uma "imparcialidade" epistemológica, mas, ao contrário, do sentido de urgência e de emergência do historiador.[65]

> A tradição dos oprimidos nos ensina que o "estado de exceção" ("*Ausnahmezustand*") em que vivemos é a regra. Precisamos construir um conceito de história que corresponda a esse ensinamento. Perceberemos, assim, que nossa tarefa é originar um verdadeiro estado de exceção; e com isso nossa posição ficará melhor na luta contra o fascismo. ("Teses", p. 245)

A teoria da história é, assim, ela mesma uma *intervenção no conflito*; é ela mesma histórica. Em meio a uma guerra mundial cataclísmica que desloca as bases sob nossos próprios pés, o perigo, insinua Benjamin, é o que dispara a mais lúcida e a mais clarividente *apreensão* da história. A compreensão histórica ocorre surpreendente e inesperadamente em "momentos de súbita iluminação" em que "estamos fora de nós mesmos".[66] Perigo e emergência iluminam a si mesmos como as condições tanto da história (de vida) quanto de sua teoria (seu conhecimento). Teorias da história novas, inovadoras (tais que possibilitem uma destituição da história oficial) passam a existir somente sob compulsão.

> Articular historicamente o passado não significa conhecê-lo "tal como ele de fato foi". Significa apropriar-se de uma recordação, como ela relampeja no momento de um perigo. Para o materialismo histórico, trata-se de fixar uma imagem do passado da maneira como ela se apresenta inesperadamente ao sujeito histórico, no momento do perigo. ("Teses", p. 246)

Na própria concepção de Benjamin, a história – uma via de catástrofe – não é um movimento rumo ao progresso, mas um movimento rumo ao que Benjamin denomina (enigmaticamente) redenção. Redenção – a respeito do que são as lutas históricas (e as revoluções políticas) – deve ser entendida tanto no sentido materialista (marxista, político, inter-histórico) quanto teológico (supra-histórico, transcendente). "Redenção" é descontinuidade, ruptura. Designa a necessidade constante de alcançar e agarrar a realidade oculta da história que permanece sempre em débito para os oprimidos, um débito para com os mortos da história, uma reivindicação que o passado tem com o presente.

Redenção é a alegoria de um futuro estado de liberdade, justiça, felicidade e recuperação de significado. A história deveria ser avaliada somente *em referência* a esse estado, que é sua meta. A ação histórica deveria ocorrer como se essa meta não fosse utópica, mas pragmática. Todavia, jamais pode ser decidido por um mortal se a redenção, em última instância, pode ser imanente à história ou se está condenada a permanecer transcendental, para além da história. "Este mundo", Benjamin escreveu em outra passagem, "permanece um mundo mudo, a partir do qual a música nunca soará alta e clara. No entanto, a que é ele dedicado, senão à redenção?"[67]

Dedicado à redenção

Quando, no entanto, chegará a redenção? Haverá uma redenção depois da Segunda Guerra Mundial? Haverá algum dia redenção *a partir* da Segunda Guerra Mundial? Benjamin prevê a tarefa do historiador do futuro. Esse historiador será triste. Sua história será o produto de sua tristeza.

> Flaubert [escreve Benjamin], que estava familiarizado com [a causa da tristeza], escreveu: "*Peu de gens devineront combien il a fallu être triste pour ressusciter Carthage*" [Poucos adivinharão quanto foi necessário ser triste para ressuscitar Cartago]. ("Teses", p. 245)

Antes do fato, Benjamin prevê que a história conhecerá um holocausto. Após a guerra, a tarefa do historiador será não só de "ressuscitar Cartago" ou *narrar o extermínio*, mas também, paradoxalmente, de *salvar os mortos*:

> Nada que haja algum dia acontecido deveria ser considerado como perdido para a história. ("Teses", p. 242)
>
> O dom de despertar no passado as centelhas da esperança é *privilégio exclusivo* do historiador convencido de que tampouco os mortos estarão em segurança se o inimigo vencer. E esse inimigo não tem cessado de vencer. ("Teses", p. 245)

Assim, o historiador da Segunda Guerra Mundial será triste. Para além da tristeza, ele terá de ser intencionalmente vigilante. Nessa guerra, particularmente, a questão conceitual da identificação do historiador com o vencedor inadvertidamente evolui para uma questão mais grave, muito mais séria, de cumplicidade política.

A tarefa do historiador de hoje é *evitar a colaboração* com um regime criminoso e com os discursos do fascismo. De forma semelhante, o historiador de amanhã terá de ser cauteloso para evitar a cumplicidade com a barbárie da história e com os crimes latentes (e agora patentes) da cultura. O texto de Benjamin, defendo, constitui o início da percepção crítica das questões de colaboração, envolvendo traição, que tão obsessivamente preocupam-nos até hoje. Já está presente no início da guerra. Benjamin intuitivamente percebe a importância dessa questão, como emergirá precisamente, mais tarde, da Segunda Guerra Mundial. O historiador, sugere Benjamin, tem de ser revolucionário para não ser inconscientemente cúmplice. E cumplicidade, para Benjamin, é um perigo mais grave, uma punição pior do que a morte.

> Para o materialismo histórico, trata-se de fixar uma imagem do passado da maneira como ela se apresenta inesperadamente ao sujeito histórico, no momento do perigo. O perigo ameaça tanto a existência da tradição como os que a recebem. Ele é um e o mesmo para ambos: entregar-se às classes dominantes, como seu instrumento. Em cada época, é preciso tentar arrancar a tradição ao conformismo, que quer apoderar-se dela. ("Teses", p. 243-4)

O historiador, paradoxalmente, não tem escolha, salvo ser um revolucionário, se não quiser ser um conformista.[68]

História e mudez

Benjamin propõe, assim, uma teoria da história como trauma – e uma teoria correlata da conversão histórica do trauma em compreensão. A história consiste em encadeamentos de interrupções traumáticas, e não em sequências de causalidades racionais. Mas os traumatizados – os sujeitos da história – são privados de uma linguagem na qual falar de sua vitimização. A relação entre história e trauma é muda.

Teorias da história tradicionais tendem a negligenciar essa mudez do trauma: por definição, mudez é o que permanece fora do registro. Mas é especificamente a essa conexão muda entre história e trauma que a própria teoria da história de Benjamin pretende agora dar voz.

Ele o faz mostrando como a própria disciplina, o próprio "conceito de história"[69] são constituídos pelo que exclui (e não consegue apreender). A história (para resumi-lo) é, assim, habitada por um inconsciente histórico relacionado a – e fundado em – um duplo silêncio: o silêncio da "tradição dos oprimidos", que são por definição privados de voz e cuja história (ou cuja perspectiva narrativa) é sempre sistematicamente reduzida ao silêncio, e o silêncio da história oficial – a história do vencedor – em relação à tradição dos oprimidos. De acordo com Benjamin, a centralidade teórica oculta desse duplo silêncio define a historiografia enquanto tal. Esse é em geral o modo pelo qual a história é narrada, ou melhor, esse é em geral o modo por meio da qual a história é silenciada. O triunfo do fascismo e a eclosão da Segunda Guerra Mundial constituem apenas a mais fastigiosa demonstração, a mais aberrante materialização ou realização dessa historiografia.

Enquanto a tarefa do filósofo da história é, assim, desmontar "o conceito de história" mostrando que sua continuidade enganosa é de fato um processo de silenciamento, a tarefa do historiador é reconstruir o que a história silenciou, para dar voz aos mortos e aos vencidos e ressuscitar a história não registrada, silenciada, oculta dos oprimidos.

– VI –

O acontecimento

Gostaria agora de observar inversamente, partindo da teoria para a autobiografia, e tentar atingir as raízes dos discernimentos conceituais de Benjamin num acontecimento original cuja significação teórica e autobiográfica permanece totalmente não captada na volumosa literatura crítica sobre Benjamin. O acontecimento ocorre na eclosão da Primeira Guerra Mundial. Consiste na conjunção da invasão alemã à Bélgica, em 4 de agosto de 1914, somada ao suicídio conjunto, quatro dias depois, do melhor amigo de Benjamin, Fritz Heinle, e da namorada de Heinle. Uma explícita carta de adeus do agora amigo morto informa a Benjamin onde encontrar os corpos. Essa prontidão compartilhada para morrer e esse ato conjunto de violência autoinfligida são interpretados por Benjamin e seus amigos como um gesto simbólico de protesto contra a guerra. Para Benjamin, o acontecimento é, portanto, um acontecimento de perda, de choque, de desilusão, e de despertar para a realidade de uma conexão inexorável, trágica, histórica entre juventude e morte. Para o mundo, é a eclosão da Primeira Guerra Mundial.

O impacto desse acontecimento marca um dramático ponto decisivo de mudança na vida de Benjamin e em seu pensamento. Antes do acontecimento, Benjamin está envolvido no ativismo político do movimento juvenil, trabalhando para revolucionar a sociedade e a cultura alemãs por meio de uma reforma radical da educação. Nos grupos de juventude que defendem essa reforma, ele mantém uma posição de forte liderança como presidente da Livre União Estudantil de Berlim. Depois do acontecimento, ele abdica de sua liderança e afasta-se da atividade política. Desiste de qualquer papel público juntamente com a crença de que a linguagem pode diretamente converter-se em ação. Rompe com seu admirado professor, Wyneken, de cujas ideias foi tanto o discípulo quanto o ardente seguidor. Porque seu ex-mentor agora guia a juventude para a guerra, Benjamin compreende que a filosofia falhou e que não se pode mais confiar na autoridade: "a *theoria* em si foi cegada",[70] escreve a Wyneken, cortando seus laços com ele.

Na duplicidade de governos, na duplicidade de professores, e nas palavras isoladas da carta de um jovem morto contando a Benjamin – o amigo, o líder, o colaborador – onde encontrar os corpos, a linguagem traiu: mas a traição constitui precisamente o acontecimento; a traição é precisamente história. "A meio caminho ao longo de sua viagem", Benjamin escreverá: "a natureza percebe-se a si mesma traída pela linguagem, e aquele poderoso bloqueio de sentimento transforma-se em dor. Assim, com a ambiguidade das palavras, seu poder significante, a linguagem titubeia... História torna-se igual à significação na linguagem humana; essa linguagem está congelada na significação".[71]

Recusando-se a participar da traição da linguagem e da loucura da guerra, Benjamin deixa a Alemanha rumo à Suíça e recorre a um silêncio que durará seis anos, até 1920.[72] Durante esses anos, nada publica. Escreve e faz circular entre amigos íntimos um texto sobre Hölderlin no qual medita sobre a natureza do poema lírico e sua relação com a morte do poeta.[73] A morte do poeta relaciona-se à morte de Heinle. Também Heinle deixou poemas, os quais Benjamin lê e relê numa tentativa de aprofundar seu conhecimento sobre os mortos. É, realmente, como um poeta morto que ele passa agora a conhecer seu amigo. Mas Benjamin dedica-se a conferir imortalidade ao poeta morto: para resgatar Heinle do esquecimento, para resgatar o suicídio de sua falta de significado, publicando a obra poética de seu amigo.

Essa esperança jamais será abandonada. Nos anos de silêncio que se seguiram aos suicídios, ele edita os manuscritos de Heinle. O próprio texto de Benjamin sobre Hölderlin e sobre a natureza do poema lírico é também um diálogo implícito com a obra de Heinle, um diálogo com os escritos de Heinle, bem como com sua vida e com sua morte. Daí o interesse específico de Benjamin por dois poemas de autoria de Hölderlin, "A Coragem do Poeta" e "Timidez", que designam a diferença entre a "Coragem" (suicida) de Heinle e a "Timidez" da própria (condenação à) sobrevivência de Benjamin: suicídio ou sobrevivência, duas instâncias existenciais entre as quais Benjamin sem dúvida oscilou, mas que ele declara serem, surpreendente e paradoxalmente, duas "versões" do mesmo texto profundo, extremamente "comparáveis" ou similares a despeito de suas diferenças (*SWI*, p. 21; 33).

Entendimento tardio

Esse drama e esses suicídios são narrados (entre outras coisas) na autobiografia mais pessoal de Benjamin, *Crônica berlinense*. Sustentarei que, para Benjamin, essa narrativa autobiográfica torna-se uma alegoria do impacto não compreendido da Primeira Grande Guerra.

Mas *Crônica berlinense* é escrito dezoito anos depois, em 1932. O resultado direto dos acontecimentos da guerra por ocasião de sua ocorrência incompreensível é por Benjamin silenciado de uma maneira absolutamente literal. E em especial, de uma maneira absolutamente literal e rigorosamente silenciosa, muda acerca do assunto guerra: como se por juramento de lealdade ao amigo morto; como se seu próprio discurso ou a linguagem da juventude que partilharam houvessem igualmente cometido suicídio. Algo nele mesmo também morreu. A significância traumática (e tardiamente teórica) desse silêncio mantém-se igualmente não compreendida pelos críticos, que se conservam expressando sua crítica politicamente correta e seu estranhamento diante dessa excentricidade de Benjamin. Tampouco alguém compreende a profunda conexão desse silêncio inicial com os ensaios clássicos posteriores muito admirados "O Narrador" e "Sobre o conceito da história". A experiência inicial de Benjamin é, assim, pelo contrário, dissociada de sua teoria posterior, e é, ao mesmo tempo, descartada e trivializada: "Silêncio como uma expressão de protesto interior frente a acontecimentos contemporâneos: pouca dúvida se lançou sobre a legitimidade de tal posição na ocasião",[74] historiciza o mais recente biógrafo Momme Brodersen. Os editores dos *Selected Writings* de Benjamin, mais sintonizados, sentem-se igualmente compelidos a registrar uma piedosa reserva: "De modo suficientemente singular, as cartas de Benjamin... concentram-se exclusivamente em questões pessoais... A guerra é raramente mencionada e não há nenhuma consideração direta acerca dela ou de sua atitude em relação a ela. É como se a determinação de Benjamin contra a atividade política na ocasião também obstasse o conhecimento dos acontecimentos mais difíceis de então" (*SWI*, p. 502). O que os críticos não conseguem ver é como a própria narrativa de Benjamin de sua experiência de guerra em *Crônica berlinense* é precisamente, quintessencialmente, um *relato* autobiográfico (e teórico) *do significado de seu silêncio*.

– VII –

O sujeito representado pelo "eu"

> A morte do outro homem implica-me e desafia-me da indiferença
> como se eu me tornasse o cúmplice dessa morte
> e tivesse de responder por ela e não deixar o outro homem morrer só...
> Responsabilidade aqui não é uma fria exigência jurídica.
> É a gravidade do amor ao próximo...
> o que é pressuposto por toda cultura literária.
>
> Emmanuel Levinas, *A determinação filosófica da ideia de cultura*

Passadas onze páginas de *Crônica berlinense*, Benjamin inicia a narração de sua experiência de guerra insistindo em sua relutância em dizer "eu": "Se escrevo melhor alemão do que a maioria dos escritores de minha geração, é largamente graças a vinte anos de observância de uma simples regra: nunca usar a palavra 'eu' exceto em cartas" (*BC*, p. 15). Entretanto, Benjamin acrescenta ironicamente, nessa peça encomendada em que não apenas aceitou dizer "eu", mas ainda ser pago por isso; se, portanto, essas notas subjetivas tornaram-se mais longas do que era sua intenção, não é somente porque o sujeito, "acostumado há anos a aguardar a deixa, atingiria tão facilmente a ribalta", mas também porque, metafórica e literalmente, "a precaução do sujeito representado pelo 'eu'... tem o direito de não ser vendida a baixo custo" (*BC*, p. 15-6).

O impulso autobiográfico está, portanto, em conflito com uma mudez, um mutismo do "eu" que constantemente vence a narração a partir do interior. E, todavia, o texto origina-se num imperativo de narrar, num débito simbólico que ultrapassa o pessoal, e que torna a narração inevitável e indispensável. O que está em jogo, diz Benjamin, são "experiências profundas e angustiantes" que constituem "as mais importantes memórias na vida de alguém" (*BC*, p. 16). Dessas experiências, todas as outras testemunhas estão agora mortas: "Eu permaneço sozinho" (*BC*, p. 16). O ímpeto ético da narração origina-se desse isolamento e dessa necessidade: como o narrador é a última testemunha sobrevivente, a história tem de ser narrada a despeito da mudez do narrador. O narrador se vê cercado por duplos mortos, mais jovens do que ele mesmo ou de sua idade, testemunhas mortas que, estivessem elas vivas, poderiam tê-lo ajudado a cruzar os difíceis limiares da memória, mas em cujos rostos mortos agora a ele aparecem "somente como uma resposta à questão de se quarenta [a idade de Benjamin quando escreveu] não é demasiado pouca idade para evocar as mais importantes memórias da própria vida" (*BC*, p. 16). O *Crônica* anuncia implicitamente, assim, o aniversário de quarenta anos do autor, com o qual coincide seu escrito. O autobiógrafo celebra seu aniversário em luto pela morte de seus contemporâneos. Desde o início, morte e nascimento são justapostos. "Berlim" é o nome para essa justaposição.

Prosopopeia

Anelando pela narração complementar de seus duplos mortos e identificado com o silêncio eterno deles, aquele que fala, na realidade, escreve um epitáfio muito mais do que uma biografia. O *Crônica* é uma autobiografia que é, inerentemente, profundamente epitáfica, e que busca, assim, não expressão, mas precisamente "o *sem-expressão*": o momento em que a vida é "petrificada, como se fascinada num único momento" ("GEA", p. 340). Em harmonia com a análise de Benjamin do "*sem-expressão*", o escrito possui uma "violência crítica" (Ibid., p. 340) que interrompe a expressão, com a qual "toda expressão simultaneamente imobiliza-se" (Ibid., p. 341) como o abrupto de um "provérbio" (Ibid., p. 340). "Somente o *sem-expressão* completa a obra despedaçando-a numa coisa estilhaçada, num fragmento do mundo verdadeiro, no torso de um símbolo" (Ibid., p. 340). Para empregar a terminologia de Paul de Man, poderíamos dizer que em *Crônica berlinense* "a autobiografia vela uma desfiguração da mente de que é ela mesma a causa".[75] A análise retórica de Man é aqui particularmente pertinente: "a figura dominante do discurso epitáfico ou autobiográfico é... a prosopopeia" (*RR*, p. 77), "a ficção de uma apóstrofe a uma entidade ausente, falecida ou sem voz, que postula a possibilidade da resposta última e a ela confere o poder do discurso" (*RR*, p. 75-6).

Eu sugeriria, realmente, que uma figura implícita de prosopopeia estrutura não apenas a autobiografia de Benjamin, mas sua obra inteira: a evocação subjacente, suavizada, dos mortos está presente e pode ser decifrada em toda parte. A totalidade dos escritos de Benjamin poderia ser lida como obra de luto, estruturada por um mudo endereçamento ao rosto do morto e à voz perdida do jovem amigo que deu cabo da própria vida num protesto desesperado nos primeiros dias da Primeira Guerra Mundial. "Em todo luto há a mais profunda inclinação à mudez, que é infinitamente mais do que a incapacidade ou falta de inclinação para comunicar."[76] Todos os assuntos em desenvolvimento de Benjamin, eu o sustentarei, são implicitamente determinados pelas implicações conceituais da prosopopeia autobiográfica subjacente, ou pelo endereçamento mudo ao amigo morto: poema lírico ("Heinle era um poeta", *BC*, p. 17), linguagem ("Por ser muda, a natureza lamenta", *SWI*, p. 73), *Trauerspiel* (o cadáver é o único portador de significação) e, finalmente, a própria história:

> Na alegoria, o observador é confrontado com a *facies hippocratica* da história como paisagem primordial petrificada. A história, com tudo aquilo que desde o início tem em si de extemporâneo, de sofrimento e de malogro, ganha expressão na imagem de um rosto – ou melhor, de uma caveira.[77]

Uma preleção sobre a natureza do poema lírico, ou a face da história (uma cena primordial)

> Surge, despertada pela silenciosa e imperativa
> linguagem falada pelo rosto do outro,...
> a solicitude da responsabilidade... antes da deliberação...
> A resposta da responsabilidade que jaz
> dormente numa saudação, no olá, no adeus.
> Tal linguagem é anterior aos enunciados de proposições
> comunicando informação e relato.
>
> Emmanuel Levinas, *Alteridade e diacronia*

É precisamente como uma metáfora para sua obra inteira, como prosopopeia inarticulada, que Benjamin descreve a preleção sobre Hölderlin e sobre "a natureza do poema lírico" que, depois do suicídio de Heinle, ele lutou para articular em memória de seu amigo falecido.

É significativa a narração em *Crônica berlinense* dos acontecimentos de guerra e de suas "experiências angustiantes", a começar (desorientadamente, hermeticamente) pela descrição dessa preleção – pela mediação, isto é, do trauma pela obra, pela tradução do acontecimento vivido em *um pensamento sobre literatura*. *Crônica berlinense* não pode ir diretamente ao nome próprio do amigo morto ou à história real de sua morte. Temporalmente bem como espacialmente, a história mantém-se movendo em círculos, como se em torno de um centro vazio, silencioso. A palavra *suicídio* não aparece no texto. O nome de Heinle é introduzido como que de passagem: desaparece tão logo é mencionado, e assim sucede com o acontecimento. Ao longo de todo o texto, o nome e o acontecimento se mantêm desaparecidos.

> Foi em Heidelberg, durante o que foi sem dúvida trabalho desinteressado, que tentei convocar, numa meditação sobre a natureza do poema lírico, a figura de meu amigo Fritz Heinle, em torno de quem todos os acontecimentos na Casa de Encontro organizam a si mesmos e com que eles desaparecem. Fritz Heinle era um poeta e o único de todos eles que encontrei não "na vida real", mas em sua obra. Morreu aos dezenove anos e não pôde ser conhecido de nenhum outro modo. Não obstante, essa primeira tentativa de evocar a esfera de sua vida por meio daquela da poesia foi malograda, e o imediatismo da experiência que deu origem à minha preleção afirmou-se na incompreensão e no esnobismo da audiência. (*BC*, p. 17)[78]

De um modo indireto, o que Benjamim está tentando evocar não é Hölderlin, mas a história: um acontecimento histórico original que permaneceu completamente intraduzível. A história é "o original", os escritos – suas traduções. A tarefa do tradutor é a tarefa da testemunha. A preleção tentou, mas não conseguiu traduzir o impacto do acontecimento. Entretanto, a preleção proporciona um sentido do remoto, da inabordabilidade do acontecimento histórico. Por trás dessa tradução fracassada da preleção sobre Hölderlin e sobre a natureza do poema lírico, o original histórico intraduzível – a experiência vivida da eclosão da guerra – constitui para Benjamin uma verdadeira *cena primordial* intelectual e existencial.

A Casa de Encontro (*Das Heim*)

O que, então, é o núcleo do acontecimento histórico que não pode ser abordado, mas que tem de ser distanciado até mesmo do próprio ato de prestar testemunho a respeito? Qual é o significado da história a qual o texto não pode chegar, que não pode atingir, não pode *iniciar* exceto pelo que se deu de pistas, da preleção que tentou traduzi-la – sem sucesso?

É a história de uma morte sem significação, ainda que prenhe de sentido, de vida e de emoção. É a história de um encontro e de uma Casa de Encontro que revela ser, ironicamente, a casa de um encontro com um cadáver, o símbolo póstumo de uma comunidade perdida e da perda da linguagem como o comunal, e o centro vazio do espaço da lembrança de tantos encontros omitidos: um encontro omitido com a audiência da preleção; um encontro omitido com a guerra; um encontro omitido com o amigo que, morrendo tão jovem, morre antes que pudesse ser verdadeiramente conhecido: "Fritz Heinle era um poeta, e o único de todos eles que encontrei não 'na vida real', mas em sua obra. Morreu aos dezenove anos, e não pôde ser conhecido de nenhum outro modo." É o relato de uma guerra, e de suas baixas que a história não narra e não conta. É a história de uma carta duplicada por um cadáver que se tornou o portador de um significado que não pode pronunciar:

> Não importa quanto a memória posteriormente empalideceu, ou quão indistintamente posso agora fazer um relato dos aposentos da Casa de Encontro, parece-me hoje, entretanto, mais legítimo delinear o espaço externo que o morto habitava, realmente os aposentos onde ele foi "anunciado", do que o espaço interno no qual criava. Mas talvez isso seja apenas porque, nesse último e mais crucial ano de sua vida, ele atravessou o espaço em que nasci. A Berlim de Heinle era a Berlim da Casa de Encontro... Uma vez o visitei... depois de uma longa separação causada por uma séria dissensão entre nós. Mas mesmo hoje lembro o sorriso que suspendeu todo o peso dessas semanas de separação, que transformou uma frase provavelmente insignificante numa fórmula mágica que curou a ferida. Mais tarde, após a manhã em que uma carta expressa despertou-me com as palavras "Você nos encontrará jazendo na Casa de Encontro" – quando Heinle e sua namorada estavam mortos – esse bairro permaneceu durante um período o lugar de encontro central dos vivos. (*BC*, p. 17-8)

A carta e o cadáver

O suicídio inominado ocorre no vácuo, o intervalo entre um futuro – "você nos encontrará" – e um passado: "estavam mortos". O cadáver deixou uma carta urgente que acorda Benjamin em choque. Mas a carta não fala, não conta nenhuma história: não explica a motivação do suicídio ou seus fundamentos, não *narra* qualquer coisa distinta da mudez cabal do corpo – do cadáver: "Você nos encontrará jazendo na Casa de Encontro". O que resta de Heinle agora são somente palavras. Palavras de poesia, que Benjamin preserva e espera publicar. Palavras de uma carta ininteligível. "Tal como um certo tipo de sonho significante – Benjamin escreve – sobrevive despertando na forma de palavras quando todo o resto do conteúdo do sonho desapareceu, aqui palavras isoladas permaneceram no devido lugar como marcas de encontros catastróficos" (*BC*, p. 14).

Heinle aos dezenove anos, Benjamin aos vinte e dois, chegaram ao fim da experiência que capacita a narrar, ou que torna a narração possível. Em 1936, em "O Narrador", Benjamin escreverá que as pessoas retornaram mudas dos campos de batalha da Primeira Guerra Mundial. O próprio Benjamin silencia não no fim da guerra, mas antes da guerra, no começo da guerra, porque compreende antes dos outros sua significação na história e sua violência sem sentido, porque ele vê de antemão as consequências da guerra. O significado da guerra revela-se a ele de um só golpe, numa iluminação obscura ou no choque de uma epifania de trevas, na imagem do suicida e na visão da combinação do trauma privado com o trauma coletivo.

> Foi nesse café que sentamos juntos naqueles primeiríssimos dias de agosto, escolhendo entre os barracões que estavam sendo atacados na investida dos voluntários. Decidimo-nos pela cavalaria de Belle-Alliance Strasse, onde da maneira devida apareci num dos dias seguintes, sem qualquer centelha de fervor marcial no peito; contudo, por mais reservado que possa ter estado em meus pensamentos, que diziam respeito somente a assegurar um lugar entre amigos no recrutamento inevitável, um dos corpos apinhados na frente dos portões do barracão era meu. Reconhecidamente apenas por dois dias: em 8 de agosto sobreveio o acontecimento que era para banir, por muito tempo depois, tanto a cidade quanto a guerra de minha mente. (*BC*, p. 21)

"A autobiografia" – declarou Paul de Man – "vela uma des-figuração da mente de que é ela mesma a causa" (*RR*, p. 81). O "lugar entre amigos" que Benjamin tenta "assegurar" no "recrutamento inevitável" revela-se como sendo um lugar entre cadáveres. A *Crônica* é uma autobiografia do trauma. O acontecimento consiste numa supressão: uma supressão de Berlim e da guerra do mapa da consciência; uma supressão do *self* – sua transformação num autômato ou num semi-cadáver, um corpo despojado de consciência: "um dos corpos apinhados na frente dos portões do barracão era o meu", diz Benjamin. A guerra, o choque contra a massa de corpos replicados, dois dias depois, pelo choque da descoberta de dois cadáveres, despe o *self* do "eu": "É essa imolação de nosso mais profundo self em choque a que nossa memória deve suas imagens mais indeléveis" (*BC*, p. 57).

Juventude inefável, ou vivendo fora da experiência

Benjamin pranteia, assim, o seu próprio *self* juvenil perdido, para o que Fritz Heinle tornou-se a metáfora; ele aflige-se ao mesmo tempo com a juventude perdida de Heinle e com a sua própria. "O meio pelo qual a melodia pura de sua juventude se expandiria foi dele subtraído... Em desespero, ele assim evoca sua infância. Naqueles dias havia tempo sem fuga e um "eu" sem morte... Finalmente, ele é redimido perdendo sua compreensão. Em meio a tal desmemória... ele começa o diário. É o documento insondável de uma vida nunca vivida" ("MY", p. 11).

O suicídio representa, contudo, não simplesmente morte, mas uma recusa em comprometer-se com a vida. Benjamin ama profundamente o compromisso absoluto de Heinle com uma juventude em relação a qual, diferentemente de Benjamin, ele se recusa a sobreviver. "Nunca em qualquer outra obra", Benjamin dirá de Goethe, "ele realmente deu à juventude o que lhe concedeu em *Otília*: a totalidade da vida, de modo que, a partir de sua própria duração, ela tem sua própria morte" ("GEA", p. 353). Essa descrição igualmente aplica-se a Heinle. Paradoxalmente, o suicídio de Heinle vem a representar não a morte, mas, pelo contrário, a vitalidade da vida: "A pura palavra para vida em sua imortalidade é 'juventude'", escreve Benjamin ao analisar como a juventude traumatizada em *O Idiota* de Dostoievski vem a incorporar tanto um princípio de vida (uma juventude perene ou fixa) quanto um princípio simultâneo de mudez infantil:[79] "Esta geração jovem sofre de uma infância corrompida" (*SWI*, p. 80-1).

Inesperadamente, o trauma encontra a juventude precisamente em sua ausência – sua supressão – de experiência: "Ainda não experimentamos nada" (*SWI*, p. 3),[80] declarava Benjamin aos vinte e um anos, falando pela juventude. Aos vinte e dois, o trauma como supressão – "o acontecimento que era para banir, por muito tempo depois, tanto a cidade quanto a guerra de minha mente" – igualmente permanece experiência exterior.[81]

> A despeito – ou, talvez, por causa – disso – ...a cidade de Berlin nunca mais voltou a afetar indesejavelmente minha existência tão marcantemente como afetou naquela época em que acreditávamos que podíamos deixá-la incólume, apenas aprimorando suas escolas, apenas rompendo a desumanidade dos pais de seus habitantes, apenas nela produzindo um lugar para as palavras de Hölderlin ou George. Mudar as atitudes das pessoas sem mudar sua situação foi uma tentativa final, heróica. Não sabíamos que aquilo estava destinado ao fracasso, mas dificilmente havia um de nós cuja resolução o estar ciente disso pudesse ser alterada. E hoje, tão claramente quanto naquele tempo, mesmo que com base num raciocínio completamente diferente, entendo que a "linguagem da juventude" tinha de permanecer no centro de nossas associações. (*BC*, p. 18)

Benjamin empenha fidelidade à "linguagem da juventude" suprimida pela guerra e que sua obra subsequente emudeceu e reduziu ao silêncio. Mas *Crônica berlinense* narra o modo por meio do qual o suprimido – a guerra, o cadáver – permanece precisamente no centro. O centro será, assim, um silêncio. O que é suprimido, o que silencia na eclosão da guerra, é a juventude. Mas a juventude pode ter uma inesperada vida após a morte. A juventude de Heinle prossegue vivendo em Benjamin. E a própria juventude silenciada de Benjamin ainda fala em intervalos líricos interrompidos que se tornaram *sem-expressão* pelo próprio silêncio de Benjamin. "A fidelidade será mantida, mesmo que ninguém tenha ainda assim agido" (*SWI*, p. 4), escreveu Benjamin aos vinte e um anos, assinando "Ardor". Tornado mudo, o escritor, já de idade, ainda afirma: "E hoje, tão claramente quanto naquele tempo... entendo que a linguagem da juventude tinha de permanecer no centro de nossas associações".

"A morte", descobre Benjamin, "possui o poder de desnudar, como o amor". "O ser humano aparece-nos como um cadáver... o corpo humano jaz, ele mesmo, nu"

("GEA", p. 353). Numa epifania chocante, inenarrável de trevas, a guerra desnuda o corpo, revelando subitamente a juventude como cadáver.

O enterro

Entretanto, a memória mais traumática que Benjamin retém da guerra não é simplesmente essa epifania inenarrável – essa súbita revelação esmagadora da juventude como um cadáver –, mas o insulto adicional, a vergonha acompanhada da impossibilidade de dar ao cadáver amado um enterro apropriado, a vergonha da incapacidade de despedir-se dos cadáveres concedendo-lhes a honra final de um túmulo apropriado. É porque os corpos não podem ser apropriadamente enterrados que o cadáver da juventude torna-se um fantasma que nunca encontrará paz. O túmulo, simbolicamente, não pode ser fechado. O acontecimento não pode jazer para o repouso.

> E quando, finalmente, depois de 8 de agosto de 1914, chegaram os dias em que aqueles entre nós que eram os mais íntimos do casal morto não queriam dele se separar até que fosse enterrado, sentimos os limites na vergonha de sermos capazes de encontrar refúgio apenas num gasto hotel de ferrovia na Stuttgarter Platz. Até o cemitério demonstrava os limites estabelecidos pela cidade a tudo o que preenchia nossos corações: foi impossível conseguir para o casal que morrera junto túmulos em um e o mesmo cemitério. Mas aqueles foram dias que amadureceram uma compreensão que era para chegar posteriormente, e que incutiram em mim a convicção de que a cidade de Berlim também não seria poupada quanto às cicatrizes da luta por uma ordem melhor. Se acontece hoje de eu atravessar as ruas do quarteirão, nelas entro com a mesma intranquilidade que se sente ao entrar num sótão não visitado há anos. Coisas valiosas podem jazer por ali, mas ninguém lembra onde. (*BC*, p. 20)

O cemitério significa o espaço na cultura e na história: um túmulo materializa a sobrevivência de um nome na deterioração do cadáver. Simbolicamente, entretanto, essas baixas de guerra permanecem externamente no mapa da história. O cadáver da juventude tem de permanecer sem nome. "Coisas valiosas podem jazer por ali, mas ninguém lembra onde."

O trauma, portanto, não é simplesmente uma sociedade capitalista e uma guerra capitalista terem matado a juventude e terem exterminado a *vida*. O trauma real é terem exterminado a *morte*, terem subtraído da juventude até a possibilidade de prantear. Num mundo que condenou a juventude a morrer na guerra ou em decorrência da guerra, e em que não há disponibilidade sequer de um enterro; numa sociedade em que mesmo um túmulo é uma mercadoria que precisa ser comprada e que, portanto, é disponibilizada apenas aos que possuem muito dinheiro; os jovens, carentes de fundos apropriados, estão sujeitos – literal e metaforicamente – a *uma aflição além de seus recursos*: "Foi impossível conseguir para o casal que morrera junto túmulos em um e o mesmo cemitério".[82]

A lição da guerra

O luto será assim transformado em vergonha. E é a lição dessa vergonha, a moral dessa vergonha, que permitirá ao autobiógrafo dizer "eu" a despeito de sua relutância, enquanto for suficientemente pago,[83] e que proporcionará, ao mesmo tempo, ao narrador compreensão da relação histórica entre guerra e revolução: "Mas aqueles foram dias que amadureceram uma compreensão que era para chegar posteriormente... que a cidade de Berlim também não seria poupada quanto às cicatrizes da luta por uma ordem melhor". A lição da guerra é revolucionária, como a história de fato demonstrou dando origem à Revolução Russa na esteira, e como uma consequência importante, da Primeira Guerra Mundial. Benjamin chegará tanto a endossar quanto a sustentar essa lógica revolucionária que conduz da guerra à revolução. Se a história revelou uma vez a juventude como um cadáver, e se historicamente juventude significa "a existência de um começo que está separado de tudo que o sucede como se fosse por um abismo intransponível",[84] somente a nova ruptura de uma revolução – somente um novo começo histórico radical – poderia talvez um dia redimir o cadáver da juventude ou significar um retorno possível da juventude na história. A lealdade à juventude é doravante revolucionária: ela atenta não para o passado, mas para o futuro. "A fidelidade será mantida." "E hoje, tão claramente quanto naquele tempo, *mesmo que com base num raciocínio completamente diferente*, entendo que a linguagem da juventude tinha de permanecer no centro de nossas associações."[85]

Escrito para uma criança

Para quem, entretanto, é passada essa lição revolucionária de um cadáver? Para quem Benjamin dirige a mensagem do "eu", este conto do divórcio entre palavras, ações, motivação, entendimento, que é chamado de história? Por quem Benjamin vence "a precaução do 'eu'" que tem "o direito de não ser vendido barato?" A dedicatória de *Crônica berlinense* indica: "Para meu querido Stephan" (*BC*, p. 3). Stephan é o único filho de Benjamin, então com catorze anos. Essa narração inenarrável de uma guerra, essa história horrenda, desconcertante, de um suicídio e da ausência de um túmulo é, paradoxalmente, surpreendentemente, ela mesma, *dirigida precisamente a uma criança*.[86]

O que Benjamin tenta, em outras palavras, é *transmitir* a história que não pode ser contada e tornar-se, ele mesmo, o narrador que não pode ser um, mas que é um – o último narrador ou o pós-narrador. O trauma – ou o colapso da história e da memória, a fragmentação da lembrança e a ruptura do encadeamento ou da "teia de histórias" – é ele mesmo passado à próxima geração como um testamento, uma dádiva final. "A *rememoração* (*Erinnerung*) funda a cadeia da tradição, que transmite os acontecimentos de geração em geração.... Ela tece a rede que em última instância todas as histórias constituem entre si. Uma se liga à outra, como demonstraram todos os grandes narradores, principalmente os orientais. Em cada um deles vive uma Scherazade, à qual ocorre uma nova história em cada passagem da história que está contando" ("O N.", p. 228).

Crônica berlinense, de modo muito semelhante a "O Narrador", trata da transmissão e de um colapso da transmissão. Mas essa ruptura é ela mesma materializada agora no drama – na imagem – do cadáver do suicida. O que o cadáver não pode contar se tornará o torso de um símbolo.

> As imagens, seccionadas de todas as associações anteriores,... permanecem – como fragmentos preciosos ou torsos na galeria de um colecionador – nas salas prosaicas de nosso entendimento posterior. (*BC*, p. 26)

> Reminiscências... nem sempre equivalem a uma autobiografia. Com absoluta certeza não... Pois a autobiografia tem a ver com tempo, com sequência e com o que constitui o fluxo contínuo da vida. Aqui, estou falando de um espaço, de momentos e descontinuidades. (*BC*, p. 28)

Benjamin sabe que "*Os livros de guerra que inundaram o mercado literário*" (*Ill.*, p. 84) no pós-Primeira Guerra Mundial não foram capazes de preencher esse vazio de experiência. Como Freud, Benjamin entendeu, portanto, que o impacto da ruptura será retardado, e que o problema real do trauma será o da segunda geração. Esta é a razão porque o pós-narrador deseja restabelecer a transmissibilidade de sua experiência, e transmitir o acontecimento que não pode ser contado – transmitir a guerra, o cadáver, o suicídio – ao seu filho.

> A narrativa [...] não está interessada em transmitir o "puro em si" da coisa narrada, como uma informação ou um relatório. Ela mergulha a coisa na vida do narrador para em seguida retirá-la dele. ("O N.", p. 221)

> Onde há experiência no sentido estrito da palavra, certos conteúdos do passado individual se combinam com material proveniente do passado coletivo. (Ibid.)

Visto dessa maneira, o próprio Benjamin, de forma muito semelhante ao narrador, junta-se às fileiras "dos mestres e sábios" ("O N.", p. 240).[87]

– VIII –

O anjo da história

Em *Crônica berlinense* (1932), Benjamin fala da Primeira Guerra Mundial ao encarar a ascensão de Hitler ao poder. Em "O Narrador" (1936), Benjamin fala da Primeira Guerra Mundial porque já prevê a inevitabilidade da eclosão da Segunda Guerra Mundial. "*A crise econômica está diante da porta; atrás dela, uma sombra, a próxima guerra*", escreve em 1933. "*N[os] edifícios, n[as] pinturas e n[as] histórias [daqueles que fizeram do radicalmente novo a sua preocupação], a humanidade prepara a si mesma para sobreviver à cultura, se não houver escolha.*"[88]

A repetição traumática da guerra fará Benjamin silenciar por uma segunda vez, desta vez, definitivamente.

Antes desse silenciamento final, no segundo inverno da guerra, Benjamin escreverá, entretanto, "Sobre o conceito da história", em que a história do silêncio da narração – a história da Primeira Guerra Mundial – é novamente narrada, mas desta vez interpretada como uma teoria da história. De novo, Benjamin vê antecipadamente as consequências da guerra. A teoria da história nomeia a constelação das duas guerras mundiais – a passada e a presente –, consideradas uma em oposição à outra e uma através da outra. "Devia-se falar de acontecimentos que nos alcançam como um eco despertado por um chamado", escreveu Benjamin em *Crônica berlinense* (BC, p. 59). É, portanto, por meio da repetição do trauma que o historiador lerá a história e que o teórico a teorizará; é da repetição do trauma que Benjamin extrai sua crucial compreensão da "filosofia" da história como um processo constitutivo de silenciamento, um discurso cobrindo a mudez das vítimas e afogando em seu próprio ruído os reais acontecimentos de seu repetido silenciamento.

Assim, o anjo da história[89] é mudo: sua boca está silenciosamente aberta, à medida que ele é impotentemente *empurrado para trás rumo ao futuro*, empurrado para trás da Segunda Guerra Mundial para a experiência silenciosa da primeira. A invasão da França em maio de 1940 repete a invasão da Bélgica vinte e seis anos antes, em 4 de agosto de 1914; uma invasão que era para ser seguida, quatro dias depois, pelo duplo suicídio.

Benjamin é pego numa armadilha naquilo que agora se tornou a França ocupada. Planeja escapar, cruzar a fronteira franco-espanhola na esperança de finalmente alcançar os Estados Unidos, não tanto porque quer salvar sua vida, mas porque deseja transmitir um manuscrito ao mundo livre, porque deseja *transmitir*, isto é, além do silêncio – e além do silenciamento – à próxima geração. Carrega esse manuscrito precisamente em seu corpo. Ironicamente, não se sabe hoje o que era esse manuscrito. Materialmente esse manuscrito não sobreviveu. Presume-se que esse manuscrito era realmente o próprio ensaio sobre a História,[90] do qual cópias foram preservadas em outro lugar. Mas não podemos ter certeza. O título do manuscrito que Benjamin transportava em seu corpo permanecerá para sempre encoberto no silêncio.

"A hora da morte é a nossa própria"

Preso na fronteira e informado de que será entregue, no dia seguinte, à Gestapo, Benjamin encerrará sua narrativa mediante um suicídio final. Seu próprio suicídio repetirá, portanto, e espelhará o suicídio de seu amigo mais jovem, seu *alter ego*, na eclosão da Primeira Guerra Mundial.

O que é altamente irônico é a história repetir também a história da ausência de um túmulo – por falta de fundos próprios. O dinheiro deixado no bolso de Benjamin por ocasião de sua morte revelou-se, aparentemente, como sendo suficiente apenas para a "locação" de um túmulo. Algum tempo depois, o corpo foi exumado e os restos, transferidos a uma cova comum sem nome, reservada aos destituídos de posses. A história repete a si mesma ao mesmo tempo intencionalmente (suicídio) e não intencionalmente (ausência de um enterro). "*A linguagem da verdade não intencional... possui autoridade*", escreveu Benjamin: "essa autoridade permanece em oposição ao conceito convencional de objetividade porque sua validade, aquela da verdade não intencional, é histórica."[91] Depois do fato, *Crônica berlinense* soa quase como uma profecia: "*Coisas valiosas jazem por ali*", Benjamin insistia, "*mas ninguém lembra onde*". Benjamin, escreve Demetz, "*está enterrado em Port Bou, mas ninguém sabe onde, e quando chegam visitantes..., os guardas do cemitério conduzem-nos a um lugar que dizem ser sua sepultura, aceitando respeitosamente uma gorjeta.*"[92] Por muito tempo, não houve naquele cemitério espanhol "nem monumento nem flor". Em 1992 um monumento foi construído.[93] Mas o corpo de Benjamin não está no túmulo em que se encontra agora esse monumento.

"Contar histórias sempre foi a arte de contá-las de novo", escreveu Benjamin em "O Narrador". O próprio suicídio de Benjamin repetirá irônica e tragicamente, assim, tanto a história do suicídio de sua juventude quanto a vergonhosa história da ausência de um enterro. Ao afirmar sua própria escolha da morte e ao dar cabo da própria vida, Benjamin repete também, a partir da história de Heinle, *a mensagem do cadáver*: a mensagem póstuma muda, do suicida como um gesto simbólico de protesto contra a guerra e como a asserção autônoma de uma vontade não coagida e incoercível diante da expansão dominante da violência mundial. Ao repetir o suicídio de Heinle, no limiar na Primeira Guerra Mundial, e ao reativar sua mensagem simbólica de resistência à guerra, a própria arremetida de Benjamin ao suicídio nos estágios iniciais da Segunda Guerra Mundial atingirá, assim, uma reunião definitiva com o amigo cruelmente perdido. "Foi após uma longa separação... Mas mesmo hoje lembro-me do sorriso que suspendeu todo o peso dessas semanas de separação" (*BC*, p. 17).

Benjamin sempre soubera – desde o trauma da Primeira Guerra Mundial e o exemplo do suicídio de seu amigo – que "a covardia dos vivos" (a "Timidez" do sobrevivente que se punha em paralelo com "A Coragem do Poeta" ou a morte do poeta) "tem finalmente que se tornar insustentável" (*SWI*, p. 14). Já na idade de vinte e um anos, ele escreve profeticamente, como se em premonição de seu futuro suicídio:

> O diário escreve a história de nossa grandeza do ponto de vista favorável de nossa morte...
> Na morte, nós acontecemos a nós mesmos. E a hora da morte é a nossa própria. Redimidos, ficamos cientes do cumprimento do jogo... A vocação que orgulhosamente descartamos em nossa juventude toma-nos de surpresa. Não obstante, nada é senão um chamado à imortalidade. (*SWI*, p. 15)

Uma assinatura (Um chamado à imortalidade)

Estruturado como é pelos próprios textos de Benjamin, prefigurado por sua vida e central aos processos de todo o seu pensamento, o suicídio, portanto, não é apenas um ato de cansaço e abdicação, um mero gesto intempestivo de fadiga e de desespero – como Hanna Arendt muito famosamente o retratou (e o pranteou) salientando seu traço essencial como "má sorte".[94] Além da ironia do destino, além do azar, o suicida (como sugeri antes) faz da morte um signo. No desespero, morrer torna-se uma linguagem. Faz sentido. Não é somente uma decisão de parar de sofrer e descambar no sono protetor e de esquecimento. É – através do intervalo de duas guerras mundiais – uma batida nas portas da história. É a pontuação de uma vida literária que, mediante um ato final, voluntário de silêncio, deixa atrás *sua assinatura*: uma assinatura de desesperada, porém absolutamente *incondicional, recusa de cumplicidade e de colaboração* com a tirania coerciva de guerras mundiais.

> Entretanto, silêncio trágico... não deve ser concebido como sendo dominado exclusivamente pela provocação. Antes, essa provocação é de todo modo tanto uma consequência da experiência da mudez quanto uma experiência que intensifica a condição. O conteúdo das realizações do herói pertence à comunidade, como pertence o discurso.

Considerando-se que a comunidade... nega essas realizações, permanecem inarticuladas no herói. E ele tem, portanto, ainda mais eficazmente, que encerrar dentro dos limites de seu eu físico toda ação e todo item de conhecimento, o maior e o mais potencialmente eficiente que seja. É a realização de sua *physis* exclusivamente, não da linguagem, se ele for capaz de aferrar-se à sua causa, e ele tem, portanto, que fazê-lo na morte.[95]

Projetado em suas próprias palavras, o próprio suicídio de Benjamin pode ser interpretado como "a tentativa do homem moral, ainda mudo, ainda inarticulado... de erguer-se em meio à agitação desse mundo doloroso" (Ibid., p. 110). O próprio Benjamin incorpora, assim, em seu próprio conceito, porém com "a autoridade da verdade não intencional", o "paradoxo do nascimento do gênio na mudez moral" (Ibid.). Sua morte concede à sua posteridade uma linguagem: dota o futuro de uma palavra ainda não nascida.

A repetição do suicídio recupera o significado coletivo que foi perdido para a morte tanto nos campos de batalha – quanto no suicídio – da Primeira Guerra Mundial. "A voz do narrador anônimo" recupera "a imagem de uma experiência coletiva, para a qual mesmo o mais profundo choque da experiência individual, a morte, não representa nem um escândalo nem um impedimento" ("O N.", p. 232).[96]

Podemos ir mais longe e perguntar se a relação entre o narrador e sua matéria – a vida humana – não seria ela própria uma relação artesanal. Não seria sua tarefa trabalhar a matéria-prima da experiência – a sua e a dos outros – transformando-a num produto sólido, útil e único? Talvez se tenha uma noção mais clara desse processo por meio do provérbio, concebido como uma espécie de ideograma de uma narrativa. Podemos dizer que os provérbios são ruínas de antigas narrativas, nas quais a moral da história abraça um acontecimento, como a hera abraça um muro ("O N.", p. 239).

Por meio de sua morte, Benjamin converte, assim, sua própria vida em um provérbio.

O testamento (Uma narração póstuma)

> A morte é significante na concretude daquilo que para mim é a impossibilidade de abandonar o outro em sua solidão.
>
> Emmanuel Levinas, *Do uno ao outro. Transcendência e tempo*

Scholem nos conta que a ideia de suicídio não era nova para Benjamin, que esteve próximo do suicídio várias vezes ao longo de sua vida. Particularmente, Scholem soube após o fato que, quando escrevia *Crônica berlinense*, Benjamin tinha um iminente plano de suicídio em mente, um plano que foi imprevisivelmente mudado no último momento. Essa é a razão porque, a título de um correlativo ou contraparte ao autobiográfico *Crônica*, Benjamin também deixou um testamento, um testamento que ele "não destruiu quando sua vontade de viver assumiu o domínio no último minuto",[97] e que depois de sua morte foi encontrado entre seus documentos. Lê-se no testamento:

> Todos os manuscritos no meu patrimônio – tanto meus próprios escritos quanto os de outras pessoas – irão para o Dr. Gerhard Scholem, Abyssinian Road, Jerusalém. Meu inteiro patrimônio contém além de meus próprios escritos as obras dos irmãos Fritz e Wolf Heinle. Estaria em conformidade com meus desejos que seus escritos fossem preservados na University Library, em Jerusalém, ou na Prussian State Library. Compreendem não só os manuscritos de Heinle como também minhas cópias manuscritas editadas das obras deles. No que toca às minhas próprias obras, atenderia meus desejos se a University Library em Jerusalém suprisse espaço para algumas delas. Caso o Dr. Gerhard Scholem publique uma seleção póstuma de meus escritos..., contemplaria meus desejos se ele remetesse uma certa porção dos lucros líquidos resultantes dessa edição – cerca de 40 a 60% uma vez deduzidos seus custos – ao meu filho Stephan. (Scholem, p. 187-8)

Na carta fechada de adeus ao seu primo Egon Wissing, o executor de seu testamento, Benjamin declarou: "Penso que seria bom se o departamento de manuscritos da biblioteca da Universidade de Jerusalém aceitasse os escritos póstumos de dois não--judeus das mãos de dois judeus – das de Scholem e das minhas" (Scholem, p. 188).

Como narração póstuma, o testamento assegura a transmissão da narrativa do outro. Além da morte de seu autor, ele deve assegurar, salvaguardar, a imortalidade do outro. É, assim, ao resistir à perda de vida de um outro e à perda de significado de um outro que Benjamin recupera na morte, para si mesmo e para seu amigo, o que Heinle precisamente perdeu em seu suicídio: "a posição do narrador". "Com isso vem à luz a base mais íntima para a 'posição do narrador'. *É exclusivamente ele que, no sentimento de esperança, pode cumprir o significado do acontecimento...* Assim, a esperança finalmente arranca a si mesma dele... como uma questão estremecida... Essa esperança é a única justificação da fé na imortalidade, que não deve jamais ser incitada a partir da própria existência de alguém" ("GEA", p. 355; *grifos nossos*).

A imortalidade toma do outro. A vida pode tornar-se imortal somente na medida em que é ligada às vidas de outros. O que é imortal é o outro, não o eu. O que é imortal é, em outras palavras, não o narrador, mas a própria narrativa da repetição, uma narrativa que, repetida no mínimo duas vezes, não é simplesmente individual. E a transmissão deve continuar.

Na "questão estremecida de uma esperança", Benjamin destina a Scholem a tarefa de continuar a narrativa: a tarefa de duplicar agora, na própria vida de Scholem, a prosopopeia aos mortos; a tarefa de herdar e de continuar a *História de uma amiza-*

de. Scholem cumprirá essa tarefa. Benjamin provou, assim, que "não só o conhecimento ou a sabedoria de um homem", mas acima de tudo:

> sua vida vivida – e é dessa substância que são feitas as histórias – assumem pela primeira vez uma forma transmissível. Assim como no interior do agonizante desfilam inúmeras imagens – visões de si mesmo, nas quais ele havia se encontrado sem dar-se conta disso –, o inesquecível aflora de repente também em suas expressões e olhares, conferindo a tudo o que lhe dizia respeito aquela autoridade que mesmo um pobre-diabo possui, ao morrer, para os vivos em seu redor. Na origem da narrativa está essa autoridade. ("O N.", p. 224)

Autoridade textual

Autoridade é o que confia um texto (uma vida) à memória, aquilo que o torna inesquecível. O que Benjamin – mais uma vez profeticamente – diz do Príncipe Myshkin, o protagonista de *O Idiota*, de Dostoievski, pode igualmente explicar no tocante a ele mesmo e no tocante ao impacto literário de sua própria autoridade textual: "A vida imortal é inesquecível. *É a vida que não é para ser esquecida, ainda que não possua nenhum monumento ou memorial...* E 'inesquecível' não significa apenas que não podemos esquecê-la. Indica alguma coisa na natureza do inesquecível ele mesmo, alguma coisa que a torna inesquecível" (*SWI*, p. 80; *grifos nossos*). Qual é o segredo do carisma de Myshkin? "Sua individualidade", diz Benjamin, "é subordinada à sua vida" (Ibid.). Como Myshkin, Benjamin é inesquecível porque sua individualidade (incluindo sua própria morte, seu suicídio) está subordinada à sua vida.

Como o narrador, Benjamin "é da morte que deriva sua autoridade" ("O N.", p. 224). Mas a autoridade que deriva da morte não é outra coisa senão o poder do narrador de transmitir, de *levar além de um limite, a unicidade de uma vida*. É vida que, muito além da morte do autor, foi preservada nos textos de Benjamin. É vida que, muito além da Segunda Guerra Mundial, ainda nos oferece ajuda, nos comove e nos ensina, nas palavras de Benjamin e em seu silêncio. É a autoridade textual da vida de Benjamin que reclamou Scholem e que o compeliu a repetir a narrativa e a continuar, em seu próprio modo, a prosopopeia de Benjamin aos mortos.

* * *

Na "Metafísica da Juventude", quando era ainda ele mesmo um homem muito jovem, Benjamin escreveu:

> A conversação empenha-se rumo ao silêncio, e o ouvinte é realmente o parceiro silencioso. Aquele que fala recebe o significado dele; o silenciado é a fonte não apropriada de significado. ("MY", p. 6)

Benjamin era um bom ouvinte, porque era sempre fiel ao silenciado. Eu sugeriria que a tarefa da crítica atual não fosse afogar os textos de Benjamin num ruído crítico sempre crescente, mas restituir a Benjamin seu silêncio.

Notas de 11 a 97

11. Comparar KAFKA, 1992, p. 213-5. [Valemo-nos da seguinte obra: KAFKA, 1995, p. 244-6 (N.T.)*].

    * A tradutora *Ariani Bueno Sudatti* é autora de *Dogmática Jurídica e Ideologia: o discurso ambiental sob as vozes de Mikhail Bakhtin* (Editora Quartier Latin, 2007). Advogada e Professora.)].

12. BENJAMIN apud BENJAMIN, 1969a, p. 139. A referência a essa coletânea será feita pela abreviação *Ill.*, e Franz Kafka será abreviado, daqui em diante, por "Kafka". [Esse texto pode ser encontrado em português como BENJAMIN, 2012, p. 147-78. A passagem citada encontra-se na pág. 177: "*Segundo Kraft, Kafka não usa a palavra justiça, não obstante é da justiça que parte a crítica do mito*". (N.T.)].

13. BENJAMIN apud BENJAMIN, 1969d, p. 108. O ensaio "The storyteller" ["O Narrador"] é indicado na edição original pela abreviação "St." nesta tradução indicaremos como "O N." e as citações reportam-se a BENJAMIN, 2012, p. 213-40. (N.T.)

14. Em Nuremberg, foi exigido da história, de uma maneira sem precedentes, que se responsabilizasse no tribunal por injustiças históricas que, pela primeira vez, foram submetidas à definição de crime. A acusação e o julgamento conceituados como crimes, atrocidades e abusos do poder que até então não haviam sido justiçáveis: "crimes contra a humanidade", crimes cometidos em tempo de guerra contra civis, injustiças que um regime totalitário inflige a seus próprios súditos, bem como a estrangeiros e opositores. Sobre o conceito pioneiro de crimes contra a humanidade e, em geral, sobre a significação e a visão históricas dos julgamentos de Nuremberg, ver "Introdução"; capítulo 3, seção V; e capítulo 4, primeira parte, subseção intitulada "Duas visões de julgamento histórico".

15. Comparar Robert Cover, "Nuremberg and the creation of a modern myth", em COVER apud MINOW; RYAN; SARAT, 1995c, p. 195-201; TURLEY, 2000, p. 655; SIMPSON, 1997, p. 801; e DOUGLAS, 1995, p. 449.

16. Essa mudança (que está associada ao novo laço entre direito e história) também vincula e representa uma reconfiguração básica da relação entre "o privado" e "o público" no direito penal. Anteriormente, julgamentos criminais eram "privados" no sentido de que julgavam agentes individuais (e sua criminalidade individual ou privada) em nome da sociedade e de seu interesse público. O novo modelo de julgamento submete a juízo não apenas o privado, mas também (por intermédio do privado) o próprio domínio do "público". Em nome do público e do interesse coletivo, o que é julgado como criminal é doravante tanto o privado quanto o público.

17. Hannah Arendt contestou precisamente o projeto do julgamento de Eichmann de submeter a história a julgamento em nome da necessidade (exigência) jurisprudencial conservadora de julgar o privado, de focar no indivíduo (o criminoso), de visar estritamente à responsabilidade literal e não à responsabilidade representativa do acusado. Para uma discussão das objeções de Arendt a uma acusação da história, ver capítulo 3, seção III.

18. BENJAMIN apud BENJAMIN, 1969e, p. 257. [Esse texto reporta-se ao ensaio *Sobre o conceito da História*, publicado em português na já citada obra adotada como referência (nota 13), e será daqui por diante abreviado como "Teses". A "tradição dos oprimidos" nos ensina que o estado de exceção

em que vivemos é a regra. "Teses", p. 245. (N.T.)]. Para uma análise dessa proposição por meio de uma detida leitura das "Teses" de Benjamin, ver aqui segunda parte, as subseções intituladas "Uma filosofia da história" e "História e mudez".

19. Comparar Benjamin, "Goethe's elective affinities" (As afinidades eletivas de Goethe), em Walter Benjamin, *Selected Writings, Volume I: 1913-1926*, 1996, p. 340-1. Abreviaremos daqui por diante o ensaio como "GEA" e o volume como *SWI*.

20. No *sem-expressão*, "toda expressão simultaneamente se imobiliza". ("GEA", p. 340)

21. As críticas da história do século XX incluem (embora não se esgotem aí) as críticas pós-coloniais do colonialismo bem como, mais genericamente, as críticas antinacionalistas, antimilitaristas, feministas, *gays*, antirracistas, incluindo as críticas marxistas de orientação econômica, a crítica do capitalismo e, mais recentemente, a crítica da globalização.

22. O *sem-expressão*, eu o afirmo, é um termo que implicitamente *conceitua trauma* e conceitua a relação inerente entre trauma e literatura. Se em Benjamin o trauma possui um poder de expressão *literário* (o poder "despedaçador" de sua mudez), é porque, como a literatura, o trauma, por sua vez, é *uma articulação que tem significado embora e porque não tem possibilidade de enunciação*.

23. Ver a discussão desse conceito na sequência deste capítulo (em segunda parte, seção VII, a subseção intitulada "Prosopopeia"), e a substancial discussão do capítulo 4, terceira parte, seção IX, na subseção intitulada "A cesura do julgamento: o *sem-expressão*".

24. Levinas, por sua vez, fala do "despojamento de expressão enquanto tal". Emmanuel Levinas, "Philosophy, Justice, and Love", em Levinas, *Entre nous*: thinking-of-the-Other, 1998, p. 145. (Essa coletânea de ensaios será daqui por diante abreviada como *EN*.) Apesar de Levinas não usar o termo *sem-expressão*, ele situa no rosto *sem-expressão* do outro (na face despojada de expressão) "o *locus* original do significativo" (*EN*, p. 145). Para Benjamin, por sua vez, o *sem-expressão* é o *locus* original do significativo. O pensamento de Levinas vai profundamente ao encontro de Benjamin, ainda que não coincida com ele em todos os pontos. A origem do significado é, para Levinas (como para Benjamin), "pura alteridade". Pura alteridade é significada em Levinas precisamente pela imagem do rosto *sem expressão* do outro: o rosto do outro é um rosto humano nu, vulnerável, exposto, um rosto "ante toda expressão particular... uma nudez e despojamento de expressão enquanto tal; isto é, extrema exposição, ausência de defesa, a própria vulnerabilidade" (*EN*, p. 145). Essa exposição, essa vulnerabilidade do outro é (para Benjamin bem como para Levinas) o *locus* original do significativo. Incluo, assim, no conceito de Benjamin de *sem-expressão* a ressonância do conceito de Levinas da face (e da possibilidade sempre presente da supressão da face pela violência).

25. O que se segue é uma definição do sentido sintético ampliado em que uso o conceito benjaminiano, aplicando-o especificamente ao contexto do direito e da nova relação entre direito e história.

26. Tomo aqui emprestada a ênfase sobre o rosto de Levinas, para quem "a visão do rosto" é um correlativo do surgimento da ética e da justiça, e que rigorosamente define violência (conceitua violência) como a supressão do rosto humano. Essa supressão violenta do rosto (humano) vivo é também crucial, segundo proponho, para o conceito de Benjamin do *sem-expressão*. "O que há num rosto?", pergunta Levinas. "A relação com o rosto é tanto a relação com o absolutamente fraco – com o que é absolutamente exposto, o que é despido e destituído [...] o que é sozinho e pode suportar o isolamento supremo que chamamos de morte e, assim, de algum modo, um incitamento ao assassinato [...] quanto ao mesmo tempo [...] o rosto é também o "Não matarás" [...]; é o fato de que não posso permitir que o outro morra sozinho, é como um brado a me convocar" (*EN*, p. 146). Violência é o que precisamente suprime o rosto ao obliterar tanto sua visão quanto seu chamado mudo ou seu apelo humano, o "Não matarás". Golpeado pela violência, um rosto que (por meio do trauma ou da sua supressão pelo outro) perde a capacidade de expressar vida e de expressar-se, torna-se *sem-expressão*, expressando apenas a rigidez da morte.

Quanto ao que diz respeito ao uso linguisticamente preciso do termo *sem-expressão* de Benjamin (como distinto da ressonância adicional de Levinas que incluo em meu uso ampliado do termo), deve-se observar, entretanto: (1) que Benjamin deliberadamente nunca disse que alguma pessoa é *sem-expressão* (o que em alemão seria o uso tradicional do termo envolvendo uma falta de expressão no rosto ou em uma pessoa), mas somente que atos específicos (inclusive, atos de discurso), tanto morais quanto artísticos, são *sem-*

expressão no sentido dele; (2) que o *sem-expressão* paradoxalmente é a única forma em que atos e fenômenos específicos podem possivelmente encontrar expressão (ao invés de serem excluídos dela e primeiramente terem de encontrar um modo de expressar eles mesmos). Para uma análise filológica detalhada do conceito do *sem-expressão* em Benjamin, ver MENNINGHAUS apud BAHTI; FRIES, 1995, p. 155-73.

27. "Nunca houve um documento da cultura", escreve Benjamin, "que não fosse simultaneamente um documento da barbárie. E assim como o próprio bem cultural não é isento de barbárie, tampouco o é o processo de transmissão em que foi passado adiante. Por isso, o materialista histórico se desvia desse processo, na medida do possível. Ele considera sua tarefa escovar a história a contrapelo ("Teses", p. 245).

28. "O sujeito do conhecimento histórico é a própria classe oprimida" ("Teses", p. 248).

29. O inconsciente político consiste na estrutura de opressões e repressões específicas de um dado momento histórico. Comparar Fredric Jameson (1982).

30. Nesse tema aparentemente messiânico, Benjamin prediz novamente a nova relação entre julgamentos e os mortos, uma relação que predominará em alguns dos mais tardios "julgamentos do século" e que este livro, por sua vez, estudará, na qual tentará ponderar, e sobre a qual objetivamente refletirá a respeito. Ver capítulos 3 e 4.

31. VARVERDE, 1999, p. 657. Comparar Jacques Derrida (1994).

32. Benjamin, "Critique of violence" (daqui por diante abreviada como "Critique"), em Walter Benjamin, *Reflections: essays, aphorisms, autobiographical writings* (1986b, p. 277). Essa coleção será daqui por diante abreviada como R (*Reflections*).

33. Foi, numa certa medida, essa crítica da violência legal, essa consciência da natureza problemática do direito e dos limites e falhas dos julgamentos por acusação que (entre outras razões) esteve na origem da instituição contemporânea (na África do Sul e em outros lugares) de um modo alternativo de lidar com os crimes da história: as Comissões de Verdade e Reconciliação.

34. Para uma sumarização sintética dessa famosa crítica dos julgamentos de Nuremberg como "justiça do vitorioso", comparar, por exemplo, Gerry Simpson (1997, p. 805-6): "Na ausência de uma abordagem uniforme e global, os julgamentos de criminosos de guerra geralmente ocorreram somente onde derrota e criminalidade coincidem. Foi esse indubitavelmente o caso em Nuremberg e Tóquio. A expressão 'justiça do vitorioso' é, a essa altura, um truísmo. As forças aliadas vitoriosas julgaram seus adversários alemães e japoneses sem considerar a possibilidade de aplicar essas mesmas leis ao seu próprio comportamento nos tempos de guerra." Ver também "Nuremberg and the creation of a modern myth", em COVER apud MINOW; RYAN; SARAT, 1995c, p. 195-201; DOUGLAS, 1995, p. 449; e TEITEL, 1999, p. 285.

35. Comparar "Bringing the Messiah" (COVER apud MINOW; RYAN; SARAT, 1995a, p. 185-7) e "Nuremberg and the creation of a modern myth" (Ibid., 1995c, p. 201). "Integridade [em juízes] [...] é o ato de manter a visão de que é somente aquilo que redime que é lei".

36. Os mortos podem ter uma vida após a morte, mas não podem voltar à vida, e, se voltam, fazem-no *como precisamente mortos*. Benjamin está bem ciente dessa realidade, e do fato de que o *ressuscitar* histórico dos mortos *não vincula sua ressurreição*. "Há um quadro de Klee que se chama *Angelus novus*. Nele está desenhado um anjo que parece estar na iminência de se afastar de algo que ele encara fixamente. Seus olhos estão escancarados, seu queixo, caído e suas asas abertas. O anjo da história deve ter esse aspecto. Seu semblante está voltado para o passado. Onde *nós* vemos uma cadeia de acontecimentos, *ele* vê uma catástrofe única, que acumula incansavelmente ruína sobre ruína e as arremessa a seus pés. Ele gostaria de deter-se para acordar os mortos e juntar os fragmentos. Mas uma tempestade sopra do paraíso e prende-se em suas asas com tanta força que o anjo não pode mais fechá-las. Essa tempestade o impele irresistivelmente para o futuro, ao qual ele volta as costas, enquanto o amontoado de ruínas diante dele cresce até o céu. É a *essa tempestade* que chamamos progresso" ("Teses", p. 246).

37. LEVINAS apud BENJAMIN, 1998, p. 196.

38. Hannah Arendt, "Introduction" (BENJAMIN, 1969, p. 5-18).

39. Comparar Franz Kafka (1995, p. 245-6).

40. "Kafka", p. 131. Realmente, como observa Benjamin segundo Brecht, "Kafka percebia o que estava para vir sem perceber o que existe no presente" ("Some reflections on Kafka" [*Ill.*, p. 143], daqui por diante abreviado como "SRK"). E Benjamin acrescenta: "Ele o percebia essencialmente como um *indivíduo* afetado por isso" (Ibid.). Como a de Kafka, a percepção de Benjamin do futuro procede, eu o sustento, a partir de sua posição como indivíduo afetado, a partir de sua compreensão, isto é, de sua posição histórica como um sujeito perseguido.

41. [Essa passagem foi extraída de KAFKA, 1995, p. 245-6 (N.T.)]. Destaques da autora.

42. Hannah Arendt, em *Eichmann em Jerusalém: um relato sobre a banalidade do mal*, de agora em diante abreviado como *EeJ*, comenta sobre a colaboração do *Judenrat*: "Onde quer que vivessem judeus, havia líderes judeus reconhecidos, e essa liderança, quase sem exceção, cooperou com os nazistas de uma forma ou de outra, por uma ou outra razão" (*EeJ*, p. 141). Mas essa cooperação entre vítima e carrasco (a essência da calamidade moral acionada pelos nazistas) não era específica dos judeus, insiste Arendt. "David Rousset, um ex-prisioneiro de Buchenwald, descrevia o que sabemos ter acontecido em todos os campos de concentração: o triunfo da SS exige que a vítima torturada permita ser levada à ratoeira sem protestar, que ela renuncie e se abandone a ponto de deixar de afirmar sua identidade. E não é por nada. Não é gratuitamente, nem por mero sadismo, que os homens da SS desejam sua derrota. Eles sabem que o sistema que consegue destruir suas vítimas antes que elas subam ao cadafalso é incomparavelmente melhor para manter todo um povo em escravidão. Em submissão. Nada é mais terrível do que essas procissões de seres humanos marchando para a morte (*EeJ*, p. 22). (*Les Jours de notremort*, 1947)" [As citações dessa obra de Hannah Arendt reportam-se à seguinte edição: ARENDT, 1999. A edição utilizada pela autora foi ARENDT, 1963 (N.T.)].

43. Ver KAFKA, 1995, p. 245 (destaque meu): "[...] Os senhores deitaram K. No chão, inclinaram-no junto à pedra e acomodaram sua cabeça em cima. A despeito de todo o esforço que faziam, e de toda a facilidade *que K. dava provas, a sua posição mantinha-se forçada e inverossímil*". Comparar Benjamin, "Kafka", p. 135 (destaque meu): "Essa história leva-nos diretamente ao interior do mundo de Kafka. Ninguém diz que *as distorções, que será a missão do Messias algum dia corrigir*, afetam somente nosso espaço; certamente elas são *distorções de nosso tempo* também. Kafka deve ter tido isso em mente".

44. *EN*, p. 187.

45. Walter Benjamin, "The metaphysics of youth" ("Metafísica da juventude") (abreviado como "MY"), em *SWI*, p. 6.

46. "The task of the translator" ("A tarefa do tradutor"), *SWI*, p. 261.

47. Ibid., p. 259.

48. Ibid., p. 257.

49. ARENDT, 1990a, p. 9. [As citações dessa obra de Hannah Arendt reportam-se originalmente à seguinte edição: ARENDT, 1990b (N.T.)]

50. Ibid., p. 11-8.

51. Ibid., p. 11.

52. Essa justaposição de textos da teoria e da autobiografia será iluminada, por sua vez, pelo trabalho de Benjamin como crítico literário, especialmente nos ensaios literários iniciais sobre Hölderlin, sobre Dos-

toievski, e nas *Afinidades eletivas de Goethe*. Tomarei, assim, emprestadas metáforas da própria crítica literária de Benjamin e as empregarei, por sua vez, como ferramentas interpretativas e como ecos estilísticos evocativos. Minha metodologia atentará, portanto, para três níveis distintos do texto que serão unidos pela análise: o nível conceitual da teoria, o nível narrativo da autobiografia, e o nível figurativo da crítica literária.

53. Lembramos que esse ensaio também é conhecido como "Teses sobre o conceito da história", e por isso é abreviado como "Teses" (N.T.).

54. *SWI*, p. 18-36.

55. Ibid., p. 33.

56. "O N.", p. 213.

57. "Karl Kraus", *R*, p. 242. Comparar "O N.", *Ill.*, p. 218-20. Informação e narração não são simplesmente dois modos competitivos de discurso (duas funções da linguagem). São, de fato, duas estratégias de viver e comunicar, dois níveis de existência dentro da cultura. A narração procura um ouvinte; a informação, um consumidor. A narração é dirigida a uma comunidade, a informação é dirigida a um mercado. Na medida em que o ouvir é uma parte integral da narração, enquanto o *marketing* é sempre parte da informação, a narração é atenta e imaginativamente produtiva (em sua preocupação pela singularidade, a ininteligibilidade do acontecimento), ao passo que a informação é mecânica e reprodutiva (em sua preocupação pela permutabilidade, explicabilidade e reprodutibilidade do acontecimento).

    Benjamin estava preocupado não só com a comunicação, mas (implicitamente, essencialmente) com a educação. Educacionalmente, esses dois modos entram em conflito não somente como dois papéis ou instituições distintos. Travam uma batalha dentro de toda instituição e dentro de toda disciplina do conhecimento. Estão em conflito, efetivamente, *dentro de* toda pedagogia. Lutam (até hoje) *dentro de* toda universidade.

58. "Hoje, os burgueses, inquilinos de primeira hora da eternidade, vivem em espaços depurados da morte e, quando chegar sua hora, serão depositados por seus herdeiros em sanatórios e hospitais" ("O N.", p. 223).

59. *"A morte é a sanção de tudo o que o narrador pode relatar. É da morte que deriva sua autoridade"* ("O N.", p. 224).

60. Como o narrador (em Leskov e sua tradição) é "um homem probo", um "mestre" e um "sábio" ("O N.", p. 240), o que agora cai na mudez é a própria possibilidade de probidade. De modo semelhante, a literatura como mestra da humanidade (à maneira de Leskov) perdeu sua voz. Na falência da narrativa como um modo genérico, literário de discurso, a literatura como ética – "conselho", educação – é assim inerente, histórica e filosoficamente reduzida ao silêncio.

61. Entre as teorias da história que Benjamin critica e "desconstrói" estão a teologia pura (religião), o historicismo puro (positivismo), o liberalismo puro (idealismo) e o marxismo puro (materialismo histórico não crítico).

62. Comparar à discussão de Hitler com os seus civis e oficiais militares de posições mais importantes em 1939, por ocasião da invasão da Polônia: "A destruição da Polônia está no plano de fundo. O objetivo é a eliminação das forças vivas, não a chegada numa certa direção... Apresentarei uma causa propagandística para começar a guerra – não tem importância se será plausível ou não. Ao vencedor não será indagado posteriormente se disse a verdade ou não. Em relação a iniciar e travar uma guerra, não é o direito que importa, mas a vitória". Citado por Robert Jackson em sua introdução a Whitney Harris (1954, 1995, p. xxxi).

63. Nessa concepção, Benjamin é o intérprete – o sintetizador – dos diversos legados de Nietzsche, Marx e Freud.

64. BENJAMIN, 1991, p. 352.

65. A realidade da história é apreendida (articulada) quando o historiador *reconhece* um *estado de emergência* histórico que é, precisamente, *não* aquele que o governante declarou ou que (na tradição de Hobbes, nas palavras de Carl Schmitt) é "decidido pelo soberano". Comparar com Carl Schmitt (1922), uma obra citada e discutida por Benjamin em *The origin of german tragic drama* (1977, p. 65; 74; 239, n. 14-17). [Esse texto foi traduzido em português como *A origem do drama barroco alemão* e ainda como *A origem do drama trágico alemão*, respectivamente: BENJAMIN, 1984, e BENJAMIN, 2011.

66. *A Berlin chronicle* (BENJAMIN apud BENJAMIN, 1986a, p. 56-7) (daqui por diante abreviado como *BC*).

67. "GEA", p. 355. A redenção parece, portanto, estar ligada ao momento de iluminação que súbita e inesperadamente confere-nos a capacidade de *ouvir o silêncio* – sintonizar o inarticulado e *ouvir* o que está na história destituído de palavras. A redenção começa por redimir a história da surdez.

68. Para uma historiografia isenta de cumplicidade, é preciso que nos dissociemos do nosso pensar habitual: "Pensar não envolve apenas o fluxo de pensamentos, como também o detê-los. Ali onde o pensar detém-se repentinamente numa configuração prenhe de tensões, ele confere um choque a essa configuração, pelo qual essa cristaliza-se numa mônada. Um materialista histórico aborda um tema histórico somente onde o encontra como uma mônada. Nessa estrutura, ele reconhece um sinal para uma cessação messiânica do acontecer ou, expressando-o diferentemente, *uma chance revolucionária* na luta a favor do passado oprimido" (XVII, *Ill.*, p. 262, destaques meus).

69. O título alemão original e corrente do ensaio é, precisamente, "Sobre o conceito da história".

70. BENJAMIN apud BENJAMIN, 1996b, p. 499.

71. BENJAMIN apud BENJAMIN, 1996g, p. 60.

72. Comparar com Momme Brodersen (1996, p. 118). Essa biografia será referida daqui por diante pela abreviação Brodersen.

73. "Dois poemas de Friedrich Hölderlin: 'A coragem do poeta' e 'Timidez'", em *SWI*, p. 18-36.

74. Brodersen, p. 118.

75. Paul de Man, "Autobiography as de-facement", em *The rhetoric of romanticism* (p. 81). A referência a esse livro será feita daqui por diante mediante a abreviação *RR*.

76. "Na linguagem como tal e na linguagem do homem", em *SWI*, p. 73."Mesmo onde há apenas um roçar de plantas, há sempre um lamento. Por ser muda, a natureza lamenta. Todavia, a inversão dessa proposição conduz ainda mais à essência da natureza; a tristeza da natureza a torna muda" (Ibid.).

77. BENJAMIN, 1977, p. 106.

78. A incompreensão da audiência, então, poderia ironicamente hoje representar a incompreensão dos críticos contemporâneos de Benjamin no tocante à significância do acontecimento (e de sua subsequente inscrição como um silêncio) na vida de Benjamin e em sua obra.

79. "A incapacidade da criança de expressar-se continua a ter um efeito mutilador no discurso dos personagens de Dostoievski" (*SWI*, p. 81). A juventude corrompida é marcada, assim, simultaneamente por uma condensação de vida "imortal" e por uma linguagem corrompida (silenciosa).

80. "Experiência" (1913).

81. "Quanto maior a parcela de importância do choque em impressões particulares..., menos essas impressões ingressam na experiência [*Erfahrung*]", escreverá Benjamin mais tarde em seu ensaio "On some motifs in

Baudelaire" [Alguns motivos em Baudelaire] (*Ill.*, p. 163). Como explicou Freud em "Beyond de pleasure principles" [*Além do princípio do prazer*], fragmentos de memória "são frequentemente os mais permanentes quando o incidente que os deixou para trás foi um incidente que jamais ingressou na consciência" (Ibid., p. 160). "Expresso em termos proustianos, isso significa que somente *o que não foi experimentado explícita e conscientemente*, o que não aconteceu ao sujeito como uma experiência, pode tornar-se o objeto da *mémoire involontaire*" (Ibid., p. 160-1). "Talvez a realização especial da defesa de choque possa ser vista em sua função de atribuir a um incidente *um ponto preciso no tempo ao custo da integridade de seu conteúdo*" (Ibid., p. 163, destaques meus). A integridade do conteúdo da experiência de guerra – a integridade de sua narração – é, assim, perdida para a consciência e perdida para a linguagem.

82. Pode ter havido mais razões para a impossibilidade de oferecer ao casal suicida um enterro adequado: razões religiosas (a namorada de Heinle era judia; comunidades judaicas possuíam seus cemitérios comunais separados); razões sociológicas (famílias de classe média eram proprietárias de grandes jazigos familiares potencialmente suficientes para acomodar famílias inteiras, mas aquele casal obviamente não estava qualificado para ser enterrado como membros familiares por uma família ou outra). A família Selikson (a mais rica das duas) teria provavelmente acusado Heinle de haver arrastado a filha ao suicídio.

83. Para vencer, isto é, irônica e prolixamente, "a precaução do sujeito representado pelo 'eu', que tem o direito de não ser vendido barato" (*BC*, p. 16).

84. ARENDT, 1990b, p. 20.

85. *BC*, p. 18, destaques meus.

86. "Pois a infância, sem partir de opiniões formadas, não possui noção da vida. É tão ternamente ligada [...] ao domínio dos mortos (que interpenetra no domínio dos vivos), quanto a própria vida" (*BC*, p. 28).

87. Ao dirigir sua narração impossível a uma criança, Benjamin retorna à sua preocupação original (inicial) com a pedagogia e com a educação, uma preocupação que, por sua vez, foi impactada pelo silêncio, mas que ele realmente nunca abandonou. "*Quem, porém, confiaria em um mestre-escola que declarasse a dominação das crianças pelos adultos como o sentido da educação? Não é a educação, antes de tudo, a indispensável ordenação da relação entre as gerações e, portanto, se se quer falar de dominação, a dominação das relações entre gerações, e não das crianças?*" (*One-way street, SWI*, p. 487; destaques meus). [Nessa passagem nos valemo-nos da seguinte obra: BENJAMIN, Walter. *Rua de mão única* (1995, p. 69). (N.T.)]

88. BENJAMIN apud SCHWEPPENHAUSER; TIEDEMANN, 1977, p. 219. [Na tradução adotada em português, nessa passagem lê-se: *Em seus edifícios, quadros e histórias, a humanidade se prepara, se necessário, para sobreviver à cultura. E o que é mais importante: ela o faz rindo. Talvez esse riso tenha aqui e ali um som bárbaro*. Em BENJAMIN apud BENJAMIN, 2012, p. 128 (N.T.)].

89. Comparar com Benjamin, "Teses", p. 9: Há um quadro de Klee que se chama *Angelus novus*. Nele está desenhado um anjo que parece estar na iminência de se afastar de algo que ele encara fixamente. Seus olhos estão escancarados, seu queixo, caído e suas asas, abertas. O anjo da história deve ter esse aspecto. Seu semblante está voltado para o passado. Onde *nós* vemos uma cadeia de acontecimentos, *ele* vê uma catástrofe única, que acumula incansavelmente ruína sobre ruína e as arremessa a seus pés. Ele gostaria de deter-se para acordar os mortos e juntar os fragmentos. Mas uma tempestade sopra do paraíso e prende-se em suas asas com tanta força que o anjo não pode mais fechá-las. Essa tempestade o impele irresistivelmente para o futuro, ao qual ele volta as costas, enquanto o amontoado de ruínas diante dele cresce até o céu. É a *essa tempestade* que chamamos progresso. (Ibid., p. 246). [Lembramos que aqui também, bem como em todos os demais trechos citados de *O Narrador* e das *Teses*, visto que esses dois ensaios são centrais neste capítulo, optamos pela tradução para o português e respectiva paginação, adotando a obra referenciada anteriormente. (N.T.)].

90. Ou o texto inacabado sobre Baudelaire e as Passagens.

91. "On the topic of individual disciplines and philosophy", em *SWI*, p. 404.

92. Peter Demetz, "Introduction", em *Reflections*, p. xv.

93. O monumento (patrocinado pelo governo alemão) foi projetado e construído pelo *Arbeitskreiz selbstandiger Kulturinstitute* (ASKI).

94. Hanna Arendt, "Introduction", em *Ill.*: "Há um outro [...] elemento [...] que está envolvido na vida daqueles 'que conquistaram a vitória na morte'. É *o elemento de má sorte*, e este fator, que muito sobressai na vida de Benjamin, não pode aqui ser ignorado, porque ele próprio [...] estava tão extraordinariamente ciente dele. Em seus escritos e também em conversas, ele costumava falar do 'pequeno corcunda, [...] uma figura de conto de fadas alemão [...] saída da [...] poesia folclórica alemã. O corcunda era um antigo conhecido de Benjamin [...] Sua mãe [...] costumava dizer 'O Sr. Bungle manda suas lembranças' sempre que uma das inúmeras pequenas catástrofes da infância ocorria. A mãe se referia 'ao pequeno corcunda', que fazia os objetos produzirem seus truques travessos sobre as crianças [...] (*Com uma precisão sugerindo um desajeitamento de sonâmbulo [de Benjamin] que invariavelmente o guiava ao próprio centro do azar...*) [...] Seja onde for que se olha na vida de Benjamin, se encontrará o pequeno corcunda [...]"
"Em 26 de setembro de 1940, Walter Benjamin, que estava na iminência de emigrar para a América, deu cabo de sua vida na fronteira franco-espanhola [...] *Mas o que ensejou de maneira imediata o suicídio de Benjamin foi um golpe incomum de má sorte*" (p. 5-18; destaques meus).

95. BENJAMIN, 2011, p. 108.

96. Desse modo, Benjamin restabelece, além da mudez moral da história de Heinle, uma transformação mais efetiva do cadáver numa mensagem. Se "contar histórias sempre foi a arte de contá-las de novo ("O N.", p. 221), compreende-se por si que *nem toda repetição é uma arte*. Na "era da reprodução mecânica", nem toda reiteração é dotada daquilo que "The storyteller" ("O Narrador") chama de "o dom de contar" (Ibid.), um dom que é especificamente, diz Benjamin, *um dom de ouvinte* – uma compreensão nascida da capacidade de escuta silenciosa. O "dom de contar" de Benjamin é tanto autobiográfico quanto teórico: é simultaneamente um dom literário e uma força de percepção histórica; é obrigatoriamente subjetivo (paga o preço subjetivo final) e obrigatoriamente objetivo (fala com a autoridade não intencional da história). Há vários modos de "contar narrativas" – com ou sem surpresas históricas, com ou sem novo significado, com ou sem autoridade histórica. O contar histórico de Benjamin da narrativa do suicídio tem autoridade, porque torna *transmissível* o que repete, porque resgata o suicídio passado de sua ausência de significado e de sua desmemória original ao dotá-lo de uma inteligibilidade histórica transmissível.

97. Gershom Scholem, *Walter Benjamin: the story of a friendship* (1988, p. 188); daqui por diante referido mediante a abreviação Scholem.

2. Formas de cegueira judicial, ou a evidência do que não pode ser visto
Narrativas traumáticas e repetições jurídicas no caso O. J. Simpson e em *A sonata a Kreutzer*, de Tolstoi

> A câmera nos apresenta a ótica do inconsciente assim como faz a psicanálise com os impulsos do inconsciente.
> Walter Benjamin, *A obra de arte na era da reprodução técnica*

> O Real é o que sempre volta ao mesmo lugar.
> Jacques Lacan, *Os quatro conceitos fundamentais da psicanálise*

Neste capítulo eu proponho uma teoria da repetição legal, baseada em uma interpretação estrutural comparativa de um caso jurídico e de um fictício, uma história imaginária redigida por um dos maiores escritores de todos os tempos. Vou tentar integrar uma visão literária com uma visão jurídica, com a intenção de confrontar as provas no direito e as provas na arte. O caso em comparação teve impacto em nossos tempos – o notório julgamento criminal de O. J. Simpson, aparentemente um caso jurídico familiar, que parecerá, no entanto, um pouco estranho pela análise e pelo tom menos conhecidos por meio da sua imprevisível iluminação pelo caso literário, que também envolve crime e julgamento. O texto literário na comparação é uma famosa história de Tolstoi intitulada *A sonata a Kreutzer*.

Em ambos, no drama jurídico do caso e no drama literário do texto, o que está em jogo é um casamento que acaba em assassinato. Nos dois casos, um marido ciumento é preso e levado a julgamento pelo assassinato de sua esposa – e é absolvido. A diferença é, no entanto, marcante desde o início: o marido, na obra de Tolstoi, reconhece sua culpa, e está precisamente nos contando a história para explicar não só o porquê, mas *como* ele matou sua esposa.

Um julgamento e um texto literário não visam ao mesmo tipo de conclusão, nem procuram atingir o mesmo efeito. Um julgamento presume-se ser uma busca da verdade, mas, tecnicamente, é uma busca por uma decisão, e assim, em essência, ele não busca simplesmente a verdade, mas uma finalidade: uma força de resolução. Um texto literário é, por outro lado, uma busca de sentido, de expressão, de significado elevado, e de compreensão simbólica. Eu proponho fazer uso dessa diferença entre objetivos literários e jurídicos, lendo-os um por meio do outro e um contra o outro. Proponho, em outras palavras, extrair do texto de Tolstoi as perguntas do que foi intitulado naquele momento "o julgamento do século", e mais importante ainda, *descobrir o insight de Tolstoi*, por assim dizer, no caso O. J. Simpson, a fim de iluminar obscuridades jurídicas com insights literários e refletir sobre as ambiguidades que o julgamento deixou, usando questões textuais que se mostrarão (surpreendentemente) bastante relevantes para elas.

– I –

Sobre as distintas jurisdições do Direito e da Literatura

O diálogo entre as disciplinas direito e literatura[98] tem sido até agora principalmente temático (isto é, essencialmente conservador na integridade e nos limites estáveis epistemológicos dos dois campos): quando não emprestando as ferramentas da literatura para analisar (retoricamente) pareceres jurídicos, estudiosos do direito e da literatura, na maioria das vezes, lidam com a explícita reflexão tematizada (ou "representação") das instituições do direito em obras ficcionais, com foco na análise de julgamentos fictícios, em uma trama literária e na psicologia, ou na sociologia das personagens da literatura cujo destino ou cuja profissão os liguem com o direito (advogados, juízes ou acusado). Minha abordagem aqui será diferente. Compararei um julgamento a um texto. Meu ponto de partida será comparar o real e surpreendente *impacto*, a impressionante semelhança de suas recepções históricas. Irei, então, comparar as narrativas do julgamento e do texto sobre crime e julgamento. Esta justaposição entre fatos jurídicos e literários é, reconhecidamente, bastante ousada. Sua recompensa será avaliada pelas surpresas que reserva.[99] O terreno para justaposição será, portanto, não apenas uma analogia de tema (de sentido), mas uma analogia do impacto. Leio o impacto em si (do julgamento, do texto), como um *sintoma* do (desarticulado) sentido, ou como fazendo parte da evidência apresentada pelo caso.

Primeira parte:
O inconsciente estrutural do Direito
(Uma teoria das repetições jurídicas)

Portanto, compararei uma obra de ficção, cujo impacto tem gerado polêmicas e reações apaixonadas, e ondas de discussões obsessivas em relação ao caso criminoso real que fez história jurídica, e ainda, cuja pertinência jurídica não parou; um caso real que havia sido decidido juridicamente e ainda assim continuou a ser transmitido, obsessivamente, em programas televisivos jurídicos e não jurídicos.[100] O caso (o julgamento e o texto) é, de forma bastante significativa, *tal que a cena jurídica se repete*. Minha análise teórica incidirá sobre a cena jurídica primária do julgamento criminal. O julgamento civil no caso Simpson foi o ato 2: ele poderosamente nos atraiu de volta para a narrativa literária e o encanto dramático, e oficialmente *autorizou uma repetição jurídica* – uma reativação do processo judicial. Mas o resultado do julgamento civil, por sua vez, foi incapaz de realmente encerrar este assunto, que se manteve capturando nosso interesse e nossa atenção histórica e, portanto, apresentou-se muito estritamente (tecnicamente) como um julgamento interminável.[101]

Este capítulo irá propor uma teoria para esse fenômeno de repetições jurídicas estruturais como interna à lógica de determinados casos jurídicos, ou como um desfecho jurídico (princípio literário / psicanalítico) das narrativas traumáticas que constituem ao mesmo tempo (como mostrarei) a história literária e o caso criminal tratado.

O dramático espelhamento entre os fatos duros da lei e os fatos imaginários da literatura resultará, portanto, em uma lição de longo alcance, que consiste, entre outras coisas, em um novo modelo de percepção de eventos jurídicos e na articulação conceitual de uma nova ferramenta analítica (com foco na relação entre a natureza traumática de um caso e sua repetição jurídica compulsiva), uma ferramenta analítica que aqui nos ajudará não só a repensar o significado de um caso jurídico, mas a deslocar os próprios termos e as próprias questões por meio dos quais nós interpretamos casos,[102] tanto na ficção quanto na realidade da vida jurídica. Esta lição, baseada na contaminação da interpenetração da narrativa e do caso, vai de fato se tornar convincentemente informativa, dramática e surpreendentemente instrutiva somente por meio de uma desestabilização dos limites que epistemologicamente definem e separam o território do direito daquele da literatura. Na vida real, as entidades vivas do direito e da literatura – julgamento e narrativa – se relacionam entre si não como realidade e ficção ou como empirismo e esteticismo, mas como duas narrativas de trauma, dois enigmas de destruição emocional e física, duas respostas humanas ao choque de uma realidade insuportável de morte e de dor, e dois atos linguísticos de intervenção cultural e social.

Ao ler o direito através da literatura, e ao decifrar o significado e o impacto do ato de fala literária por meio do significado e do impacto do "julgamento do século"; ao perguntar como Tolstoi ilumina o caso O. J. Simpson e como o caso real fala dentro novela de Tolstoi, o meu interesse não é simplesmente – não primariamente – adicionar mais um comentário em um caso muito debatido e muito comentado, mas articular – pelo exemplo do caso – uma perspectiva teórica inovadora sobre a relação altamente problemática e, ainda assim, a meu ver, absolutamente fundamental, do direito com o amplo fenômeno do trauma cultural ou coletivo. Por meio de uma análise filosófica do notório processo criminal, vou demonstrar as maneiras pelas quais o direito permanece profissionalmente cego para esse fenômeno com o qual é, no entanto, amarrado de forma bastante crucial e indissociável. Defendo que o direito, porque não pode e não vê que um caso judicial torna-se um trauma jurídico em seu próprio âmbito, é, portanto, obrigado a repetir-se pelo intermédio de uma repetição jurídica traumática. Esta compulsão à repetição jurídica (como a que é demonstrada por meio do caso O. J. Simpson) é explicada por narrativas de trauma (a narrativa de Tolstoi, por sua vez, resolverá essa questão e a destacará em sua própria maneira literária específica).

A memória jurídica é constituída, na verdade, não apenas pela "cadeia do direito" e pela repetição consciente de precedentes, mas também por uma cadeia esquecida de feridas culturais e por compulsivas ou inconscientes repetições jurídicas, de casos jurídicos profundamente traumáticos. Minha análise vai mostrar como historicamente repetições jurídicas inconscientes, inadvertidamente, expõem na arena histórica o inconsciente político do direito (o inconsciente de casos jurídicos passados). Essas repetições traumáticas ilustram, portanto, na história jurídica, a noção freudiana de "um retorno do reprimido"; no fantasma do retorno de um caso jurídico traumatizante, o que compulsiva e historicamente retorna do passado jurídico esquecido é o reprimido da instituição judicial.

A relevância e o significado desta abrangente perspectiva teórica estende-se para muito além dos limites do caso O. J. Simpson e de seus parâmetros específicos. Como um singularmente eloquente exemplo, o julgamento do século torna-se não apenas um veículo, uma alavanca, mas também uma alegoria da necessidade e da urgência quanto a essa maior compreensão.

– II –

Um julgamento de nossos tempos

Como um julgamento vem a reivindicar o *status* do julgamento do século?[103] O que foi no caso O. J. Simpson, tido como tão revelador, importante e exclusivamente sintomático da própria natureza de nossos tempos?

Em uma reportagem de capa que apresentou o caso sob o título "Um julgamento de nossos tempos", a revista *Time* sugeriu duas definições do acontecimento jurídico: "(1) o que realmente aconteceu, os fatos; e (2) o que as pessoas acreditam que aconteceu, a tapeçaria imensa de folclore e convicção e o mito que envolve um acontecimento como o assassinato Simpson-Goldman. A categoria nº 1 atende às necessidades da justiça e da história. Mas a categoria nº 2 é importante (...) à sua própria maneira". O propósito de um julgamento é, presumivelmente, transmutar acontecimentos da categoria nº 2 para a categoria nº 1. Mas mesmo que o processo jurídico, neste caso, não tenha atingido a transformação das imagens míticas marcantes e crenças testemunhais em fatos indubitáveis, o evento por trás do julgamento, no entanto, permanece suficientemente significativo e claro para *definir a era* como uma narrativa-mestre, o enredo chave de "uma mistura lúgubre, implacável, de fim-de-milênio americano: de raça..., sexo, celebridade, *hype* da mídia, justiça e injustiça". "Às vezes", o ensaio continua a refletir: "um julgamento se desenrola como um sonho cultural coletivo", encenando "as paixões mais profundas da sociedade: seus medos, preconceitos e desejos."[104]

O sonho, claro, não é só fantasia, mas é composto – como qualquer sonho – de fragmentos da realidade. Para tornar ainda mais aguda esta leitura do julgamento de O. J. Simpson como um sonho cultural, eu acrescentaria que um sonho coletivo é, paradoxalmente, um segredo inconsciente e ainda público: um segredo que, apesar de permanecer inconsciente, traduz-se em um espetáculo público – o do ritual da sala do tribunal –, que então se torna o ritual de uma *obsessão*, um sonho obsessivo.

Foi, então, como uma representação do inconsciente da sociedade e da abertura cultural ou dos segredos coletivos que os assassinatos brutais da ex-mulher de Simpson, Nicole Brown, e seu companheiro Ronald Goldman preparou o palco para "o julgamento que define a década de 1990".

Um editorial do *Boston Globe*, intitulado "Triste, mas verdadeiro: caso provocante define os nossos tempos", concordou enfaticamente, ainda que com uma ênfase diferente, descrevendo como o impacto do caso O. J. Simpson ofuscou os mais consequentes impactos dos principais eventos políticos.

> Os livros de História no futuro vão dizer muito sobre o realinhamento republicano [...]. Eles vão falar sobre a vitória relâmpago na Guerra do Golfo... Eles podem até prolongar-se nas agruras de Bill Clinton. Mas vamos dizer aos nossos filhos que, mais do que qualquer dessas coisas, o nosso mundo [...] foi moldado pelo julgamento O. J. Simpson. Goste ou não, este é o evento que define o nosso tempo. Muitos comentaristas estão argumentando que os Estados Unidos, e não apenas Simpson, foram a julgamento [...]. Este é um pensamento forte demais,

conclui o artigo. "Sabemos uma coisa, no entanto: os Estados Unidos da América, mesmo que não estivessem em julgamento, estavam no julgamento. E nós continuaremos lá por um longo período."[105]

No *Los Angeles Times*, o julgamento como o evento que marcou o século não foi lido pelo fascínio da multidão e de seus espectadores, nem por meio do crime que o processo levou a julgamento (de Simpson ou da América), mas pela própria via jurídica ou do desempenho do julgamento: a maneira pela qual a diversidade de raça e sexo definiu não apenas a cena secreta do crime, mas também a cena espetacular do tribunal. Somente no século XX, de fato, um julgamento poderia acontecer com uma mulher à frente da acusação e um advogado negro encabeçando a defesa.[106] A definição de julgamento do século, nessa visão, não adveio das declarações, mas a partir da enunciação; o que foi distintivo no julgamento foi a sua *voz*:

> *Nós ouvimos a voz americana* em tantos registos e usando tantos tipos diferentes de dicção, ressoando em tantos acentos [...]. Nesses dias, ambos os sexos e um surpreendente corte transversal nas forças étnicas deste país estão bem no centro dos grandes acontecimentos como atores relevantes.[107]

Lei e trauma

Gostaria de sugerir, de minha parte, que o que dá a um "julgamento do século" sua dimensão filosófica (para além do seu significado social) e sua profundidade histórica (para além do fascínio do momento), o que faz que seja um julgamento marcante, de importância histórica, são três características profundas: (1) *sua complexa estrutura traumática*; (2) sua *natureza transjurídica*, ou a repetição que projeta de outros julgamentos; e (3) sua *tentativa de definir juridicamente algo que não é redutível a conceitos jurídicos*. Sugiro, aliás, que esses três traços são, talvez, em geral, características de todo julgamento importante com significado histórico, e certamente dos julgamentos polêmicos importantes que imediatamente crescem como "assuntos" públicos ou políticos, e cujo impacto simbólico é imediatamente percebido na intensidade com que eles tendem, ao mesmo tempo, a *focar* o discurso público e a *polarizar* a opinião pública.

1. A estrutura complexa traumática do julgamento (raça e gênero)

Todo julgamento está relacionado a uma ofensa, a um trauma que ele compensa e que pretende remediar e superar. As três características que eu mencionei (pelas quais eu defino o significado arquetípico teórico do julgamento do século) estão todas relacionadas à maneira ostentatória em que a estrutura do julgamento, neste caso, revelou ser suportada pela estrutura de um trauma. O julgamento tentou articular o trauma, de modo a *controlar* o seu dano. Mas é a estrutura do trauma, eu proponho, que no final controlou o julgamento. O julgamento tornou-se, ele próprio, um veículo do trauma: um veículo do agravamento das consequências traumáticas ao invés de um meio de contenção e de resolução jurídica. Eu argumento, portanto, que o caso resume o drama e o mistério, não simplesmente de uma ligação, mas de um real *paralelo entre estruturas traumáticas e processos judiciais*: um paralelo cujas consequências são de grande importância, e ainda não reconhecidas nem pela teoria jurídica nem pela teoria psicanalítica, porque elas não trabalham em conjunto (e são, em sua maior parte, completamente inconscientes uma da outra).[108]

O que torna inesquecível o julgamento Simpson, de fato, é a maneira pela qual o processo judicial seguiu um processo traumático e os procedimentos equipararam estruturas traumáticas. O que faz o julgamento inesquecivelmente complexo, no entanto, é a maneira pela qual *dois* traumas – o de raça e o de gênero – foram definidos em concorrência um com o outro na estrutura conflitiva dos argumentos dos advogados, de tal forma a confundir e radicalmente complicar tanto a percepção do trauma, que o julgamento se esforçou para tratar, como a própria questão de quem era a vítima do caso: a mulher violentada e assassinada ou o marido negro acusado de maneira leviana e injusta? No foco do julgamento, portanto, *duas* formas de vitimização e abuso (abuso de raça e abuso sexual), paradoxalmente, entram em concorrência e mobilizam sua raiva e sua dor para disputar um com o outro o protesto por justiça: dois traumas, paradoxalmente, tentam dominar um ao outro; e cada um, silenciar o protesto do outro.

Mas, nessas duas narrativas concorrentes de trauma – nas histórias conflitantes da acusação (que culpa um marido violento pelo assassinato de sua esposa) e da defesa (que culpa o sistema de justiça pelo seu preconceito racial, e que culpa o aparato jurídico pela pressa na prisão e na infundada afirmação da culpa do marido) –, há uma irônica simetria: tanto o marido como os agentes da lei devem dar proteção, mas acabam infligindo danos (confusamente, enganosamente) e precisamente sob o seu disfarce de proteção.

Civilização e violência domesticada, ou história e repetição no final do milênio

Talvez não seja uma coincidência que tal julgamento tenha ocorrido no fim do século XX, um século cuja história de guerras e violência nos ensinou como reconhecer os sintomas traumáticos e as ocorrências de trauma (que antes pareciam extraordinários) como parte da vida normal, ordinária; um século dos direitos civis, mas também de uma *violência civilizatória* sem precedentes. É, portanto, não por acaso, talvez, que o julgamento do século surja, em paralelo, com duas interpretações (contraditórias) de violência enganosa e com duas desmistificações jurídicas acerca da violência do tipo civilizada, confusa, íntima, doméstica, que se mascara pela via da proximidade ou da proteção.

O que está no centro do julgamento, portanto, não é apenas o trauma, mas a cegueira que induz, a confusão radical com que o trauma é amarrado por causa desse pacote de violência enganosa (casamento, amor, proteção policial e justiça). O julgamento se esforça para cancelar essa cegueira, para dar visibilidade ao trauma jurídico escondido. No entanto, na contraditória estrutura do litígio, os dois traumas "domésticos" (gênero e raça) também disputam, negam mutuamente sua reivindicação por visibilidade. Cada trauma, na competição para obter sua visibilidade exclusiva, ao mesmo tempo nos cega um em relação ao outro. O resultado é que o julgamento não pode, de modo algum, totalizar, ou expor na sua totalidade, os traumas que lhe estão subjacentes. A complexidade da estrutura traumática do julgamento, assim, efetivamente impediu o trauma de se tornar totalmente visível, criando uma forma específica de *cegueira* judicial que, paradoxalmente, fez parte da conquista jurídica do julgamento.[109]

2. A natureza transjurídica [cross-legal] *do julgamento*

Eu forjo o conceito de "transjurídico" [*cross-legal*] (tendo o transcultural como modelo) para designar a referência de um julgamento para outro julgamento, do qual ele recapitula a memória, os temas, as questões jurídicas ou os argumentos, e cuja estrutura jurídica repete ou reencena – inadvertidamente ou com propósito deliberado.

De fato, na percepção de todos, cidadão negro ou branco (embora em diferentes maneiras e com diferentes leituras), o julgamento de Simpson parecia um retorno do fantasma do julgamento de Rodney King. Para a defesa, que ressaltou a repetição como parte de sua estratégia por meio dos monólogos racistas de Mark Fuhrman, o julgamento de O. J. Simpson foi uma confirmação da mesma corrupção e brutalidade policial e da mesma cumplicidade racista (ou conspiração branca) de que King foi vítima. Apesar de sua assimilação pela comunidade branca, Simpson tornou-se uma duplicação do motorista negro Rodney King, da mesma forma perseguido ou caçado na estrada e (presumivelmente) igualmente indiciado e tornado como bode expiatório apenas devido à cor de sua pele. Do ponto de vista da defesa, o contorno desta repetição permitiu ver ou colocar em evidência o tema real do julgamento, que foi não tanto o assassinato da mulher, mas sim o amargo conflito entre a chamada justiça branca e uma comunidade negra perseguida. Para a acusação, por outro lado, e para aqueles que encontraram a evidência da culpa incontroversa de Simpson, o julgamento foi uma repetição em um sentido diferente: o que foi ironicamente aqui reencenado foi o *primeiro* julgamento de King – o julgamento de Simi Valley – *em sentido inverso*, tendo em vista que o processo judicial, tanto aqui como lá, resultou de forma semelhante (embora inversamente), em um veredicto influenciado por um viés racial e que igualmente decidiu ignorar ou anular as esmagadoras provas. Seja qual for o caso, o julgamento de Simpson reclamou sua condição de julgamento do século – um julgamento que, em outras palavras, pode representar ou resumir o significado de toda uma história – porque a sua estrutura era de fato suscetível a tal repetição.

Sugiro, aliás, que aquilo que distingue julgamentos históricos, talvez seja, em geral, essa tendência ou essa propensão à repetição ou à duplicação jurídica. Muito parecido ao que Freud teoriza,[110] que grandes acontecimentos históricos (especialmente os eventos relacionados a um assassinato) tendem a repetir-se e são inerentemente *duais* por natureza, porque o seu impacto – como uma consequência do trauma – tem efeito e realmente registra-se na história apenas com a abertura de sua repetição traumática (ou por meio da sua reencenação pós-traumática); grandes julgamentos igualmente fazem história, eu sugiro, ao se colocarem não apenas *em relação a* um trauma, mas constituindo traumas por seus próprios meios; como tal, eles também estão abertos à repetição traumática; eles também são muitas vezes estruturados por *dualidades históricas*, em que um julgamento (ou um grande drama de tribunal) inesperadamente revela-se uma reencenação jurídica pós-traumática, ou a deliberada reabertura histórica de um caso anterior ou de um julgamento já acabado e diferente do anterior.[111]

O julgamento de O. J. Simpson, então, é estruturado como um trauma, não simplesmente em si (na sua própria incapacidade de fornecer uma cura para o trauma que se esperava remediar), mas *em sua relação histórica com outros julgamentos (e com outros traumas)* cujo *pathos* jurídico ele capta e cujas diferentes reivindicações pela justiça ele repete e, por assim dizer, acumula. O que é traumaticamente invocado pelo julgamento é, portanto, uma memória jurídica (na maior parte inconsciente), as feridas encobertas, mas não cicatrizadas, de uma história jurídica. O julgamento inadvertidamente participa de um trauma que é agora não apenas individual, mas está inscrito na história dos julgamentos e cuja queixa individual ou reclamação agora ganhou *significado* histórico *cumulativo*, coletivo, *jurídico*. Daí a enigmática força, o impacto do julgamento; daí o momento histórico enigmático acessado por um argumento jurídico relativamente simples (ou redutor).

O sistema jurídico, em tais casos, é *transjuridicamente* traumático, ou é traumático por períodos diferentes, em diferentes situações jurídicas, algumas vezes até mesmo de diferentes culturas jurídicas. Gostaria de sugerir que o tremendo impacto do julgamento do século deriva não só da sua imediata, consciente evocação do caso Rodney King (e de seu relativamente recente trauma jurídico), mas, ainda mais profundamente, da forma com que ambos, Rodney King e O. J. Simpson, em suas semelhantes circunstâncias dramáticas, podem ter invocado um eco muito menos consciente do caso Dred Scott (1857), um caso cujo trauma jurídico, a partir de um passado mais remoto, ainda assombra a história americana e sua história de julgamentos, ou sua cultura jurídica (em transformação). Como um possível eco inconsciente do caso Dred Scott em sua persistente e inflamada memória, a dualidade histórica do Simpson-King (uma dupla captura) pode ter, inconscientemente, jogado, repetido questões que pertencem a um outro período e a uma cultura jurídica um pouco diferente, reabrindo velhas feridas das recapturas forçadas de alegados fugitivos por uma tendenciosa e comprometida ordem jurídica pró-escravocrata. O que o julgamento faz é, portanto, reabrir uma história traumática de julgamentos, repeti-la e despertá-la.

3. O excesso do julgamento por suas definições legais

A última questão, que representa a posição historicamente privilegiada do julgamento do século, e que define a sua dimensão filosófica, é relacionada com a maneira pela qual o julgamento situa-se precisamente na articulação – na própria convergência crítica – do jurídico e do político.

Pode a política como tal ser analisada, definida ou circunscrita em termos legais? O filósofo alemão Karl Jaspers pensou que não poderia, porque os dois domínios (jurídico e político) são entre si qualitativamente heterogêneos, e não podem, de modo algum, se sobrepor.[112] Jaspers defendeu essa opinião em uma carta que escreveu em 1960 a sua ex-aluna Hannah Arendt, por ocasião de seu compromisso de cobrir para o *New Yorker* o julgamento de Eichmann em Jerusalém que estava por acontecer:

> O reino político [Jaspers insistiu] é de uma importância que não pode ser captada em termos legais (a tentativa de fazê-lo é anglo-saxônica e de um autoengano que mascara um fato básico nas atividades da existência política) [...]. *Uma dimensão que, em sendo "política", tem, por assim dizer, dignidade é mais ampla do que a lei, e entrelaçada na trama do destino*.[113]

Mais amplo do que a Lei

Certamente, se poderia alegar que esse argumento também seria aplicado ao caso O. J. Simpson: tanto a luta de raça (contra o preconceito racial) quanto a luta de gênero (contra a violência doméstica) envolvem, cada uma a seu modo, uma dimensão política que tem "dignidade". Essa dupla dimensão política é, de fato, inerentemente "maior do que a lei" e "é entrelaçada na trama do destino". É dessa direção que surge o *pathos* do julgamento. Mas a esfera da luta por essa dignidade – essa maior dimensão política – poderia ser abordada em termos jurídicos?

Sobre essa questão, Arendt toma uma posição diferente da de Jaspers. Em resposta à sua carta, Arendt, que se tornaria ela mesma uma referência na teoria política e uma pensadora na América, cria um problema com a crítica à tendência "anglo-saxônica" de seu ex-professor, e redefine em seus próprios termos a maneira pela qual o julgamento de Eichmann ilustra, de fato, a diferença e a tensão, mas também, paradoxalmente, a conjuntura, a convergência crítica indispensável, entre o reino do jurídico e o reino da política:

> Tudo isso pode parecer a você como se eu também estivesse tentando circunscrever o político com conceitos jurídicos. E eu até admito que, na medida em que o papel do direito é considerado, eu tenha sido infectada pela influência anglo-saxônica. Mas, para além disso, parece-me ser *da natureza deste caso que não tenhamos as ferramentas à mão, exceto as jurídicas*, aquelas com que temos de julgar e sentenciar sobre *algo que não pode mesmo ser adequadamente representado, tanto em termos jurídicos quanto em termos políticos*. É precisamente isso que torna o processo em si, ou seja, o julgamento, tão emocionante.[114]

Essa reflexão influencia e poderia igualmente ser levada em conta para o julgamento do século: o caso O. J. Simpson adquiriu tanto sua posição original como sua paradoxal representatividade simbólica, porque trata, profunda e obscuramente, de "algo que não pode mesmo ser adequadamente representado, quer em termos jurídicos, quer em termos políticos". É, em outras palavras, precisamente a irredutibilidade do julgamento aos conceitos jurídicos que o definem que o fez o julgamento do século.

Essa última característica filosófica e analítica do caso O. J. Simpson poderia, por sua vez, talvez ilustrar uma característica geral de importantes julgamentos. Seria certo dizer que cada grande julgamento envolve essencialmente "algo maior do que o direito". Em todo grande julgamento, e certamente em todo julgamento de significado político ou histórico, algo que difere da lei é abordado em termos jurídicos e é submetido à estreiteza das definições legais. E "é precisamente isso que torna o processo em si, ou seja, o julgamento, tão emocionante".

Segunda parte:
O visível

– III –

Os assassinatos do século (qual século?), ou da América à Rússia

Qual pode ser, portanto, a relevância da literatura para tal drama jurídico – arquetípico? Poderia uma obra de arte oferecer um comentário válido sobre os meandros reais de um duro processo criminal e sobre a real (no sentido filosófico e referencial) compreensão da controvérsia jurídica do século?

Desde que o caso O. J. Simpson foi, de fato, discutido coletivamente e coletivamente experimentado (vivido) como julgamento definidor dos nossos tempos, não é surpreendente, na verdade, encontrar o mesmo caso – ou sua duplicata (um assassinato da esposa seguido do julgamento do marido) – em um texto literário intitulado *A sonata a Kreutzer* e escrito não por um americano contemporâneo, mas por um escritor russo do *século XIX*? Se Tolstoi, o autor deste texto, parece saber tanto sobre o caso O. J. Simpson, poderia o julgamento do século, afinal, também, paradoxalmente, pertencer ao século XIX?[115]

Na verdade, não só Tolstoi, um século antes de nós, escreve a história do julgamento do século; como agora, para nós, a escrita e a publicação da história – muito antes que os meios de comunicação pudessem ser responsabilizados por sua insuflação – ganham publicidade aparentemente fora de proporção em relação ao valor ou à importância do caso. Assim, ainda agora o drama do caso provoca o mesmo entusiasmo e a mesma calorosa divisão de opiniões, a mesma intensidade de controvérsia e de debate apaixonado.

A ligação entre o julgamento e os tempos, além disso, está também no centro do texto de Tolstoi. Depois de ler o manuscrito para um de seus amigos (Príncipe Urusov), Tolstoi registra, em março de 1889, a receptividade do amigo como prova da atualidade do assunto: "Ele gostou muito. É verdade que é algo novo e poderoso".[116] Tolstoi está interessado, na verdade, não apenas na sensibilidade contemporânea de seu novo tópico, mas também no seu impacto, no seu efeito prático: ele sabe que escrever, neste caso, escrever *este* caso, está fazendo uma *intervenção* eficaz no mundo – cometendo um ato didaticamente político. "Eu quase terminei *A sonata a Kreutzer* ou *Como um marido matou sua esposa*", ele escreve ao seu discípulo e futuro editor, Chertkov, em setembro de 1889: "Estou feliz que o escrevi. *Eu sei que as pessoas precisam saber o que está escrito lá*".[117]

Censura e fama

Como o caso de O. J. Simpson, a história de *A sonata a Kreutzer* distingue-se, no seu próprio século, por uma particular relação com o direito. Apesar do caráter ficcional deste inovador caso literário de assassinato de uma esposa, sua publicação imediatamente provoca um escândalo e torna-se um processo jurídico: o censor proíbe o texto, a igreja russa denuncia sua imoralidade, o ministro do interior o bane e oficialmente proíbe a sua publicação, tanto como um volume separado como nas obras completas de Tolstoi. Ironicamente, o texto pode ser publicado apenas graças à esposa de Tolstoi, que, em uma entrevista pessoal com o czar, obtém permissão para suspender de maneira parcial a proibição (exclusivamente da edição das obras completas de Tolstoi).

Mas, mesmo antes de sua publicação, o caso de *A sonata a Kreutzer* torna-se um tópico compulsivo de discussão em salas de estar da Rússia e nas ruas, assim como o julgamento de O. J. Simpson na América.

> Tão logo fora copiado, o livro foi levado para Moscou; durante a noite, escribas anônimos fizeram cópias do texto e, em menos de uma semana, quase oitocentos exemplares litografados estavam circulando em São Petersburgo; seus números duplicaram, triplicaram, invadiram as províncias. Conforme Strakhov, as pessoas não mais se cumprimentavam na rua com "Como você está?", mas sim com "Você já leu *A sonata a Kreutzer*?" Antes mesmo que o livro fosse impresso, antes que o censor tivesse dado sua decisão, o caso estava sendo calorosamente debatido por toda a Rússia.[118]

A filha de Tolstoi, Alexandra, escreve em suas memórias:

> É difícil transmitir agora o que aconteceu quando, por exemplo, *A sonata a Kreutzer* [...] apareceu pela primeira vez. Antes mesmo de ser levado para impressão, centenas, até milhares de cópias foram feitas, as quais passaram de mão em mão, foram traduzidas em todas as línguas e foram lidas em todos os lugares com incrível paixão; às vezes parecia que

o público tinha esquecido todas as suas preocupações pessoais e estava vivendo exclusivamente com interesse nas obras do Conde Tolstoi [...]. Os acontecimentos políticos mais importantes raramente eram objeto de tal esmagadora e universal atenção.[119]

Tal como no caso de O. J. Simpson, o que é particularmente surpreendente em *A sonata a Kreutzer* é a notável contradição entre a aparente trivialidade da história privada e a impressionante magnitude e o escopo de investimento emocional (e econômico) da comunidade nisso, a total importância política que a resposta do público assegura ao drama do crime e do julgamento, inexplicavelmente ampliado em um símbolo dos tempos, e em um julgamento coletivo do século.

O que, então, Tolstoi tem a nos dizer, não apenas sobre *A sonata a Kreutzer*, mas também sobre o caso O. J. Simpson? O que o texto literário nos ensina que pode lançar luz sobre o julgamento do século?

– IV –

Casamento e violência

> Um julgamento sexual é o desenvolvimento deliberado
> de uma imoralidade individual em direção a uma imoralidade generalizada,
> contra [seu] o pano de fundo escuro,
> a culpa comprovada do acusado destaca-se luminosamente.
>
> Walter Benjamin, *Karl Kraus*

A sonata a Kreutzer é a história de um marido que matou sua esposa, foi julgado por assassinato e legalmente absolvido e libertado. A história – sobre o ciúme, hostilidade, sexo, brigas, assassinatos, julgamento e absolvição – é narrada em um trem por um desconhecido, que se revela o marido assassino por meio de uma confissão autobiográfica espontânea.[120]

A confissão, ou o testemunho retrospectivo do marido, é ao mesmo tempo uma confissão de sua culpa e uma lição que ele se sente compelido a compartilhar a respeito do "*insight*" que ele captou tardiamente de sua tragédia: um "*insight*" sobre o que ele agora acredita ser uma relação constitucional entre o casamento e a violência (doméstica). Tendo pensado sobre seu próprio caso, ele passou a ser convencido de que seu ultrajante e monstruoso drama é de fato banal, onipresente, que a violência, em outras palavras, habita o casamento como uma regra, e não como uma exceção ou um acidente (embora todos o neguem). É este ponto invisível sobre o casamento, este ponto cego da sociedade, de homens e mulheres, e da cultura, que a sua confissão, o seu exemplo – ao mesmo tempo – ilustra e coloca em julgamento.[121]

> No julgamento, perguntaram-me como foi e como eu a matei. Gente tola! Pensam que a matei então à faca, no dia cinco de outubro. Não foi aí que a matei, e sim muito antes. *Exatamente como eles assassinam suas esposas agora, todos eles...* (TOLSTOI, 2007, p. 46)[122]

Vícios

O locutor e herói da história, um aristocrata chamado Pozdnyshev, levava uma vida sexual promíscua até seu casamento aos trinta anos de idade. Esta promiscuidade – característica da maioria dos homens de seu círculo social, evoluiu para o que ele próprio diagnostica, então, como um genuíno *vício sexual*:[123]

> Tornara-me o que se chama de um libertino. E se libertino é condição física, semelhante à condição de morfinômano, bêbado, fumante. Assim como um morfinômano, um bêbado, um fumante não são mais gente normal, um homem que conheceu algumas mulheres, para seu prazer, não é mais uma pessoa normal, mas está estragado para sempre: um libertino. Assim como um bêbado e um morfinômano podem ser reconhecidos imediatamente pelo seu semelhante, pelas maneiras, assim também um libertino. Um libertino pode abster-se, lutar; mas nunca terá uma relação singela, luminosa, pura, fraternal, com a mulher. Um libertino pode ser reconhecido imediatamente pela maneira de olhar, de examinar uma jovem. Tornei-me, pois, um libertino, e assim permaneci e foi o que me perdeu. (Ibid., p. 26)

Olhando para trás em sua própria vida antes do casamento, assim ele vê a si mesmo, juntamente com todos os seus amigos do sexo masculino, "uns devassos de trinta anos, tendo a seu crédito centenas dos mais terríveis crimes contra as mulheres" (Ibid., p. 26). Estes crimes contra as mulheres não derivam do ato físico ou do vício sexual em si, mas da atitude moral que vai junto com ele:

> Bem que a devassidão não é algo físico, nenhum desregramento físico é devassidão; mas a devassidão, a devassidão verdadeira, está justamente na libertação de si mesmo de uma relação moral com a mulher com quem se entra em contato físico. E era essa libertação que eu considerava um mérito meu. (Ibid., p. 22)

Essa atitude, contudo, coexiste em Pozdnyshev com a intenção "de se casar e construir para si a mais elevada e pura vida familiar" e com esse plano em mente, ele olha para "uma menina que considera *digna de ser sua esposa*" (Ibid., p. 27).

Ele a encontra, se apaixona por ela, se casa. Mas, desde o início, a intimidade conjugal transforma-se em um abismo de estranhamento, brigas, ciúmes, hostilidade, seguido cada vez por uma reconciliação amorosa. O único fundamento comum do marido e da mulher é sexo – sexo, gravidez, amamentação e cinco filhos em oito anos, que, em si mesmos, são uma fonte de desentendimentos posteriores, preocupações adicionais, brigas e desgosto.

Entre o amor e a raiva

No início, Pozdnyshev acredita que as brigas são puros acidentes, e que sua miséria é uma exceção:

> Ao mesmo tempo, atormentava-me ainda o pensamento horrível de que eu era o único a viver tão mal com a esposa, de maneira tão diversa da que eu esperara, enquanto com os outros casais isso não acontecia. Eu ainda não sabia então que se tratava de um destino comum, e que todos, como eu, pensavam se tratar da sua infelicidade excepcional, vergonhosa, não somente dos outros, mas também de si mesmos, não o confessando sequer a si. (Ibid., p. 44)

Mas depois ele percebe que há um verdadeiro padrão nessa alternância de sua vida de casado entre o amor e o ódio:

> Eu não percebia, então, que os períodos de raiva surgiam em mim de modo totalmente certo e regular, correspondendo aos períodos daquilo que nós denominávamos amor. Um período de amor, outro de raiva; um período energético de amor, um longo período de raiva; manifestação mais fraca de amor, um período curto de raiva. Não compreendíamos então que esse amor e raiva constituíam o mesmo sentimento animal; apenas vindos de partes diferentes. (Ibid., p. 60)

(De quem é o retrato, que de fato, Tolstoi descreve? Não poderia a vida de O. J. Simpson igualmente ser entendida e explicada por esta análise?[124] Será que o caso de O. J. Simpson, por sua vez, não corresponderia a, e, com bastante precisão, não se encaixaria em, tal "retrato de um casamento?")

> Éramos dois grilhetas que se odiavam, ligados pela mesma corrente, que envenenavam a vida um do outro e procuravam não ver isso. Eu não sabia ainda que 99% dos esposos vivem no mesmo inferno que eu vivia, e que isso não pode ser diferente. (Ibid., p. 61)[125]

Após o nascimento do quinto filho do casal, os médicos, por razões de saúde, aconselham a mulher a não engravidar mais, e ela lhes obedece. Pozdnyshev, que era um marido ciumento desde o início, torna-se ainda mais zeloso agora, já que sua esposa de trinta anos, aliviada de gestações e de gravidez, torna-se mais bonita e mais "coquete".

"Sim, apareceu este homem", diz Pozdnyshev (Ibid., p. 65).

O triângulo

Um dia, um violinista de nome Trukhachevsky visita o casal, e a esposa se põe a tocar música com ele no piano. Pozdnyshev tem imediatamente convicção de que este jogo comum é a expressão de uma atração e sedução mútuas entre os dois. Contudo, em vez de despedir seu convidado, ele estende um convite para ele retornar, para trazer consigo seu violino e dar um verdadeiro concerto com sua esposa. O concerto, em que Trukhachevsky e a esposa – violino e piano – tocam juntos, a *sonata a Kreutzer*, de Beethoven, realiza-se. Em seu ciúme obsessivo, Pozdnyshev escuta a música como um *voyeur*: escutando a harmonia musical e a tensão dramática entre os instrumentos, ele furtivamente projeta sobre a emoção desta atividade musical comum uma relação sexual real ou uma performance sexual entre os dois músicos.

Mas Trukhachevsky logo vai embora com a intenção declarada de não voltar, e Pozdnyshev parte em uma viagem de negócios, aparentemente acalmado. No entanto, no trem, seu ciúme, não como uma resposta a uma situação real, mas apenas potencial, torna-se verdadeiramente uma alucinante obsessão:

> Apenas me sentei no vagão, não pude mais dominar a imaginação, e ela começou a desenhar para mim, incessantemente, com uma nitidez extraordinária, quadros que me excitavam o ciúme, cada qual mais cínico, e todos sobre o mesmo tema, sobre o que sucedia lá na minha ausência, sobre como ela me traía. Contemplando esses quadros, abrasava-me de indignação, de raiva e de certo sentimento peculiar de embriaguez com a minha humilhação, e não podia mais arrancar-me desses quadros; não podia deixar de olhá-los, de apagá-los ou de suscitar o seu aparecimento. E quanto mais eu contemplava esses quadros imaginários, mais acreditava na sua realidade. (Ibid., p. 89)

O assassinato

Literalmente intoxicado com suas próprias projeções de alucinações visuais da traição sexual de sua mulher, Pozdnyshev interrompe sua viagem e volta para sua casa, inesperadamente, para surpreender a esposa e espioná-la, com frenéticos pensamentos de puni-la por sua culpa, da qual ele não tem mais dúvidas – baseado na (assim chamada) menor evidência. Seus temores não são dissipados na chegada, uma vez que ele se depara com o violinista, mais uma vez, em sua casa.

> Por um instante eu congelei lá na porta, segurando o punhal nas minhas costas. No mesmo instante, ele sorriu e começou a dizer [...] "E nós estávamos aí fazendo música..."
> "E eu não esperava você [...]", começou também ela ao mesmo tempo [...].
> Mas nem um nem outro acabaram de falar: apossou-se de mim o mesmo furor que eu experimentara uma semana antes. Senti novamente essa necessidade de destruição, de violência, de êxtase, de furor, entreguei-me a ela. Ambos não acabaram de falar [...] começou

aquilo outro que ele temia, e que rompia no mesmo instante tudo o que eles diziam. Atirei-me na direção dela, sempre ocultando o punhal, para que eles não me impedissem de golpeá-la do lado, sob o seio. Escolhi este lugar desde o início. No mesmo instante em que me atirei para ela, ele viu a arma, e, num repente, que eu de modo nenhum esperava dele [...].

Desvencilhei o braço e, calado, atirei-me contra ele [...] – ele abaixou-se e, passando pela parte inferior do piano, saiu pela porta em um flash [...]. Eu sentia que estava plenamente enfurecido e que devia ser assustador, e alegrei-me com isso. Sacudi com toda a força o braço esquerdo, e acertei-lhe com o cotovelo bem no rosto. Ela emitiu um grito e soltou-me o braço... sem soltar o punhal, agarrei-lhe o pescoço com a mão esquerda, derrubei-a de costas e pus a sufocá-la. Como era áspero aquele pescoço [...] Ela agarrou-me os braços com ambas as mãos, procurando afastá-los do seu pescoço, e eu como que esperava justamente aquilo, golpeei-a com o punhal com toda a força, do lado esquerdo, abaixo das costelas. (Ibid., p. 98-9)

A mulher encontra-se abatida em seu sangue. Ela agoniza. O marido contempla esta visão sangrenta e absorve a imagem de sua esposa, ele é aturdido e chocado pelo rosto espancado; o inchado e irreconhecível rosto desfigurado confronta-o, como uma pintura.

A primeira coisa que me saltou aos olhos foi o seu vestido cinzento-claro sobre uma cadeira, todo negro de sangue... O que me espantou, em primeiro lugar e mais que tudo, foi o seu rosto, inchado, azulado nas porções intumescidas, numa parte do nariz e sob o olho. Era uma consequência do meu golpe com o cotovelo quando ela quisera deter-me. Não havia beleza nenhuma, vi nela qualquer coisa de abjeto. (Ibid., p. 103)

O rosto espancado

É aqui, quando a intensidade de toda a narrativa traduz-se em uma imagem visual impressionante, aqui, quando a história atinge o seu dramático pico (visual) por meio desta imagem cinematográfica terrível e clara, do rosto espancado, que a narrativa se torna dramaticamente evocativa – traço por traço lembra o quadro, igualmente horripilante, do rosto maltratado de Nicole Brown-Simpson: um rosto também ferido, inchado e distorcido, cuja imagem fotográfica foi projetada, durante o processo do julgamento do século, tanto no monitor do tribunal quanto em nossas telas de televisão. Deixe-me, assim, percorrer um breve momento da esposa agonizante de Pozdnyshev à esposa assassinada de O. J. Simpson, cujo rosto inchado e desfigurado todos vimos, eternizado justamente naquelas fotos mantidas em seu cofre e que chegaram até nós por meio do monitor do tribunal, como uma *comunicação* visual misteriosa de além-túmulo, como um testemunho inquietante e sem voz de uma mulher espancada e assassinada, com a aparência de um corpo incomunicável e oprimido, agora silenciado para sempre. Como Pozdnyshev, nós testemunhamos visualmente o rosto desfigurado. Como Pozdnyshev, podemos prestar nosso testemunho desse horripilante legado visual que nos assombra.

Mas um rosto é sempre visto (e reconhecido) tarde demais. "Nós sabemos agora", escreveu John Gregory Dunne na *New York Review of Books*:

> Sabemos agora, como sempre fazemos na sequência do derramamento de sangue, que o casamento de Nicole e O. J. Simpson antes de seu divórcio em 1992 tinha sido volátil, e, ocasionalmente, violento. Havia frequentes telefonemas para o 911 resolver disputas domésticas, e em 1989 um promotor da cidade de Los Angeles entrou com uma denúncia em nome da esposa violentada contra o cônjuge Simpson depois de uma briga na véspera de Ano Novo. "Ele vai me matar, ele vai me matar", ela chorou para os policiais que responderam à chamada do 911 no início da manhã de Ano Novo. Eles a tinham encontrado num esconderijo nos arbustos fora da sua casa [...] vestindo apenas uma calça de moletom e um sutiã, seu olho estava roxo, os lábios cortados e inchados, havia arranhões no pescoço e hematomas no rosto e na testa. Simpson gritou com raiva contra a polícia que aquele era um assunto de família "[...] por que você quer fazer disso um grande problema", e fugiu em seu Bentley.
>
> As coisas se acalmaram [...] Nicole recusou-se a dar andamento à queixa [...] O. J. Simpson não contestou o espancamento da esposa, e recebeu a mesma sentença leve que a maioria dos agressores sem antecedentes de esposa recebem – uma pequena multa, prestação de serviços à comunidade e aconselhamento obrigatório. Após a sentença ser imposta, o casal emitiu uma declaração em conjunto: "Nosso casamento é hoje tão forte como no dia em que nos casamos".[126]

Deixe-me voltar, agora, à própria esposa de Pozdnyshev, e para o marido em sua contemplação final da imagem do rosto espancado.

> O que me espantou, em primeiro lugar e mais que tudo, foi o seu rosto, inchado, azulado nas porções intumescidas, numa parte do nariz e sob o olho. Era uma consequência do meu golpe com o cotovelo quando ela quisera deter-me. Não havia beleza nenhuma, vi nela qualquer coisa de abjeto. (Ibid., p. 103)
>
> Ela olhou para mim com dificuldade, ela tinha um olho negro e ela disse, pausadamente: "Você conseguiu o que queria, você me matou..." (Ibid., p. 103; tradução modificada). Olhei para as crianças, para o seu rosto machucado, intumescido, e pela primeira vez esqueci-me de mim, de meus direitos, do meu orgulho, pela primeira vez vi nela um ser humano. E pareceu-me tão insignificante tudo o que me ofendia, todo o meu ciúme, e tão significativo o que eu fizera, que eu quis encostar o rosto à sua mão e dizer: Perdão! – mas não ousei. (Ibid., p. 104)

O julgamento

A mulher morre poucas horas depois. Pozdnyshev é preso e é levado a julgamento. Ele é absolvido, pois o seu crime é considerado um crime passional, causado pela traição de sua esposa. Sua tentativa de explicar ao tribunal que a sua mulher pode não ter sido infiel, afinal, que o assassinato não era verdadeiramente motivado pela traição da esposa, não vingou. Ele acha que o tribunal não compreendeu verdadeiramente o seu caso.

> No julgamento, o caso foi apresentado como se tudo tivesse acontecido por causa do ciúme. Não houve nada disso, isto é, não é que não houvesse, mas não foi exatamente assim. No julgamento, decidiu-se que fui um marido enganado e que matei defendendo a minha honra maculada (é assim que isso se chama à maneira deles). E foi por isso que me absolveram. No decorrer do julgamento, procurei esclarecer a essência do caso, mas eles pensaram que eu queria reabilitar a honra de minha mulher. (Ibid., p. 107)

Na prisão, enquanto aguardava julgamento, Pozdnyshev tinha agarrado uma verdade que revolucionou o mundo: "desde que isso ocorreu comigo, abri os olhos e vi tudo sob uma luz completamente diversa. Tudo às avessas, tudo às avessas" (Ibid., p. 23).

É essa verdade obscura que não podia se articular durante o julgamento (essa verdade que ele não poderia levar ao conhecimento do tribunal), que agora está tentando comunicar em sua confissão.

– V –

Retrato de um caso, ou perfil de um assassino

Deixem-me agora resumir e analisar os pontos comuns entre essa história e o caso O. J. Simpson. Já sabemos que ambos os casos tornaram-se veículos de um ampliado debate político e de um julgamento cultural mais amplo dos tempos – ou do século (embora os tempos tenham mudado e o século avance em nossa direção com o caso O. J. Simpson). Ambos os casos são compostos de um idêntico encadeamento de eventos que consiste de dois episódios básicos e definidos: (1) o assassinato da esposa; e (2) o julgamento do marido. Distinguirei agora a perspectiva analítica do assassinato, da perspectiva analítica do julgamento, e examinarei separadamente as áreas de sobreposição e intersecção dos casos, primeiro na história do assassinato e, depois, na história do julgamento.

1. A história do assassinato

Ambos os assassinatos são de uma esposa "infiel". As duas histórias, portanto, são a respeito da infidelidade de uma esposa – e de sua punição. Quer a punição seja atribuída a um sacerdote ou à justiça humana, quer à mera coincidência ou à vingança marital, ela é a morte. Ambas as histórias são histórias de ciúme, e seu traço principal é um marido possessivo. Os dois maridos praticam a ameaça contínua como um meio de averiguar o comportamento de suas esposas. Ambos os casos envolvem um triângulo no qual a cena do crime implica na presença ou intrusão inesperadas de um terceiro participante – um outro homem. Ambas as histórias dramatizam o espancamento da esposa. São ambas, assim, histórias de violência doméstica. Ambos os casos esboçam o mesmo "retrato de um casamento" em suas mudanças reiteradas e compulsivas entre amor e ódio, desejo e hostilidade acompanhada de furor. A composição psicológica do caso é, assim, essencialmente a mesma. Em ambos, o marido é um viciado em sexo. Na verdade, a violência doméstica poderia ser, ela própria, uma outra forma de vício – de vício em sexo, uma vez que nos dois casos a violência é sexual. Depois de sua chamada para a polícia, Nicole é encontrada vestida apenas de sutiã e calça de moletom; e o esfaqueamento é explicitamente descrito como um ato sexual destrutivo, uma penetração erótica forçada com uma faca. A penetração da faca é comum a ambas as histórias; os dois assassinatos são executados por esfaqueamento.

2. A história do julgamento

Se considerarmos agora as funções e os procedimentos do julgamento como distintos da mera lógica do crime, as analogias entre o caso de Tolstoi e o caso jurídico são ainda mais surpreendentes e mais significativamente sistemáticas.

Indiciamentos e absolvições

(a) Em ambos os casos, o marido aponta o dedo acusador à ordem social e às instituições sociais; a argumentação a favor do marido, em ambas as histórias, não é tanto como uma defesa contra o assassinato, mas como *um processo (e indiciamento) da sociedade*.

(b) O *veredicto*, nos dois casos, é o mesmo: *absolvição*. Esse veredicto é, contudo, um tanto enigmático no contexto do texto literário, visto que está em explícita contradição com a própria confissão do marido de que ele de fato cometeu o assassinato, sendo, portanto, claramente culpado. A questão é assim suscitada: Por que o texto literário precisa afinal incluir um julgamento jurídico que absolve o marido em contraste com os fatos? Como a absolvição é necessária à história? Como compartilha ela da compreensão (ou interpretação) literária do caso? A mim, parece que Tolstoi deseja sugerir pela introdução do veredicto precisamente uma certa *cumplicidade entre o assassinato e o julgamento*, entre a lei e a transgressão da lei – uma cumplicidade secreta, mas significativa entre o crime e a sociedade que o julga e submete o criminoso ao julgamento. O processo criminal é sempre instituído efetivamente não em nome da vítima, mas em nome da comunidade cuja lei é violada. Mas a comunidade aqui, por meio do simbolismo de um veredicto absolvitório, como a expressão da vontade comunitária, fala numa voz que confere ao crime do marido uma certa sanção de quase-legitimidade. O assassino, no texto de Tolstoi, adquire implicitamente um certo tipo de anistia da comunidade (ou que é juridicamente concedido pelo tribunal), o que, na verdade, faz eco com a absolvição que O. J. Simpson também recebeu de sua própria comunidade, e com a sanção comunitária de legitimidade que lhe foi concedida, como homem e como marido, pelo pronunciamento do tribunal no julgamento do século.

Mensagens

(c) Um terceiro denominador comum entre o caso de Tolstoi e o de O. J. Simpson é ambos os casos ilustrarem o que eu chamaria de *um uso pedagógico do julgamento*. Por sua própria definição explícita e intenção confessa, Tolstoi é, nesse ponto de sua vida, um escritor didático, e sua arte é uma arte didática. *A sonata a Kreutzer* é, assim, de maneira paradoxal e completamente provocativa, uma história *didática* acerca de assassinato (o assassinato de uma esposa). Uma história didática é, na verdade, uma narrativa que está subordinada a uma lição, a uma mensagem que pretende ilustrar ou exemplificar.

Ora, no caso O. J. Simpson, a história do julgamento foi igualmente transformada no veículo de uma mensagem. Em seu argumento final, o advogado de defesa Johnny Cochran tematizou explicitamente essa função ou propósito didático do julgamento ao solicitar solenemente aos jurados a absolvição, de modo a (em seus termos) "enviar uma mensagem" à sociedade – a respeito de seu racismo, de sua corrupção e da fundamental falta de credibilidade tanto de seu sistema de justiça quanto de seu departamento de polícia. Como o júri realmente absolveu Simpson, o julgamento *tem* sido usado para registrar e transmitir essa mensagem.

Contudo, tanto no caso literário quanto no jurídico, desejo enfatizar o fato de que não é somente o julgamento, como também o próprio assassinato da esposa que se tornou *uma ferramenta* para a transmissão da mensagem. A proposta de Cochran – ou sua mensagem – na verdade ignora, efetivamente se esquece, que o julgamento não envolve simplesmente Simpson, mas um assassinato. Porém, qual o significado de uma mensagem sobre racismo ter de ser transmitida por meio desse julgamento e não por outros meios? Na medida em que o veredicto realmente *apaga* a esposa de Simpson assassinada, ou torna o crime – e a mulher assassinada – totalmente irrelevantes, precisamente com sua mensagem, o julgamento realmente *repete* o assassinato. Essa decisão inadvertidamente reproduz o crime, matando mais uma vez as vítimas.

A lição de que o julgamento, ao final, incorpora o uso pedagógico do processo suscita, portanto, questões sérias acerca do valor moral (a significação ética) do assassinato como uma ferramenta ideológica. Como o corpo da mensagem é um cadáver, como a mensagem tem de usar um cadáver para promover e legitimar a si mesma, em que medida tal uso – tal abstração do corpo – é em si mesmo legítimo? Essa questão pode ser formulada no que respeita tanto ao texto de Tolstoi quanto ao julgamento de O. J. Simpson. Deveria o cadáver da esposa ser, ademais, o veículo da mensagem de outras pessoas?

O fracasso do julgamento

(d) Um quarto e último ponto de semelhança entre o caso de Tolstoi e o caso O. J. Simpson é que aquilo que está no centro de ambas as histórias não é apenas um julgamento, mas um *fracasso do julgamento*. Esse fracasso da estrutura jurídica do processo é o que considero ser o ponto comum mais significativo e mais importante. No texto de Tolstoi, o herói que confessa fala desse fracasso, dessa falha do julgamento, ao dizer ao narrador (seu interlocutor a bordo do trem) que o tribunal não entendeu realmente seu caso. Ele foi absolvido pela compreensão de que o assassinato foi um crime passional, um caso de ciúme e "honra ultrajada". Ele próprio, porém, entendeu o caso como algo completamente diferente.[127] O que ele precisamente imaginou permanece obscuro e está sujeito à própria interpretação do leitor. Mas, seja o que for, o tribunal não conseguiu entendê-lo, ao concluir – erradamente – que seus protestos no julgamento (sua insistência de que sua esposa afinal podia *não* ter sido infiel), seu testemunho gaguejante e suas tentativas frustradas de depor para uma verdade diferente, não passaram de um discurso cortês dirigido à memória de sua esposa, um encobrimento caridoso ou uma tentativa retórica de reabilitar o nome dela: "*No decorrer do julgamento, procurei esclarecer a essência do caso, mas eles pensaram que eu queria reabilitar a honra de minha mulher*" (Ibid., p. 67). O tribunal, assim, não conseguiu nem entender nem traduzir para uma linguagem jurídica a busca gaguejante do personagem masculino pela verdade.

Sustentarei que o caso O. J. Simpson é marcado de modo semelhante por um fracasso do julgamento, e que esse fracasso é, por sua vez, igualmente essencial para uma compreensão do caso. Realmente, o veredicto que libertou O. J. Simpson (como aquele que absolveu Pozdnyshev), de maneira semelhante, não *encerrou* o caso, ou não proporcionou o senso de encerramento, que é precisamente o que se propõe fornecer com um veredicto. O efeito do veredicto não foi aquele de uma catarse intelectual ou emocional, mas o de um anticlímax, que deixou largas porções do auditório com uma espécie de vazio.

Terceira parte: O invisível

Eu sugeriria que, como no caso de Tolstoi, esse fracasso do julgamento teve a ver com algo que, dentro da estrutura legal, não podia ser visto. *Algo que não podia ser visto e que de fato não foi visto pelo tribunal estava no centro do julgamento;* algo que o julgamento não podia ver estava no coração da história. O que não foi ou o que não pôde ser visto no julgamento do século?

Episódios críticos da vida de casado

Parte do que não pôde ser visto no julgamento de Simpson tem a ver com o que Tolstoi precisamente aponta como *ponto cego* da cultura, nomeadamente a relação invisível entre casamento e violência doméstica. Numa entrevista de televisão, apresentada um dia após o veredicto, Brenda Moran, um dos jurados no julgamento de O. J. Simpson, referiu-se à sua experiência jurídica de olhar para a evidência da violência doméstica como uma pura "perda de tempo". Como uma testemunha-chave do julgamento, ela, portanto, atestou a recalcitrante *invisibilidade da violência doméstica*, bem como o ato legal e judicial do júri de *fingir não ver o corpo espancado* (de fingir não ver e reconhecer as fotos do rosto espancado), a despeito do empenho dos advogados em expor a evidência – os traços visuais dos golpes do marido –, precisamente aos *olhos* dos jurados e, assim, conferindo ao rosto espancado uma visibilidade jurídica. Mas em seu veredicto e, especialmente, na ausência de deliberação que o precedeu, o júri nem tanto "anulou a evidência" quanto *anulou sua visibilidade*, e ao fazê-lo anulou a visibilidade do rosto. Em outras palavras, o júri usou a autoridade do tribunal para ratificar realmente a inerente *invisibilidade* cultural do rosto espancado.

O júri, portanto, *não viu a violência doméstica*. E, concordando com a afirmação de Cochran de que Simpson tinha um casamento normal sujeito à "discórdia doméstica", o que meramente provava que seu cliente "não era perfeito", a jurada Moran chegou a insistir naquela entrevista que Simpson não era sequer um marido agressivo; tudo o que o julgamento provou, disse ela, foi "um episódio" de violência (ou talvez dois). Um ou dois "episódios" de violência não fazem de alguém um agressor.

É suficientemente curioso que *A sonata a Kreutzer*, por sua vez, inicia-se a partir de uma conversa com um advogado que (como Cochran, como Moran), fala dos "*episódios críticos*" da "*vida de casado*" ao defender o casamento das denúncias contra ele apresentadas por Pozdnyshev. Esse debate polêmico em torno da significação benigna ou não do casamento (que se desenvolve espontaneamente entre passageiros a bordo de um trem) precede e estrutura a história em si, a narrativa da confissão. Ao argumento de Pozdnyshev de que "o casamento atualmente é apenas uma desilusão" que "geralmente resulta de embuste ou violência" (Ibid., p. 20), o advogado responde:

> "Sim, sem dúvida, acontecem episódios críticos na vida conjugal – admitiu o advogado, desejando interromper a conversa, cuja animação passava dos limites da decência." (Ibid., p. 20)

Mas, em lugar de encerrar a conversa, essa referência a "episódios críticos" oferece a Pozdnyshev a oportunidade de apresentar-se pelo nome (e apresentar sua história do assassinato da esposa) tanto ao advogado quanto a nós. Ele introduz, assim, o fato ou a realidade do assassinato na sua invisibilidade cultural e na sua negação jurídica.

> – Sim, sem dúvida, acontecem episódios críticos na vida conjugal...
> – O senhor, pelo que me consta, já me reconheceu?
> – Não, não tive esse prazer.
> – Não é grande prazer. Sou Pózdnichev, aquele com quem se deu o episódio crítico a que o senhor se refere, o episódio em que matei minha mulher – disse, lançando um olhar rápido a cada um de nós. (Ibid., p. 20; tradução modificada)

Para retornar agora a O. J. Simpson em sua relação com o texto de Tolstoi, é muito interessante o fato de que, em ambos os casos, os "episódios críticos" – a história da violência e o acontecimento do assassinato – estão ligados a algo que essencialmente (na cultura e no discurso) não pode ser visto e que, realmente, não consegue ser visto dentro da estrutura do julgamento.

Justiça cega (vendo e julgando)

Poderia a justiça realmente ser cega – de modos distintos daqueles nos quais se espera normalmente que ela seja?[128] O ver não seria crucial para a própria prática e a própria execução da lei,[129] porque, como diz o provérbio, "a justiça não tem apenas que ser feita, mas tem que apresentar-se como sendo feita"? Um julgamento é, na verdade, em sua origem e essência, um acontecimento teatral em que, por definição, tem lugar num palco diante de um auditório. O julgamento do século foi apenas mais exemplar nesse aspecto, uma vez que fora desde o começo um *julgamento-espetáculo*, um caso convertido em espetáculo, cujo drama que se desenrolava no tribunal era reproduzido mundialmente, ampliado e multiplicado por milhões de telas de televisão. Mas qualquer processo criminal envolve "as pessoas" em cujos nomes é instaurado como uma comunidade dos que veem, um círculo comunitário de observadores sociais ou de expectadores políticos (históricos). Qualquer decisão do tribunal, de uma certa forma, é uma decisão histórica acerca da significação, do sentido que a comunidade extrai de sua posição de expectadora com respeito a vários acontecimentos[130] e, mais genericamente, a partir de sua qualidade de expectador da história. As regras da evidência, ademais, são, por sua vez, baseadas no ver. A mais forte prova admitida pelo tribunal é a prova corroborada pelo olho: o testemunho de maior autoridade no tribunal é o de uma testemunha ocular. Todo julgamento, portanto, devido à sua própria natureza como julgamento, é contingente ao ato de ver.

Todavia, no caso do *Povo v. O. J. Simpson*, os jurados olham, mas não veem. Não veem o corpo espancado. Olham fotos da fisionomia contundida de Nicole, mas declaram não conseguir ver ou os golpes do marido ou o rosto espancado da esposa (da vítima). Os jurados no caso O. J. Simpson são, assim, eles mesmos *as testemunhas oculares malogradas do julgamento*. Essa falha do tribunal quanto a ver evoca, realmente, mais uma vez a frustração de Pozdnyshev com a miopia ou a cegueira do tribunal e o duplo fracasso filosófico e jurídico do julgamento no caso de Tolstoi.

Mas precisamente nesse caso do fracasso do tribunal em ver (ou do *fracasso do julgamento em testemunhar ocularmente* sua própria evidência), o caso O. J. Simpson repete, na verdade, com uma simetria irônica, a história, o trauma e a estrutura do caso Rodney King, ou do julgamento de Simi Valley, que, por sua vez, era precisamente sobre *espancamento* – e sobre um espancamento *não visto*, sobre uma relação inexplicável, recalcitrante, entre espancamento e cegueira, espancamento e invisibilidade, uma invisibilidade que não pôde ser dissipada, a despeito da evidência visual mais probatória. Realmente, de modo muito semelhante àquele em que a violência doméstica de Simpson foi visualmente corroborada pelas fotos do rosto contundido de Nicole, o espancamento de Rodney King pela polícia foi documentado por um videoteipe. E, no entanto, os jurados no julgamento de Simi Valley (todos brancos) *não viram o espancamento* (do negro). O júri assistiu ao filme, porém afirmou *não ter visto a* agressão policial, e absolveu os quatro policiais brancos. Ambas as decisões dependem, assim, de uma ausência em relação a ver o espancamento. Nos dois casos, o que o júri *não pôde ver*, em outras palavras, são (paradoxalmente) *os próprios golpes que infligem trauma*. Ambos os veredictos são, por sua vez, traumáticos pelo fato de *negarem, realmente, o próprio trauma que se supunha que o julgamento remediaria*. É em virtude dessa semelhança jurídica e histórica de sua estrutura básica em relação ao trauma (e o trauma consequente do julgamento) que o caso Rodney King e o caso O. J. Simpson narram juntos a história – e o julgamento – do século.

Espancamento e invisibilidade, ou a visão proibida do ódio

Se a decisão, em ambos os casos, registra um fracasso jurídico em não conseguir ver o trauma, esse fracasso que lhe é inerente é, por sua vez, reforçado, composto, por um igual fracasso cultural em reconhecer o ódio.[131] É significativo, realmente, que em ambos os casos o que o júri não consegue ver – o que não pode ser visto precisamente pelo tribunal – é o ódio (ódio pelas mulheres, ódio pelos negros) e que esse ódio secreto, mudo, insidioso – esse ódio cuja visão é proibida – encontra sua expressão, em ambos os casos, na imagem explícita – e na tradução física – de um espancamento.

O espancamento é, na verdade, uma figura quintessencial do *abuso de poder* (físico e moral). Como um emblema de opressão e humilhação, como um símbolo de transgressão da propriedade do outro e de invasão do corpo do outro, o espancamento não é apenas fisiológico, mas inerentemente político. Ato radicalmente ofensivo, ele é – eu o sugeriria – a mais rudimentar ofensa política, e apresenta o impacto (físico e moral) de um ato político *par excellence*.

Mas ver – como a essência da atividade cognitiva e como o fundamento tanto da consciência quanto da memória – é, por sua vez, um ato que não é simplesmente fisiológico; pode, por sua vez, ser inerentemente, inconscientemente político. O filósofo francês Louis Althusser[132] explica como ver e não ver são contingentes sobre os limites (as exclusões ideológicas) de um quadro de referência. "É o campo inteiro de uma problemática," escreve Althusser, "que define e estrutura o invisível como seu exato exterior – *excluído* do domínio de visibilidade e *definido* como excluído pela existência e a estrutura do próprio campo problemático":

> O invisível é definido pelo visível como *seu* invisível, *sua* visão proibida [...] Ver esse invisível [...] exige algo completamente diferente de um olho agudo ou atento, requer um *olho educado*, um modo de olhar revisto, renovado, ele próprio produzido pelo efeito de uma "mudança de terreno" refletida de volta ao ato de ver.[133]

Eu sustentaria, por minha vez, que as limitações das possibilidades de ver, as exclusões estruturais a partir de nossos quadros factuais de referência, são determinadas não só por ideologia (consciente ou inconsciente), mas também por uma intrínseca *deficiência* cultural *para ver o trauma*. Como se evidencia tanto no caso Rodney King quanto no caso O. J. Simpson, *o abuso de poder* (espancamento) está *inscrito na cultura como um trauma*. Entretanto, como sabemos com base em estudos psicanalíticos,[134] e como ambos os casos demonstram, trauma é precisamente o que não pode ser visto; é algo que inerente, política e psicanaliticamente derrota a visão, mesmo quando esta entra em contato com as regras de evidência e com a investigação jurídica do julgamento em busca de visibilidade. Assim, o político está essencialmente ligado à estrutura do trauma. É, portanto, para a estrutura do trauma (e não simplesmente para uma diferente ideologia) que nossos "olhos" deveriam ser precisamente *educados*.

Para retornar, agora, aos espancamentos que permanecem persistentemente não vistos tanto no caso Rodney King quanto no caso O. J. Simpson, para retornar, assim, ao fracasso de ambos os júris quanto a atuarem como testemunha ocular da violência (física e moral) cuja invisibilidade literal não pôde ser dissipada no tribunal, a despeito da mais probatória evidência visual, em ambos os casos, realmente a imagem fotográfica (fotos ou videoteipe) acaba por se revelar incapaz de suspender ou cancelar o ponto cego cultural, ou a prescrição política de não ver.[135] O século poderia bem ser, nas palavras perspicazes de Walter Benjamin, "a era de reprodução técnica" ou o século jurídico dos videoteipes. Mas a despeito dos avanços nos métodos tecnológicos de gravação ou de memorização da evidência visual, o julgamento do século permanece *uma história dos pontos cegos do século*.

Como mostra o texto de Tolstoi, entretanto, no que diz respeito ao gênero, a história jurídica do século é essencialmente a mesma do século precedente. No tocante ao casamento e à violência, parece que pouco progredimos, e verdadeiramente não saímos do século XIX.[136] De qualquer modo, não emergimos ainda totalmente de uma história traumática (ou de um trauma) cujo próprio padrão é característico do século anterior. Como mostra a coincidência entre o texto literário e o julgamento contemporâneo, no que diz respeito a mulheres como alvos de violência abusiva ou apropriativa, parece termos herdado, muito estrita e especificamente, os pontos cegos do século XIX. Os assassinatos e absolvições do século XIX ainda estão conosco, como nossa herança tragicamente incólume.[137]

Lei e história: herança do trauma

Assim, em cem anos o que fizemos? A história não se posicionou para registrar ao menos uma diferença jurídica? Ou é a própria que é responsável não só pelo registro como também pela censura da história? Seria possível que o volumoso *registro jurídico* do julgamento de O. J. Simpson fosse, ele mesmo, meramente a testemunha do modo em que a história é paradoxalmente despojada de memória? Como os veredictos (a absolvição, no caso de O. J. Simpson) marcam ao mesmo tempo o que a história *lembra* e o que a história *esquece*, ao mesmo tempo o que é pragmaticamente nela incluído e o que é programaticamente excluído da memória coletiva?

Em sua função arbitradora entre fatos contraditórios e entre versões conflitantes da verdade, veredictos são decisões em torno do que admitir na memória coletiva e do que transmitir da memória coletiva. A lei é, nesse sentido, uma força organizadora da significação da história.[138] Mas a lei relaciona-se com a história por meio do trauma.[139] O que deveria ter sido historicamente lembrado realmente não é somente o julgamento, mas também o trauma que tornou o julgamento necessário, o trauma individual e social que se supôs remediado, resolvido ou dissolvido pelo julgamento. Todavia, um trauma não pode simplesmente ser lembrado quando, para começar, não pode ser compreendido – quando, como mostram esses julgamentos, não pode sequer ser visto. Ao contrário da memória, ele força uma reprodução traumática.[140]

Portanto, eu sustentaria que um caso jurídico realmente se torna um *locus* de história encarnada, um "lugar de memória", ou um "*lieu de mémoire*" material, literal no sentido de Pierre Nora,[141] somente quando é espontaneamente dotado daquilo que Freud chama de uma "dualidade histórica",[142] quando repercute, em outras palavras, com o que defini como uma ressonância transjurídica (*cross-legal*), ou dispara inadvertidamente o movimento de uma repetição ou a dinâmica de uma *recordação legal*. Em seu gesto simultâneo de comemoração e de esquecimento daquilo que realmente repete, o julgamento de O. J. Simpson constitui precisamente tal lugar de memória ("*lieu de mémoire*"), porque constitui um "lugar" (um *locus*, uma localização, um abismo) de repetição traumática.[143]

O caso O. J. Simpson, assim, repete inconscientemente tanto a narrativa jurídica traumática do século XX de Rodney King quanto a história jurídica traumática do século XIX de Tolstoi. Mas o próprio caso literário, jurídico de Tolstoi já consiste numa repetição, porquanto o seu próprio ponto de partida é a *reprodução do julgamento* por parte da principal personagem masculina (sua reabertura da fracassada busca do processo criminal pela verdade), por meio da narrativa da confissão, o que, por sua vez, acarreta repetir ou narrar novamente (para recapitular mais uma vez) a história, que não poderia ser ouvida no processo e que não conseguiu ser comunicada, ou transmitida, ao tribunal. O julgamento do século repete, então, todas essas repetições – a jurídica, a literária, a psicanalítica, a histórica – pelas quais o julgamento tenta, e volta a tentar, resolver e pelas quais o trauma inadvertidamente repete a si mesmo como uma memória jurídica inconsciente a respeito do processo judicial consciente. O caso O. J. Simpson, em síntese, é o julgamento definidor de nossos tempos, porque recapitula precisamente todas essas repetições. É o julgamento do século porque reproduz o caso Rodney King; mas esse julgamento definidor do século XX acaba por se revelar, ele mesmo, uma repetição do julgamento (do trauma) do século XIX.

Eu sugeriria, na verdade, que a principal diferença nos julgamentos e nas absolvições deste século é que a história hoje nos capacita ao menos a compreender Tolstoi – ao menos *ver que não vemos* – e assim historicamente a levantar essas questões: indagar a respeito do *significado da repetição*. Se a história realmente repete a si mesma, e se acontecimentos têm de ocorrer ao menos duas vezes para serem percebidos, poderia a repetição em si mesma algum dia ajudar a produzir (ajudar a treinar) "um olho educado"?

Olhos e educação, ou espancamento e visão

Todos os três casos, portanto – o caso de Pozdnyshev ou de Tolstoi, o caso Rodney King e o caso O. J. Simpson –, fazem ressoar entre si, numa dramatização semelhante, no tribunal, uma *relação* impressionante e mal-compreendida *entre ver e espancar*, entre *uma violência que causa dano* ou que procura ferir ou matar e *uma violência que cega* ou procura proibir a visão. No cenário literário, tal como no legal, em suas ficções e em suas realidades, todos os três casos (Simpson, King e Tolstoi) similarmente concretizam um fracasso do julgamento por meio da história das implicações legais, por um lado, de ódio como o proibido de se ver e, por outro lado, de sofrimento ou de trauma como *a estrutura de uma agressão* (ou de uma lesão) *que não pode ser vista*. Tudo o que o julgamento é capaz de provar, portanto, é a *não localizabilidade*, a invisibilidade constitutiva da lesão, a traumática impossibilidade de se fazer justiça à agressão. Tudo o que o julgamento faz é, portanto, *repetir o trauma* ao produzir, mais uma vez, sua invisibilidade recalcitrante e ao mostrar como o *poder do trauma de anular a visão* infiltra-se nas próprias operações do processo legal, e insidiosamente apodera-se da própria estrutura do julgamento. É precisamente essa complexa *relação* política e epistemológica *do espancar com o ver*, e esse profundo enigma humano e político de um trauma que não pode ser visto e não pode ser localizado ou traduzido para o ver (para a capacidade de ver), mesmo no nível do julgamento, que parece estar no centro do texto de Tolstoi e no centro da história de Pozdnyshev, e que não consegue ser trazido ao conhecimento do tribunal. É essa a questão relevante, para ele e para Tolstoi, do julgamento e da história.

Quarta parte:
O abismo

– VI –

A explosão da estrutura legal

O que é, então, que Pozdnyshev não conseguiu articular e transmitir acerca de sua história (ou acerca da real natureza de seu caso) durante o julgamento? Qual é essa compreensão que ele tenta desesperadamente articular, mas que permanece desprovida de linguagem jurídica, essa verdade muda, inarticulada, desatendida, excessiva, que permanece fora da audiência do tribunal, que excede tanto o que é dito quanto o que é ouvido no processo, e que é definida, no texto de Tolstoi, precisamente – somente – como *um excesso da narrativa (literária) sobre o julgamento?* Qual o evento jurídico que é definido – ou que unicamente pode ser explicado – por uma excessiva verdade literária?

Essa questão pode ser formulada a partir de duas perspectivas opostas: (1) Que espécie de evento paradoxal gera uma crise que excede o que pode ser juridicamente articulado, mas que, todavia, necessita de um julgamento para sua própria definição? (2) Qual é, por outro lado, essa crise ou esse evento paradoxal que não pode prescindir de um processo judicial, mas que, literária e filosoficamente, pode ser transmitido somente por meio de um fracasso do julgamento – por uma explosão da estrutura jurídica? Tal é o assassinato da esposa no texto de Tolstoi (em sua relação com o julgamento). E tal é, analogantemente, a relação paradoxal do assassinato de Nicole Brown-Simpson com o julgamento de O. J. Simpson, para o que Tolstoi poderia fornecer, na verdade, uma chave literária. Filosoficamente, Tolstoi parece estar formulando, talvez não por acaso, uma questão que se aplica tanto à sua ficção quanto à intricada realidade jurídica do julgamento contemporâneo: Qual é a história que pode ser contada somente pelo intermédio de um *débito não quitado* da decisão em relação à verdade, ou do veredicto em relação aos fatos? Qual é esse *débito* (literário, psicológico, político, histórico) que a decisão, a absolvição ainda mantém com respeito à plena verdade legal, mas que uma condenação (como provaram as confusas reações diante do veredicto civil) não poderia, por sua vez, possivelmente reduzir, resolver, ou quitar plenamente?

O que é, portanto, que podemos entender, com a ajuda de Tolstoi, sobre a natureza real do caso de assassinato (ficcional e real)? O que podemos, finalmente, entender ou aprender com o texto – com a confissão – de *A sonata a Kreutzer*? E como o que entendemos pode esclarecer o enigma do caso jurídico? Como pode a perspectiva do texto literário (e de uma compreensão literária) lançar luz à *performance* histórica geral do "julgamento do século"? O que é que Tolstoi está lutando, à guisa de conclusão, para comunicar?

Ouçamos, por uma última vez, o testemunho de Pozdnyshev, em seu esforço de transmitir a história que o tribunal deixou escapar:

> No julgamento, o caso foi apresentado como se tudo tivesse acontecido por causa do ciúme. Não houve nada disso, isto é, não é que não houvesse, mas não foi exatamente assim. No julgamento, decidiu-se que fui um marido enganado e que matei defendendo a minha honra maculada (é assim que isso se chama à maneira deles). E foi por isso que me absolveram. No decorrer do julgamento, procurei esclarecer a essência do caso, mas eles pensaram que eu queria reabilitar a honra de minha mulher. (Ibid., p. 67)

Ciúme foi simplesmente um pretexto, insiste Pozdnyshev, quase um pretexto indiferente:

> As relações dela com esse músico, fosse qual fosse a natureza delas, não têm para mim nenhum sentido, e para ela também. Mas o que tem sentido é aquilo que eu contei ao senhor, isto é, a minha imundície. Tudo aconteceu porque existia entre nós aquele terrível abismo de que lhe falei, aquela terrível tensão de ódio recíproco, na qual o primeiro pretexto é suficiente para ocorrer a crise. (Ibid., p. 67; tradução modificada)

Precipício

O caso, então, é sobre a relação do *pretexto* (privado, sexual, trivial) com a *crise* (social, legal) da violência e do assassinato: "Tudo aconteceu porque existia entre nós aquele terrível abismo". A efetiva motivação da história não provém, assim, nem da infidelidade (real ou imaginada) da esposa, nem do ciúme provocado por essa presumida infidelidade, mas da própria existência "daquele terrível abismo". A história, então, não é a história que pensamos; não é o caso banal de adultério (de ciúme) que havíamos de início acreditado estar interpretando. O que é, então? Eu sustentaria que aquilo que descobrimos no texto de Tolstoi é, de modo muito menos evidente, a narrativa de um abismo, um caso, precisamente, da revelação inesperada de uma cisão (abismo) oculta e profunda.

A metáfora do abismo repete-se do começo ao fim do texto de *A sonata a Kreutzer*. Embora no russo de Tolstoi surjam várias palavras diferentes para dar concreção e matizar essa imagem de um precipício (*propast, puchina, bezdnia*), todas essas palavras retratam a mesma experiência de uma ruptura (uma perda) de contato e de solo; todas essas figuras apontam para a mesma imagem insistente de uma fissura, uma voragem de cisão, um oceano sem fundo, ou uma ferida aterrorizante, escancarada no interior do solo:

> Tudo aconteceu porque existia entre nós aquele terrível abismo de que lhe falei, aquela terrível tensão de ódio recíproco, na qual o primeiro pretexto é suficiente para ocorrer a crise. (Ibid., p. 67; tradução modificada)
> O que é terrível? – perguntei.
> – O abismo de enganos em que vivemos com referência às mulheres e às nossas relações com elas. (Ibid., p. 23; tradução modificada)
> E assim vivemos, numa névoa permanente, não vendo o estado em que nos encontrávamos. E se não tivesse acontecido aquilo que aconteceu, eu viveria assim até a velhice, e pensaria, ao morrer, que tinha vivido uma vida boa, isto é, não especialmente boa, mas também não uma vida má, uma vida como a de todos; e não teria compreendido o abismo de infelicidade e a mentira ignóbil em que eu chafurdava. (Ibid., p. 61)
> Foi terrível a impressão deixada por esta primeira briga. Chamei-a de briga, mas não era uma briga, e sim apenas a revelação de um abismo que existia realmente entre nós. (Ibid., p. 43)

Um abismo da sexualidade: um abismo da diferença

O que é esse precipício ao qual Tolstoi retorna tão insistentemente?

Na sua significação mais óbvia, a metáfora do abismo em *A sonata a Kreutzer* parece estar ligada ao espaço da sexualidade como um enigma amedrontador. Mas o que é precisamente a sexualidade? A sexualidade é, antes de tudo, nessa história (como é, realmente, na história de O. J. Simpson), um *abismo entre os sexos*. E essa voragem entre os sexos, esse mal compreendido abismo que tão radicalmente e tão incuravelmente separa a mulher do homem e aliena o marido da esposa, refere-se, por sua vez, não apenas ao abismo insondável da sexualidade e do desejo sexual (como a origem obscura da história), porém, mais especificamente, a uma fissura ou a uma fenda *dentro* da própria sexualidade, a uma divisão interior ou a uma cisão não apenas *entre o narrador e sua esposa*, mas *dentro do próprio desejo sexual do narrador*; há um abismo precisamente que habita a sexualidade humana, como uma concavidade interna no fundo de um caos em vórtice de atrações e repulsões, de rivalidades, e de ambiguidades sexuais conflitantes e secretas. Esse abismo da diferença (interno e externo) não pode senão transformar-se num abismo de conflito. As posições relativas na história do ciúme – no triângulo da competição sexual – podem mudar dinâmica e secretamente: desejo pela esposa e ciúme em relação ao rival; atração pelo (ou fascinação com o) rival e uma competição sexual secreta com a esposa;[144] amor-ódio pela esposa; amor-ódio pelo pretenso amante; ciúme, respectivamente, de ambos; um labirinto de atrações e repulsões; um abismo que habita a sexualidade como um redemoinho caótico ou uma concavidade interna que constantemente o suga, fende-o do próprio interior; um abismo que fatal e radicalmente divide a sexualidade a partir de si mesma, torna-a diferente de si mesma.

Porém, mais importante do que a significação sexual do abismo, e até mais significativo do que sua natureza sexual (fendida), é a relação da fenda – o precipício – com sua *profundidade obscura* ou com seu núcleo abissal, enigmático, de escuridão. Essa obscuridade concreta (do abismo) é recapitulada por uma metáfora da escuridão que flui do começo ao fim do texto,[145] e que, em ressonância com aquela do abismo, dramatiza (concretiza) *uma resistência a partir de dentro da história para o que pode ser visto* (ou para o que pode penetrar a consciência).[146] "Tudo aconteceu por causa daquele terrível abismo que havia entre nós." Resistir à consciência,[147] à escuridão radical dentro do abismo, à obscuridade (literal e metafórica) dentro da história, funciona, portanto, como um *buraco negro* no centro da narrativa. Esse buraco negro narrativo (o abismo negro dentro da história) resiste dinamicamente à busca do julgamento por visibilidade jurídica, e solapa o constante esforço da história para obter tanto luz quanto visão.

A escuridão central do julgamento, ou o buraco negro narrativo

Como o trauma, como o buraco negro narrativo que é o centro da história, o abismo, na verdade, é algo normalmente oculto à visão, algo cuja profundidade obscura (ou cujo fim) não pode ser sondada e cujo *fundo* (ou cujo ponto de partida) *não pode ser visto*. Mas quando o fundo é tocado por meio do assassinato, quando o abismo pode súbita e inesperadamente ser percebido por um instante, o que pode ser visto é somente um vazio e uma obscuridade. No fim da história (à conclusão do julgamento, e no horizonte do texto), o que é dramaticamente revelado não é a profundidade, mas a insuspeitada ausência de fundo (insondabilidade) de um abismo (cisão) aterrador.

E assim foi – é o que eu proporia –, precisamente no caso O. J. Simpson. O desempenho do julgamento do século nada significou senão um topar histórico com a insondabildade de uma cisão. O que foi finalmente revelado no fim do julgamento, de modo semelhante, foi não o descer da cortina, não o encerramento do caso ou uma catarse finalmente obtida por uma resolução judicial, mas aqui novamente apenas a abertura aterradora, apenas o vazio[148] de um abismo incompreensível: um *abismo entre os sexos;* um *abismo entre as raças;* um abismo entre legalidade e justiça; uma brecha na percepção entre negros e brancos; um abismo entre experiências contraditórias da significação da aplicação da lei e entre concepções conflitantes do uso ou do abuso do poder cedido ao sistema judicial e aos agentes da lei; um abismo entre concepções conflitantes da significação ou da não significação da violência doméstica; um abismo entre os ricos, que podem comprar justiça, e os pobres, que não dispõem de recursos para pagar seu preço; um abismo entre concepções conflitantes ou percepções emocionais contraditórias do veredicto como uma vitória ou como uma derrota absoluta. "No entanto, não houve nenhuma vitória real, nenhuma derrota real", escreveu Robert A. Jordan, "para negros e brancos que estão em lados opostos desse veredicto. Ao contrário, há a recente compreensão de que [...] a divisão entre negros e brancos é ainda *muito profunda* neste país".[149] Mas o impacto do julgamento e o cisma repentinamente descoberto pelo choque do veredicto do século teve a ver com algo ainda *mais profundo* e absolutamente não tão definível, algo que se furtou à definição no próprio coração do abismo revelado pela conclusão do julgamento. Como em Tolstoi, a abertura súbita do abismo estava ligada ao surgimento de uma fenda na própria integridade da justiça do sistema legal.

Um abismo de trauma

"Mas os americanos sequer se darão ao incômodo de querer saber quão racialmente dividido [...] o sistema de justiça criminal deve ter sido, muito antes desse caso?", indagou Francis X. Clines. "Estarão os brancos – tão chocados diante das cenas da televisão mostrando alguns negros em triunfo ante o anúncio do veredicto – prontos agora para crer nos relatos de primeira mão de negros sobre contatos negativos com a polícia?"[150] "O veredicto", escreveu Isabel Wilkerson, "expôs uma cisão instalada por gerações."[151] Eu sustentaria que essa integridade rompida (o cisma na sociedade, a fenda na integridade da justiça) estava vinculada a uma ruptura que, ela mesma, foi (e *repetiu*) o efeito de um choque traumático. A cisão entre negros e brancos converte-se, ironicamente, num diálogo de choques. O choque estava relacionado a um espaço "acidentado" por meio do qual a cultura como um todo subitamente revelou-se como apenas uma *brecha cultural*, um espaço "acidentado" e inerentemente dissociado de trauma cultural, na medida em que o trauma (individual bem como social) é precisamente constituído por uma brecha na consciência.

Assim, o que deveria ter sido percebido no desfecho do julgamento de O. J. Simpson é a realidade concreta da brecha traumática – ou a concretitude do trauma. Em lugar disso, o que foi percebido foi o abismo – a brecha – entre dois traumas: o da raça e o do gênero. Raça e gênero, porém, nesse julgamento, diferiram principalmente na relação deles com um terceiro trauma: o da própria lei.

Na sua acusação do abuso homicida de um marido, apelou-se à lei aqui em nome do gênero como uma guardiã dos direitos das vítimas e, assim, como uma necessária aliada e, possivelmente, como o único *veículo de correção do abuso*. Mas no argumento da defesa (e na memória coletiva da raça) a lei é invocada como parte e parcela do trauma, e sua aplicação é lembrada e historicamente comemorada (litigada) como a própria fonte, *o próprio veículo do abuso*.[152] Assim, raça e gênero diferem em sua relação tematizada com a lei e em sua consequente percepção jurídica do julgamento como ele próprio parte do problema (parte do abuso), ou como sua possível reparação, sua cura.

Foi, entretanto, pelo gênero que o julgamento criminal foi ironicamente destinado a se transformar num *trauma jurídico*; foi pelo gênero que o veredicto do século revelou-se como sendo, precisamente, *juridicamente traumático*.[153] E esse pronunciamento do direito, essa legitimação tácita, indireta, aparente de abuso de gênero que agravou, ratificou o trauma pelos canais de um veículo da lei, por sua vez, acarretou adicionais consequências traumáticas e segregadoras. "O veredicto expôs uma cisão instalada por gerações... E em lugar algum a divisão foi mais severa do que o foi entre mulheres negras e mulheres brancas", escreve Isabel Wilkerson: "Pressionadas a escolher entre homens com os quais partilham a experiência racial [...] e mulheres brancas com as quais partilham a experiência do sexismo", juradas negras não tiveram escolha senão "romper fileiras". Ao optarem pela solidariedade de raça com os homens acima (e contra) a solidariedade de gênero com as mulheres vítimas do abuso, as juradas só podiam criar uma rachadura dentro da integridade (a unidade) do próprio gênero e, realmente, revelaram um abismo no interior da comunidade das mulheres – um cisma concretizado nas imagens televisionadas, depois da absolvição, de "mulheres negras sorrindo com o olhar dirigido aos céus, agradecendo a Jesus" e de "mulheres brancas soluçando, incapazes de falar".[154]

Filosoficamente, na verdade, o abismo revelado pelo julgamento do século comprometeu não apenas a integridade do gênero, e não apenas a integridade do processo legal, como também a integridade da própria verdade. Ou melhor, a conclusão do julgamento mostrou a verdade como um abismo entre realidades incomensuráveis, um cisma entre modos diferentes de ver, entre modos incomensuráveis de olhar para os mesmíssimos fatos. "Nada que aconteceu no julgamento de O. J. Simpson foi tão terrível como a maneira como terminou", comentou o *Economist*.

> O Júri estava errado? Não se pode saber [...] A parte angustiante não foi o próprio veredicto; foi a prova assim confirmada de que os Estados Unidos negro e o branco estiveram assistindo a julgamentos diferentes [...] Esse veredicto torna claro o que tantos estadunidenses – e tantos entre seus amigos no estrangeiro – não tinham querido acreditar. Pouco mais de trinta anos após a revolução dos direitos civis, os Estados Unidos da América são dois países, não um. E estão cada vez mais se separando, e não se unindo.[155]

Tudo aconteceu porque existia entre nós aquele terrível abismo de que lhe falei, aquela terrível tensão de ódio recíproco, na qual o primeiro pretexto é suficiente para ocorrer a crise. – O que é terrível? – perguntei.
– O abismo de enganos em que vivemos com referência às mulheres e às nossas relações com elas. (Ibid., p. 23; tradução modificada)
Viver assim seria terrível, se nós compreendêssemos a nossa situação; mas nós não a compreendíamos nem víamos. A salvação e o suplício do homem estão em que, quando ele vive de maneira errada, pode enevoar-se a fim de não ver a miséria de sua condição [...].
E assim vivemos, numa névoa permanente, não vendo o estado em que nos encontrávamos. E se não tivesse acontecido aquilo que aconteceu, eu viveria assim até a velhice, e pensaria, ao morrer, que tinha vivido uma vida boa, isto é, não especialmente boa, mas também não uma vida má, uma vida como a de todos; e não teria compreendido o abismo de infelicidade e a mentira ignóbil em que eu chafurdava. (Ibid., p. 60-1)

Vendo a brecha

Poderia *A sonata a Kreutzer* ser a narrativa daquilo que é necessário (na tragédia e na destruição) para fazer alguém *ver* precisamente o abismo? É o caso O. J. Simpson a história do preço a pagar em troca, pela revelação dessa cisão que ali estivera o tempo todo, mas que, como os protagonistas de *A sonata a Kreutzer*, nós, por nossa vez, *não podíamos ver* ou *não queríamos ver*? Poderia o julgamento do século ser, em outras palavras, o drama jurídico ou o caso jurídico que resume historicamente o século como um século que cegamente viveu à beira de um abismo histórico não compreendido, um século amnésico que precisou, paradoxalmente, de um julgamento definidor para *descobrir* (ver subitamente) *sua própria história (sua memória) como um abismo* – um "abismo de infelicidade e repugnante falsidade" essencialmente incompreensível e ainda essencialmente *invisível*? E se o julgamento do século é realmente a história cultural de nossa cegueira, poderia essa história legal de nossa cegueira transformar-se, como a de Tolstoi, na história de um ver revolucionário?

Sim, não posso falar disso tranquilamente, e não porque aconteceu aquele episódio, conforme ele se expressou, mas porque, desde que isso aconteceu comigo, abri os olhos e vi tudo sob uma luz completamente diversa. *Tudo às avessas, tudo às avessas!* (Ibid., p. 23)

Sustento, a título de conclusão, que o julgamento de O. J. Simpson *foi* o julgamento do século *porque* revelou precisamente um abismo, ou narrou a história jurídica do rompimento do século em consciência. O abismo poderia muito bem ser "às avessas": na medida em que não é apenas um abismo de hipocrisia cultural, mas um abismo de trauma cultural, nele se mantém o segredo do julgamento. Sustento que o caso, em outras palavras, afirmou seu *status* único como o julgamento do século *porque ainda não podemos decidir* – e não entendemos completamente – *sobre o que foi o julgamento*, porque ainda não sabemos ou não podemos decidir onde exatamente localizar o trauma, ou o que estava realmente no fundo desse abismo (jurídico, cultural e histórico).

Entre o direito e a literatura: epistemologias comparativas

Resulta que a comparação entre o caso O. J. Simpson e o texto de Tolstoi ajuda-nos a reexaminar e a repensar as implicações – e o impacto – do julgamento contemporâneo.

Examinei incertezas jurídicas factuais e interpretativas sob a luz instrutivamente imaginativa e dramaticamente sugestiva de fatos literários cuja lógica narrativa (cuja própria narração jurídica dramática do assassinato e do julgamento), assemelha-se decisivamente ao caso contemporâneo; e cujo discernimento intuitivo, imaginativo do comportamento (humano) criminoso e do enigma da estrutura do caso e da estrutura do assassinato (bem como da relação paradoxal do assassinato com o julgamento) acaba se revelando como sendo ao mesmo tempo constrangedor e inspirador.

O resultado é que a comparação entre o julgamento e o texto literário, entre a intricada realidade jurídica e a imaginativa visão literária do caso do assassinato da esposa (e do julgamento do marido) nos insinua a significância – e a sugestiva ressonância literária – do abismo.

Propus que o abismo está no centro – no coração – tanto da narrativa literária quanto do julgamento contemporâneo, e que tanto o julgamento quanto a história do texto consistiam na revelação inesperada da imagem – e da significância incompreensível – do abismo, tanto como uma obscura causalidade original ("Tudo aconteceu por causa daquele terrível abismo") quanto como a repetição fatal, o retorno inesperado e, não obstante, inevitável de uma forma de disputa radical ("Chamei-a de briga, mas não era uma briga, e sim apenas a revelação de um abismo que existia realmente entre nós").

Entre o direito e a literatura (um abismo)

> Ele viu por meio da lei como poucos outros viram.
> Se ele, no entanto, a invoca, assim o faz precisamente
> porque seu próprio demônio é muito poderosamente atraído
> pelo abismo que esta representa.
> Pelo abismo que, não sem razão, ele descobre
> de forma mais escancarada onde se encontram
> mente e sexualidade – no julgamento de crimes sexuais.
>
> Walter Benjamin, *Karl Kraus*

Mas a comparação entre o drama jurídico e o drama literário também mostrou que direito e literatura têm filosofias radicalmente diferentes (abordagens diferentes) com respeito ao abismo. Regidas por suas metas diferentes, a prática jurídica e a prática literária encarnam, efetivamente, duas maneiras diferentes de *lidar com o abismo* e *duas maneiras de relacionar a significância do abismo,* especificamente, *com a significância e com as funções do julgamento.*

Como vimos, tanto no julgamento quanto no texto literário, o abismo – um abismo de diferença, ódio, racismo, sexualidade, "infelicidade" e trauma – uma "briga" que "não é realmente uma briga", mas a "revelação" de um colapso interior radicalmente divisor, é, sobretudo, algo aterrador. Mas é também aquilo que não podemos apreender e que não compreendemos. É algo que só podemos ver de fora. É, portanto, o que, essencialmente, *não pode ser totalizado,* o que um argumento de encerramento necessariamente não conseguirá conter, *encerrar* ou incluir. Por definição, um abismo é o que se furta à soma jurídica, o que se esquiva à totalização reflexiva ou conceitual.

O que, então, um julgamento pode fazer com um abismo? O julgamento do século procurou (como o direito tenta sempre fazer) *construir uma ponte sobre o abismo,*[156] para ocupar ou assumir a abertura precisamente pelo preenchimento da lacuna, pelo encerramento do abismo ou pelo seu envolvimento dentro da racionalidade de suas categorizações jurídicas (gênero, raça) numa tentativa de cobrir ou *encobrir sua falta de fundo,* para integrar ou assimilar a lacuna (brecha) dentro de categorias conhecidas da ordem social, ou política, ou jurídica. No seu papel pragmático, como guardião da sociedade contra a irregularidade, a perturbação, a desorganização, a imprevisibilidade, ou qualquer forma de desordem irracional ou incontrolável, o direito, na verdade, não tem escolha senão nos proteger contra equívocos, ambiguidades, obscuridades, confusões, e nós soltos. O abismo incorpora tudo isso na imagem de um perigo que, acima de todos, o direito teme: o de uma falha na prestação de contas à sociedade (ou de um desmoronamento no alicerce e na estabilidade da fundação); o de uma *perda,* de um *colapso* (ausência) *de fun-*

damentos. Sob os constrangimentos práticos de ter de prestar contas e estabelecer justiça, o direito tenta *dar sentido ao abismo* ou reduzir sua ameaça (sua insensatez, seu caos ininteligível) conferindo-lhe um nome, codificando-o ou subsumindo sua realidade (a qual é inatamente sem nome e inclassificável) à lógica classificadora e à coerência técnica e procedimental do julgamento. Mas, ao fazer isso, o direito (o julgamento ou o litígio) nega, inadvertidamente, a natureza abissal do abismo ao pretender, ou ao assumir, desorientadamente, que o abismo é alguma coisa alguma coisa a mais, algo que pode ser assimilado a regras conhecidas ou precedentes, algo que pode ser incluído, contido dentro da reconhecibilidade de conhecidas agendas jurídicas (estereotipadas).

O propósito, porém, do texto literário é, ao contrário, mostrar ou expor novamente o rompimento e o cisma, revelar mais uma vez a abertura, o buraco do abismo, *desentranhar violentamente o que estava precisamente coberto, encerrado ou dissimulado pelo julgamento legal*. O texto literário escancara o abismo de maneira a nos permitir examinar, mais uma vez, sua profundidade e ver sua ausência de fundo (insondabilidade).[157]

E assim o fazendo, ao *reabrir o caso* e ao revelar, novamente, a obscuridade, o buraco vazio do abismo, o texto literário produz (ou realiza pela sua própria narrativa, pelo intermédio de sua confissão) uma *repetição da história* que o tribunal deixou escapar ou não compreendeu, e que o julgamento não pôde narrar. A literatura produz, assim, uma recapitulação artística da dinâmica do julgamento e da busca (e nova busca) do julgamento pela verdade. Por seu próprio meio específico, por seu poder literário ou pela perspicácia de sua própria busca (luta) por expressão, o julgamento artístico empenha-se em *transmitir a força da história que não pôde ser narrada* (ou que não conseguiu ser transmitida ou articulada) no julgamento jurídico.

O que o texto de Tolstoi, dessa maneira, investiga não é apenas o significado do caso, nem mesmo simplesmente o enigma da força do caso, mas sim *a significância geral das tentativas fracassadas (no direito, na história) de fechar abismos*; o significado de tentativas históricas repetidas, ainda que impossíveis, de usar os veículos da lei a fim de cobrir grandes traumas coletivos pela racionalidade e tecnicalidade de julgamentos jurídicos, pelas avaliações do direito e pelas instaurações de tribunais.

Ao repetir, desse modo, tanto a história do trauma quanto a dinâmica do julgamento, a literatura explica porque e como o julgamento (como o trauma) não está encerrado, mas compartilha de uma memória traumática e de um assunto inacabado que está obrigado a ter uma sequência jurídica futura. A literatura explica, em outras palavras, porque o julgamento, como o trauma, se repetirá (historicamente, traumaticamente).

Quinta parte:
A autoridade da literatura

– VII –

Além da lei ou diante da lei: escritores como testemunhas precoces

"A literatura", escreve Paul Celan, "frequentemente projeta-se à frente."[158] A literatura está adiante de nós. Sugeri em outra parte[159] que a literatura pode ser definida (explicada e compreendida) como um modo específico de testemunho, e que escritores com frequência sentem-se compelidos a testemunhar por meio de canais literários ou artísticos precisamente quando sabem, ou sentem intuitivamente, que no tribunal da história (e, agora acrescentarei, num tribunal de justiça) a *evidência falhará* ou *deixará a desejar*; quando sabem que outros tipos de testemunhos, por diferentes razões, não obterão êxito ou que existiram acontecimentos que, por diferentes razões, não serão evidenciados. Escritores testemunham não simplesmente quando sabem que o conhecimento não pode ser obtido por meio de outros canais, porém, mais profundamente, quando sabem ou sentem que o conhecimento, embora disponível, não é capaz de tornar-se eloquente, que *a informação não pode tornar-se importante*.[160] Sustentei que tais escritores podem ser compreendidos (definidos) como *testemunhas precoces*[161] ("a literatura frequentemente projeta-se à frente de nós") e que sua arte, sua narrativa, seu estilo literário, ou sua retórica artística são um modo precoce de prestar testemunho e de acessar a realidade quando todos os outros modos de conhecimento são obstruídos ou tornados ineficazes. O texto literário de Tolstoi – proponho agora – é, realmente, tal *testemunho precoce* no (e para o) julgamento de O. J. Simpson.

"Quase terminei *A sonata a Kreutzer* ou *Como um marido matou sua esposa*", Tolstoi anunciou em setembro de 1889; "Estou contente por ter escrito isso: *sei que é necessário contar às pessoas o que ali está escrito*".[162] Um século mais tarde, ainda lhes é necessário (como a obsessão com a história de assassinato do século mais uma vez mostrou). "Mas uma coisa existe em mim", diz Pozdnyshev: "*Eu sei. Sim, é certo que eu sei aquilo que todos não saberão tão cedo*" (Ibid., p. 54). Qual conhecimento (qual o conhecimento secreto acerca de assassinato, qual o conhecimento secreto acerca da morte, qual o conhecimento secreto acerca da vida) aquele que ele confessa, sente que possui e que, a menos que o compartilhe, não é provável que as pessoas descubram? O que o marido-assassino sabe? E o que sabe Tolstoi? Como ele sabe, por que ele sabe? *Por quem Tolstoi confessou?*

E por que foi essa confissão do marido – uma confissão que o julgamento de O. J. Simpson não pôde obter – por sua vez, censurada pelo direito? Por que houve, na época de Tolstoi, um conflito entre a confissão e o direito? O que sabe Tolstoi que só pode ser confessado *fora da lei*? E por que aquele que confessa, mesmo na ficção, na história literária de *A sonata a Kreutzer*, sentiu que sua confissão não podia ser transformada em evidência no tribunal, dentro de um julgamento? Que espécie de conhecimento guiou tanto Tolstoi quanto Pozdnyshev precisamente como excluídos do julgamento? Que espécie de confissão foi que teve de ser feita não à lei, mas *a despeito* da lei? E por que o escritor magistral trata o próprio direito também como um outro subterfúgio, uma outra representação equivocada em relação à verdade da confissão?

A confissão e o direito (entre violência e discurso)

Enquanto Simpson se dirige a Oxford, Inglaterra, para queixar-se a respeito dos preconceitos do sistema legal e a respeito das injustiças da Justiça dos Estados Unidos da América,[163] Tolstoi escreve uma confissão que declara a incompetência do direito para compreender verdadeiramente o crime ou lidar com a natureza real do caso. Mas os defeitos da lei não se tornam seu álibi. Ele fala não para esquivar-se à responsabilidade, mas para testemunhar: ele fala para *confessar-se responsável*. Enquanto Simpson sente-se realizado pelo fato de que não foi "condenado", como diz ele, "de nada",[164] e, no julgamento, nega a culpa e nega sua presença na cena do crime independentemente da evidência, Tolstoi confessa-se culpado independentemente do veredicto. Fora do julgamento, dentro da confissão, dentro da literatura, ele assume o fardo de um crime que não é literalmente o seu próprio, mas que ele, apesar disso, reconhece profundamente como seu, e pelo qual ele assume uma responsabilidade pessoal (e cultural) exemplar. A confissão não pergunta: Como pode prevalecer a lei? A confissão pergunta: *O que significa o discurso em relação a um ato de violência?* Como podemos reconhecer, como podemos expiar uma violência que está inscrita na cultura como invisível, e que não pode ser tornada visível no tribunal? Como pode o discurso *tornar visível* uma violência cuja própria natureza é cegar? Como podemos *ver* essa violência que cega? Como podemos usar o discurso para *ver* o ódio, para olhar para o nosso próprio ódio, quando a visão do ódio (e especialmente o nosso) é normalmente proibida?

A confissão deseja conferir ao discurso o mais elevado valor moral e a mais elevada responsabilidade epistemológica: a de acessar a verdade; a de olhar verdadeiramente para o que foi acessado, não importa quão insuportável ou quão incriminador; a de sacrificar álibis e de reconhecer a realidade, a qualquer preço.

O discurso do álibi fala, por outro lado, precisamente *não para saber* e especialmente *não para reconhecer*. "Na noite do assassinato, eu estava dormindo." Você entenderá que, adormecido, eu não via o que acontecia comigo. Como posso saber onde estava? Mesmo que fosse eu um sonâmbulo, não saberia. Houve um assassinato? Quem foi assassinado? Não posso ser interrogado, uma vez que não tenho respostas. Mas posso ser entrevistado – adoro ser entrevistado –, uma vez que disponho de muitíssimas réplicas. "Na noite do assassinato, eu estava jogando golfe; estava jogando comigo mesmo." O discurso do álibi fala para prosseguir jogando consigo mesmo, para manter tanto a percepção (vigília) quanto a consciência num estado de entorpecimento, para permanecer adormecido. A confissão fala para despertar.

Dentro da literatura, fora do julgamento e a despeito da lei, a confissão fala para desviar do subterfúgio. Pessoas ordinárias – como Simpson, como nós mesmos – não falam para se desviar do subterfúgio. Falamos para evitar a culpa. Falamos para evitar a dor. Usamos o discurso para nos proteger. Profundamente, falamos para ter esperança. "Os Estados Unidos branco ainda está comigo",[165] insiste Simpson com seus anfitriões britânicos. "Sou mais popular com as mulheres agora do que era antes."[166] "Nosso casamento", declararam Nicole e O. J. Simpson após a polícia ter intervido na questão da violência doméstica, "nosso casamento é tão sólido hoje como era no dia em que nos casamos",[167] Somente escritores magistrais estão preparados para dizer, como Kafka: "Há esperança, mas não para nós". Somente um Camus pode escrever: "Nosso negócio não é a esperança. Nosso negócio é desviar do subterfúgio".[168] Somente um Tolstoi pode ter, realmente, a força, a coragem, a integridade, a prontidão moral de pagar o preço dessa confissão (um preço de culpa, de crueldade, de sofrimento, de solidão, de morte; um preço jurídico: um preço de censura, de proibição legal, de exclusão da lei), para despojar a si mesmo (e a nós) de todas as ilusões emocionais, para sacrificar todos os autoenganos de modo a desmascarar mentiras a todo custo e, a todo custo, destruir – desmontar – todos os álibis sociais, emocionais, culturais. O que sabe Tolstoi para sentir-se tão compelido a dar vida a esse brutal caso jurídico e publicamente desnudar a culpa do marido? O que motiva o escritor magistral, assumindo assim a responsabilidade por um crime que ele de fato não cometeu, a chocar o mundo, amedrontar seus leitores, desafiar e importunar a incredulidade do público e a perplexidade escandalizada, provocar a proibição do censor, desafiar a ira, o ultraje da Igreja e do Estado (sem mencionar aquela mais privada de sua própria esposa); durante todo esse tempo declarando (insinuando pela teoria) que nenhum tribunal é capaz de trazer esse caso à justiça, que o direito não está equipado para compreender a natureza do crime ou tratar da natureza do caso. Poderia Tolstoi estar certo?

No século XX, o direito tenta, mas não consegue resolver ou dissolver o caso – trazer a verdade à luz ou conduzir o assassino a uma confissão. No século XIX, o direito tenta, mas não consegue silenciar a verdade da confissão. Tenta pôr na ilegalidade a publicação da confissão, mas não pode deter o caso. Mesmo censurado, o texto se difunde. O manuscrito é secretamente lido e rapidamente copiado por milhares de mãos, é reproduzido, escrito à mão por milhares e, a despeito do censor, é tornado público e imediatamente distribuído por todo o mundo, traduzido para muitas línguas. "De acordo com Strakhov, as pessoas não se cumprimentavam mais na rua dizendo 'Como vai?', mas dizendo 'Você leu *A sonata a Kreutzer*?'"[169] Um século depois, é o mesmo tipo de obsessão a impulsionar o público ansioso para a história do assassinato no caso O. J. Simpson. "Isso foi um teste Rorschach ambulante", diz Medria Williams, uma psicóloga de Los Angeles, acerca da fascinação com o julgamento de O. J. Simpson: "As pessoas reagem como se fosse a respeito de O. J., quando realmente isso diz respeito a elas mesmas".[170] Então a quem Tolstoi confessou? Por que as pessoas ficaram tão interessadas ao mesmo tempo na *confissão* e na *ausência de confissão* que marcou o julgamento do século? Por que as pessoas foram tão atraídas tanto para a ficção quanto para a realidade desse caso? A favor de quem Tolstoi confessou?

> Eu tinha sido levado ao distrito de polícia local e dali para a prisão. E ali permaneci onze meses aguardando julgamento. Durante esse tempo pensei muito sobre mim mesmo e minha vida passada, e compreendi do que tudo se tratara.

Os segredos do caso

> Comecei a compreender somente quando a vi no caixão [...] somente quando vi seu semblante morto, compreendi tudo o que fizera. Compreendi que fora eu, eu mesmo, quem a matara, que por minha causa ela, que fora viva, movente, cálida, tornara-se imóvel, cérea, fria, e que não se podia corrigi-lo jamais, em parte alguma, com nada. Quem não sofreu isso não pode compreendê-lo [...]. (Ibid., p. 104)

"Não se podia corrigi-lo jamais, em parte alguma, com nada." Pozdnyshev narra a verdade externa à corte do julgamento de O. J. Simpson? A literatura pode ser encarada precisamente como o *registro* do que permaneceu *fora dos registros jurídicos*? O que sabe Tolstoi? E, tendo lido Tolstoi, tendo assistido ao julgamento do século, o que nós, por nossa vez, sabemos?

Está claro que não podemos dizer o que sabemos – não sabemos –, se Simpson efetivamente matou ou não matou sua esposa. Sabemos *efetivamente* que, como Pozdnyshev, ele a tratava com crueldade e brutalidade. Sabemos *efetivamente*, portanto, que a natureza de seu amor era assassina. E isso ele, por sua vez, provavelmente não compreendeu e não percebeu até tornar-se demasiado tarde. Tenha ou não matado Nicole, Simpson deve ter encarado o horror avassalador de sua própria brutalidade apenas quando, como Pozdnyshev, ele repentinamente viu usa ex-esposa morta.

Sabemos efetivamente também que, enquanto Tolstoi confessa um assassinato que empiricamente não cometeu, o duplo assassino, seja quem for que pudesse ser, caminha em liberdade e não confessou um crime que ele, com toda a certeza, realmente cometeu.

* * *

Pozdnyshev foi julgado e absolvido, mas a absolvição não conseguiu redimir, reparar ou restaurar sua vida abalada. A devastação que o assassinato produziu em sua alma não cessa com a execução do crime, como tampouco suas repercussões em sua vida cessam com a resolução do julgamento. Pronunciado "inocente", libertado, ele, não obstante, mantém-se encadeado ao assassinato sanguinolento que nenhuma lavagem apagará, erradicará ou limpará de sua vida. Torna-se ele, assim, o prisioneiro assombrado da saga sanguinolenta da qual se tornou o portador e cujos segredos culposos ele tentará divulgar, mas permanecerá fundamentalmente incapaz de fazê-lo.

Seu destino doravante é permanecer um refém da história de sua violência: um veículo (voluntário ou involuntário) da transformação de seu caso em uma lenda.

Pozdnyshev quer, mas não consegue absolver a si mesmo a partir dessa tarefa Sisifiana, infindável, de se opor ao culturalmente normal ou usual. Ele se condena. A cultura o absolve. Ele não pode, ao confessar, superar completamente os tabus culturais. Mas essa é também sua punição Sisifiana – a punição testemunhal ou discursiva que assume sobre si mesmo. O prisioneiro assombrado de uma culpa que a cultura não reconhecerá, ele permanecerá para sempre o prisioneiro perpétuo de uma confissão que ele ainda (como no julgamento) sente que não pode *transmitir* totalmente (passar à compreensão do outro, *transformar na evidência* que alcança um consenso), e dessa carga ele, portanto, não pode se livrar completamente e não pode, plenamente, colocar um fim.

Uma confissão sem fim

Pozdnyshev somente consegue parar a narrativa da confissão com a interrupção externa das paradas do trem (entre terminais). O narrador deixa de confessar, uma vez que tem que descer, sair do trem. O próprio Tolstoi morrerá numa estação de trem, no meio da rota e de um itinerário de vida que não foi até agora esgotado, encerrado.

Mas Pozdnyshev não terminou completamente. Certamente repetirá novamente a história a um outro passageiro a bordo de algum outro trem, em seu caminho rumo a uma destinação final que ainda não foi – talvez não possa ser – alcançada. Nesse ínterim, na medida em que o escritor empreende uma licença (temporária) conferindo um encerramento à última sentença e repetindo (com uma diferença, com um sentido duplo) uma última palavra que sinaliza uma partida e uma conclusão ("*proschayte*, adeus"), aquele que confessa pontua sua saída do trem – e a encerrabilidade em aberto – somente com o conhecimento declarado de que sua confissão não atingiu (ou não atingirá) seu fim, que está fadada a permanecer mal compreendida: "Compreendi que fora eu, eu mesmo, quem a matara... que não se podia corrigi-lo jamais, em parte alguma, com nada. *Quem não sofreu isso não pode compreendê-lo* [...]" (Ibid., p. 104).

(Nos próprios termos de Tolstoi, Simpson poderia ser o único leitor que entenderia Tolstoi; mas, é claro, talvez por essa mesma razão, ele não o leria.) A confissão permanece, assim, a despeito de toda a publicidade que aquele que confessa perpetua e a despeito de si mesmo, seu segredo, um segredo que ele não pode comunicar. E esse segredo culposo, que o tribunal jamais compreenderá, permanece, ao mesmo tempo, o segredo do caso e do julgamento.

> No julgamento, perguntaram-me como foi e como eu a matei. Gente tola! Pensam que a matei então à faca, no dia cinco de outubro. Não foi aí que a matei, e sim muito antes. Exatamente como eles assassinam suas esposas agora, todos eles [...]. (Ibid., p. 46; tradução modificada)

Recapitulações

É pelo fato de o que "perguntaram no tribunal" não receber uma resposta simples – não poder ser respondido realmente a não ser pela *recapitulação* da história inteira desde o início; porque a faca (a arma do crime ou o significador do trauma) é impossível de se localizar ou encontrar, a não ser na história de vida como um todo, e na história do casamento como um todo – que a confissão tem de narrar de novo não apenas o assassinato, como também o fracasso do casamento do qual reitera novamente a violência, ao mostrar como essa violência velada, da qual a faca não vista foi precisamente o significador final, habitava o casamento desde o início: uma figura no tapete.

Ao tentar tornar visível essa figura no tapete, ao tentar narrar novamente a história que não podia ser contada no tribunal, a confissão, por sua vez, não pode senão *repetir* o julgamento e, mais uma vez, *reviver* (recontar) o horror do crime. Mas não é capaz de divulgar o segredo do julgamento. Não pode *localizar* o ponto de partida do trauma ou plenamente traduzir a origem do trauma em uma mensagem articulada, em evidência ou em capacidade de ver. E não pode converter a cegueira do tribunal e o desentendimento do julgamento num significado transparente ou em uma inteligibilidade completamente formulada e exaurida. A confissão, portanto, não pode findar. É um discurso e um ato de discurso que vão adiante, e que continuarão indo adiante, enquanto Pozdnyshev viver, enquanto Tolstoi viver; um desempenho discursivo – uma confissão – cuja responsabilidade assumida de renúncia a todos os álibis, cujo discernimento cultural da impossibilidade de apreensão dos traumas de gênero, e cuja carga de entendimento traumático continuarão a repercutir para sempre, para além do fim do texto de Tolstoi e para além da vida ou morte daquele que confessa – e do autor.

> Comecei a compreender somente quando a vi no caixão [...] somente quando vi seu semblante morto, compreendi tudo o que fizera. Compreendi que fora eu, eu mesmo, quem a matara, que por minha causa ela, que fora viva, movente, cálida, tornara-se imóvel, cérea, fria, e que não se podia corrigi-lo jamais, em parte alguma, com nada. Quem não sofreu isso não pode compreendê-lo [...]. (Ibid., p. 104)

Conclusão, ou justiça e misericórdia

Como Pozdnyshev, O. J. Simpson (supostamente) compartilhou a história de sua vida com o público, sob o título provocativamente confessional *I want to tell you*. Como Tolstoi, publicou essa história de vida como um livro e realizou uma célebre publicação de uma famosa autobiografia. Diferentemente de Pozdnyshev, O. J. Simpson afirmou sua inocência, e que não teria nenhuma história de assassinato para confessar. Diferentemente de Tolstoi, optou (no seu direito como réu de processo criminal) por *não testemunhar*.[171]

É, entretanto, para um tipo diferente de tribunal e para um tipo diferente de justiça que Tolstoi testemunhou, e deixou uma confissão que talvez haja confessado por muitos outros e que fala, talvez, por todos nós: uma confissão que pode muito bem incluir, nos termos de Camus, "um retrato de ninguém e de todos";[172] uma confissão que (não por coincidência) nenhum censor poderia deter e que, no entanto, nenhum julgamento poderia conter; uma confissão que nenhum argumento jurídico poderia resumir, que nenhum tribunal poderia traduzir para uma linguagem jurídica coerente, que nenhum júri poderia ouvir e, não obstante, que nenhuma proibição legal poderia reduzir ao silêncio; uma confissão que falou, e ainda fala, fora do julgamento e a despeito da lei para desviar do subterfúgio; uma confissão que, de fato, jamais findou e ainda não finda, mas recomeça o julgamento sem fim; uma confissão que continua interminavelmente para dentro da noite de nossa cultura, de nossa história.

> "Bem, *prostite*, perdoe-me..."
> Virou-se para o outro lado...aproximei-me dele para me despedir...
> "*Proschayte*, adeus," disse eu, dando-lhe a mão...
> "Sim, *prostite*, desculpe...," repetiu ele a palavra com a qual havia concluído o relato. (Ibid., p. 105)

"Caindo o anoitecer no dia do julgamento", escreveu Francis X. Clines, "a multidão nacional de jurados-*voyeurs* descobria que a justiça pode ser moderada com misericórdia, pois parecia, finalmente, como se o fim do espetáculo O. J. estivesse à vista."

> Era de esperar por tal misericórdia quando a *minivan* [na qual O. J. Simpson foi libertado da prisão após a absolvição] devolveu o astro de rúgbi sem nada a dever, ao seu lar, e *arrastou uma velha imagem de volta*, por meio da fuga mnemônica nacional. Em *recapitulação* fugaz do calvário de seu Ford Bronco de cor branca, a van acelerando ao longo das vias expressas de L. A., foi *uma tentativa de encerrar um ciclo de história tão inarticulada* quanto poderia ter sido roteirizado na indústria do cinema, para lá das colinas da Califórnia.[173]

Histórias como a do julgamento de O. J. Simpson, ou a história do assassinato da esposa em *A sonata a Kreutzer*, não terminam. O seu não terminar é, talvez, de algum modo, parte de sua justiça poética. Elas sobrevivem como narrativas da vida e da morte de seus narradores e das condenações ou absolvições de seus perpetradores.

* * *

As questões que a confissão de Tolstoi propõem à nossa cultura sobreviveram a Tolstoi, como sobreviverão ao assassino de Nicole Brown-Simpson e de Ronald Goldman. A significação da confissão sobreviverá às repercussões das histórias conhecidas e desconhecidas do duplo assassinato e de sua transformação na espetacular versão jurídica do julgamento do século. "O veredicto expôs uma cisão instalada por gerações [...] As pessoas reagem como fosse a respeito de O. J., quando realmente isso diz respeito a elas mesmas."[174] "As pessoas não se cumprimentavam mais na rua dizendo 'Como vai?', mas dizendo 'Você leu *A sonata a Kreutzer*?'"

* * *

"A definição de um escritor", diz Kafka, "de tal escritor, e a explicação de sua eficiência, na medida em que possua alguma:

Ele é o bode expiatório da humanidade. Possibilita aos seres humanos gozarem do pecado sem culpa, *quase sem culpa*."[175]

Você leu *A sonata a Kreutzer*?

* * *

Numa situação em que a justiça é impossível, em uma cultura que não perdoa, uma história literária submete o século a julgamento e suplica por uma misericórdia que ele não pode receber.

Olhei para as crianças, para o seu rosto machucado, entumecido, e pela primeira vez esqueci-me de mim, dos meus direitos, do meu orgulho, pela primeira vez vi nela um ser humano. E pareceu-me tão insignificante tudo o que me ofendia, todo o meu ciúme, e tão significativo o que eu fizera, que eu quis encostar o rosto à sua mão e dizer: "Perdão!" – mas não ousei. (Ibid., p. 103)
"Bem, *prostite*, perdoe-me..."
Virou-se para o outro lado... aproximei-me dele para me despedir...
"*Proschayte*, adeus", disse eu, dando-lhe a mão...
"Sim, *prostite*, desculpe...", repetiu ele a palavra com a qual havia concluído o relato" (Ibid., p. 105)

Notas de 98 a 175

98. Quanto aos recentes panoramas e discussões gerais no campo do direito e da literatura, ver (em ordem cronológica): THOMAS, 1991, p. 510-37; DUNLOP, 1991, p. 63-110; WEISBERG, 1992; FISCHER, 1993, p. 135-60; WEISBERG, 1993, p. 285-303; MINDA, 1995, p. 149-66; WARD, 1995; WARD, 1996; e ZIOLKOWSKI, 1997.
Para problematizações do campo, ver: POSNER, 1988; RORTY, 1989; e FISH, 1989.
Para estudos temáticos e para interpretações retóricas e filosóficas de representações da lei em trabalhos de arte, ver, entre outros: COVER, 1975, p. 1-7; JOHNSON apud JOHNSON, 1980; WEISBERG, 1984; e FELMAN, 1991, p. 197-242.
Para "hermenêutica" jurídica e para interpretações retóricas de opiniões jurídicas, estatutos, textos jurídicos, ver, entre outros: WHITE, 1973; LEVINSON, 1982, p. 373-403; FISS, 1982, p. 739-63; WHITE, 1985; DWORKIN apud DWORKIN, 1985; BALKIN, 1987, p. 743-86; LEUBSDORF, 1987, p. 181-201; LEVINSON; MAILLOUX, 1988; FERGUSON, 1990, p. 201-19; WHITE, 1990; BUTLER, 1990; WEISBERG, 1991; JOHNSON apud JOHNSON, 1994; BUTLER, 1997; e JOHNSON, 1998, p. 549-74.
Para interpretações da arte da narração e para discussões gerais sobre a relação entre direito e narrativa, ver, entre outros: ELKINS, 1985, p. 123-56; BELL, 1987; MATSUDA, 1987, p. 323-99; ELKINS, 1988, p. 577-98; DELGADO, 1989, p. 2.411-41; ABRAMS, 1991, p. 971-1.052; PAPKE, 1991; WILLIAMS, 1991; WEST, 1993; FARBER; SHERRY, 1993, p. 807-55; SHERWIN, 1994, p. 39-83; MINOW; RYAN; SARAT, 1995; DELGADO, 1995; CRENSHAW et al., 1995; BROOKS; GEWIRTZ, 1996; e SARAT, 1996, p. 353-81.
Para a relação entre lei e poesia, ver: JOHNSON apud JOHNSON, 1987; GREY, 1991; e JOHNSON, 1998, p. 549-74.

99. Usarei "direito na literatura" para analisar não apenas o direito como literatura, mas também literatura como jurisprudência. A análise que segue não "cruza a fronteira" simplesmente das disciplinas; ela move essas fronteiras, ela desafia a definição epistemológica e jurídica de ambas as disciplinas. Eu não assumo que autoridade (verdade, conhecimento, fatos, realidade) é uma prerrogativa do direito. Eu não assumo que literatura, embora desautorizada, não aja no mundo real e não tenha poder.

100. Indiciado pelo Estado da Califórnia em 12 de junho de 1994, pelo assassinato a facadas de sua ex-esposa, Nicole Brown-Simpson, e seu companheiro Ronald Goldman, O. J. Simpson foi absolvido por unanimidade em outubro de 1995. O sensacional e totalmente televisionado caso criminal ficou conhecido como "o julgamento do século" porque manteve telespectadores (nos Estados Unidos e do outro lado do Atlântico) diariamente enfeitiçados por mais de um ano, uma vez que o "time dos sonhos" de Simpson, formado por advogados de alto custo, refutou o que os promotores pensavam que fosse "uma montanha de evidências". As famílias das duas vítimas, achando que Simpson tivesse "se safado de um assassinato", moveram contra ele uma ação civil por homicídio culposo, que terminou em janeiro de 1997 com um júri considerando que o ex-jogador de futebol americano e ator era responsável pelas mortes e condenado a 33,5 milhões de dólares em indenizações às famílias das vítimas. Em maio de 1997, os advogados de Simpson entraram com recurso para um novo julgamento, esperando reverter o veredicto do júri civil. (Isso foi depois que os advogados de Simpson perderam em primeira instância, quando o juiz no julgamento civil recusou-se a manter a decisão do júri e a reduzir a indenização de 33,5 milhões de dólares). Em janeiro de 2001 um Tribunal de Apelação da Califórnia suspendeu a decisão do júri civil de que Simpson era responsável pelas duas mortes. A comissão formada por três juízes no Segundo Tribunal de Apelação da Califórnia disse: "De fato, o júri entendeu que Simpson cometeu dois assassinatos deliberados e cruéis. Essa é a conduta mais repreensível que a sociedade condena e é normalmente punida pela legislação criminal da Califórnia com uma sentença de morte ou prisão perpétua sem a possibilidade de liberdade condicional". Em seu parecer unânime de sessenta e sete páginas, o juiz do Tribunal de Apelação disse: "O dano sofrido pelas vítimas foi o maior possível; eles foram intencionalmente assassinados". Eles rejeitaram a argumentação de Simpson de que as indenizações eram excessivas. Simpson, que venceu a batalha judicial contra a família Brown pela custódia de seus dois filhos com Nicole, tinha se mudado da Califórnia para a Flórida, onde ele vive com as duas crianças.

101. O veredicto unânime do julgamento criminal ("inocente", em outubro de 1995) não encerrou o caso, porque ocasionou o julgamento civil. Mas a conclusão seguinte do julgamento civil por um veredicto unânime de responsabilidade (janeiro de 1997), por sua vez, não levou o caso ao fim: a defesa imediatamente entrou com recurso para um novo julgamento. Mais profundamente, o veredicto civil não encerrou o caso porque não poderia anular sua contradição com a absolvição criminal, cujo impacto histórico não pode ser desfeito e cujo resultado é, então, irreversível, não só legalmente, como também epistemologicamente. A sociedade agora sabe que não pode produzir, na culpa de Simpson, uma justiça *indivisa* (uma verdade jurídica não sujeita a uma crise jurídica sistemática – e sistêmica).

102. Tal ferramenta analítica não é limitada a casos de assassinato ou à legislação criminal. De modo mais abrangente, ela constrói uma abordagem psicanalítica da jurisprudência (e uma literária/filosófica psicanaliticamente informada).

103. O julgamento de O. J. Simpson não foi o único a ser chamado de julgamento do século. "Uma quantidade de célebres eventos de tribunal no século XX receberam, cada um a sua vez, a alcunha de julgamento do século", escreve Marjorie B. Garber (1998, p. 107) (que analisa o julgamento de Scopes e o julgamento de Rosenberg). Gerald F. Uelman (1996, p. 204) sarcasticamente nota que sua pesquisa "descobriu pelo menos trinta e dois julgamentos desde 1900 que foram chamados "o julgamento do século"". Eu sugeriria, contudo, que a redundância do título não abala a precisão de seu expressivo significado histórico. Ao referir-se a um julgamento como o julgamento do século, a mídia dá nome a uma percepção pública visceral de que o julgamento é um espelho de algo maior que si mesmo, e que o drama da sala do tribunal marca os caminhos nos quais uma crise cultural mais abrangente chegou a um limite. Essa percepção é fundamentalmente correta. O julgamento criminal de O. J. Simpson é todavia excepcional, conforme percebeu Erwin Chemerinsky, porque "recebeu mais atenção da mídia que qualquer outro procedimento jurídico na história dos Estados Unidos ou mesmo mundial" (CHEMERINSKY, 1997, p. 311-31). Dentre outros julgamentos que foram chamados "o julgamento do século" estão inclusos o julgamento, em 1921, dos anarquistas, italianos de nascença, Nicola Sacco e

Bartolomeo Vanzetti; em 1925, o julgamento de Scopes ("Macaco"); em 1945-1946, o Tribunal de Crimes de Guerra de Nuremberg; e em 1951, o julgamento por traição (espionagem) de Julius e Ethel Rosenberg. É interessante notar que, além dos maiores crimes políticos e internacionais, muitos desses julgamentos notórios do século (XX) lidam com atrocidades no âmbito privado e, em particular, com assassinatos e abusos de mulheres e crianças: em 1924, o julgamento de Nathan Leopold e Richard Loeb pelo assassinato de um garoto de catorze anos; em 1932, o julgamento de Bruno Richard Hauptmann pelo sequestro e assassinato do bebê de Charles Lindbergh; e, em 1954, o julgamento de Sam Sheppard, um proeminente médico, por espancar até a morte sua esposa, Marilyn (de trinta e um anos e grávida de quatro meses). O caso criminal de O. J. Simpson é o último "julgamento do século". Em 1906, o primeiro julgamento do século evoca um cenário criminal similar envolvendo um triângulo, no qual Harry K. Thaw, o marido (milionário) ciumento e enlouquecido de Evelyn Nesbit, uma corista, é processado pelo assassinato do amante de sua esposa, o famoso arquiteto Stanford White (morto enquanto jantava no alto do Madison Square Garden, que o próprio White planejou). É interessante notar que, mesmo em um simpósio sobre lei internacional e sua "conceitualização" jurídica da violência contemporânea ("crimes contra a humanidade"), Michael Scharf (em uma discussão sobre o caso Tadic) associa de forma bem natural (a propósito) o caso O. J. Simpson, que ele menciona na mesma categoria que "outros renomados julgamentos" (para diferenciá-los do julgamento de Tadic): "o julgamento de Ethel e Julius Rosenberg por traição, o julgamento de Chicago Seven, os julgamentos de Watergate, o caso Rodney King e o julgamento de O. J. Simpson" (SCHARF, 1997, p. 863).

104. MORROW, 1995, p. 28.

105. SHRIBMAN, 1995, p. A32.

106. Para não falar de um juiz presidente que não é nem negro, nem branco. Ver também: LEE, 1995, p. 167-207.

107. CROUCH, 1995, p. M1.

108. A teoria do trauma, eu argumento, pode se tornar uma poderosa ferramenta para a análise do direito, da mesma forma que se torna uma ponderosa ferramenta para a análise da literatura. Ver Introdução, notas 1, 2 e 3. Para exemplos da aplicação da teoria do trauma para a análise literária, ver os notáveis estudos filosóficos e literários em Cathy Caruth (1996). Ver também: HARTMAN, 1995, p. 537; BLANCHOT, 1986; BATAILLE et al. apud CARUTH, 1995; DERRIDA, 1995; LYOTARD, 1991, p. 92; LYOTARD, 1988b, p. 26; HOLQUIST, 1995, p. 6-12; KEENAN, 1997; PEPPER, 1997; HARTMAN, 1994; SCARRY, 1985; ROSE, 1995; TANNER, 1994; ROSE, 1993; FELMAN; LAUB, 1992; van ALPHEN, 1997; e LAUB; PODEL; 1995.

Trabalhos relacionados envolvendo trauma na filosofia e na conjunção entre filosofia, psicanálise e teoria literária (entre outros): LEVINAS, 1982; LEVINAS, 1984; LEVINAS, 1989, p. 485; LEVINAS, 1992, p. 66; CERTEAU, 1986; CERTEAU, 1988; LEVINAS, 1990, p. 62; LEVINAS, 1969; DERRIDA, 1997; DERRIDA, 1996; DERRIDA, 1993; DERRIDA, 1988; DERRIDA, 1986; DERRIDA, 1978; JANKÉLÉVITCH, 1986; LYOTARD, 1993a, p. 237; LYOTARD, 1988a; LYOTARD, 1990; LYOTARD, 1979; LYOTARD, 1993b; VIDAL-NAQUET, 1987; ROSE, 1996; JOHNSON, 1987; JOHNSON, 1980; JOHNSON, 1979; LEVINE, 1994; MAN, 1979; MAN, 1984; MAN, 1983; MAN, 1986; CARUTH; ESCH, 1995; ŽIŽEK, 1991; LUKACHER, 1986; CARUTH, 1991; MILLER, 1985; BALDWIN, 1985; SMITH, 1993; e SMITH, 1994.

109. Quanto aos escritores que se esforçam contra essa fragmentação de nossos campos de visão jurídicos e que trabalham para contrapor-se às sombras de invisibilidade e cegueira judicial lançadas pelo trauma de raça e pelo trauma de gênero em cada um, ver, entre outros: HARRIS, 1990, p. 581-616; e CRENSHAW, 1991, p. 1.241-99. Ver também: HARRIS, 1996, p. 225-53. (Harris examina como os julgamentos de O. J. Simpson e de Susan Smith reescrevem ideologias preponderantes de raça e gênero.)

110. FREUD, 1967.

111. Compare, por exemplo, a forma como o julgamento criminal de Emile Zola, na França, (em 1898, seguindo a publicação de seu panfleto J'accuse – procedimento criminal instituído como resposta do governo francês ao julgamento, em formato impresso, nesse panfleto, do exército e do estado) reabriu o caso encerrado de Dreyfus (isto é, reabriu o primeiro julgamento e condenação de Dreyfus, em 1894, e o segundo julgamento e absolvição de Esterhazy, em 1898, para uma audição adicional e para uma redeliberação e um reexame da evidência), e veio a permitir um novo julgamento e uma reabilitação de Dreyfus (1906). De

modo semelhante, eu olharia o julgamento de Eichmann em Israel (1961) não apenas como uma simples repetição ou continuação dos tribunais de Nuremberg (1945-1946), e sim mais especificamente como uma repetição traumática do (trauma jurídico do) julgamento de Kastner em Israel (1956). (Para uma história intelectual do caso Dreyfus, ver BREDIN, 1986. Para uma história intelectual dos casos de Eichmann e de Kastner, ver LAHAV, 1997, p. 121-62. Nessa série de repetições históricas (ou de dualidades históricas), meu ponto é enfatizar e explorar algo que é juridicamente específico, ou que é específico à estrutura jurídica. Uma vez que a função social das instituições jurídicas é resolver disputas, e não abri-las, o sistema jurídico não pode, em princípio, aceitar a reabertura de um caso (de modo distinto de reconsideração de um precedente) a não ser na forma de um escândalo ou um choque. Um caso, portanto, requer outro julgamento para repetir a si mesmo a fim de reverter seu veredicto ou mudar a compreensão ou a leitura de sua evidência. A revisão judicial deve ser realizada por meio de outro julgamento. Eu acredito que tal perspectiva analítica sobre dualidades históricas e sobre repetição jurídica traumática pode ser elucidativa para uma compreensão de alguns momentos críticos e estratégicos na história dos julgamentos.

112. A relação entre direito e política vem sendo discutida em uma variedade de contextos. Ao longo das décadas recentes deste século, por exemplo, realistas jurídicos desafiaram radicalmente a distinção absoluta entre política e direito. O ataque dos realistas jurídicos à autonomia (e pseudoneutralidade) do direito consequentemente criam os fundamentos para muitos movimentos contemporâneos, incluindo os movimentos de direito e sociedade, direito e economia, estudos críticos jurídicos, feminismo jurídico e teoria crítica da raça. O contradesafio de Jaspers, seu ceticismo europeu e sua questão filosófica são, no entanto, não a respeito da natureza política (não autônoma) do direito, mas sobre a capacidade do direito (de conceitos jurídicos) de articular com precisão (esgotar, definir verdadeiramente) o político.

113. De Jaspers para Arendt, 16 de dezembro de 1960 (ver KOHLER; SANER, 1992, p. 413, daqui em diante abreviado por *AJ Corr.*).

114. De Arendt para Jaspers, 23 de dezembro de 1960, *AJ Corr.*, p. 417.

115. Significaria essa coincidência entre os casos, então, que Tolstoi é nosso contemporâneo (implicitamente à frente de seu próprio tempo)? Ou poderia mais provavelmente significar que nós mesmos, em alguns importantes assuntos, somos ainda bastante retrógrados, que nós ainda não saímos verdadeiramente do século XIX?

116. Citado em TROYAT, 1987, p. 660.

117. Citado em MAGARSHACK apud TOLSTOI, 1960, p. 301.

118. TROYAT, 1987, p. 664.

119. Citado em MCDUFF apud TOLSTOI, 1985, p. 16.

120. Para interpretações do texto de Tolstoi, ver, entre outros. JACKSON, 1993, p. 208-27; GREEN apud KATZ, 1991; e BAEHR apud KATZ, 1991, p. 448-55; todas essas leituras de Tolstoi são "ortodoxas" e da linha dominante. Para a leitura de um herético, ver o provocantemente perspicaz capítulo sobre Tolstoi em DWORKIN, 1987, p. 3-20.

121. A natureza universalizante, amedrontante e generalizante dessa proposição, eu argumentaria (e não a simples lascívia do público em relação à vida privada de Tolstoi e sobre o que poderia ser, presumidamente, sua própria confissão singular), que justifica o escândalo, o fervor e a controvérsia causada por *A sonata a Kreutzer* (pelo ousado tratamento literário para o caso jurídico). Não é, em outras palavras, a singularidade ou a natureza excepcional do caso do assassinato da esposa, mas, pelo contrário, sua validade geral e não excepcional que Tolstoi precisamente enfatiza em seu julgamento do século: a relação geral e não excepcional (ainda que geralmente invisível) entre casamento e abuso (casamento e violência) que o caso meramente revela ao trazê-la a extremos concretamente visíveis. Essa ênfase perturbadora é central para minha leitura, e de qualquer modo constitutiva de minha própria compreensão da história; ela justifica a audácia escandalosa do texto e, em particular seu provocativo e paradoxal "didatismo", isto é, sua lição coletiva.

FORMAS DE CEGUEIRA JUDICIAL, OU A EVIDÊNCIA DO QUE NÃO PODE SER VISTO | 141

122. *A sonata a Kreutzer* (TOLSTOI, 2007). A menos que estejam indicados de outra forma, os números de página entre parênteses referem-se a essa edição. Em todos os textos citados, a ênfase é da autora, a não ser que indicado de outra forma. Para a edição referenciada pela autora no original, ver TOLSTOI, 1985. (N.T.)

123. A respeito do vício em sexo como um sintoma clínico de trauma definido por "uma vida de autodestruição", ver CARNES, 1991.

124. Comparar a afirmação de Simpson a uma entrevistadora: "Digamos que eu tenha cometido esse crime...; mesmo que eu tivesse feito isso, tinha que ter sido porque eu a amava muito" (FARBER, 1998, p. 120).

125. Esse último parágrafo está reproduzido não na versão em inglês da Penguin, mas na tradução de Henri Troyat; ver TROYAT, 1987, p. 667.

126. DUNNE, 1994, p. 36.

127. "Se não houvesse o pretexto do ciúme, haveria outro" (Ibid., p. 67).

128. A justiça, como bem se sabe, é costumeiramente representada como uma deusa vendada (ver o afresco de Rafael, *Justiça*). Nessa imagem concreta, a cegueira evidentemente significa imparcialidade. A metáfora da cegueira da justiça tem sido ressaltada pelo vocabulário do liberalismo jurídico: presume-se frequentemente que uma Constituição imparcial seja cega à cor bem como cega ao gênero.

129. Ver como uma metáfora do julgamento possui uma história bastante concreta pensando-se no corpo de jurados. Durante anos, tribunais federais e estaduais aprovaram leis para qualificação de jurados que impediam "indivíduos portadores de características imutáveis como a cegueira, a surdez e a paralisia" de servirem como jurados. Em 1993, o Supremo Tribunal do Distrito de Columbia declarou as exclusões categóricas como uma violação da *Rehabilitation Act*, da *Americans with Disabilities Act*, e da *Civil Rights Act* de 1871 (*Galloway v. Superior Court of the District of Columbia*, 816 F. Supp. 12 [D.D.C. 1993]). Ver WEIS, 1997, p. 18. O tribunal admitiu, entretanto, a exclusão em casos particulares, isto é, casos "*em que há muita evidência visual e física ou se o direito a um julgamento justo é ameaçado*" (destaques meus). Ver, em caráter semelhante, BROOKES, 1993, p. 871. De qualquer modo, nada protege uma vítima de agressão da possibilidade da cegueira *cultural* (ou da prescrição não escrita de não ver).

130. Comparar com o argumento de Charles Nesson segundo o qual as regras comprobatórias e as regras que regem a conduta de juízes e júris ajudam o sistema legal a projetar regras jurídicas substantivas e mensagens comportamentais ao facilitar a aceitação pública dos veredictos como declarações sobre acontecimentos (ao contrário de sobre a evidência apresentada no julgamento): NESSON, 1985, p. 1.357-92.

131. Comparar MINOW, 1990, p. 1.393; e BUTLER, 1997, p. 127-63.

132. Considero uma pura coincidência que Louis Althusser, o famoso e brilhante filósofo francês que combinou marxismo com psicanálise lacaniana e que se tornou uma autoridade em ideologia, ética e filosofia política também haja acabado por assassinar sua esposa, num dos mais notórios crimes franceses do século (1980). Declarado "inapto para a defesa", Althusser foi poupado de um julgamento. Todavia, ele sentiu posteriormente que "a ausência de um julgamento" o privou da possibilidade de um debate público que ele teria desejado. Eis a razão de ele mais tarde escrever uma confissão, uma "autobiografia" que foi publicada após sua morte com o título *The future lasts forever*. "O fato é que estrangulei minha esposa, que significava tudo para mim, durante um estado intenso e imprevisível de confusão mental, em novembro de 1980", escreveu Althusser ao ser liberado de seu primeiro período de aprisionamento sucessivamente ao assassinato. "No caso de alguém considerado responsável, um processo direto é instaurado... A pessoa é conduzida perante um tribunal e há um debate em público. Por outro lado, se alguém é considerado como não sendo responsável em *termos jurídico-legais*, a ele é negado todo o processo de uma apresentação pública, de confronto ante o tribunal... Se o assassino é absolvido após um julgamento público, pode voltar para casa com a cabeça erguida (ao menos em princípio, visto que o público pode estar indignado com sua absolvição e manifesta seus sentimentos...) [...] Quero libertar-me do assassinato e, sobretudo, dos dúbios efeitos de haver sido declarado inapto para a defesa, o que não pude legalmente contestar... Mas também posso ajudar outras pessoas a refletirem num caso concreto. Ninguém antes de mim fez uma

tal confissão crítica [...] Vivi uma experiência de uma natureza extremamente aguda e horrenda, que não posso compreender plenamente, porquanto suscita muitas questões jurídicas, penais, médicas, analíticas, institucionais e, intimamente, ideológicas e sociais... Quando falo dessa experiência dura de lidar, não me refiro apenas ao período de aprisionamento, mas à minha vida desde então, e serei condenado ao que claramente vejo pelo resto de minha vida se não intervir *pessoal e publicamente* no oferecimento de meu próprio testemunho". ALTHUSSER, 1992, p. 3; 18-29; itálicos de Althusser.

133. ALTHUSSER, 1968, p. 26-8 (itálicos do autor). Comparar com a análise de Judith Butler do modo pelo qual os jurados de Simi Valley não conseguiram ver o espancamento de Rodney King: "Isso não é um simples 'ver', um ato de percepção direta, mas a produção racial do visível, as operações dos constrangimentos raciais sobre o que significa 'ver'" BUTLER apud GOODING-WILLIAMS 1993, p. 15-22.

134. Ver CARUTH, 1995. Ver também CARUTH, 1996.

135. Andrea Dworkin, escrevendo no *Los Angeles Times*, cita um outro caso assombroso referente à recalcitrante invisibilidade do espancamento (um caso, entretanto, cuja invisibilidade política parece relacionar-se ao gênero, e não à raça): "No mesmo dia em que a polícia que espancou Rodney King era absolvida em Simi Valley, um marido branco que estuprara, espancara e torturara sua esposa, também branca, era absolvido relativamente a estupro conjugal na Carolina do Sul. Ele a conservara amarrada a uma cama por horas, sua boca amordaçada com fita adesiva. Filmou meia hora da provação dela e nesse período cortou-lhe os seios com uma faca. O júri, que viu o videoteipe, tinha em sua composição oito mulheres. Indagadas sobre o porque da absolvição, declararam que ele precisava de ajuda. *Elas fingiram não ver a vítima*. (DWORKIN, 1995, p. M6; itálicos meus)

136. "A lei inglesa de espancamento legalizado de esposa foi transplantada para a América por meio da referência de Blackstone à doutrina do castigo moderado. 'Pois, como [o marido] tem que responder pela má conduta dela, a lei considerou razoável confiar a ele esse poder de reprimi-la por meio de castigo doméstico, com a mesma moderação que é permitida a um homem na correção de seus alunos ou filhos'" (BLACKSTONE apud ANGEL, 1997, p. 792).
"Durante o século XIX, uma era de agitação feminista a favor da reforma da lei referente ao casamento," escreve Reva Siegel, "autoridades na Inglaterra e nos Estados Unidos declararam que um marido não tinha mais o direito de castigar sua esposa. Entretanto, por um século depois dos tribunais repudiarem o direito de castigo, o sistema legal norte-americano continuou a tratar o espancamento de esposas diferentemente de outros casos de ataque e agressão. Embora as autoridades houvessem negado o direito por parte do marido de espancar a esposa, intervieram apenas intermitentemente nos casos de violência marital: a homens que atacaram suas esposas foram frequentemente concedidas imunidades formais e informais em relação a serem processados, com o fim de proteger a privacidade da família e promover 'a harmonia doméstica'". (SIEGEL, 1996, p. 1.117-2.207). Foi o movimento feminista da década de 1970 que iniciou um processo de luta contra tais práticas sociais indevidas, ao promover tanto mudanças conceituais quanto jurídicas de percepção (ver, por exemplo, MacKINNON, 1989). Mas como o senador Joseph Biden, autor da Lei da Violência contra as Mulheres, reconhece num discurso ao Senado, "esse princípio de *common law* deixou um *legado de cegueira legal* relativamente à violência contra as mulheres" (BIDEN, 1993, p. 56; destaques meus).
Ver também GORDON, 1988; SEWELL, 1989, p. 983-1.017; e FINEMAN; MYKITIUK, 1994.

137. As estimativas são de que "nos Estados Unidos, uma mulher torna-se vítima do abuso doméstico nas mãos de seu marido ou namorado uma vez a cada nove segundos"; também foi estimado que "mais da metade das mulheres assassinadas na América são mortas por seus parceiros masculinos" (ver LEBOWITZ, 1996, p. 259). As estimativas são também de que a violência doméstica é o crime menos relatado na América, com apenas uma em dez vítimas fazendo queixa (*Chattanooga Free Press*, 30 de setembro de 1997, p. C2). Catharine MacKinnon observa que "violação sexual é uma prática sexual". Acrescenta que "porque a desigualdade dos sexos é socialmente definida como o gozo da própria sexualidade, a desigualdade do gênero parece consensual". "Mulheres são sistematicamente espancadas em nossos lares por homens com os quais estamos achegados. Estima-se que entre um quarto e um terço de mulheres casadas experimentam séria violência em seus lares – alguns estudos chegam a um percentual tão elevado quanto 70%. Quatro entre cinco mulheres assassinadas são mortas por homens; entre um terço e metade é casada com seus assassinos. Se acrescentamos os namorados e ex-esposos, os números elevam-se." (MacKINNON, 1987a, p. 6-7; 24)

FORMAS DE CEGUEIRA JUDICIAL, OU A EVIDÊNCIA DO QUE NÃO PODE SER VISTO | 143

138. O direito assume, assim, indiretamente e sem o saber (implicitamente), as tarefas tradicionais da historiografia. A historiografia, contudo, é inerentemente um esforço cognitivo ou constatativo, ao passo que o direito é e permanece inerentemente performativo: ele inadvertidamente compete com a historiografia (ou duplica suas funções organizadoras ou interpretativas) somente por meio da diferença radical de seu esforço performativo, em sua essência como performatividade.

139. O direito relaciona-se com o trauma por meio da função social do julgamento como um remédio estrutural (procedimental e institucional) para o trauma. Num sentido diferente, filosoficamente mais amplo, Walter Benjamin (ver capítulo 1) inaugurou (na esteira de Marx, mas com um tipo distinto de compreensão e ênfase) uma tradição inovadora de historiografia, cuja meta é articular o passado historicamente (sempre contra a versão da "história" oficial ou estabelecida), não da perspectiva dos "vencedores", mas da perspectiva da "tradição dos oprimidos", no que Benjamin ressalta precisamente a centralidade da experiência do trauma. "Articular historicamente o passado", escreve Benjamin, "não significa conhecê-lo 'tal como ele de fato foi'. Significa apropriar-se de uma recordação, como ela relampeja no momento de um perigo [...] A tradição dos oprimidos nos ensina que o 'estado de exceção' em que vivemos é a regra. Precisamos construir um conceito de história que corresponda a esse ensinamento. Perceberemos, assim, que nossa tarefa é originar um verdadeiro estado de exceção [...] Onde *nós* vemos uma cadeia de acontecimentos, *ele* [o anjo da história] vê uma catástrofe única, que acumula incansavelmente ruína sobre ruína e as arremessa a seus pés" ("Teses", p. 255-7).

140. "O esquecido recorda-se nos atos", diz Jacques Lacan ("L'oublié se rappelle dans les actes"). LACAN apud LACAN 1966, p. 262 (tradução minha).

141. Cf. NORA apud NORA, 1984. Uma versão inglesa de excertos dessa introdução foi também publicada, ver NORA, 1989.

142. Ver FREUD, 1967, p. 64 (parte II, cap. 7).

143. O que absolveu Simpson é, assim, a história: um padrão histórico repetitivo de abuso de afro-americanos por agentes da lei. Aqueles que votaram ou que teriam votado a favor da absolvição (e estes não se limitam aos negros) quiseram exonerar o trauma negro para reivindicar, justificar e autorizar o desamparo histórico de afro-americanos perante a lei. Trata-se de toda a história do trauma que pesou sobre a decisão. O que absolveu Simpson é a maneira pela qual seu confronto com a lei permitiu-lhe (independentemente de sua culpa ou inocência) desempenhar um papel inadvertido, que ele não procurou e que, realmente, não desejava: o de um guardião físico – um protetor no seu próprio corpo – da memória coletiva negra. Esse papel mítico, legal e simbólico principia, sem que se perceba, quanto Simpson opta por tentar ganhar a liberdade mediante uma fuga física ou por uma corrida diante da lei. A dramática perseguição televisionada – o roteiro mudo da perseguição à baixa velocidade e a rendição final de Simpson e o retorno como propriedade do Estado – produz ou reproduz na memória coletiva simultaneamente o recente drama da perseguição à alta velocidade de Rodney King (ironicamente perseguido por excesso de velocidade), e uma cena primitiva mais antiga de escravos fugitivos perseguidos de modo a serem devolvidos aos seus devidos proprietários *legais*. Não só no caso do gênero, portanto, mas também no caso de raça, a traumática história judicial do século XX não saiu inteiramente de uma história traumática do século XIX (Dred Scott, 1857).

Em sua postura corporificada como um fugitivo capturado, e na necessidade de ser ou se tornar agora *um sobrevivente da lei* (ou do sistema legal), Simpson simbolicamente recupera um passado cultural coletivo que ele estivera tentando esquecer e negar, e uma história compartilhada da qual estivera tentando, por toda sua vida, fugir. Fugindo e correndo da lei, ele corre de volta ao passado. No próprio corpo de Simpson (e na sua presença corpórea no tribunal), a negrura retorna historicamente como memória apagada (esquecida); *retorna*, portanto, *como inconsciente ou reprimida*: reprimida, apagada pela própria assimilação de Simpson. Isso (ao menos em parte) explica a explosão emocional por ocasião do veredicto. A intensidade da identificação triunfante da comunidade negra com a *sobrevivência* de Simpson à lei proveio precisamente da força desse *retorno* histórico dos oprimidos, muito especialmente dotado de força por fazer retornar simbolicamente uma memória coletiva *apagada* e traumática.

Dessa perspectiva, o drama jurídico do século tornou-se uma narrativa jurídica da sobrevivência negra, e da sobrevivência e ressurreição da memória negra. (Ironicamente, essa narrativa de recordação condenou ao esquecimento a história do assassinato).

144. Cf. TOLSTOI, 2007, p. 66-7: "Sim, ele era um músico, um violinista... Com seus olhos de amêndoa, úmidos, lábios vermelhos, sorridentes, bigodinho com fixador, penteado da última moda, um rosto bonitinho e vulgar, era o que as mulheres chamavam de um cara boa pinta... tinha compleição frágil... possuía um traseiro particularmente desenvolvido... parecendo de mulher. Pois bem, ele e sua música é que foram a causa real de tudo. No julgamento, o caso foi apresentado como se tudo tivesse acontecido por causa do ciúme. Não houve nada disso, isto é, não que não houvesse, mas não foi exatamente assim".

145. Como a cena do crime no caso O. J. Simpson, a cena de *A sonata a Kreutzer* (a confissão) ocorre numa obscuridade literal esboçada somente por sombras e por penumbras. (Ver JACKSON, 1993, p. 208-27). É noite, escuro, tanto fora quanto dentro do trem; a história é circundada (regida) por uma escuridão, na qual (metafórica e literalmente) nada é completamente ou simplesmente legível: "Estava escuro para ler, e por isso, fechei os olhos e fingi que pretendia dormir", diz o narrador (Ibid., p. 20). Pozdnyshev confessa nessa escuridão total, que o protege; sua voz é ouvida, mas seu rosto, simbólica e literalmente jamais é claramente visto. Como O. J. Simpson, ele permanece "uma figura indistinta". A história nunca emerge inteiramente da escuridão em que está mergulhada: "Eu não lhe via o rosto na escuridão, apenas se ouvia, com o trepidar do vagão, a sua voz insinuante, agradável" (Ibid., p. 23) "[...] seu rosto alterava-se estranhamente na penumbra" (Ibid., p. 27). "Esta luz me incomoda, posso apagá-la? – disse, apontando o lampião (Ibid., p. 39). "Tive medo de ficar deitado ali no escuro, acendi um fósforo [...] Continuou o seu relato [...] e no vagão quase às escuras ouviu-se apenas o tinir dos vidros e o ronco regular do caixeiro. Com o lusco-fusco do amanhecer, eu deixara totalmente de ver o meu interlocutor. Ouvia somente a sua voz cada vez mais perturbada, sofredora" (Ibid., p. 87-8).

146. "E assim continuamos a viver, numa névoa perpétua, sem jamais nos conscientizarmos da situação em que estávamos. Se o que finalmente aconteceu não tivesse acontecido [...] nunca teria chegado a perceber o abismo de infelicidade, a falsidade repugnante em que eu chafurdava (Ibid., p. 61).

147. A respeito do modo pelo qual o "trauma resiste à consciência", ver MILLER, 1984.

148. Cf. Lisa Kennedy (1995, p. 25) e Henry Louis Gates: "É um discurso... no qual todos falam de vingança e ninguém é vingado [...] E assim um recipiente *vazio* como O. J. Simpson torna-se repleto de significado, e mais significado – mais significado do que qualquer um de nós pode suportar" (GATES JR., 1995, p. 65; 1997, p. 121-2).

149. JORDAN, 1995.

150. CLINES, 1995, p. 4.

151. WILKERSON, 1995, p. 4.

152. Em seu famoso ensaio "Violence and the word," Robert Cover ressalta o modo sistemático com que o lado violento, traumatizante da lei é sempre subestimado, negado ou completamente ignorado. Disso resulta enfatizarmos a lei como significado (jurídico). Mas "dor e morte" são limites para a possibilidade de totalizar esse significado. Dor e morte (que são infligidos pela lei) são, por definição, o que não pode ser compreendido, o que não pode ser transformado em significado por aqueles que os sofrem. O significado jurídico, portanto, não é partilhado por aqueles que são subjugados pela lei. Ver COVER apud MINOW; RYAN; SARAT, 1995b, p. 203-38; e COVER, 1975. Ver também: BENJAMIN apud BENJAMIN, 1986b, p. 277-300; DERRIDA apud MINOW, 1990, p. 921-1.045.

153. Enquanto as ofensas raciais e o abuso sexual são comparáveis – e têm sido realmente comparados ao longo da história – o remédio jurídico para um, às vezes foi conseguido (como neste caso) às expensas do outro. Durante a Reconstrução, por exemplo (quando o "castigo" do marido não era mais reconhecido como um direito do marido), juízes sulistas reagiram à abolição da escravatura cerrando os olhos da lei ao abuso doméstico (Ver EDWARDS, 1996, p. 81-89). Na medida em que essa (desejada) forma de cegueira judicial foi desencadeada pela necessidade novamente desperta de proteger a integridade da esfera doméstica, ela pode ser encarada como uma reação jurídica e jurisprudencial pós-traumática à subversão/perda políticas da "instituição doméstica" (como a escravidão era chamada). Uma "instituição doméstica" (esposas

espancadas) substituída por uma outra (escravidão). Um trauma compensou o outro por meio do veículo jurídico de uma cegueira judicial sintomática (e sintomaticamente receitada). "Se nenhum ferimento permanente foi infligido," sustentava uma opinião jurídica de 1874, "nem maldade, crueldade, nem violência perigosa exibidas pelo marido, é melhor *puxar a cortina, impedir o ingresso do atento olhar público*, e deixar os partidos esquecerem e perdoarem" (citado em SIEGEL, 1996, p. 2.158; destaques meus). Mesmo no Norte, parece, a desestabilização das fronteiras da "domesticidade" pode ter tido compensações legais pós-traumáticas no tocante às mulheres: em vários casos júris nortistas absolveram maridos que haviam assassinado o amante da esposa. (Para uma discussão de tais casos num quadro diferente, ver HARTOG, 1997, p. 67-96. Inversamente, fez-se que a raça compensasse o trauma do gênero. O linchamento, mascarado como justiça (e, às vezes, a cumplicidade aplicada por meio da instituição judicial), pretendeu ser um remédio pseudo-jurídco para o subjacente *trauma de gênero* da malograda tentativa do homem branco de controlar a sexualidade da mulher (branca). O linchamento, assim, pretendeu também (entre outras coisas) corrigir a incontrolabilidade (irreprimibilidade) da sexualidade feminina em si. Subordinação de raça e subordinação de gênero atuavam juntos. Até a ativista negra Ida B. Wells, que se empenhou firmemente contra o linchamento durante o fim do século XIX e discursou em nome de suas vítimas negras (masculinas e femininas), escreveu que "homens brancos usavam sua propriedade do corpo de mulheres brancas como um terreno sobre o qual linchar o homem negro" (citado em ROBERTS, 1993, p. 359; 366). Quase um século depois, Catharine MacKinnon observa que a definição de estupro como um crime cometido por homens negros contra mulheres brancas confundiu e legitimou os incidentes mais comuns de abuso sexual por conhecidos (MacKINNON, 1987a, p. 81-2; ver, em conjunção com isso, EHRENREICH, 1996, p. 931; 939-40; ver, de modo semelhante, HALL apud SNITOW; SANSELL; THOMPSON, 1983; e ROBERTS,1993).

Diferentemente desses autores (com os quais concordo basicamente), minha própria ênfase não é no reforço mútuo dos *estereótipos* ideológicos de raça e gênero, mas no reforço mútuo dos dois *traumas* (histórias de sofrimento sujeitas a uma específica lógica psicanalítica), e no impacto traumatizante do julgamento (que se pretendeu ser um remédio) daí resultante. As juradas negras no julgamento de O. J. Simpson identificaram-se tão profundamente com o sofrimento do réu (com o terror de sua fuga e com o desespero de sua luta com a lei) que foram cegadas para o trauma de gênero. Reviveram, por meio da espetacular dramatização do julgamento (o que tomaram como sendo) uma *reprodução* demasiado familiar de *uma cena primitiva de linchamento*. Nessa concepção, O. J. Simpson foi implicitamente acusado de ter mantido relações sexuais com uma mulher branca; o argumento da acusação (e a evidência visual) relativos à conduta regular de Simpson do abuso sexual foram vividos (e mostrados na tela) precisamente como um *dejà vu*, uma acusação *já vista* (uma acusação demasiadamente vista) de um crime sexual inter-racial, pelo qual O. J. Simpson ia agora ser linchado, de acordo com o script arquetípico da história. Foi para essa cena primitiva e para sua aflitiva repetição que as juradas negras buscaram um *remédio legal*. Absolveram *o trauma* (e reivindicaram a inocência dos homens negros). Marcia Clark, por outro lado, identificou-se tão profundamente com o trauma da mulher espancada (que ela, por sua vez, reviveu) que foi cegada (não ideologicamente, admito, mas traumaticamente) para o trauma de raça. Ideologicamente, pelo contrário, ela foi "cega de cor". Apesar do aconselhamento de seu consultor de júri, ela não pôde crer que juradas não a ouviriam, e não *veriam* a evidência – e o rosto agredido. Ela não sabia que lhes falava por meio de um abismo de trauma. Não acreditava em cegueira judicial. Para ela e para todas aquelas que, como ela, sentiram o sofrimento de Nicole (e não acreditaram, ou não puderam acreditar na cegueira), o veredicto foi um ferimento a mais infligido ao rosto agredido. (Sobre abusos extremos da "metáfora do linchamento", ver THOMAS apud MORRISON, 1992, p. 364-89).

154. WILKERSON, 1995, p. 1; 4.

155. "Two nations, divisible: the intolerable lesson of the O. J. Simpson trial," *Economist*, 7 de outubro de 1995. A profundidade da perplexidade na divisão de raça foi ela mesma, contudo, ainda um outro sintoma de como a história é inerentemente despojada de memória: esquecida da ainda não tão remota existência jurídica de "dois países" – dois Estados Unidos da América – por meio de leis de segregação racista.

156. Comparar com a definição de Robert Cover do direito como ponte: "O direito não é nem para ser inteiramente identificado com o entendimento do presente estado de coisas nem com as alternativas imaginadas. É *a ponte* – o comportamento social comprometido que constitui o modo pelo qual um grupo de pessoas tentará ir daqui para lá". Cada comunidade, salienta Cover, constrói suas pontes à sua própria maneira. "Assim,

visões do futuro são mais ou menos intensamente determinantes *da ponte que é o 'direito'* dependendo do comprometimento e da organização social das pessoas que as sustentam." (COVER apud MINOW; RYAN; SARAT, 1995d, p. 176-77; 201). Sobre o direito como ponte, ver também SARAT, 1996, p. 366.

157. O filósofo do direito que mais se aproxima dessa concepção é Robert Cover. Cover realmente propôs uma reflexão singularmente sofisticada a respeito da conexão e da diferença entre direito e literatura. Para conhecer o direito, insiste Cover, é necessário compreender uma literatura e uma tradição. Para compreender o direito, é necessário também reconhecer sua conexão (e compromisso) com a realidade. Os juízes frequentemente atuam cautelosamente, como o deveriam fazer, mas assim agindo "arriscam perder o direito para a força dominadora daquilo que é e daquilo que é dominante. Integridade [...] é o ato de manter a visão de que é somente aquilo que redime o que é o direito". Literatura e tradição, segundo Cover, ensinam compromissos que nós, então, empregamos para construir *"pontes para o futuro"*. Pode-se encontrar nas narrativas uma compreensão de um ideal jurídico que juízes reais têm cautela para não provocar (COVER apud MINOW; RYAN; SARAT, 1995d, p. 176-77; 201). Entretanto, Cover acrescenta, há um elemento crucial que diferencia radicalmente literatura e direito: a própria violência real da instituição judicial, seu poder performativo de ferir. É demasiado frequente esquecer-se disso no tratamento do "direito como literatura". "Concordo totalmente [diz Cover] que a forma dominante de pensamento jurídico deva ser interpretativa. Contudo, o surgimento da interpretação como um motivo central não reflete, por si mesmo, sobre o modo por meio do qual os atos interpretativos dos juízes são simultaneamente expressões performativas num cenário institucional de comportamento violento" (COVER apud MINOW; RYAN; SARAT, 1995e, p. 216, n. 24). "Começamos, portanto, não com o que os juízes dizem, mas com o que fazem. Os juízes ocupam-se de dor e morte [...] Nisso são diferentes de poetas, de artistas. Não servirá insistir sobre a violência da poesia forte, dos poetas fortes. Mesmo a violência dos juízes fracos é inteiramente real... Se é ou não é justificada a violência dos juízes não é o ponto agora em pauta – somente que de fato existe e difere da violência que existe na literatura ou nas caracterizações metafóricas dos críticos literários e filósofos" (Ibid., p. 213-4).

A título de contribuição a essa notável análise, meu estudo insiste quanto ao modo no qual o direito enquanto tal é habitado não simplesmente por uma violência (muito real), porém também mais precisamente (como mostro) por *um abismo*. O abismo existe *no interior do direito* bem como no interior da literatura. Diferentemente de Cover, insisto no fato de que a diferença entre direito e literatura não reside simplesmente na diferença entre *violência literal* (a do juiz, a do criminoso) e *violência metafórica* (de Tolstoi), mas no fato de que *a literatura abre o julgamento que o direito fecha*. O direito exibe (e dá para ver) a violência do criminoso, porém oculta a sua própria. A literatura franqueia e expõe a violência que está oculta na cultura (inclusive a violência do direito).

158. CELAN, 1978, p. 34 (discurso proferido em 1960, quando Celan recebeu o Georg Büchner Prize da Academia Alemã de Língua e Literatura).

159. Ver FELMAN; LAUB, 1992.

160. Comparar, por exemplo, com o modo no qual, durante a Segunda Guerra Mundial, mensageiros (tais como o espião Ian Karski da resistência polonesa) e pessoas que escaparam dos campos de concentração nazistas não conseguiram informar o mundo acerca dos objetivos finais dos nazistas. A informação estava disponível, mas não podia atingir sua finalidade; o conhecimento existia, mas não podia ser efetivamente *transmitido* ou aos Governos aliados ou às vítimas em perigo. A maioria dos judeus na Europa tinha, no mínimo, ouvido boatos sobre os acontecimentos horríveis no oeste da Europa. Mas ou não se acreditava nos boatos ou se supôs que "isso não poderia acontecer aqui". Os portadores dos boatos eram estigmatizados como indignos de confiança ou loucos. (Ver FELMAN; LAUB, 1992, Capítulos 3, 4, 6, 7, especialmente p. 103-5 e 231-9).

161. Ver Ibid., p. xx; 12-40; 52.

162. Citado em MAGARSHACK apud TOLSTOI, 1960, p. 301.

163. Cf. COLES, 1996, p. 1-3.

164. Ibid., p. 2.

165. Simpson citado (a respeito de uma entrevista na televisão britânica) por Stuart Jeffries (1996, p. 2).

166. Citado em COLES, 1996, p. 3.

167. Citado em DUNNE, 1994, p. 36.

168. CAMUS, 1942, p. 187; tradução minha.

169. TROYAT, 1987, p. 664.

170. Medria Williams, citada em Wilkerson, "Taking Sides: Women, Rage and O. J. Simpson," p. 4.

171. A principal diferença, na realidade, entre o processo criminal e sua repetição legal no processo civil proveio do fato de que, no julgamento do processo civil, Simpson foi obrigado a testemunhar. Seu testemunho, porém, na sua negação absoluta da realidade opondo-se a toda evidência ("Nunca possuí tais calçados – certamente não"; nunca agredi minha esposa – certamente não"), essencialmente permaneceu mantendo sua escolha de silêncio legal (mesmo no seu discurso do tribunal) por meio de sua absoluta *recusa de se tornar uma testemunha*; uma testemunha não só para o crime, mas *para o julgamento*; uma testemunha para si mesmo – e para a evidência.

172. CAMUS, 1956, p. 148; tradução minha.

173. CLINES, 1995, p. 4.

174. Wilkerson, "Taking Sides: Women, Rage and O. J. Simpson," p. 4.

175. KAFKA apud KOWAL, 1979, p. 295.

3. Teatros da justiça
Arendt em Jerusalém, o julgamento de Eichmann e a redefinição do significado jurídico na esteira do holocausto

> "Todas as dores podem ser suportadas
> se as colocares numa narrativa ou contares uma história sobre elas."
> A história revela o significado do que, de outro modo,
> permaneceria uma sequência insuportável de puros acontecimentos...
> Todas as histórias dela são realmente "anedotas do destino",
> contam reiteradamente como, no fim, teremos o privilégio de julgar.
>
> Hannah Arendt, *Isak Dinesen*

No meio do século passado, duas obras marcaram o que pode ser chamado de *avanços conceituais* em nossa percepção do Holocausto. A primeira foi *Eichmann in Jerusalem*, que apareceu nos Estados Unidos em 1963 como um relatório sobre o julgamento de Eichmann realizado em Israel em 1961. A segunda foi o filme *Shoah*, de Claude Lanzmann, exibido primeiramente na França em 1985. Separadas por vinte e dois anos e surgidas várias décadas depois da Segunda Guerra Mundial, ambas as obras revelaram o Holocausto sob uma luz completamente nova e inesperada. A pesquisa histórica, é claro, existia antes dessas obras, e perdurou depois delas, mas não substituiu estruturas coletivas de percepção, e não alterou o vocabulário da memória coletiva. Essas duas obras o fizeram. Aceitáveis ou inaceitáveis, acrescentaram *uma nova forma de expressão* ao discurso sobre o Holocausto, que depois delas não se manteve mais o mesmo.

Quando apareceram, ambas foram realmente recebidas como totalmente surpreendentes, e a surpresa foi para alguns chocante e para todos expressiva e perturbadora, tanto de modo consciente como inconsciente. Ambos esses trabalhos foram encarados como controvertidos. Ambos foram, no seu sucesso inegável, debatidos e alvo de objeção, tanto de modo substantivo quando daquele procedimental. Particularmente, o livro de Arendt provocou, de imediato, quando publicado e muito tempo depois, uma onda de controvérsias e reações que de fato ainda não se esgotou, e cuja energia prossegue até hoje.

Não é uma coincidência as duas obras que nos forçaram a repensar o Holocausto, modificando nossos *vocabulários da recordação,* terem sido, por um lado, o relatório de um julgamento e, por outro, uma obra de arte. Precisávamos de julgamentos e de relatórios de julgamentos para dar um fecho consciente ao trauma da guerra, para separar a nós mesmos das atrocidades e restringir, demarcar e traçar um limite em torno de um sofrimento que parecia sem fim e insuportável. O direito é uma disciplina de limites e de consciência. Precisávamos de limites para nos tornarmos capazes tanto de fechar o caso quanto de encerrá-lo no passado. O direito distancia o Holocausto. A arte o traz para mais perto. Precisávamos de arte – a linguagem da infinidade – para prantear as perdas e enfrentar o que, na memória traumática, não está encerrado e não pode ser encerrado. Historicamente, precisávamos do direito para totalizar a evidência, para *totalizar* o Holocausto e, por meio da totalização, começar a aprender seus contornos e sua magnitude. Historicamente, precisávamos de arte para começar a aprender e recuperar o que a totalização não incluiu. Proporei que, entre a excessiva proximidade e o excessivo distanciamento, o Holocausto torna-se hoje acessível, precisamente nesse espaço de *resvalamento entre direito e arte.* Mas é também nesse espaço de resvalamento que sua plena apreensão continua a nos enganar.

Primeira parte:
A banalidade do mal

> Quando falo de justiça, falo da ideia da luta contra o mal.
>
> Emmanuel Levinas, *Philosophy, justice and love*

– I –

Direito e linguagem

Embora tenhamos nos familiarizado com sua forma de expressão, que por quatro décadas debatemos, *Eichmann em Jerusalém* permanece atualmente tão desconcertante quanto foi em 1963.[176] O livro deu origem a muitas ideias equivocadas. É lembrado, sobretudo, pela divisa de seu título – *Um relato sobre a banalidade do mal* – como um argumento a respeito da natureza moral do mundo e como uma proposição acerca do mal.[177] A ironia de Arendt ao cunhar seu paradoxo conceitual é frequentemente mal interpretada, como se significasse diretamente uma descrição psicológica do agressor nazista, e é precisamente essa "psicologia do mal" que se torna um objeto de controvérsia. Os nazistas eram verdadeiramente monstruosos ou meramente banais? Ambos os lados da controvérsia, conforme sustentarei, erram o alvo. A "banalidade do mal" não é psicológica, mas sim jurídica e política.[178] Ao descrever a linguagem (nazista) tomada emprestada de Eichmann, e sua totalmente crível autojustificação baseada na completa ausência de motivos pelo assassinato em massa que ele passionalmente realizou (falta de *mens rea*),[179] a questão de Arendt não é: Como pode o mal (Eichmann) ser tão banal? Mas: Como pode a banalidade do mal ser tratada em termos jurídicos[180] e por meios jurídicos? Sob quais novos fundamentos jurídicos pode a lei distribuir a punição máxima precisamente à banalidade ou à falta de *mens rea*? Como a ausência de *mens rea* na execução de um genocídio pode tornar-se a si mesma o maior – e não apenas o mais novo – crime contra a humanidade?[181]

"Temos de combater todos os impulsos de mitologizar o horrível", escreve Arendt:

> Talvez o que esteja por trás de tudo isso não é o fato de seres humanos individuais terem matado outros seres humanos individuais por razões humanas, mas de uma tentativa organizada ter sido elaborada para erradicar o conceito do ser humano.[182]

Se o mal é linguística e juridicamente banal (destituído de motivações humanas e ocorrendo por meio de clichês que protegem a realidade humana), de quais maneiras, indaga Arendt, o direito pode se tornar uma âncora e uma garantia, um guardião da humanidade? Como pode a lei *lutar com a linguagem* com essa banalidade radical (a total identificação com uma linguagem tomada emprestada)? Quando a própria linguagem torna-se subsumida pela banalidade do mal, *como pode o direito manter o significado em relação à palavra "humanidade"*? O ponto crucial do livro de Arendt, como sustentarei, não é definir o mal, mas refletir na significância do seu sentido jurídico na esteira do Holocausto.

Se a banalidade do mal designa um vácuo entre evento e explicações, como pode o direito lidar com esse vácuo? O julgamento de Eichmann tem de decidir não apenas a culpa do réu, mas também como essas questões podem ser respondidas. Como, além disso, um crime historicamente sem precedentes pode ser invocado em juízo, compreendido e julgado dentro de uma disciplina de precedentes? Quando precedentes deixam a desejar, perguntará Arendt, qual é o papel da história jurídica e da memória jurídica? Como a memória pode ser usada para a redefinição de um significado jurídico que será lembrado, por sua vez, de tal modo que o sem precedentes possa se tornar um precedente por direito próprio – um precedente que poderia prevenir uma repetição futura inteiramente provável? Qual é a relação jurídica redefinida entre a repetição e o novo, e como essa relação afeta a recriação do significado jurídico competente para o futuro? São essas, segundo proporei, as questões inquietantes que levam Arendt a Jerusalém.

"Israel tem o direito de falar a favor das vítimas", escreve Arendt ao seu amigo e mentor alemão, Karl Jaspers, "porque a grande maioria delas está agora vivendo em Israel como cidadãos":

> O julgamento ocorrerá no país em que estão as partes prejudicadas e aquelas que aconteceu de sobreviverem. Você dirá que Israel sequer existia então. Mas poder-se-ia dizer que foi por causa dessas vítimas que a Palestina tornou-se Israel... Além disso, Eichmann era responsável por judeus e somente judeus... O país ou o Estado ao qual pertencem as vítimas possui jurisdição...
>
> Tudo isso pode surpreender as pessoas como se eu também estivesse tentando circunscrever o político em termos de conceitos jurídicos. E chego a admitir que, no que diz respeito ao direito, tenho sido infectada pela influência anglo-saxônica. Mas completamente à parte disso, a mim parece estar na natureza desse caso não dispormos de quaisquer ferramentas para manusear algo que não pode sequer ser adequadamente representado, quer em termos jurídicos, quer em termos políticos, salvo as legais, com as quais temos de julgar e sentenciar. Isso é precisamente o que torna o próprio processo, nomeadamente o julgamento, tão empolgante.[183]

Uma perspectiva jurídica dissidente

Entre as ideias equivocadas comuns surgidas devido à posição jurídica de Arendt, a mais dominante é a de que seu livro é "antissionista".[184] De acordo com o próprio testemunho de Arendt, ela é a favor do sionismo[185] – mas, desde o início, crítica do direito israelense[186] e crítica do governo israelense. Arendt percebe o julgamento como o espaço de um confronto dramático entre as reivindicações de justiça e as reivindicações competitivas de governo e poder. É como se a sala do tribunal fosse ela mesma simultaneamente reivindicada por *dois senhores que competem*: a justiça, de um lado, e, do outro lado, a encarnação do poder político, corporificada no excessivamente carismático chefe de Estado, que precisamente planejou o julgamento para os seus próprios fins políticos, didáticos e essencialmente não jurídicos.[187] Dessa maneira, Arendt instala um drama secundário de sala de tribunal e um caso secundário para arbitramento e adjudicação: não apenas *Attorney General v. Eichmann*, mas também, simultaneamente, o drama do confronto entre a Justiça e o Estado: *Justiça v. Estado*, ou melhor, como ela o vê, *Estado v. Justiça*.[188]

> E Ben Gurion, acertadamente chamado de "o arquiteto do Estado", permanece o superintendente cênico invisível do processo. Não é uma vez que ele comparece a uma sessão; na sala do tribunal, ele fala com a voz de Gideon Hausner, o Procurador Geral, o que, representando o governo, dá o melhor de si, o máximo de si, *para obedecer ao seu mestre*. E se, felizmente, o seu melhor frequentemente acaba se revelando como não suficientemente bom, a razão é que o julgamento é presidido por *alguém que serve a Justiça tão fielmente quanto o Sr. Hausner serve ao Estado de Israel*.[189] A Justiça exige que o acusado seja processado, defendido e julgado, e que todas as outras questões de importância aparentemente maior... sejam deixadas em suspenso.
>
> E a *Justiça*, ainda que talvez uma "abstração" para aqueles que adotam o modo de pensar do Sr. Ben Gurion, confirma-se como sendo um *mestre muito mais severo* do que o Primeiro Ministro com todo o seu poder.[190] (*EeJ*, p. 16)

Nesse confronto dramático entre a Justiça e o Estado, Arendt vê o seu papel como o de servir, por seu turno, ao "mestre muito mais severo". É contra a regra mais "permissiva" do mestre rival – o primeiro ministro – que ela inscreve ao mesmo tempo suas habilidades analíticas, sua erudição jurídica, e o seu mais mordaz senso de ironia. Ela assim procede com base na determinação de fazer o discurso da verdade para o poder. Levantando-se contra o Estado, ele mobiliza o direito numa tentativa de construir uma *perspectiva jurídica dissidente*. Em lugar de chamá-la de "antissionista", é possível que desejemos propor que, com respeito à posição jurídica do Estado processando o acusado (com respeito nomeadamente à posição jurídica sionista oficial), ela está realizando o que poderia ser chamado (um tanto metaforicamente) de "estudos jurídicos críticos" antes do tempo dessa posição jurídica.[191]

A consciência crítica do evento

A crítica de Arendt teve seu próprio ímpeto histórico; sua força jurídica discordante paradoxalmente tornou-se hoje não só parte do evento na história, mas também parte de sua notória historiografia jurídica. Essa historiografia, por sua vez, foi parte do legado do evento. Escolhamos aceitar ou rejeitar suas premissas controvertidas, o relatório de julgamento de Arendt, sustentarei aqui, ao mesmo tempo prova e ratifica o impacto do julgamento como um evento verdadeiro.[192] "Como a verdade", escreve o historiador Pierre Nora, "o evento é sempre revolucionário, o grão de areia na máquina, o acidente que nos agita e nos pega de surpresa... Ele é circunscrito do melhor modo a partir de fora: o que é o evento e para quem? Pois se não há nenhum evento sem consciência crítica, há um evento apenas quando, oferecido a todos, ele não é o mesmo para todos."[193]

Vejo Arendt, nas palavras de Nora, como "a consciência crítica do evento", "o grão de areia na máquina". Explorarei neste capítulo o julgamento de Eichmann muito precisamente em sua dimensão como um *evento* vivo e poderoso – um evento cujo impacto é definido e medido pelo fato de que ele "não é o mesmo para todos".

Não é o mesmo para Arendt que é para mim. Respeito esse fato como ilustrativo não apenas da significância, mas da "eventividade" do julgamento. Tentarei olhar o evento de ambas as perspectivas: a de Arendt e a minha própria. Tentarei manter diante dos olhos ambos os pontos de vista da percepção crítica mútua. Na sequência, garantirei minha interpretação contra a de Arendt ao adotar a visão do Estado do julgamento e ao destacar, diferentemente de Arendt, o que considero como sendo o significado mais profundo do julgamento e, além de seu significado, suas repercussões de longo alcance como evento: um evento que *inclui Arendt* e do qual Arendt permanece, até hoje, a mais memorável e a mais lúcida consciência crítica.

– II –

História para a vida

Em *O uso e abuso da história para a vida*, Nietzsche analisa diferentes tipos de história (relações diferentes com o passado) que são todas úteis, relevantes para a vida, e cujos discernimentos em oposição complementam-se e definem-se entre si. Há o que Nietzsche denomina "história monumental", que consiste num engrandecimento, numa ampliação dos pontos superiores do passado na medida em que se relacionam com a "luta e a ação" do homem; em contraste com essa história que amplia o passado e nele busca uma inspiração, um "grande impulso" para uma ação futura, há o que Nietzsche denomina "história crítica" – uma história que julga e condena e que solapa ilusões e entusiasmos. "A história crítica" provém, diz Nietzsche, do "sofrimento humano e de seu desejo por libertação".

> Se o homem que produzirá algo grandioso tem necessidade do passado, torna-se, ele mesmo, o senhor do passado por meio de uma história monumental;... e somente aquele cujo coração é oprimido por uma necessidade instantânea e que se livrará do fardo a qualquer preço experimenta a necessidade da "história crítica", a história que julga e condena.[194]

Sugerirei que Arendt é, nos precisos termos de Nietzsche, uma historiadora crítica do julgamento. Ela põe de lado a versão do julgamento apresentada pelo Estado, numa tentativa de liberar o presente das heranças opressivas do passado. Não busca *inspiração* no passado, mas *liberação* do passado. Luta não para erigir modelos passados, mas para definir uma justiça mais pura. "Essa virtude", escreve Nietzsche, "jamais tem uma qualidade agradável. Nunca encanta; ela é rude e cortante" (*UAH*, p. 36). Enquanto a visão do Estado oficial no tocante ao julgamento de Eichmann é, segundo eu proporia, precisamente uma visão da história monumental, a visão de Arendt oferece uma história crítica (jurídica) substitutiva. Scholem, portanto, está inteiramente certo ao salientar que a "versão dos eventos" de Arendt frequentemente "parece surgir entre nós e os eventos".[195] A história monumental é inspiradora, emocional, construtiva. A história crítica é frequentemente destrutiva e sempre desconstrutiva. Proponho analisar aqui, em mútua contraposição, o que chamo de a visão jurídica monumental do julgamento de Eichmann[196] e a visão crítica (ou a versão crítica dos eventos) oferecida por Arendt.

SEGUNDA PARTE:
HISTÓRIA JURÍDICA MONUMENTAL

"Porque a história", escreve Arendt, "que, no que diz respeito à acusação, postou-se no centro do julgamento" (*EeJ*, p. 30; tradução modificada). O que torna um caso legal um monumental caso histórico é o modo dramático, totalizador por meio do qual as instituições legais dispõem-se a submeter a julgamento a própria história, com isso instalando o mundo inteiro como o palco e como o auditório do julgamento. Nuremberg foi tal caso: um processo jurídico controlando uma massa monumental de evidência, e tecnicamente apoiada por um grande número de fones de ouvido e intérpretes cujo desempenho fez que a justiça fosse promulgada como um processo constante de tradução e transmissão entre diferentes línguas. O julgamento de Eichmann segue a tradição estabelecida pelo tribunal de Nuremberg, mas com uma diferença crucial de perspectiva. Enquanto os julgamentos de Nuremberg encaram regimes políticos assassinos e sua guerra agressiva como o centro do julgamento e como o centro daquilo que constitui uma história monumental, o julgamento de Eichmann encara as vítimas como o centro daquilo que confere à história suas dimensões monumentais e daquilo que dota o julgamento de sua significância monumental como um ato de justiça histórica.[197]

A filosofia da história e do direito que vê as vítimas como o centro narrativo da história e que insiste nessa relação memorial entre direito e história teve como o seu melhor expositor o então Primeiro Ministro de Israel, David Ben Gurion.[198]

> Jornalistas dos Estados Unidos da América, que não padeceram as atrocidades nazistas, podem ser "objetivos" e negar o direito de Israel de julgar um dos maiores assassinos nazistas. Mas a calamidade infligida ao povo judeu não é meramente uma parte das atrocidades que os nazistas perpetraram contra o mundo. Trata-se de um ato específico e sem paralelo, um ato planejado para o completo extermínio do povo judeu, que Hitler e seus colaboradores não se atreveram a executar contra qualquer outro povo. É, portanto, o dever do Estado de Israel, a única autoridade soberana no tocante à coletividade judaica, providenciar para que a totalidade dessa história, em todo o seu horror, seja completamente exposta, destacando-o como um crime singular, sem precedentes ou sem paralelo nos anais da espécie humana – sem de modo algum ignorar os outros crimes contra a humanidade perpetrados pelo regime nazista.
>
> ... A coisa principal não é a pena a ser infligida ao criminoso – nenhuma pena é capaz de equiparar-se em magnitude ao crime –, mas sim a plena exposição dos crimes infames do regime nazista contra nosso povo. Os atos de Eichmann por si sós não constituem o principal ponto nesse julgamento. A justiça histórica e a honra do povo judeu exigem esse julgamento. A justiça histórica e a honra do povo judeu exigem que isso seja feito somente por um tribunal israelense no Estado judeu soberano.[199]

O processo criminal é, portanto, iniciado pelo Estado de Israel numa representação única da narrativa anteriormente não ouvida, desconhecida e não narrada das vítimas. A exposição dessa narrativa desconhecida, inarticulada e assim *narrativa monumental secreta* é a meta do julgamento. No projeto nazista, a intenção era extinguir essa narrativa como parte da extinção do povo judeu. A articulação dessa narrativa como uma força histórica e jurídica viva, ativa é, portanto, em si mesma um ato de justiça histórica (e não apenas de justiça jurídica). O genocídio, pela mera existência do julgamento, sofre oposição e é derrotado por um ato de sobrevivência histórica. A injustiça inexplicável do genocídio é compensada por um procedimento rigorosamente aplicado de restauração de estrita responsabilidade legal e de meticulosa justiça. "Adolph Eichmann", diz o advogado de acusação ao fim de seu argumento de abertura, "gozará de um privilégio que não concedeu sequer a uma só de suas vítimas. Poderá defender-se perante o tribunal. Seu destino será decidido de acordo com a lei e de acordo com as evidências, com o ônus de prova dependendo da acusação. E os juízes de Israel pronunciarão a sentença verdadeira e justa."[200] Assim é que Gideon Hausner, Procurador Geral de Israel e o principal advogado de acusação nesse julgamento, concebe literalmente a acusação em nome das vítimas,[201] como se falando em favor dos mortos e expressando, materialmente, os seis milhões de judeus exterminados pelos nazistas:

> Quando me ponho diante dos senhores, juízes de Israel, nesta corte para acusar Adolf Eichmann, eu não estou sozinho. Aqui comigo neste momento estão seis milhões de promotores. Mas eles não podem levantar o dedo acusador na direção da cabine de vidro e gritar *j'accuse* contra o homem ali sentado [...] Seu sangue clama aos Céus, mas sua voz não pode ser ouvida. Por isso cabe a mim ser seu porta-voz, pronunciar a infame acusação em seu nome.[202]

Portanto, o julgamento de Eichmann dispõe-se a realizar aquilo que, empregando a expressão de Nietzsche, chamo de "história monumental": dispõe-se a apresentar uma "'monumental' contemplação do passado", que proporcionará um impulso para uma futura ação e que analisará eventos por meio de seus efeitos e não de suas causas, como "eventos que exercerão um efeito em todas as idades" (*UAH*, p. 14-5).[203]

Estou, entretanto, tomando emprestado o conceito de Nietzsche de "monumentalidade" e de uma percepção histórica monumentalizada deslocando esse conceito. Em Nietzsche, a história monumental registra as façanhas e ações dos grandes homens. Monumentalidade (o perdurar dos efeitos históricos) consiste, em outras palavras, na maneira genérica por meio da qual a história é escrita por grandes homens. No julgamento de Eichmann, diferentemente, como o discurso de abertura monumentalizador da acusação torna claro dramaticamente, a história monumental consiste não na *escrita dos grandes*, mas na *escrita dos mortos*; o monumento que o julgamento procura construir ao julgar Eichmann não é erigido à grandeza romântica (não àqueles que fazem ou *fizeram* história), mas aos mortos (um monumento para aqueles que *foram sujeitos à* história).

É surpreendente como o indiciamento monumentalizado da acusação começa com uma citação histórica. História monumental não é apenas o tema e assunto jurídico do julgamento. A história habita aqui estilisticamente a expressão jurídica a partir de sua primeira palavra. Numa autodefinição dramática e retórica singular, o argumento de abertura da acusação inicia-se com a citação e a recapitulação de um outro ato discursivo histórico de acusação.²⁰⁴

Os seis milhões de mortos, diz o advogado de acusação, não podem mais falar em seu próprio nome e formular seu próprio *"j'accuse"*. É, portanto, o indiciamento formulado pelo Estado que articulará para eles sua acusação silenciada e, assim, os capacitará não simplesmente a acusar, mas a reivindicar uma subjetividade jurídica – para juridicamente dizerem "eu" pela primeira vez.

"J'accuse"

O que significaria para os mortos dizer "eu" pelo intermédio do veículo do julgamento?²⁰⁵ Qual é a significação – para aqueles que a história privou precisamente de seu "eu" – de dizer "eu acuso" perante um tribunal e perante o mundo? Por que os mortos têm de dizer "eu" precisamente numa língua estrangeira, tomando emprestada uma expressão francesa? De quem os mortos tomam emprestado? Que espécie de discurso estrangeiro, que ato discursivo jurídico/literário os mortos citam para dizer "eu acuso" pela primeira vez?

"J'accuse" – "eu acuso" – foi o título de um famoso texto de veemente denúncia de injustiça racial publicado em 1898 pelo mais conhecido escritor francês daquela época, Émile Zola, como uma explosiva carta pública dirigida ao presidente da França e como uma intervenção do artista na controvérsia jurídica do caso Dreyfus, ocorrido na França. Em 1894, o Capitão Alfred Dreyfus, um oficial judeu do exército francês, foi condenado pela revelação de segredos militares à Alemanha, e sentenciado à prisão perpétua em confinamento na colônia penal chamada de Ilha do Diabo. Quando o fato da espionagem foi descoberto e o alto comando militar pressionado para fornecer a identidade do criminoso, foi natural para o Exército apressar-se em suspeitar de Dreyfus e transformá-lo em bode expiatório, porque ele era um judeu. A condenação foi obtida por meio de um processo secreto ilegal, numa corte marcial. Sob o pretexto de uma ameaça à segurança do Estado, a evidência foi ocultada não apenas do público, como também do acusado e de seu advogado. Depois do julgamento, veio à tona que a evidência incriminadora fora um documento forjado e que o verdadeiro espião era um outro oficial, Major Esterhazy. Mas a condenação de Dreyfus como um traidor, nesse ínterim, desencadeara em toda a França e em suas colônias uma explosão de fúria antissemita. Apesar da exaustiva evidência que confirmava a inocência de Dreyfus, o exército e os políticos recusaram-se a admitir seu erro judicial. Uma segunda corte marcial julgou Esterhazy somente para absolvê-lo e ratificar, assim, por meio de um segundo julgamento, a autoridade do caso encerrado com a culpa de Dreyfus. Publicado num jornal – e produzindo o efeito de uma

bomba –, o panfleto de Émile Zola acusava publicamente o Exército e o Governo de um mascaramento e de um erro judicial. Proclamava vigorosamente a inocência de Dreyfus e advogava a necessidade de reabrir o caso.

É de se notar que o ato de Émile Zola foi historicamente sem precedentes em três pontos: (1) Essa foi a primeira vez que um não-judeu se manifestara a favor dos judeus acusando – denunciando – publicamente o antissemitismo *legalizado* ou a injustiça judicial racista do ponto de vista da vítima e em nome da vítima. (2) Protestando assim a favor da vítima, Zola rompeu de uma maneira revolucionária com a tradição ética e filosófica ocidental dominante ou platônica, segundo a qual uma vítima da injustiça judicial tinha que *se resignar* sob fundamentos morais à autoridade legal da decisão que a injustiçou, a fim de proteger a regra jurídica no interesse da cultura e da civilização.[206] (3) E o mais importante: de uma maneira sem precedentes, Zola mobilizou a arte como a aliada da vítima na luta da vítima contra a lei e contra sua opressão pela lei. Não é por acaso que tal acusação contra a lei necessitou da arte (tanto de sua marginalidade, quanto de seu poder de expressão) para articular-se. Somente um artista poderia realmente assumir o desafio de questionar a legitimidade de um ato do Estado. Pela primeira vez, um literato entendeu sua tarefa como a de conferir voz *jurídica* àqueles que a lei privara de voz. Ao identificar a voz da arte com a voz da vítima, Zola universalizou a vítima.

A verdade avança

Zola sabia que, em decorrência de suas audaciosas acusações publicadas contra o sistema judiciário, ele próprio seria inevitavelmente acusado de calúnia e processado por difamação do Exército e do Governo. Ele deliberadamente apresentou-se para ser processado criminalmente a fim de reabrir o caso de Dreyfus que fora encerrado. Ao unir-se, assim, à vítima da flagrante injustiça, e ao assumir, por sua vez, a posição e o papel do acusado, Zola esperava forçar o sistema legal a reexaminar a evidência do caso de Dreyfus num tribunal *não militar*: ele queria instaurar uma repetição legal do julgamento sigiloso de Dreyfus por meio de um processo legal público – oposto ao velho processo legal oculto, secreto –, e com isso evidenciar a inocência do oficial judeu por meio de seu próprio julgamento. Assim, o artista fez – ao seu próprio custo – uma intervenção revolucionária no processo legal do caso Dreyfus. O escritor optou por politicamente realizar um uso criativo da ferramenta jurídica para causar a rápida abertura da estrutura legal fechada.[207]

Mas Zola, por sua vez, foi condenado, e teve de fugir da França para a Inglaterra. Finalmente, em 1899, depois de uma mudança de governos e uma longa sequência de reviravoltas legais, Dreyfuss foi perdoado e, em 1906, completamente inocentado e restabelecido em seu posto militar. Zola não estava mais vivo para testemunhar, após tanto tempo, o triunfo. "Façamos dela objeto de nossa inveja", disse Anatole France no funeral de Zola: "Ele honrou seu país e o mundo com uma obra imensa e uma ação grandiosa... Por um breve momento, ele foi a consciência da humanidade."[208]

"A verdade avança", Zola escreveu em *J'accuse*, "está a caminho e nada a deterá... o ato que aqui realizo não é nada além de uma ação revolucionária para apressar a explosão da verdade e da justiça."[209] Em termos que repercutiram em nosso século, Zola acusou:

> É um crime confundir a opinião pública, utilizar para uma sentença fatal essa opinião pública que foi corrompida até o delírio. É um crime envenenar os pequenos e humildes, exasperar as paixões de reação e de intolerância, abrigando-se atrás de um odioso antissemitismo, de que a grande França liberal dos direitos do homem sucumbirá se não for curada. É um crime explorar o patriotismo para as obras do ódio; é um crime por fim, fazer do sabre o deus moderno, quando toda a ciência humana está a serviço eminente da verdade e da justiça. (ZOLA, 2008, p. 49)

"Só tenho uma meta", declarou Zola em palavras muito simples à conclusão de *J'accuse*: "Eis meu único interesse: que a luz seja irradiada em nome da espécie humana, que tanto tem sofrido e tem direito à felicidade":

> Meu protesto inflamado nada mais é que *um grito da minha própria alma*. Que ousem portanto levar-me perante o tribunal do júri, e que o inquérito se dê à luz do dia! É o que eu espero." (Ibid., p. 53)

"França", escreveu Zola numa outra publicação apenas uma semana antes de *J'accuse*,

> França, essas são as pessoas a quem apelo! Elas devem se unir! Devem escrever; devem falar alto e claro. Devem trabalhar conosco no esclarecimento das pessoas modestas, das pessoas humildes que estão sendo envenenadas e levadas ao delírio.[210]

Em sua derradeira "Declaração ao júri" no encerramento de seu julgamento, Zola disse:

> "Eu não queria que meu país permanecesse mergulhado na mentira e na injustiça. Podeis atacar-me aqui. Algum dia a França me agradecerá por haver ajudado a salvar sua honra."[211]

Ódio racial, ou a repetição monumental de uma cena legal primitiva

O *pathos* da denúncia histórica de Zola do racismo nacionalista se incluíra no julgamento de Eichmann por meio da relação do lamento silencioso, *inarticulado*, da vítima com a articulação *jurídica* do argumento da acusação.

Neste momento comigo apresentam-se seis milhões de acusadores. Mas, ai de mim, eles não podem ressuscitar para apontar o dedo acusatório na direção do banco dos réus de vidro e bradar *"J'accuse"* para o homem que ali se senta, pois suas cinzas estão amontoadas nas colinas de Auschwitz e nos campos de Treblinka... Seu sangue clama aos céus, mas sua voz não pode ser ouvida. Assim, a mim cabe ser o porta-voz deles e pronunciar o pavoroso indiciamento em nome deles.

Não é por acaso que, em seu argumento de abertura contra o criminoso nazista, o acusador israelense assimila a cena jurídica primitiva e o lamento de alma primitivo do *"J'accuse"*, de Zola,[212] tentando recapitular ao mesmo tempo a força moral da denúncia histórica e o gesto jurídico subversivo, o significado jurídico revolucionário do revertido ato discursivo de acusação de Zola.

A história monumental, diz Nietzsche, procede por analogia. O caso Dreyfus na França foi tanto um trauma europeu quanto um trauma judeu. Paralelamente, o Holocausto na Alemanha foi, numa escala diferente e jamais imaginada, um trauma judeu que se transformou num trauma europeu. Mas a Alemanha, ai de nós, não tinha nenhum Zola.

"Embora o Dreyfus Affair, em seus aspectos políticos mais amplos, pertença ao século XX", escreve Hannah Arendt,

> O caso Dreyfus [é] totalmente típico do século XIX, quando os homens seguiam o processo judicial tão incisivamente, porque cada caso propiciava um teste da maior realização do século, a completa imparcialidade da lei... A doutrina da igualdade perante a lei estava ainda tão firmemente implantada na consciência do mundo civilizado que um único erro judicial podia provocar indignação pública de Moscou a Nova York. A injustiça cometida contra um só oficial judeu na França foi capaz de atrair do resto do mundo uma reação mais veemente e unida do que todas as perseguições de judeus alemães uma geração depois.[213]
>
> Tudo isso pertence tipicamente ao século XIX, e sozinho jamais teria sobrevivido a duas Guerras Mundiais... O Dreyfus Affair em suas implicações políticas pôde sobreviver porque dois de seus elementos ganharam importância durante o século XX. O primeiro é o ódio aos judeus. O segundo, a suspeição da própria República, do Parlamento e da máquina estatal.[214]

O século XX repete e conduz a um extremo inimaginável as estruturas do século XIX. Por trás daquela citação de abertura feita pela acusação que retoma o protesto de Zola, a sombra de Dreyfus posta-se no limiar do julgamento de Eichmann por uma inteira *herança jurídica* histórica em que o judeu é perenemente acusado por uma justiça de linchamento. Na Alemanha nazista do século XX, como na França do século XIX de Dreyfus, a perseguição ratifica a si mesma como perseguição dentro e por meio da civilização – pelo meio civilizado da lei. A Conferência de Wannsee, legalizando o genocídio como uma avassaladora acusação formal e punição de todos os judeus por serem judeus, é apenas o coroamento dessa história. Como secretário dessa conferência, que a *transcreveu* ao mesmo tempo em que se sentia não só inocente, mas – assim ele testemunhou, "como Pôncio Pilatos" – *inocentado* pelo veredicto dela em relação aos judeus,[215] como o agente desapiedado do genocídio administrativo e como o assim chamado "especialista em judeus" dos nazistas, Eichmann é um emblema dessa história. Mas toda essa estrutura insidiosa de perseguição legal e de *abuso legalizado* pode agora, pela primeira vez, ser desmantelada legalmente, uma vez que o sionismo forneceu um tribunal (uma Justiça de Estado) no qual a vitimização dos judeus pode, pela primeira vez, ser *legalmente articulada*. Ao efetivar justiça e ao exercer soberana jurisdição israelense, o julgamento de Eichmann procura inverter legalmente a longa tradição de traumatização dos judeus por meio da lei. O judeu destituído de voz ou o perenemente acusado pode, pela primeira vez, falar, dizer "eu" e proclamar seu própro "*J'accuse*". "Este", disse o Primeiro Ministro Ben Gurion, "não é um julgamento ordinário, nem apenas um julgamento":

> Aqui, pela primeira vez na história judaica, está sendo feita justiça histórica pelo povo judaico soberano. Por muitas gerações fomos nós que sofremos, que fomos torturados, fomos mortos – e nós que fomos julgados. Nossos adversários e nossos assassinos foram também nossos juízes. Pela primeira vez, Israel está julgando os assassinos do povo judeu. Não é um indivíduo que está no banco dos réus neste julgamento histórico, e não só o regime nazista, mas o antissemitismo ao longo da história. Os juízes, cuja função é a lei e que são confiáveis no sentido de a ela aderir, julgarão Eichmann, o homem, por seus crimes horríveis, mas a opinião pública responsável do mundo estará julgando o antissemitismo, o qual abriu caminho para este, o crime mais atroz na história da espécie humana. E tenhamos em mente que somente a independência de Israel puderam criar as condições necessárias para esse ato histórico de justiça.[216]

Terceira parte: História crítica

– III –

Objeções de Arendt

Arendt questiona essa visão do julgamento e rejeita a história monumental por ela construída sob dois fundamentos conceituais – o primeiro jurídico, associado a uma concepção diferente da função do julgamento (baseada numa filosofia do direito diferente, mais conservadora), e o segundo epistemológico, associado a uma percepção histórica diferente do Holocausto, e correspondendo, em última instância, a uma filosofia da história diferente. Em relação a ambos os fundamentos, o histórico e o jurídico, Arendt discorda da própria perspectiva narrativa que coloca as vítimas no centro do julgamento. Divergindo do esforço narrativo do Estado, o esforço rival de Arendt é no sentido de *descentrar* sistematicamente a história da acusação[217] e focar a percepção histórica que ocorre não na vítima, mas no criminoso e na natureza do crime.

1. Para uma filosofia do direito mais conservadora: o argumento jurisprudencial de Arendt

A retórica pomposa do promotor que discursa pelos mortos, a acusação formal monumentalizada pronunciada em nome dos mortos e como manifestação, para Arendt solapa a sobriedade do processo, uma vez que o que é apresentado como o clamor das vítimas – a busca das vítimas por justiça e responsabilidade – poderia ser percebido como um desejo de vingança. Mas se a ira pública do acusador corresponde ao lamento dos mortos, Arendt preferiria dispensar esse lamento. Na verdade, uma sala de tribunal não é o lugar para lamentos. Justiça, para Arendt, é uma experiência conceitual inteiramente ascética e disciplinada, não um palco passional para manifestação pública espetacular. "Justiça" – Arendt protesta – "*não admite coisas desse tipo*; ela exige isolamento, admite mais a tristeza do que a raiva, e pede a mais cautelosa abstinência diante de todos os prazeres de estar sob a luz dos refletores" (*EeJ*, p. 16; *grifo nosso*).

> A justiça exige que o acusado seja processado, defendido e julgado, e que fiquem em suspenso todas as questões aparentemente mais importantes... A justiça insiste na importância de Adolph Eichmann, ... aquele homem dentro da cabine de vidro construída para sua proteção... Em juízo estão os seus feitos, não o sofrimento dos judeus, nem o povo alemão, nem a humanidade nem mesmo o antissemitismo ou o racismo. (*EeJ*, p. 15)

A compreensão jurisprudencial de um crime não pode ser focada na vítima. Um criminoso é julgado não visando à vingança daqueles que ele feriu, mas visando a reparar a comunidade que ele pôs em perigo mediante sua ação. "Os processos criminais", escreve Arendt,

> uma vez que são obrigatórios e devem ser iniciados mesmo que a vítima prefira perdoar e esquecer, repousam em leis cuja "essência"... é de que um crime não é cometido apenas contra a vítima, mas principalmente contra a comunidade cuja lei é violada... é o corpo político em si que exige "compensação" e é a ordem pública que foi tirada de

prumo e tem de ser restaurada. É, em outras palavras, a lei, não a vítima, que tem de prevalecer.[218] (*EeJ*, p. 283)

2. Para uma filosofia da história menos conservadora: o argumento historiográfico de Arendt

O segundo argumento que Arendt articula como uma objeção ao foco do julgamento nas vítimas é histórico e epistemológico. O julgamento percebe o nazismo como a culminação monstruosa e como a *repetição* traumática de uma história monumental de antissemitismo. Para Arendt, entretanto, essa perspectiva da vítima, essa percepção traumatizada da história como a eterna repetição da catástrofe, é *anestesiante*.[219] Arendt não o exprime de maneira absolutamente tão literal: estou fazendo uma tradução livre do que sinto ser a força propulsora intelectual e emocional do argumento dela. Repetição de trauma produz insensibilidade. Mas a lei não pode tolerar a insensibilidade. Como típica reação ao trauma, a insensibilidade pode ser um efeito legítimo da história; não pode ser um efeito legítimo da lei, a linguagem da percepção aguçada. Supõe-se que um julgamento, Arendt o sente de forma profunda e intensa, seja precisamente uma tradução do trauma *para a consciência*. Aqui, porém, o trauma anestesiante está mesclado à forma do próprio julgamento. Ao litigar e sustentar as acusações com base numa repetição anestesiante da catástrofe, a consciência histórica judaica – e o julgamento como um todo – submete-se aos efeitos do trauma em lugar de remediá-lo. A história torna-se a ilustração do que é já conhecido. Mas a questão é precisamente como aprender algo novo sobre a história. Na visão israelense do julgamento, a percepção monumental, analógica, da repetição do trauma do antissemitismo *esconde a nova* – oculta da visão precisamente a natureza sem precedentes do crime nazista, que não é nem um desenvolvimento nem uma culminação do que aconteceu antes, mas está separado da história que o precede por um abismo. Esse abismo – essa ruptura epistemológica – é o que o julgamento de Eichmann e sua história monumental não conseguem perceber, segundo a visão de Arendt. Essa crítica radical sintetiza o conceito revolucionário de Arendt do Holocausto, em oposição à sua abordagem jurídica conservadora e ao seu argumento jurisprudencial conservador.

Sustentarei na sequência que o julgamento de Eichmann é, nos antípodas de Arendt, historiograficamente conservador, porém jurisprudencialmente revolucionário. Arendt, pelo contrário, é historiograficamente revolucionária, mas jurisprudencialmente conservadora. Sustento, além disso, que o paradoxo de *Eichmann in Jerusalem* provém da tensão criativa entre o radicalismo filosófico, historiográfico e epistemológico de Arendt e seu conservadorismo jurisprudencial.

O Holocausto, afirma Arendt, exige um radicalismo historiográfico. O julgamento de Eichmann, porém, é – de maneira bastante decepcionante – incapaz de tal abordagem histórica radical. Não consegue ministrar uma lição revolucionária para o futuro porque está aprisionado na repetição infindável de um passado catastrófico. Está trancado no trauma e na repetição como uma elaboração que impede uma compreensão do sem precedentes. "Tenho insistido", escreve Arendt, "em... quão pouco Israel, e o povo judeu em geral, estavam preparados para reconhecer, nos crimes de que Eichmann foi acusado, um crime sem precedentes":

> Aos olhos dos judeus, pensando exclusivamente em termos de sua própria história, a catástrofe que lhes acontecera com Hitler, na qual pereceu um terço do povo, para ele surgiu não como o mais recente dos crimes, o crime sem precedentes do genocídio, mas pelo contrário, como o mais antigo crime que conheciam e de que se lembravam. Esse desentendimento... está realmente na raiz de todas as falhas e deficiências do julgamento de Jerusalém. *Nenhum dos participantes jamais chegou a um entendimento claro do horror efetivo de Auschwitz, que é de natureza diferente de todas as atrocidades do passado...* Politicamente e legalmente... esses foram "crimes" diferentes não só no grau de seriedade, mas na essência. (*EeJ*, p. 290; destaques adicionados)

Quarta parte:
Estendendo os limites da percepção

Arendt situa, assim, a problemática do julgamento de Eichmann numa relação particularmente significativa entre a repetição e o novo, entre uma memória da história e o direito como uma experiência e uma disciplina de precedentes, e a necessidade de explorar novos terrenos, de projetar no futuro e na estrutura do precedente o significado jurídico daquilo que não tem exemplo e nem precedentes. Sustentarei, por minha vez, que se concentrando na repetição e seus limites no julgamento de Eichmann, Arendt deixa de ver o modo por meio do qual o julgamento de fato não repete a história da vítima, mas a cria historicamente pela primeira vez. Admito, em outras palavras, que o julgamento de Eichmann legalmente cria um evento radicalmente original e novo: não um ensaio de uma história dada, mas um evento narrativo inovador que é, ele mesmo, histórica e juridicamente sem precedentes.

– IV –

"Filósofos universalistas", escreve Richard Rorty,

> assumem, com Kant, que todo o espaço lógico necessário à deliberação moral está agora disponível – que todas as verdades importantes sobre o certo e o errado não só podem ser expressas como tornadas plausíveis em linguagem já disponível para uso.[220]

Como alguém que crê na linguagem universalista do direito, Arendt levanta tal hipótese ao dirigir-se a Jerusalém e ao fazer o relatório que faz sobre as deficiências do julgamento. Mas o julgamento de Eichmann, eu o sustentaria, empenha-se precisamente em *expandir* o espaço disponível à deliberação moral pelo intermédio do direito. O julgamento mostra como a natureza sem precedentes do dano infligido às vítimas simplesmente não pode ser expressa numa linguagem que já se encontra disponível. Eu sustentaria que o julgamento luta para criar um novo espaço, uma linguagem que ainda não existe. Essa nova linguagem jurídica e esse novo espaço em que a racionalidade ocidental em si muda seu horizonte e estende seus limites são criados aqui, talvez pela primeira vez na história, precisamente pela narrativa em primeira mão das vítimas.

Privado e público

Surgem mais de cem testemunhas, determinadas a traduzir seus traumas privados para o espaço público. Para sua surpresa, Arendt emociona-se a tal ponto com alguns testemunhos que pode, de maneira não característica, por momentos pensar não criticamente e, como ela o expressa, "tolamente: *'Era de se pensar que todo mundo, todo mundo deveria ter seu dia no tribunal'*" (*EeJ*, p. 251). Em geral, entretanto, Arendt passa maus momentos digerindo a exibição testemunhal das atrocidades, e considera ouvi-las algo profundamente desgastante.[221] Fica embaraçada ante as revelações sem reservas de degradação humana, e em profundo desconforto diante do que experimenta como uma exposição do privado à audição pública:

> A plateia era composta de "sobreviventes", de gente de meia idade ou mais velha, de imigrantes da Europa, como eu, que sabiam de cor tudo o que havia para saber[222]... Testemunha após testemunha, horror após horror, ali ficavam eles, sentados, ouvindo em público histórias que dificilmente suportariam na privacidade, quando teriam de olhar de frente o interlocutor. (*EeJ*, p. 19)

Ao relegar a experiência da vítima ao domínio do privado e ao expressar seu desconforto diante da mistura do privado e do público, Arendt, contudo, deixa de reconhecer como a própria essência do julgamento consiste numa *reorganização* jurídica e social das duas esferas e numa reestruturação da relação jurisprudencial e política entre elas.[223] Além da esfera incidental da reserva de Arendt e de sua irritação com o que experimenta como uma invasão do público pelo privado, sustento que o julgamento é, primária e centralmente, um *processo legal de tradução* de milhares de traumas privados, secretos, para um trauma coletivo, público e comunitariamente reconhecido.

A revolução na vítima

Mas tal tradução não é dada. A história da vítima tem de superar não apenas o silêncio dos mortos, mas o indelével poder de coerção do silenciamento aterrorizante, brutal do opressor no tocante ao sobreviver, e o inerente e mudo silêncio dos vivos ante um evento impensável, incognoscível e incompreensível. "Mesmo aqueles que lá estavam não conhecem Auschwitz... Pois Auschwitz é um outro planeta",[224] testemunha um escritor chamado K-Zetnik, que não consegue completar seu testemunho porque literalmente perde a consciência e desmaia no banco das testemunhas. "Aquele grito mudo", ele mais tarde escreverá,

> estava novamente tentando soltar-se, como o fizera toda vez que a morte se apresentou diante de mim em Auschwitz; e, como sempre quando eu fitava a morte nos seus olhos, também agora o grito mudo não ia além dos meus dentes cerrados, que se fechavam sobre ele e o trancavam dentro de mim.[225]
>
> Mas que posso eu fazer quando estou acometido pela mudez? Eu não tenho nem palavra, nem nome para isso tudo. Gêneses diz: "E Adão deu nomes...". Quando Deus acabou de criar a Terra e tudo sobre ela, pediu a Adão que desse nomes para tudo o que Deus havia criado. Até 1942 não havia Auschwitz na existência. Para Auschwitz, não há outro nome senão Auschwitz. Meu coração será rasgado em pedaços se eu disser: "Em Auschwitz eles queimaram pessoas vivas!" ou "Em Auschwitz pessoas morreram de fome." Mas isso não é Auschwitz. Pessoas já morreram de fome antes e pessoas foram queimadas vivas antes. Mas isso não é Auschwitz. O que, então, é Auschwitz? Não tenho palavras para expressar; não tenho um nome para isso. Auschwitz é um fenômeno primário. Eu não tenho a chave para destravar. Mas as lágrimas do mudo não falam a sua angústia? E gritos dele não choram seu sofrimento? E seus olhos protuberantes não revelam o horror? Eu sou esse mudo.[226]

No filme *Shoah*, dois sobreviventes de Vilna, Motke Zaidl e Itzhak Dugin, testemunham acerca do plano nazista em 1944 de abrir os túmulos e cremar os cadáveres, de modo a apagar literalmente todos os vestígios do genocídio:

> Os últimos túmulos eram os mais novos, e começamos com os mais antigos, os do primeiro gueto... Quanto mais fundo se cavava, mais achatados eram os corpos... Quando se

tentava apanhar um corpo, ele se desagregava, sendo impossível colhê-lo. Tivemos de abrir os túmulos sem ferramentas... Qualquer um que dissesse "cadáver" ou "vítima" era espancado. Os alemães faziam que nos referíssemos aos corpos como *Figuren*.[227]

Por definição, uma vítima não é só alguém que é oprimido, mas também alguém que não possui linguagem própria, alguém de quem, muito precisamente, é *subtraída uma linguagem* com a qual articular sua (dele ou dela) vitimização.[228] O que está para ela disponível como linguagem é somente a linguagem do opressor. Mas na linguagem do opressor, aquele que é vitimado pelo abuso parecerá louco, mesmo para si mesmo, caso se descreva a si mesmo como vitimado pelo abuso.[229]

> Os alemães até mesmo nos proibiram de empregar as palavras "cadáver" ou "vítima". Os mortos eram blocos de madeira, merda. Qualquer um que pronunciasse a palavra "cadáver" ou "vítima" era espancado. Os alemães faziam com que nos referíssemos aos corpos como *Figuren* [isto é, como marionetes, como bonecos], ou como *Schmattes* [que significa "farrapos"].[230]

Na nova linguagem, que é função do julgamento de Eichmann inventar e articular a partir do nada, os judeus têm de surgir precisamente da "sub-humanidade" que foi linguisticamente neles impressa, até mesmo dentro deles mesmos, pela linguagem do opressor. "Fomos os portadores do segredo", diz Philip Muller, ex-membro da Sonderkommando, no filme *Shoah*:

> Éramos homens mortos com sentença temporariamente suspensa. Não nos era permitido falar com ninguém, ou contatar qualquer prisioneiro, ou mesmo a SS. Somente aqueles responsáveis pela Aktion.[231]

Porque a história, por definição, silencia a vítima, a realidade da degradação e do sofrimento – os próprios fatos do caráter de vítima e do abuso – é intrinsecamente inacessível à história. Mas a visão juridicamente criativa do julgamento de Eichmann consiste no desfazer dessa inacessibilidade. O julgamento de Eichmann é o julgamento das vítimas somente na medida em que são agora as vítimas que, ainda que fosse muito difícil e improvável, estão precisamente *escrevendo sua própria história*.

Para permitir tal escrever por meio do qual os portadores mudos de um destino traumatizante tornam-se os sujeitos falantes de uma história, o julgamento de Eichmann tem de encenar não simplesmente a memória, mas *a memória como mudança*. Tem de dramatizar no seu palco jurídico, diante do auditório, nada menos do que uma *revolução conceitual na vítima*. E isso realmente é o que o julgamento faz. Nesse sentido, o julgamento de Eichmann é, eu o admitiria, um julgamento revolucionário.[232] É essa transformação revolucionária da vítima que faz a história da vítima *acontecer* pela primeira vez, e acontecer como um ato legal de *autoria de história*. Essa revolução historicamente sem precedentes na vítima, que foi operada no julgamento de Eichmann e por ele, é, eu o sugeriria, a mais importante contribuição do julgamento não só para os judeus, como para a história, para o direito, para a cultura – para a humanidade em geral. Também sustento que, como um evento jurídico singular, o julgamento de Eichmann reclama um repensar – e desencadeia uma transvaloração – das estruturas e dos valores do direito penal tradicional.[233]

É fato bem conhecido que, antes do julgamento de Eichmann, o Holocausto não era discutido em Israel, sendo, pelo contrário, marcado pela vergonha, pelo silêncio e pela ampla negação.[234] Sobreviventes do Holocausto não falavam sobre seu passado, e quando o faziam não eram ouvidos. Suas memórias estavam seladas na mudez e no silêncio. Suas histórias eram frequentemente mantidas em segredo, mesmo de suas famílias. A explosão emocional desencadeada pelo julgamento de Eichmann e pela revolução nas vítimas, produzida por ele de maneira dramática e moral, publicamente quebrou esse silêncio.

Agora, pela primeira vez, as vítimas eram legitimadas e validadas, e seu discurso recém-nascido era autorizado por seus novos papéis, não como vítimas, mas como testemunhas de acusação no julgamento. Sustento que uma nova percepção moral foi possibilitada precisamente por essa mudança de papel e mudança de *status*. "Injustiças", diz Rorty num contexto diferente:

> Injustiças podem não ser percebidas como injustiças, mesmo por aqueles que as sofrem, até que alguém invente um papel que não foi anteriormente desempenhado. Somente se alguém tem um sonho e uma voz para descrever tal sonho, o que se assemelhava à natureza começa a assemelhar-se à cultura, o que se assemelhava ao destino, começa a se assemelhar a uma abominação moral.[235]

O julgamento constituiu, assim, um ato transformador de direito e justiça: um passado judaico que antes significara apenas uma mutilação estava agora sendo recuperado como uma identidade política e moral habilitadora e orgulhosamente compartilhada. Israelenses vivos ligavam-se aos judeus europeus mortos na necessidade emergente de partilhar o Holocausto.[236] Difundido ao vivo pelo rádio e escutado com intensa emoção, o julgamento estava se tornando o acontecimento central na vida do país. Pela primeira vez, vítimas estavam, assim, conquistando o que, como vítimas precisamente, não puderam ter: autoridade – autoridade histórica, quer dizer, *autoridade semântica* sobre si mesmas e sobre os outros. Em última instância, a aquisição de autoridade semântica por parte das vítimas era do que tratava o julgamento.

Quinta parte:
A teia de histórias

Antes do julgamento de Eichmann, o que chamamos de o Holocausto não existia como uma história coletiva. Não existia como uma história com autoridade semântica.[237]

"Onde há experiência, no estrito sentido da palavra," escreve Walter Benjamin, "certos conteúdos do passado individual combinam-se com material procedente do passado coletivo"[238] para formar uma "imagem de uma experiência coletiva, para a qual mesmo o mais profundo choque da experiência individual, a morte, não representa nem um escândalo nem um impedimento"[239]:

> A memória cria o encadeamento da experiência que passa um acontecimento de geração para geração. Ela principia a teia que todas as narrativas juntas formam no fim. Uma se ata à seguinte, como os grandes narradores... sempre souberam prontamente.[240]

É essa nova história coletiva que não existia antes do julgamento – uma narrativa ao mesmo tempo do sofrimento das vítimas e da recuperação da linguagem das vítimas –, e a recentemente adquirida autoridade semântica e histórica dessas narrativas revolucionárias, que pela primeira vez criam o que hoje conhecemos como o Holocausto: um tema de discussão internacional e de conversação mundial que designa a experiência das vítimas e que se refere ao crime contra o povo judeu independentemente da narrativa política e militar da Segunda Guerra Mundial.

– V –

A reivindicação de Israel por um Direito por meio do julgamento de Eichmann e a monumental história jurídica construída pelo julgamento cumpriram, assim, numa certa medida, a missão do direito de ser, segundo o conceito de Robert Cover, "uma ponte para o futuro". "O direito" – escreve o renomado filósofo do direito norte-americano em seu artigo "Folktales of Justice" – "não é nem para ser inteiramente identificado com o entendimento do presente estado das coisas, nem com as alternativas imaginadas. É a ponte – ...uma ponte construída com base no comportamento social compromissado."[241] O direito ratifica um aspecto de comprometimento em nossas vidas, e o compromisso se obriga rumo a um futuro que, esperamos, será um futuro melhor. Nossos compromissos legais são, por sua vez, formados por lições e instruções que extraímos de narrativas sobre o passado e de nossas leituras dessas narrativas. "Nenhum conjunto de instituições jurídicas existe à parte das narrativas que o situam e lhe conferem sentido," Cover nos lembra:

> Para toda Constituição há um épico; para todo decálogo, uma escritura. Uma vez entendido no contexto das narrativas que lhe conferem sentido, o direito torna-se não meramente um sistema de regras a serem observadas, mas um mundo em que vivemos.[242]

Para que o mundo fosse vivível depois do Holocausto, uma narrativa humana da catástrofe passada e da devastação passada precisava ser juridicamente articulada e combinada com futuras regras jurídicas. A narrativa jurídica de Nuremberg não foi suficiente, uma vez que não articulou a história das vítimas, mas a subsumiu na história política e militar geral da guerra.[243]

O que Nuremberg realmente fez (e esta foi sua realização jurídica ímpar) foi estabelecer um conceito jurídico sem precedentes de "crimes contra a humanidade", e instaurar a pena de morte contra os perpetradores nazistas desses crimes, como uma nova norma ou um novo precedente legal. "Também incorporamos seus princípios num precedente judicial," escreve o juiz Robert Jackson, arquiteto e principal acusador dos julgamentos de Nuremberg:

> "O poder do precedente," declarou o Sr. juiz Cardozo, "é o poder da trilha batida." Um dos principais obstáculos desse julgamento foi a falta de uma trilha batida. Um julgamento tal como foi apresentado *muda o poder do precedente* para o suporte dessas regras jurídicas. Ninguém pode doravante negar ou deixar de saber que os princípios por meio dos quais os líderes nazistas são sentenciados a pagar com suas vidas constituem lei – e lei com uma sanção.[244]

Arendt deplora o fato de que, por meio de seus excessos legais e de suas falhas conceituais, o julgamento de Eichmann, diferentemente de Nuremberg, não conseguiu projetar no futuro uma norma jurídica inovadora ou um precedente jurídico válido (universal).[245] Sustentei contra Arendt que a função do julgamento não foi criar um precedente jurídico, mas sim criar uma narrativa jurídica, uma linguagem jurídica, e uma cultura jurídica que ainda não existiam, mas que se tornaram essenciais para a articulação da natureza sem precedentes do crime de genocídio.

"Cada comunidade", diz Cover, "constrói suas pontes com os materiais de narrativa sagrada que tomam como seu objeto muito mais do que é comumente concebido como 'jurídico'."[246] O julgamento de Eichmann, eu admito, foi um evento jurídico singular que, por meio de seu monumental registro jurídico e de seu monumental coro legal dos testemunhos dos perseguidos, sem o perceber, tornou-se criador de uma *narrativa* canônica ou *sagrada*.[247] Essa narrativa sagrada recém-nascida foi, e só podia ser, ao mesmo tempo um relato da jurisdição e um relato coletivo do luto.

"Um dia à tardinha," escreve o poeta Paul Celan, "o Sol, e não apenas ele, tinha se posto,"

e ia andando o judeu,... judeu, e filho de judeu, e com ele ia o seu nome, o indizível, ia e vinha, arrastando-se, fazia-se ouvir, vinha de bengala, vinha sobre a pedra...

E quem achas tu que veio em seu encontro? Ao seu encontro veio seu primo, ...primo e irmão... ele era grande... O grande ao encontro do pequeno...

...e fez-se silêncio na montanha por onde eles iam, este e aquele...

"Vieste de longe, vieste até aqui..."

"Vim. Vim como tu vieste."

"Bem sei"...

"Sabes. Sabes e vês: a Terra dobrou-se aqui em cima... e abriu-se ao meio... – pergunto eu, a quem se destina ela, a Terra? A ti não se destina, é o que eu digo, nem a mim – uma língua é isso então, sem Eu e sem Tu, só Isso percebes, só Eles e nada mais."

"Percebo, percebo. Afinal vim de longe, afinal vim como tu vieste."

"... E, apesar de tudo, apesar de tudo, vieste até aqui... por quê e para quê?"

"Porquê e para quê... Porque tinha de conversar talvez comigo ou contigo, com a boca e com a língua, e não só com a bengala. Pois com que conversa ela, a bengala? Conversa com a pedra, e a pedra – com quem conversa ela?"

"Com quem, meu irmão, há-de ela conversar? Ela não conversa, fala, e quem fala, meu irmão, não conversa com ninguém, fala porque ninguém o ouve... estás a ouvir?"

"Estás a ouvir, diz ele, eu estou presente, estou aqui, cheguei. Cheguei com a bengala, eu e nenhum outro, eu e não ele, eu com a minha hora, a imerecida, eu a quem o destino atingiu, eu a quem o destino não atingiu, eu com memória, eu, o de fraca memória, eu, eu, eu..."

"Eu aqui, eu: eu que te posso dizer, eu que te poderia dizer tudo isto... eu acompanhado talvez – agora – pelo amor dos não amados, eu a caminho de mim aqui em cima."[248]

* * *

Poderia bem ser precisamente por meio de sua *inimitabilidade jurídica* que o julgamento de Eichmann, aliando em direito a crônica à parábola jurídica, obteve êxito em criar ao mesmo tempo uma narrativa jurídica sem precedentes do trauma privado e coletivo, e ainda uma referência jurídica em termos culturais e históricos para o futuro: o texto privilegiado de um moderno *conto folclórico de justiça*.

Notas de 176 a 248

176. *EeJ*. Arendt viajou para Jerusalém juntamente com muitos outros correspondentes estrangeiros para fazer uma reportagem para o *New Yorker* a respeito do julgamento cujo anúncio dramático em Israel provoca-

ra uma agitação internacional e conquistara a atenção do mundo. Ver *Criminal Case* 40/61 (Jerusalem), *Attorney General v. Eichmann* (1961, tradução inglesa do Processo 1962) e *Criminal Appeal* 336/61, *Eichmann v. Attorney General* (1962). Pnina Lahav resume os fatos do caso: "Adolf Eichmann era chefe do Departamento IV B 4 na RSHS (os serviços de segurança do Reich) e responsável pelos Assuntos Judaicos e Evacuação. Demonstrou suas excelentes habilidades administrativas primeiramente ao realizar a modesta tarefa de expulsar os judeus de Viena da Áustria, e então pela montagem do assassinato sistemático da maioria dos judeus europeus. Em 1944, semanas antes do exército vermelho marchar em Budapeste, ele reativou os crematórios de Auschwitz acrescentando 400 mil judeus húngaros às suas 5,5 milhões de vítimas. [*Eichmann v. Attorney General* (1962), tradução inglesa (1963), Parte III, em 11-12, 17-35.] Depois da Guerra, Eichmann fugiu para a Argentina e assumiu uma falsa identidade. Em 11 de maio de 1960, quando Israel celebrava seu [décimo segundo] aniversário, agentes de segurança israelenses raptaram Eichmann e o levaram a Jerusalém para enfrentar acusações... Para garantir a segurança de Eichmann, ele foi sentado [no tribunal] numa cabine de vidro à prova de bala especialmente construída... Foram permitidas câmeras no tribunal, uma raridade no mundo ordinário da lei e sem precedentes no procedimento judicial israelense. Um grande número de tradutores para tradução simultânea [interpretou o julgamento – conduzido em hebraico – para os fones de ouvido dos correspondentes estrangeiros, do acusado e de seu advogado de defesa. Entretanto, os juízes interrogaram o acusado em alemão, sem fones de ouvido e sem a mediação de tradutores.] ... Depois da condenação, Eichmann foi enforcado no verão de 1962. Ele foi a primeira e até então a única pessoa executada pelo Estado de Israel" (LAHAV, 1992, p. 555; 558-9).

177. Sobre a definição de Arendt do mal, ver, entre outros: TSCHOPP, 1998; LANG apud HINCHMAN; HINCHMAN, 1994, p. 41-56; BEATTY apud HINCHMAN; HINCHMAN, 1994, p. 57-74; VILLA, 1992, p. 274-308; KATEB, 1984; DOSSA, 1984 p. 163-82; ROTTENSTREICH, 1984, p. 50-62; CLARKE, 1980, p. 417-439; ROBINSON, 1965; SCHOLEM apud ARENDT, 1978; e ABEL, 1963.

Sobre Arendt em geral, ver, entre outros: KRISTEVA, 1999; KRISTEVA, 2001a; KRISTEVA, 2001b; TASSIN, 1999; WELLMER, 1999; THERAULAZ; TSCHOPP, 1998; ESLIN, 1996; MINOW apud BROOKS; GEWIRTZ, 1996, p. 24-36; BENHABIB, 1994; d'ENTRÈVE, 1994; HINCHMAN; HINCHMAN, 1994; HANSEN, 1993; CANOVAN, 1992; WATSON, 1992; TOLLE, 1992; BARNOUW, 1990; BRADSHAW, 1989; KAPLAN; KESSLER, 1989; BERNAUER, 1987; ESPÓSITO, 1987; BERNAUER, 1985, p. 20; MAY, 1986; ENEGREN, 1984; YOUNG-BRUEHL, 1982; PAREKH, 1981; WHITEFIELD, 1980; e HILL, 1979.

178. "Quando falo da banalidade do mal," explica Arendt no "Postscript" em *Eichmann in Jerusalem*, "falo somente no nível estritamente factual, apontando um fenômeno que nos encarou de frente no julgamento. Eichmann não era nenhum Iago, nenhum Macbeth... A não ser por sua extraordinária aplicação em obter progressos pessoais, ele não tinha nenhuma motivação. Para falarmos em termos coloquiais, ele simplesmente nunca percebeu o que estava fazendo" (*EeJ*, p. 311; destaques meus).

179. Arendt insistia, escreve Pnina Lahav, "que 'a civilizada filosofia do direito orgulhava-se... [extremamente] em [...] levar em consideração... o fator subjetivo' da *mens rea*. Mas os *nazistas formaram uma nova categoria de criminosos, homens e mulheres que não possuíam "mens rea"*. Essa nova categoria, insistia Arendt, tinha que ser reconhecida como uma matéria jurídica" (LAHAV, 1992, p. 555; 570; itálicos meus).

Minha ênfase é ligeiramente diferente. Vejo o ponto crucial do conceito de Arendt de "banalidade do mal" não só na nova concepção de "um criminoso sem *mens rea*," mas também no fator jurídico e linguístico adicionado da sobreposição de uma *linguagem (nazista) tomada emprestada* – de *clichês* reconhecíveis e estruturantes – sobre essa ausência de motivo subjetivo. O alemão quase paródico de Eichmann, um alemão limitado a um uso anacrônico do jargão burocrático nazista (percebível durante o julgamento, por todo falante nativo de alemão, como a sobrevivência grotesca de uma espécie de linguagem de robô), *substitui a "mens rea"*. Essa não intencional *paródia linguística que substitui a "mens rea"* é o que faz Arendt chamar Eichmann de "um palhaço" e encarar em geral a versão da língua alemã do julgamento como "ridículo e rematadamente engraçado (*EeJ*, p. 68). "O texto em alemão do interrogatório [...]em cada página corrigida e aprovada por Eichmann, constitui uma verdadeira mina de ouro para um psicólogo", escreve Arendt, mostrando como "o horrível pode ser não só ridículo como rematadamente engraçado. Parte do humor não pode ser comunicado em outra língua, porque está justamente na luta heroica que Eichmann trava com a língua alemã, que invariavelmente o derrota. Vagamente consciente de uma incapacidade que deve tê-lo perseguido ainda na escola – chegava a ser um caso brando de afasia... – ele pediu desculpas, dizendo, '*Officialese* [*Amtssprache*] Minha única língua é o oficialês' Mas a questão é que o oficialês se transformou em sua única língua porque ele sempre foi genuinamente incapaz de pronunciar uma única frase que não fosse um clichê... Quanto mais se ouvia Eichmann, mais óbvio ficava que sua incapacidade de falar estava estreitamente associada a uma incapacidade de *pensar*, ou seja, de pensar do ponto de vista de outra pessoa. *Não era possível nenhuma comunicação com ele, não porque mentia, mas porque se cercava do mais confiável de todos os guardas-costas contra as palavras e presença de outros, e portanto contra a realidade enquanto tal (EeJ*, p. 62; itálicos meus). Como um "palhaço" tipo papagaio, Eichmann não *fala* a linguagem (nazista) tomada emprestada: ele é, ao contrário, *falado por ela, falado pelos* clichês dela, cuja criminalidade ele não vem a compreender. Essa perda total de um senso de realidade no tocante aos crimes nazistas é o que resume, para Arendt, o mais extremo escândalo moral (a *"mens rea" ventriloquizada*, a "banalidade" linguística criminosa) tipificada por Eichmann. A contínua representação de Eichmann durante o julgamento (seu ventriloquismo autista) da linguagem tecnocrática nazista é o que,sobretudo, o incrimina aos olhos de Arendt. (Nesse sentido, é talvez simbólico que, como observa o advogado de acusação, "Eichmann quase nunca inspecionou a sala do tribunal." HAUSNER, 1966, p. 332.)

180. Para uma ênfase semelhante na essência jurisprudencial da "banalidade do mal", mas de uma perspectiva interpretativa diferente, ver DOUGLAS, 1996, p. 100; 108. "A banalidade do mal pode, assim, ser entendida como descrevendo tanto um fenômeno burocrático quanto jurídico. Removidos do ponto de vista organizacional do assassinto em massa por eles sancionado, funcionários como Eichmann podiam alegar ter participado da Solução Final *com base num sentimento de obrigação legal. Assim concebido, o Holocausto poderia ser encarado como o aprimoramento, e não como a perversão do positivismo jurídico* – a ideia de que a legitimidade de uma ordem legal provém de seu *status* como lei e não de qualquer conteúdo normativo subjacente" (itálicos meus).

181. Esta, aos meus olhos, é a quintessência do paradoxo de Arendt e de sua inesperada interpretação jurídica do crime. Essa interpretação, é claro, contrasta nitidamente com a versão da acusação e com a interpretação jurídica do tribunal, tendo estas duas atribuído a Eichmann uma indubitável *mens rea*, ou uma intenção criminosa hiperbólica ("monstruosa", monstruosamente autoconsciente e obstinada): "Eichmann", escreveu o juiz da Suprema Corte israelense Simon Agranat, "executou a ordem de extermínio em todas as ocasiões e em todas as estações *con amore*... com zelo genuíno e devotamento a esse objetivo." Cr. App. 336/61, *Eichmann v. Attorney General*, P.D. 16, 2033, 2099 (hebraico, 1962); *Eichmann Supreme Court Opinion*, 1-70 (inglês). Citado em Pnina Lahav (1997, p. 157). Para um relato elaborado das opiniões do tribunal a respeito disso e de outras matérias jurídicas, ver LAHAV, 1997, p. 145-62.

182. *AJ Corr.*, carta 50, p. 69.

183. *AJ Corr.*, carta 274, p. 215-7.

184. Ver, por exemplo, a interpretação característica de Gershom Scholem na sua carta pública a Arendt de 23 de junho de 1963: "[T]ua descrição de Eichmann como um 'convertido ao sionismo' só poderia partir de alguém que experimentasse uma profunda antipatia por tudo que tem a ver com o sionismo. Essas passagens em teu livro... resultam numa zombaria do sionismo; e sou levado forçosamente à conclusão de que essa foi, realmente, tua intenção." (SCHOLEM apud ARENDT, 1978, p. 53.)

185. Contra um clamor por justiça internacional disputando a jurisdição israelense, seguindo de perto o sequestro de Eichmann de seu esconderijo na Argentina, realizado por Israel, Arendt defende o direito de Israel tanto de julgar Eichmann quanto de executá-lo. Embora ela critique a filosofia por trás da opinião da corte distrital, apóia sinceramente o veredicto e aprova a punição, que considera justa (*EeJ* p. 255-74; 294-302). Chega ao ponto de aprovar o sequestro, que reconhece ser o único meio realista (mesmo se ilegal) de conduzir Eichmann à Justiça. ("Esse, infelizmente, era o único traço quase sem precedentes de todo o julgamento de Eichmann, e certamente era o menos digno de converter-se num precedente válido... *A justificativa era a falta de precedentes do crime e do surgimento do Estado judeu*. Havia, além disso, importantes circunstâncias atenuantes no fato de dificilmente ter existido uma alternativa caso se desejasse realmente conduzir Eichmann à justiça... Em resumo, *o domínio da legalidade não oferecia nenhuma alternativa de sequestro*. Os que estão convencidos de que a justiça, e nada mais, é a finalidade da lei tenderão a endossar o ato de sequestro, embora não por precedentes... – (*EeJ*, p. 287; destaques meus; tradução modificada) Um ato jurídico fundador, Arendt insinua, é sempre baseado num ato de violência. (Sobre a relação

geral entre a fundação da lei e a violência, comparar com DERRIDA apud MINOW, 1990, p. 920; 941-2; Walter Benjamin, "Critique of Violence", em *SWI*, p. 237-52; e COVER apud MINOW; RYAN; SARAT, 1995e, p. 203-38.)

Todos esses pontos, em síntese, estabelecem a posição de Arendt (contrária à opinião comum) como *pró*-sionista, embora crítica do governo israelense e de sua administração do julgamento. "Como pudeste crer que meu livro foi 'uma zombaria do sionismo'," Arendt escreve a Scholem, "seria um completo mistério para mim se eu desconhecesse que muitas pessoas nos círculos sionistas se tornaram incapazes de ouvir opiniões e argumentos que se distanciam de sua ideologia e que não se harmonizam com ela. Há exceções, e um sionista amigo meu observou, sem o saber, que o livro, em particular o último capítulo (reconhecimento da competência do tribunal, justificação do sequestro), era muito pró-Israel, como realmente é. O que te confunde é meu argumento e minha abordagem serem diferentes daquilo com o que estás acostumado; em outras palavras, o problema é que eu sou independente." Carta de resposta de Arendt de 24 de julho de 1963, em SCHOLEM apud ARENDT, 1978, p. 55.

186. Arendt critica a jurisdição em Israel da lei religiosa sobre o direito de família: pragmaticamente, essa subordinação do direito de família à lei religiosa não permite inter-casamentos com não-judeus; de maneira provocativa, Arendt compara essa jurisdição de exclusão da lei religiosa israelense com as exclusões racistas das leis de Nuremberg de 1935 do Terceiro Reich (*EeJ*, p. 17).

187. Arendt resume esses espetaculares (espectalarizados) fins políticos e didáticos: "Dessa forma, o julgamento nunca se converteu numa peça, mas o espetáculo que Ben Gurion tinha em mente desde o começo efetivamente aconteceu, ou melhor, aconteceram as lições ou melhor, as 'lições' que ela achou que deveria ensinar aos judeus e aos gentios, aos israelenses e aos árabes... Essas lições... Ben Gurion antes do processo começar, numa série de artigos destinados a explicar por que Israel sequestrara o acusado. Havia a lição ao mundo não-judeu: 'Queremos demonstrar ante as nações do mundo como milhões de pessoas, porque aconteceu de serem judeus, e um milhão de bebês, porque aconteceu de serem bebês judeus, foram assassinados pelos nazistas.' [...] 'Queremos esclarecer às nações do mundo como milhões de pessoas, pelo acaso de serem judias, e um milhão de bebês, pelo acaso de serem bebês judeus, foram mortos pelos nazistas.' Os judeus na Diáspora deveriam se lembrar como o judaísmo, com seus quatro mil anos..., sempre se defrontou com 'um mundo hostil', como os judeus degeneraram até caminharem para a morte como cordeiros, como só o estabelecimento de um Estado judeu permitiria aos judeus reagir, como os israelenses reagiram na Guerra de Independência... E da mesma forma que era preciso mostrar aos judeus fora de Israel quais as diferenças entre o heroísmo israelense e a humildade submissa dos judeus, havia também uma lição para aqueles que estavam dentro de Israel: 'a geração de israelenses cresceu desde o holocausto', corria o risco de perder seus laços com o povo judeu e, por extensão, com sua própria história. 'É preciso que a juventude se lembre do que aconteceu com o povo judeu. Queremos que conheçam os fatos mais trágicos de nossa história.' E, por último, um dos motivos de levar Eichmann a julgamento era desentocar outros nazistas – por exemplo, a conexão entre os nazistas e alguns governantes árabes." (*EeJ*, p. 19-20; tradução modificada). Esses objetivos políticos, ideológicos e educacionais bem conhecidos e amplamente discutidos do Estado no julgamento de Eichmann não me interessam aqui. Meu próprio foco na sequência é, ao contrário, nas conquistas do julgamento como um evento legal *que excede sua própria ideologia*. O debate de Arendt é com as orientações políticas do Estado em torno do julgamento. Essas orientações políticas, e os propósitos ideológicos oficiais do julgamento, foram inteiramente descritos e analisados em HAUSNER, 1968; Tom Segev, *The seventh million*: the israelis and the holocaust, 1993, p. 323-66, na sequência abreviado como Segev; LAHAV, 1997, p. 145-64; LAHAV, 1992, p. 555; WIEVIORKA, 1989; e WIEVIORKA, 1998.

188. Arendt afirma que Ben Gurion distorce a justiça ao fazer o julgamento servir aos objetivos políticos do Estado (ver nota anterior), e ao usar a aguda polarização entre o bem e o mal dramatizada pelo julgamento (fazendo o acusado equivaler ao mal absoluto) como uma estratégia para fazer o Estado acusador equivaler ao bem absoluto e, assim, legitimar o Estado e legitimar não criticamente (além da crítica) quaisquer orientações políticas ou medidas julgadas necessárias pelo Estado para assegurar a preservação de sua existência. Assim (Arendt parafraseia as "lições" de Ben Gurion no julgamento), como os judeus degeneraram até caminharem para a morte como cordeiros, como só o estabelecimento de um Estado judeu permitiria aos judeus reagir, como os israelenses reagiram na Guerra de Independência... supunha-se que a juventude israelense aprendesse como os judeus na Diáspora, perseguidos e cercados por um mundo hostil (*EeJ*, p. 20). Arendt não menciona explicitamente os palestinos, mas é difícil hoje (em 2002) não

pensar nessa conexão da tragédia palestina (sucedendo-se ao direito israelense à justiça) e não reconhecer o igual direito dos palestinos à justiça tragicamente afirmado na violência e nos conflitos diários nas "fronteiras" (de hoje) ainda mais "infelizes" de Israel. (Aqui, mais uma vez, como no julgamento de Simpson, dois traumas conflitantes – o trauma judaico e o trauma palestino – lutam para *se silenciarem* mutuamente e suprimir e emudecer o brado por justiça um do outro. ("Por um período na história do Estado israelense [com a chegada do governo Likkud, dezesseis anos depois do julgamento de Eichmann], Eichmann viria a simbolizar não só o nazismo europeu como também o terrorismo palestino e o antissionismo árabe," escreve Gerry Simpson (1997, p. 828). Embora essa afirmação seja totalmente anacrônica relativamente ao próprio julgamento de Eichmann, o emprego subsequente de meios legais para justificar a violência do Estado provaria retrospectivamente a previsão de Arendt. (Comparar com ZERTAL, 2000, p. 39-59.) Essa visão arendtiana então dissidente, então iconoclástica, a qual subversivamente contrasta e radicalmente *polariza Justiça e o Estado*, é atualmente aceita e defendida em Israel pelos historiadores "pós-sionistas" e por uma grande parte da esquerda israelense, a qual adotou muitas das concepções de Arendt. A esquerda israelense, denunciando as violentas injustiças (bloqueios realizados por militares, matanças extrajudiciais), que o Estado legitima como defesa contra o terrorismo palestino, e veementemente lutando contra as políticas de ocupação de seu próprio governo, identifica-se hoje, em princípio, com a declaração de Arendt (sobre uma questão diferente) presente em sua carta a Gershom Scholem: "injustiça feita por meu próprio povo naturalmente aflige-me mais do que injustiça feita por outro povo" (citado em YOUNG--BRUEHL, 1982, p. 344).

189. Comparar com as próprias memórias do advogado de acusação Hausner no tocante ao julgamento: "Mas o tribunal geralmente considerava a evidência com base na resistência judaica como sendo estranha à acusação, e não demoramos a nos envolver em calorosos argumentos acerca de diferentes porções desse testemunho. Depois que partes dele foram ouvidas, o juiz presidente observou... que 'o testemunho apartava-se completamente do objeto do julgamento,' e que deveríamos ter solicitado à testemunha que se abstivesse de falar sobre 'elementos externos que não dizem respeito ao julgamento'. Repliquei que essas matérias eram certamente relevantes, como ficaria ainda mais claro quando dirigi meu discurso final ao tribunal... O juiz presidente replicou que... o tribunal tinha sua própria opinião a respeito do julgamento de acordo com o indiciamento, e que a acusação deveria restringir-se às disposições regulamentares do tribunal. 'O Sr. arranjou um tribunal hostil,' um dos correspondentes estrangeiros gracejou ao passar por mim durante o recesso para o almoço que se seguiu" (HAUSNER, 1968, p. 333).

190. "O domínio deste último," Arendt prossegue, "como o Sr. Hausner não demora para demonstrar, é *permissivo*; permite ao promotor dar entrevistas à imprensa e aparecer na televisão durante o julgamento [...] permite que lance olhares para a plateia e permite a teatralidade de uma vaidade maior do que a normal, que finalmente triunfa ao receber do presidente dos Estados Unidos o parabéns pelo 'trabalho bem feito'. *A justiça não admite coisas desse tipo*; ela exige isolamento, admite mais a tristeza do que a raiva, e pede a mais cautelosa abstinência diante de todos os prazeres de estar sob a luz dos refletores" (*EeJ*, p. 16; itálicos meus).

191. Está claro que Arendt não participou do movimento dos estudos jurídicos críticos. Vale a pena observar, entretanto, os modos nos quais a abordagem de Arendt prefigura aquela do movimento jurídico posterior. Ambas as metodologias são desconstrutivas; ambas se dispõem a analisar e *desmascarar* as estratégias do poder que se disfarçam no processo legal; ambas criticamente colocam a nu a natureza política de instituições jurídicas e de julgamentos. Mas enquanto o movimento jurídico posterior desafia, em princípio, a presumida linha de demarcação entre lei e política, a crítica de Arendt é impulsionada, pelo contrário, por uma exigência de justiça mais pura – ou por uma reivindicação de uma separação estrita entre o jurídico e o político no julgamento de Eichmann.

   Sobre estudos jurídicos críticos e objeções de estudiosos do direito no tocante à fronteira lei/política, ver BOYLE, 1992; KAIRYS, 1998; KELMAN, 1987.

192. Defino "evento" pela capacidade que têm os acontecimentos de chocar e surpreender – em excesso da própria intencionalidade deles. Um evento é sempre o que supera o seu próprio planejamento, o que excede a sua própria intencionalidade, o que acontece sob uma forma de surpresa para – e em excesso das – intenções ideológicas que lhe deram origem. Arendt critica a intencionalidade do evento Eichmann: com tal intencionalidade orquestrada da parte do Estado, o julgamento, aos olhos dela, não pode deixar de

envolver um elemento de fraude. Na mesma disposição, Mark Osiel escreve: "Se a memória coletiva pode ser criada intencionalmente, talvez só possa ser concretizada desonestamente, isto é, pela ocultação dessa própria intencionalidade da audiência que se pretende" (OSIEL, 1995, p. 463; 467). O meu argumento, entretanto, é o de que a própria presença de Arendt no julgamento, e o impacto produzido por ela na historiografia e na memória do evento, provam precisamente que o evento foi além dos parâmetros conhecidos estabelecidos como seus limites, e atingiram alguns parâmetros novos que eram desconhecidos e inesperados. Certamente o Estado não planejava, e ninguém podia ter esperado, a contribuição carismática de Arendt a favor significado e do impacto do julgamento de Eichmann. Este é um exemplo concreto em que o evento superou sua própria intencionalidade. Sustento que a mais profunda significância do evento (o evento jurídico e o evento histórico) reside precisamente em sua autotranscendência. Um evento é aquilo de que as consequências são incalculáveis, independentemente de sua arquitetura consciente e de sua intencionalidade ideológica.

193. NORA, 1974, p. 220; 223; tradução minha. Nora fala do evento como um historiador e como um filósofo da história. Comparar, do ponto favorável complementar da teoria política, com a própria reflexão de Arendt a respeito do evento: "Eventos, passados e presentes – não forças sociais e tendências históricas, não questionários e pesquisas de motivação... – são os verdadeiros, os únicos mestres confiáveis dos cientistas políticos, como são a mais fidedigna fonte de informação para aqueles que se ocupam de política." (ARENDT, 1968, p. 482.)

194. Friedrich Nietzsche, *The use and abuse of history for life*, 1949, 1957, p. 12-7. Na sequência abreviado como *UAH*.

195. SCHOLEM apud ARENDT, 1978, p. 51.

196. A visão jurídica monumental, tal como a encaro, não é idêntica aos objetivos ideológicos e educacionais do Estado com relação ao julgamento. Para uma discussão dos objetivos deliberados do Estado, ver referências na nota 187. Meu interesse, como declarei antes, é no modo em que o evento jurídico monumental dramatiza uma visão jurídica que excede sua própria intencionalidade ideológica, autoconsciente e consciente (ver anteriormente, nota 192).

197. "A título de justificação do julgamento de Eichmann," escreve Arendt, "vem se sustentando com frequência que embora o maior crime cometido durante a última guerra tivesse sido contra os judeus, estes foram apenas espectadores em Nuremberg, e o julgamento da corte de Jerusalém afirmava que agora, pela primeira vez, a catástrofe dos judeus 'ocupava o lugar central dos trabalhos de uma corte, e [que] esse fato é que distinguia esse julgamento daqueles que o precederam', em Nuremberg e em outros lugares" (*EeJ*, p. 280).

198. Ben Gurion responde ao debate internacional e à controvérsia jurídica desencadeados mediante o anúncio do julgamento com uma polêmica mundial em que alguns estudiosos ocidentais do direito põem em questão a jurisdição israelense, reclamando a constituição de um tribunal internacional mais neutro para julgar Eichmann.

199. GURION, 1971, p. 575. Comparar com KEREN apud GURION, 1992, p. 38.

200. *Attorney General v. Eichmann (Proceedings)*. Citado em HAUSNER, 1968, p. 325.

201. "Eu me mantinha perguntando a mim mesmo", Hausner relembra, "o que as próprias vítimas teriam desejado que eu dissesse no interesse delas se tivessem tido o poder de me instruir como seu porta-voz, agora que os papéis haviam sido invertidos e os perseguidos tinham se transformado nos acusadores. Eu sabia que a exigência por vingança ressoara em muitas das derradeiras mensagens transmitidas pelos mortos: "Vingue nosso sangue!".
"Não houve nenhuma maneira de implementar isso no sentido literal. A 'vingança' histórica foi a própria sobrevivência judaica... Depois de muito sondar o coração, senti que deveria interpretar a última vontade e o testamento dos mortos como uma exigência de estabelecer um rumo de escrupulosa equidade, pois eles haviam sido executados, ainda que inocentes de qualquer crime. Que seu assassino principal deve-

ria receber agora um julgamento meticulosamente justo era o único modo de poderem ser verdadeiramente vingados. Isso, pensei, seria a defesa efetiva da memória deles" (HAUSNER, 1968, p. 322).

202. *Attorney General v. Eichmann* (*Proceedings*). Citado em HAUSNER, 1968, p. 323-4; *EeJ*, p. 283.

203. Não é de se surpreender que, ao assim estabelecer pela primeira vez a narrativa das vítimas e sua história monumental, a acusação tende a censurar o que Arendt renomadamente analisará e destacará como a própria colaboração das vítimas com seus carrascos (*EeJ*, p. 121-5; 132-4: "Onde quer que viviam os judeus," insiste Arendt, "havia líderes judeus reconhecidos, e esta liderança, quase sem exceção... cooperava com os nazistas... Ocupei-me desse capítulo da história, que o julgamento de Jerusalém deixou de apresentar ante os olhos do mundo em suas verdadeiras dimensões, porque proporciona a mais impressionante compreensão da totalidade do colapso moral que os nazistas causaram... não só entre os perseguidores, como também entre as vítimas."). "Hausner", escreve Tom Segev, "ignoraria quase por completo os *Judenrats*", evitando uma exposição da colaboração coagida dos Conselhos Judaicos nas deportações. Em contraste com a discrição do Estado em relação a isso e sua marginalização no julgamento, esse capítulo da colaboração da liderança judaica na morte de seu próprio povo, o Estado tentaria ressaltar o ativismo heróico das vítimas: Hausner e Ben Gurion organizaram o julgamento de modo que este "enfatizasse tanto a incapacidade dos judeus de resistir quanto suas tentativas de se rebelarem" (Segev, p. 348). Ao salientar os raros casos de resistência judaica ao Holocausto, o advogado de acusação Hausner visava a auxiliar jovens israelenses a superar sua "repugnância pelo passado da nação", uma repugnância baseada em sua impressão de que seus avós haviam "se permitido ser conduzidos como cordeiros ao morticínio" (HAUSNER, 1968). "A geração mais jovem tinha de aprender que judeus não eram cordeiros para serem conduzidos ao morticínio, mas, pelo contrário, uma nação capaz de defender-se, como na Guerra da Independência Ben Gurion declarou ao *New York Times*" (Segev, p. 328). O acusador Hausner "procurou conceber uma saga nacional que repercutisse através das gerações", em harmonia com a subjacente visão grandiosa de Ben Gurion de que "era necessário algo para unir a sociedade israelense – alguma experiência coletiva, uma que fosse aguda, purificadora... uma catarse nacional" (Segev, p. 336; 328).

Admito que essas metas pragmáticas, enquanto levadas a cabo, foram também dominadas e excedidas pela força subterrânea e pelo impacto vulcânico da referência do julgamento aos mortos, que assumiu um ímpeto jurídico próprio, mais tarde assimilado pelo próprio discurso testemunhal das vítimas.

204. Analisei, no capítulo 2, o que chamo de "a natureza transjurídica" dos julgamentos históricos: sua articulação típica por meio de uma referência a um julgamento diferente, pelo qual se reproduzem a memória jurídica e o conteúdo jurídico traumático. Mostrei, assim, como o que Freud chama de "dualidades históricas" – a tendência de grandes eventos históricos acontecerem duas vezes, dando origem a um evento histórico gêmeo surgindo como uma duplicata pós-traumática ou um duplo replicado – também se aplica à história jurídica, e estrutura particularmente julgamentos muito importantes que tocam grandes traumas coletivos, que igualmente com muita frequência manifestam uma tendência à duplicação ou ao que denominei (em conjunção com o caso O. J. Simpson) "uma compulsão para a repetição jurídica", assimilando estruturalmente (inconscientemente ou deliberadamente) o sentido jurídico traumático de um julgamento anterior. Uma lógica psicanalítica de repetição traumática frequentemente rege inadvertidamente o que parece ser a lógica puramente jurídica do processo que se ocupa de fenômenos históricos importantes de trauma (ver FREUD, 1967, p. 64 e parte 2, cap. 7, e o capítulo 2 do presente livro). O julgamento de Eichmann é ainda uma outra ilustração desse fenômeno. Não só esse julgamento tenta curar o trauma jurídico do julgamento de Kastner que ocorreu em Israel cinco anos antes (ver LAHAV, 1992, p. 555, 573), como também formula precisamente a natureza sem precedentes de seu caso com referência a um caso diferente, articulado numa linguagem diferente, num outro século, e por meio de uma cultura jurídica distinta (o caso Dreyfus, França, 1984-1906). O julgamento de Eichmann, com isso, opta por articular, de maneira inteiramente paradoxal, sua própria reivindicação de originalidade jurídica em referência com (o trauma jurídico de) um julgamento anterior.

205. "Sim, cada pessoa morta deixa alguns bens, sua memória e pede que sejam cuidados," escreve o historiador francês Jules Michelet. "No interesse daquele que não tem amigos, o magistrado, o juiz, tem que substituir os amigos. Para o direito, a justiça é mais confiável do que todas as nossas ternuras desmemoriadas, nossas lágrimas tão rapidamente enxugadas.

A jurisdição desse magistrado é a História. E os mortos são, para emprestar uma expressão do direito romano, essas *miserabilis personae* com as quais o juiz tem que se preocupar ele mesmo.

Em toda a minha carreira nunca perdi de vista esse dever histórico. Concedi a muitos mortos esquecidos a assistência da qual eu mesmo necessitarei quando chegar o momento.
Eu os exumei para uma segunda vida...
A História dá boas vindas e renova essas glórias deserdadas... Sua justiça [cria] uma cidade comum entre os vivos e os mortos" (MICHELET, 1971, p. 268; tradução minha).

206. Assim, Sócrates, como um filósofo condenado e como um modelo a ser imitado, dá o exemplo da recusa quanto a fugir de Atenas a fim de escapar à sentença de morte que a *polis* injustificadamente lhe infligiu. Seu único recurso, diz o filósofo ao seu discípulo Críton, é a persuasão do tribunal dentro da estrutura legal do julgamento. Com isso, Sócrates aceita, assume legalmente e consuma seu papel de vítima da injustiça de modo a proteger (e ensinar) o princípio supremo da regra jurídica. Ver PLATÃO apud PLATÃO, 1984, p. 123-9.

207. Comparar com nota 204 anterior, e com capítulo 2, seção II, subseção "2. A natureza transjurídica [*cross-legal*] do julgamento".

208. Citado em BREDIN, 1986, p. 456; tradução modificada.

209. [Todas as referências a essa obra de Zola se valeram da edição de 2008, p. 51; 53. O texto que Felman adotou foi: ZOLA, 1996. (N.T.)]

210. ZOLA apud ZOLA, 1996, p. 42.

211. ZOLA apud ZOLA, 1988, p. 127; tradução minha.

212. "*Ma protestation enflammée n'est que le cri de mon âme*" ("Meu protesto inflamado nada mais é que o grito da minha alma"), disse Zola. O desafio encontrado por Zola foi o de uma *tradução* do "lamento" para uma ação jurídica criativa. É um desafio semelhante o que está diante do acusador no julgamento de Eichmann: a questão jurídica central no julgamento é como articular criativamente – ainda que sob uma forma de expressão jurídica que todos reconheçam – o lamento (o lamento da vítima, o lamento da alma, o lamento dos mortos, o lamento da história que ninguém ainda ouviu no espaço e na linguagem de um julgamento).

213. ARENDT, 1958, 1973, p. 91.

214. Ibid., p. 92. Arendt estende sua própria suspeição da máquina estatal (normalmente concentrada em *abusos totalitários* da máquina estatal) à sua análise – e sua crítica ("sua história crítica") da administração do julgamento de Eichmann pelo Estado de Israel. Nesse sentido, *Arendt formula seu próprio "J'accuse"* contra o Estado e o seu sistema judicial (a não-separação entre Igreja e Estado, que ela sarcasticamente equipara a um racismo ao inverso: a lei israelense indiciou corretamente no início (*EeJ*, p. 17). Arendt fala a verdade ao poder, adotando, por sua vez, sem o perceber, a *posição* antirreligiosa, antirracista, *antinacionalista, antiestatal* de Zola. Arendt contesta, na verdade, a prerrogativa de Hausner de citar Zola ao salientar que Hausner é "um agente apontado pelo Governo", não um indivíduo desafiador que se dispõe a contestar a própria justiça do Estado e a legitimidade da implementação do Estado de seu sistema judicial. Com seu usual sarcasmo, tendo como foco o principal acusador, Arendt escreve: "O *J'accuse*', tão indispensável do ponto de vista da vítima, soa, é claro, muito mais convincente nos lábios de um homem que foi forçado a tomar a lei em suas próprias mãos do que nos lábios de um funcionário público apontado pelo Governo, funcionário este que nada arrisca" (*EeJ*, p. 288). Ironicamente e sem tencionar fazê-lo, Arendt, como Zola, se exporá a ir a julgamento pelos defensores do Estado. O caso Dreyfus é, assim, em mais de um sentido, arquetípico quanto a posições no julgamento de Eichmann. O julgamento de Eichmann ocorre na sombra das lições distantes e da memória estrutural transversalmente jurídica do caso Dreyfus. Ver anteriormente nota 204.

215. Comparar com o relatório de Arendt em *EeJ*: "O objetivo da conferência era coordenar todos os esforços na implementação da Solução Final... Para Eichmann, foi uma ocasião importante, pois nunca antes tinha tido contato próximo com tantos outros 'altos personagens'... Tinha enviado os convites e preparado

algum material estatístico... para o discurso introdutório de Heydrich – 11 milhões de judeus tinham que ser mortos, um empreendimento de certa magnitude – e *mais tarde haveria de preparar as minutas*. Em resumo, Eichmann *funcionou como secretário da reunião*.

"Havia outra razão para esse dia da conferência ser inesquecível para Eichmann. Embora tivesse dando o melhor de si para ajudar na Solução Final, ele ainda tinha algumas dúvidas a respeito de 'uma solução sangrenta' por meio da violência, essas dúvidas agora haviam sido dissipadas. *'Ali, naquela conferência, as pessoas mais importantes tinham falado, os Papas do Terceiro Reich.'* Agora ele podia ver com seus próprios olhos e ouvir com seus próprios ouvidos não apenas Hitler... mas a elite do velho e bom público disputando e brigando entre si pela honra de assumir a liderança nessa questão 'sangrenta'. *'Naquele momento, eu tive uma espécie de sensação de Pôncio Pilatos, pois me senti livre de toda culpa'"* (*EeJ*, p. 130; destaques adicionados).

216. GURION, 1971, p. 599. Comparar com KEREN apud GURION, 1992.

217. Assim, Arendt oferece o que Henry Louis Gates chama de uma "contra-narrativa" à história oficial do julgamento de Eichmann. "As pessoas", escreve Gates, "atingem um entendimento de si mesmas e do mundo por meio de narrativas – narrativas fornecidas por professores escolares, repórteres comentaristas, 'autoridades', e todos os demais autores de nosso senso comum. Contra-narrativas são, por sua vez, o meio pelo qual um grupo contesta aquela realidade dominante e estrutura de hipóteses que lhe dão apoio. Às vezes o engano mente desse modo, às vezes não. Há um sentido, em que muito da história sombria é simplesmente contra-narrativo, que tem sido documentado e legitimado por uma erudição lenta e conquistada com dificuldade" (GATES JR., 1997, p. 106-7). A história crítica de Arendt é a *contra-narrativa* descanonizante e iconoclástica de uma leitora resistente cuja fé é na diversidade e na separação (e não na unidade e na solidariedade comunitária), e que fala a verdade ao poder, de uma "posição [...] próxima daquela do anarquista clássico – anarquia aqui entendida significando a ausência de governantes, não a ausência de lei." (Empresto essa definição da posição anarquista de COVER apud MINOW; RYAN; SARAT, 1995b, p. 175.)

218. Na visão de Arendt, o foco nas vítimas torna trivial tanto a natureza da acusação (a acusação formal) quanto a natureza do crime (da ofensa). "Pois tal como um assassino é processado porque violou a lei da comunidade, e não porque privou a família Silva de um pai de família, marido ou arrimo, assim também esses assassinos modernos empregados pelo Estado devem ser processados porque violaram a ordem da humanidade, e não porque mataram milhões de pessoas" (*EeJ*, p. 295 [Tradução modificada (N.T.)])

219. Comparar com HAUSNER, 1968, p. 331: "Meramente ouvir a uma dessas narrações era frequentemente muito doloroso. Às vezes sentíamos como se nossas reações fossem paralisadas, e fossemos *insensibilizados*. Era uma narrativa dotada de um clímax interminável." (Itálico adicionado)

220. RORTY, 1991, p. 231-2.

221. A dificuldade quanto a ouvir foi ressaltada até mesmo pelo acusador. "As narrativas", ele posteriormente escreve, "eram tão devastadoras, tão chocantes que nós quase deixávamos de observar as testemunhas e seus maneirismos individuais. O que produzia sua própria impressão no espírito era um lamento anônimo, que poderia ter sido manifestado por qualquer um dos milhões que haviam atravessado aquela Gehenna. Os sobreviventes que apareciam diante de nós estavam quase mais próximos dos mortos do que dos vivos, pois cada um deles contava apenas com a mera chance de agradecer por sua sobrevivência...

"Meramente ouvir a uma dessas narrações era frequentemente muito doloroso. Às vezes sentíamos como se nossas reações fossem paralisadas, e fossemos insensibilizados. Era uma narrativa dotada de um clímax interminável. Ouvia com frequência na sala do tribunal alguém soluçar alto atrás de mim. Às vezes ocorria uma comoção, quando os oficiais de justiça removiam um ouvinte que desmaiara. Repórteres de jornais se ausentavam apressadamente depois de uma hora ou duas, explicando que não conseguiam suportar sem uma interrupção...

"A equipe da acusação agradeceu pelas 'sessões de documentação'." (HAUSNER, 1968, p. 227; 331).

222. "Eu estava lá, e não sei. Como você poderia saber quando estava em outra parte?" Elie Wiesel perguntou a Hannah Arendt. "A resposta dela: 'Você é um romancista e pode se ligar a questões. Eu me ocupo de ciências humanas e políticas. Não tenho o direito de não encontrar respostas.'" (WIESEL, 1995, p. 348)

223. Conscientemente desestabilizando a dicotomia (a segregação e a oposição) entre o privado e o público, o julgamento de Eichmann esteve, em 1961, à frente de outros movimentos legais (tais como o feminismo, os estudos sobre os negros, os estudos sobre os homossexuais), os quais procurariam igualmente desestabilizar essa dicotomia em suas lutas políticas nas décadas de 1970, 1980 e 1990.
Para críticas feministas à divisão público/privado, ver, por exemplo, MacKINNON, 1983, p. 635; OLSEN, 1983, p. 1.497; PATEMAN apud PATEMAN, 1989, p. 118; SCHNEIDER, 1992, p. 973; e LACEY, 1993, p. 93. Para críticas da dicotomia do privado/público pelos teóricos críticos de raça, ver, por exemplo, CRENSHAW, 1989, p. 139; MATSUDA, 1989, p. 2.320; LAWRENCE, 1990, p. 431; e WILLIAMS, 1991. Para críticas da distinção público/privado de uma perspectiva dos direitos dos homossexuais, ver, por exemplo, STEIKER, 1985, p. 1.285; e CASE, 1993, p. 1.643. Sobre a história da distinção público/privado em geral, ver HORWITZ, 1982, p. 1.423; e KENNEDY, 1982, p. 1.349.
Em sua perspicaz análise do julgamento de Eichmann, Pnina Lahav analisou a desconstrução por parte do julgamento da dicotomia público/privado com respeito não à experiência das vítimas, mas ao fato do caráter de ser judeu e sua relevância. Ver LAHAV, 1992, p. 555. Ver também LAHAV, 1997, p. 145-64, e WIEVIORKA apud WIEVIORKA, 1998, p. 81-126.
Para análises dos modos em que a teoria política de Arendt contestou entendimentos tradicionais de privado e público (com base na própria distinção analítica entre "o Privado" e "o Público" e entre "o Social" e "o Político" em *The human condition* e em *On revolution*) ver, entre outros, BENHABIB, 1994, p. 173-215; e PITKIN apud HINCHMAN; HINCHMAN, 1994, p. 261-88; ver também DOSSA, 1984.

224. *Shivitti*, p. x; original hebraico: K-ZETNIK, 1987, p. 8. Estou usando a ortografia de Arendt para transcrever o nome do escritor (K-Zetnik).

225. *Shivitti*, p. 1-2; tradução modificada; edição em hebraico, p. 18.

226. Ibid., p. 31-2; tradução modificada.

227. *Shoah*: the complete text of the film, LANZMANN, 1985b, p. 12-3. [Daqui por diante abreviado como *Shoah*].

228. Essa definição é inspirada na análise do psiquiatra político Thomas Szasz (1970, p. 5): "Os governantes sempre conspiraram contra seus súditos e procuraram mantê-los na servidão; e para atingir seus objetivos sempre contaram com a força e a fraude. Na verdade, quando a retórica justificativa com a qual o opressor oculta e falseia seus reais objetivos é o mais eficiente – ... o opressor consegue não só subjugar sua vítima, como também dela subtrair um vocabulário que articulasse sua vitimização, dela fazendo assim um cativo desprovido de qualquer meio de fuga". Comparar com a análise filosófica de Jean-François Lyotard (1988a, p. 3; 5): "Sois informados de que seres humanos dotados de linguagem foram colocados numa situação tal que nenhum deles é agora capaz de falar sobre ela. A maioria deles desapareceu e os sobreviventes raramente falam sobre ela. Quando realmente sobre ela falam, seu testemunho sustenta apenas uma minúscula parte dessa situação. Como podeis saber que a própria situação existiu?... Em todos esses casos, soma-se à privação constituída pelo dano a impossibilidade de comunicá-lo aos outros e, em particular, a um tribunal." Para outras teorias cujo objeto é a condição de vítima, ver, entre outras, MINOW (1998); MINOW, 1993, p. 1.411; AMATO, 1990; PATTERSON, 1982; e RYAN, 1976.

229. Comparar a Rorty (1991, p. 133): "Pois até então somente a linguagem do opressor está disponível, e a maioria dos opressores tinham tido a inteligência de ensinar aos oprimidos uma linguagem na qual os oprimidos pareciam loucos – até para si mesmos – quando descreveriam a si mesmos como oprimidos." Rorty está interpretando e resumindo os ensinamentos contidos em escritos feministas como de Marilyn Frye (1983, p. 33; 112), e de Catharine MacKinnon (1987b, p. 105): "Especialmente quando fazes parte de um grupo subordinado, tua própria definição de teus danos é poderosamente moldada por tua avaliação de se poderias conseguir alguém que fizesse algo acerca disso, incluindo qualquer coisa oficial". Rorty prossegue no sentido de comentar, reformulando os discernimentos tanto de Frye quanto de MacKinnon: "Apenas onde há uma reparação socialmente aceita pode ter havido um dano real (em lugar de um dano loucamente imaginado" (RORTY, 1991, p. 251).

230. *Shoah*, p. 12.

231. Ibid., p. 68.

232. Arendt não vê o julgamento como uma revolução. Ela não ressalta ou não reconhece inteiramente a dimensão revolucionária do julgamento. Sustento, não obstante isso, que é, entre outros fatores, seu recém-nascido interesse em revoluções – o assunto do livro no qual ela já está trabalhando e que se tornará exatamente o sucessor do livro sobre Eichmann – que inadvertidamente, intuitivamente, a atrai para o julgamento em Jerusalém.

233. De uma posição diferente em que se o considera, comparar com a análise de Mark Osiel dos limites do direito penal tradicional na resposta deste ao massacre administrativo. "Paralelamente a tais aspirações prometeanas," observa Osiel, "os propósitos tradicionais do penal criminal – prevenção e punição do crime culpável – provavelmente parecem inteiramente ordinários... Na qualidade de uma meta do direito penal, o cultivo da memória coletiva assemelha-se à prevenção, na medida em que é dirigido ao futuro, onde se procura uma ampliação de solidariedade. Mas, como punição, olha para o passado para suprir a narrativa do conteúdo daquilo que é para ser partilhado na memória" (OSIEL, 1995, p. 463; 474).

O meu próprio argumento não diz respeito simplesmente aos propósitos do direito penal no seu excesso de concepções tradicionais, mas ao que chamei de revolução conceitual na própria condição das vítimas operada pelo julgamento de Eichmann e por meio dele. *Minha afirmação é a de que a postura do julgamento de Eichmann com respeito às vítimas é única* – e diferente das definições juridicamente costumeiras das questões para debate, correntemente discutidas nos estudos jurídicos por meio de sua reavaliação contemporânea e reformulação do papel das vítimas em julgamentos criminais. No contexto desses debates contemporâneos, Paul Gewirtz nota como "a moderna aplicação da lei continua a lutar para encontrar um lugar apropriado para vítimas e sobreviventes no processo criminal... Realmente, nenhum movimento no direito penal foi mais poderoso nos últimos vinte anos do que o movimento pelos direitos das vítimas, que buscou ampliar o espaço da vítima no processo do julgamento criminal" (GEWIRTZ apud BROOKS; GEWIRTZ, 1996, p. 139). "Só em 1982," escreve Lynne N. Henderson, "eleitores da Califórnia aprovaram uma 'Declaração de Direitos de Vítimas' que produziu mudanças substanciais no direito da Califórnia... Embora 'direitos de vítimas' possam ser encarados como um movimento populista reagindo a injustiças que são percebidas no processo criminal, questões genuínas sobre vítimas e vitimização têm se tornado cada vez mais cooptadas pelas preocupações de defensores do modelo de 'controle do crime' da justiça criminal" (HENDERSON, 1985, p. 937). Martha Minow "preocupa-se", assim, com "a prevalência contemporânea nas arenas política e jurídica das histórias de vítimas": "Aquele que afirma ser uma vítima convida, além da compaixão, duas outras reações: 'Não fui eu quem fez isso', e 'Também sou uma vítima'. "Não é de se surpreender", escreve Minow, que "alguns descrevem os debates políticos contemporâneos como exibições de 'autodepreciação' ('*one-downmanship*') ou como a 'Olimpíada da opressão'. As histórias das vítimas correm o risco de trivializar a dor e obscurecer a mensuração ou a posição de avaliação de histórias competitivas de dor. Histórias de vítimas também frequentemente prendem-se a uma norma não falada que prefere narrativas de desamparo a histórias de responsabilidade, e relatos de vitimização a narrativas de ação e capacidade humanas" (MINOW apud BROOKS; GEWIRTZ, 1996, p. 31-2).

Arendt objeta precisamente o foco nas vítimas no julgamento de Eichmann porque também ela prefere "histórias de responsabilidade" existenciais a "narrativas de desamparo". Meu ponto é diferente, e pode ser resumido no que se segue:

(1) Em 1961, o julgamento de Eichmann confere um papel central às vítimas, numa antecipação histórica do surgimento político da questão da vítima à frente dos debates jurisprudenciais no direito penal de hoje.
(2) O que está em questão no julgamento de Eichmann não é (o que os estudiosos atuais focam como) os *direitos das vítimas*, mas sim (o que definirei como) a questão da *autoridade* (jurídica e histórica) das vítimas (ver "quinta parte: A teia de histórias" neste capítulo), na medida em que essa autoridade recém-nascida muda não simplesmente nossa percepção ética da vítima, como também nossa percepção cognitiva da história.
(3) Os debates sobre direitos de vítimas percebem-nas como indivíduos; o julgamento de Eichmann cria um coletivo, uma comunidade de vítimas.
(4) Ordinariamente (no discurso e na análise jurídicos correntes) *a vítima é percebida em oposição ao Estado*, ou como vitimizada principalmente pelo Estado. (Embora haja momentos em que o Estado divide-se contra si mesmo a fim de corrigir seus próprios abusos, como no caso das leis dos direitos civis dos EUA sancionadas pelo Governo Federal contra a resistência de Estados individuais.)

O julgamento de Eichmann constitui um momento único e um caso único em que *o Estado defende as vítimas que foram convertidas em vítimas por um outro Estado*. O julgamento realiza um intercâmbio único entre vítimas e Estado, em que, *por meio do julgamento, vítimas e Estado mutuamente transformam a identidade política entre si*. O Estado que representa as vítimas planeja o julgamento, e as histórias das vítimas adicionam uma saga e criam o caso do Estado que, por sua vez, cria uma transformação (analisada aqui como uma revolução conceitual) das vítimas.

(5) Minha abordagem nesse aspecto é, portanto, diferente tanto daquela de Arendt quanto daquela de seus opositores: é distinta das interpretações aceitas do papel das vítimas no julgamento de Eichmann. Na minha opinião, as vítimas/testemunhas não estão simplesmente expressando seu sofrimento: estão *recuperando subjetividade jurídica* e personalidade autobiográfica. Elas *se transformam dentro do julgamento* de meramente vítimas em algo mais. *Estão realizando uma acusação* (um *"J'accuse"* articulado por meio de um processo legal). Por meio dessa recuperação do discurso e dessa recuperação da história, elas reinventam um logos inovador que *não é mais simplesmente o logos das vítimas*, mas constitui um novo tipo de linguagem jurídica. No ato de afirmar sua humanidade, sua história, sua narrativa e sua voz perante a lei e perante o mundo, elas ativamente (e soberanamente) renascem de um tipo de morte social para uma nova vida.

(6) Arendt vê e muito se esforça para ressaltar o perigo inerente ao fato de que o Estado cria uma história monumental: para ela, a combinação de história monumental com o autoritarismo significa fascismo. Meu argumento, entretanto, é que, embora o julgamento de Eichmann tenha sido história monumental criado pelo Estado com propósitos políticos que foram particularistas e sionistas-nacionalistas, as consequências do julgamento foram momentosas pelo fato de que o julgamento de fato criou (ou decretou) uma *universalização da vítima*. Assim, o julgamento como evento excedeu e superou as intenções de seus planejadores.

Estudiosos do direito continuam a debater o papel adequado das vítimas nos processos criminais. Para uma visão contemporânea de justiça penal orientada pela vítima, ver FLETCHER, 1995. Fletcher sustenta que "[a] tarefa mínima do julgamento penal... é apoiar as vítimas, restaurar sua dignidade, descobrir um modo para elas se pensarem, mais uma vez, como homens e mulheres iguais a todos os outros" (Ibid., p. 6). Para uma crítica da abordagem de Fletcher, ver MOSTELLER, 1995, p. 487. Para um resumo do direito em torno de vítimas, ver BELOOF, 1999.

Para discussões do moderno movimento de direitos das vítimas no direito criminal, ver, entre outros: MINOW, 1991, p. 937, HALL, 1991, p. 937; ELIAS, 1990; LAMBORN, 1987, p. 125; HENDERSON, 1985, p. 937; KARMEN, 1984; GLITTER, 1984, p. 117; GOLDSTEIN, 1982, p. 515; *President's task force on victims of crime*, 1982; U.S. Department of Justice, 1986.

Sobre espécies diferentes de vítimas políticas e sobre o caráter de vítima em termos mais gerais, ver anteriormente referências nas notas 223, 228 e 229.

Sobre declarações de impacto de vítimas, ver, entre outras: BANDES, 1996, p. 361; MANSUR, 1993; HARRIS, 1991; BERGER, 1992, p. 22; VYTAL, 1994; e HELLERSTEIN, 1989, p. 371.

Para um resumo das questões de identidade e representação, e para uma análise da questão, "Who can speak for whom?" ("Quem pode falar por quem?") ver MINOW, 1996, p. 647.

234. Ver, por exemplo, Segev.

235. RORTY, 1991, p. 233.

236. "Surgiu como uma descoberta para muitos que éramos realmente uma nação de sobreviventes", observou o acusador Hausner em suas memórias do julgamento: "O editor de um importante jornal, depois de ouvir a chocante evidência de uma mulher que testemunhou no tribunal, disse-me: 'Durante anos estive vivendo próximo a essa mulher sem a menor noção de quem ela era.' Acontecia agora de quase todos em Israel ter tal vizinha." (HAUSNER, 1968, p. 453.)

237. Autoridade semântica é, entre outras coisas, o que dota uma história de transmissibilidade e de inesquecibilidade. "Não só o conhecimento de um homem," escreve Walter Benjamin, "mas sobretudo sua vida real... primeiro assume forma transmissível no momento de sua morte. Tal como uma sequência de imagens é posta em movimento dentro de um homem quando sua vida chega a um fim – revelando as concepções dele próprio sob as quais ele topara consigo mesmo sem estar ciente disso – subitamente em suas expressões e olhares o inesquecível surge e transmite a tudo que lhe dizia respeito aquela autoridade

que até mesmo o mais pobre miserável, ao morrer, possui para os vivos ao seu redor. Essa autoridade está na própria origem da narrativa.
"*A morte é a sanção de tudo o que o narrador pode relatar. É da morte que deriva sua autoridade*" ("O N.", p. 224).
Acerca "do fundamento místico da autoridade" no direito e na filosofia do direito, ver DERRIDA apud MINOW, 1990, p. 919.
Sobre as concepções de Arendt do teórico como narrador, ver HILL apud HILL, 1979; LUBAN apud HINCHMAN; HINCHMAN, 1994 p. 79-110; e BENHABIB, 1994, p. 91-5.

238. BENJAMIN apud BENJAMIN, 1969b, p. 159.

239. "O N.", p. 232.

240. Ibid., p. 228.

241. COVER apud MINOW; RYAN; SARAT, 1995d, p. 176.

242. COVER, apud MINOW; RYAN; SARAT, 1995b, p. 95-6.

243. Comparar com Lawrence Douglas (1996, p. 100; 114; 120), ressaltando "o fracasso do julgamento de Nuremberg quanto [a] tratar adequadamente o genocídio nazista" dos judeus, e observando que o tribunal de Nuremberg adotou uma "abordagem que colocou o Holocausto à margem do que era juridicamente relevante".

244. JACKSON, 1949, p. 437 apud COVER, 1995, p. 196 (destaques meus).

245. Arendt lamenta "a extrema relutância de todos os envolvidos em abrir novos espaços e agir sem precedentes" (*EeJ*, p. 285), e acusa: "A corte, portanto, nunca enfrentou o desafio dos sem precedentes, nem mesmo o que dizia respeito à natureza sem precedentes da origem do Estado de Israel... Em lugar disso, a corte sepultou os trabalhos numa montanha de precedentes" (Ibid., p. 285). "Mas acho que se pode prever", Arendt conclui, "que este último dos julgamentos nacionais não servirá de precedente especialmente válido para futuros julgamentos desses crimes. Isso pode ser de pouca importância em vista do fato de que seu objetivo – acusar e defender, julgar e punir Adolph Eichmann – foi atingido, não fosse pela possibilidade bastante incômoda, mas inegável, de que crimes similares possam ser cometidos no futuro... Se o genocídio é uma possibilidade real do futuro, então nenhum povo da Terra – e muito menos, claro, o povo judeu, em Israel ou em qualquer parte– pode-se sentir razoavelmente seguro quanto à continuação de sua existência sem a ajuda e a proteção do direito internacional. O sucesso ou o fracasso quanto a tratar do até agora sem precedentes consiste em que esse trato possa servir como um precedente válido na via para um direito penal internacional" (*EeJ*, p. 296 [Tradução modificada (N.T.)]).

246. "Assim," insiste Cover, "a reivindicação de um direito é uma reivindicação também de uma compreensão de uma literatura e de uma tradição." COVER apud MINOW; RYAN; SARAT, 1995d, p. 177.

247. Comparar com a análise de Jacques Derrida do princípio de "sacralidade do homem" (como entendido por Walter Benjamin) em DERRIDA apud MINOW, 1990, p. 920; 1028-9 (destaques adicionados): "'Não matarás' permanece um imperativo absoluto... que proíbe todo povo assassinato, *sacraliza a vida*... Benjamin... coloca-se contra a sacralização da vida *por ela mesma*, vida natural... *O que faz acontecer a dignidade do homem* [*o que faz acontecer a "sacralidade do homem"*] é ele conter o potencial, a possibilidade de justiça, o ainda-por-vir da justiça, o ainda-por-vir de ser justo, do seu ter que-ser-justo. *O que é sagrado em sua vida não é sua vida, mas a justiça de sua vida.*"
Quanto ao valor de fundamento da inadvertida constituição testemunhal do julgamento de Eichmann de uma "narrativa sagrada", comparar com a análise de Mark Osiel do modo por meio do qual o processo legal constitui eventos narrativos fundamentais: "Todas as sociedades possuem mitos de sua fundação, explicando de onde viemos, definindo o que significamos. Eles são frequentemente comemorados sob a forma de 'didática monumental', relato público dos feitos heróicos dos fundadores como um épico nacional. Algumas sociedades possuem também mitos de uma nova fundação, marcando um período de

decisiva ruptura com seus próprios passados, celebrando a coragem e imaginação daqueles que realizaram essa ruptura. Mitos de fundação e nova fundação frequentemente centram-se em procedimentos legais ou no esboço de legais: a Magna Carta (para a Grã-Bretanha), o julgamento e execução do Rei Luís XVI (para a França), e a Declaração de Independência e a Convenção Constitucional (para os Estados Unidos)... Tais transformações juridicamente induzidas da identidade coletiva não estão limitadas ao passado distante... Esses eventos são tanto 'reais' quanto 'encenado,' a ponto de problematizarem a distinção entre representações verdadeiras e falsas da realidade. Nos dias de hoje, atividades relacionadas ao direito podem contribuir e efetivamente contribuem para o tipo de solidariedade social que é ampliado pelo compartilhamento da memória histórica" (OSIEL, 1995, p. 463-6).

Entretanto, como salienta Osiel, "às vezes a memória de um grande evento jurídico começará por unificar a nação que o experimentou, porém mais tarde será interpretada tão diferentemente por facções conflitantes que sua memória torna-se divisora" (Ibid., p. 476). Assim, o ato de fundar pode se tornar "o ponto focal para disputas posteriores acerca de seu significado e propósito... sobre disputas contemporâneas". Esse foi o caso do evento jurídico de fundação do julgamento de Eichmann. O significado canônico da solidariedade das vítimas equivalendo à (o que pode ser chamado de) "narrativa sagrada" do julgamento posteriormente deu origem a críticas de descanonização e de dessacralização dos usos e abusos políticos, comerciais e manipuladores feitos da memória do Holocausto e do julgamento. A interpretação de Arendt foi realmente a primeira *interpretação de descanonização e dessacralização* da "narrativa sagrada" oferecida pelo julgamento. Para outras críticas políticas de dessacralização das fantasias, distorções e abusos políticos nascidos do julgamento de Eichmann, ou por ele sancionados, ver LAHAV, 1992, p. 555; 574-5; Segev; e ZERTAL, 2000, p. 39-59.

248. CELAN apud CELAN, 1996, p. 35-40.

4. Um fantasma na casa da justiça
A morte e a linguagem do direito

> A justiça exige e funda o Estado (...)
> Mas a própria justiça não conseguiria fazer esquecer
> a origem do direito e a unicidade de outrem que recobrem
> doravante a particularidade e a generalidade do humano.
> Ela não poderia abandonar esta unicidade à história política
> que se encontra engajada no determinismo dos poderes,
> das razões de Estado, das tentações e facilidades totalitárias.
> Ela aguarda as vozes que relembram aos julgamentos
> dos juízes e dos homens de Estado o rosto humano.
>
> Emmanuel Lèvinas, *Sobre a unicidade*

Uma testemunha desmaia na tribuna durante o julgamento de Eichmann. Este capítulo irá explorar o significado desse inesperado momento jurídico e questionará: o colapso da testemunha é relevante? Como esse acontecimento no tribunal afeta a definição do significado jurídico do julgamento após o Holocausto? Sob que circunstâncias e de que maneiras a falha jurídica de uma testemunha pode, por suas próprias razões, constituir um testemunho legalmente válido?

Apresentarei, primeiro, a leitura de Hannah Arendt sobre esse episódio (em *Eichmann em Jerusalém*) e depois contrastarei sua leitura com minha própria interpretação desta cena na sala do tribunal. Depois, analisarei a referência dos juízes a essa cena na opinião deles. Retornarei, por fim, a Walter Benjamin, com quem este livro se iniciou, e que se tornará mais uma vez relevante como parte da história de Arendt (como um subtexto dentro do texto de Arendt: uma presença oculta em *Eichmann em Jerusalém*) e como um guia para minha própria leitura deste julgamento.

Essas diferentes e sucessivas perspectivas analíticas e textuais serão sistemática e comumente subordinadas às três seguintes indagações teóricas primordiais:

1. Qual é o papel da falibilidade humana em julgamentos?
2. Momentos de quebra de protocolo e de discurso – momentos de imprevisibilidade que pegam a instituição jurídica de surpresa – podem ainda assim contribuir para a formulação de um significado jurídico?
3. Como tais momentos podem lançar luz sobre (o que eu me proponho a destacar como) a relação estrutural chave entre direito e trauma?

Primeira parte:
A morte e a linguagem do Direito

– I –

Duas visões de julgamento histórico

Nos julgamentos do pós-guerra que tentaram julgar a história e resolver os horrores do massacre institucional após o trauma sem precedentes da Segunda Guerra Mundial, duas visões antitéticas de julgamento histórico emergiram: a dos julgamentos de Nuremberg, em 1945-1946, e a do julgamento de Eichmann, em 1961. A diferença entre esses dois paradigmas de julgamento histórico derivaram de sua abordagem divergente com relação às evidências: a acusação de Nuremberg tomou a decisão de evitar testemunhas e basear o caso contra os líderes nazistas exclusivamente em documentos, ao passo que a acusação no julgamento de Eichmann optou por apoiar-se extensivamente tanto em testemunhas como em documentos para sustentar seu caso. Enquanto ambas as acusações, de forma similar, usaram o julgamento para estabelecer o que, na expressão de Nietzsche, pode ser chamado de uma "história [jurídica] monumental"[249], Nuremberg foi um caso testemunhal monumental (apesar de seu uso igualitariamente substancial de documentos). Em 1954, o chefe da acusação e arquiteto de Nuremberg, o juiz Robert Jackson, explicou retrospectivamente os fundamentos para sua escolha de provas:

> A acusação foi confrontada logo no início com duas decisões vitais: contar principalmente com testemunhas vivas ou com documentos para a prova do caso. A decisão [...]

foi usar e fundamentar-se em evidências documentais para provar todos os pontos possíveis. O argumento contra isso foi que documentos são enfadonhos, a imprensa não iria reportá-los, o julgamento iria tornar-se entediante e não iria convencer as pessoas. Havia muita verdade nessa posição, devo admitir. Mas me pareceu que testemunhas, muitas delas perseguidas e hostis aos nazistas, estariam sempre suscetíveis à parcialidade, à recordação inexata e mesmo ao perjúrio. Os documentos não poderiam ser acusados de parcialidade, esquecimento ou invenção, e dariam o alicerce não apenas para a orientação imediata do tribunal, mas para o veredicto definitivo da história. O resultado foi que o tribunal declarou, em seu julgamento: "O caso contra os réus, portanto, fundamenta-se em larga medida sobre documentos de sua própria produção".[250]

Evidência frágil

A abordagem documental combinou-se à burocracia do regime nazista, e foi particularmente apropriada para a exposição da monstruosa natureza burocrática do crime e de seus álibis. A abordagem testemunhal foi necessária para a total revelação da magnitude que desafia o pensamento da ofensa contra as vítimas, e foi particularmente apropriada para a valorização da perspectiva narrativa das vítimas.

A razão de decidir adicionar testemunhas vivas aos documentos, explicou por sua vez o promotor israelense Gideon Hausner, era que os julgamentos de Nuremberg *falharam em transmitir*,[251] ou em imprimir, na memória humana e "nos corações dos homens", o conhecimento e o choque daquilo que aconteceu. O julgamento de Eichmann procurou, ao contrário, não apenas estabelecer fatos, como também transmitir (transmitir a verdade como acontecimento, como choque de um encontro com eventos, transmitir história como uma experiência). A ferramenta do direito foi usada não apenas como uma ferramenta de prova de fatos inimagináveis, mas, acima de tudo, como um convincente meio de transmissão – como uma ferramenta efetiva de comunicação nacional e internacional desses fatos que desafiam o pensamento. Comparando, portanto, a abordagem evidencial de Nuremberg com suas próprias escolhas jurídicas, o promotor israelense escreveu:

> Há uma vantagem óbvia na prova escrita; seja lá sobre o que precise convencer, está lá em preto e branco [...]. Nem pode um documento ser [...] derrubado em interrogatório. Fala com voz firme; não pode gritar, mas também não pode ser silenciada...
>
> Este foi o percurso adotado nos julgamentos de Nuremberg [...]. Foi [...] eficiente [...] Mas foi também uma das razões pelas quais os procedimentos falharam em alcançar os corações dos homens.
>
> Com o objetivo de simplesmente garantir uma convicção, foi obviamente suficiente deixar que os arquivos falassem... Mas eu sabia que nós precisávamos de mais que uma

convicção; nós precisávamos de um registro vivo de um gigantesco desastre humano e nacional...

Em quaisquer procedimentos criminais, a prova de culpa e a imposição de uma pena, apesar de suma importância, não são os objetos exclusivos. Qualquer julgamento também [...] conta uma história [...]. Nossas percepções e nossos sentidos são configurados para experiências limitadas... Nós paramos de perceber criaturas vivas atrás dos crescentes números de vítimas; eles se transformam em estatísticas incompreensíveis.

Estava além dos poderes humanos apresentar a calamidade de um modo que fizesse justiça à tragédia de seis milhões. O único meio de concretizá-lo foi chamar testemunhas sobreviventes, tantas quanto a estrutura do julgamento permitisse, e pedir a cada uma delas que contasse um minúsculo fragmento do que tivesse visto e vivenciado... Juntas, as várias narrativas de pessoas diferentes seriam concretas o suficiente para serem apreendidas. Desse modo, esperei sobrepor a um fantasma uma dimensão da realidade.[252]

Devido à diferença em sua abordagem evidencial, os julgamentos de Nuremberg trouxeram uma contribuição mais sólida ao direito internacional, ao configurar um precedente jurídico vinculante de "crimes contra a humanidade"; o julgamento de Eichmann teve um grande impacto na memória coletiva. Os dois julgamentos dramatizam a diferença entre evidência humana e não humana. Jackson deseja excluir a vulnerabilidade humana tanto do processo do direito quanto do exercício do julgamento. Ele protege a sala do tribunal, portanto, da morte de que ela trata. Como Jackson quer que sua evidência jurídica seja literalmente invulnerável, ele tem que dar preferência à evidência desumanizada e sem vida. "Os documentos não poderiam ser acusados de parcialidade, esquecimento ou invenção". "Testemunhas", por outro lado, "muitas delas perseguidas", "estariam sempre suscetíveis à parcialidade, à recordação inexata e mesmo ao perjúrio".

Ao optar, pelo contrário, por incluir como evidência o previamente excluído, o testemunho frágil dos perseguidos, o julgamento de Eichmann quase especificamente abre espaço jurídico às potenciais falhas jurídicas e às deficiências que Jackson temia. Ele conscientemente *abraça* a vulnerabilidade, a falibilidade jurídica e a fragilidade da testemunha humana. É precisamente a fragilidade da testemunha que paradoxalmente é requisitada para evidenciar e prestar testemunho.[253]

Um juramento aos mortos (Um pseudônimo)

Em nenhum lugar esta frágil essência do testemunho humano foi mais dramaticamente exemplificada e mais intensamente testada que quando, em um dos momentos mais impressionantes do julgamento, uma testemunha desmaiou na tribuna.

Ele foi chamado para testemunhar porque era uma relevante testemunha ocular: ele encontrou Eichmann em Auschwitz.[254] Mas entrou em colapso antes que pudesse narrar este encontro factual. Seu testemunho, portanto, tornou-se uma falha jurídica, o tipo de falha jurídica que Jackson temia. E ainda assim esse momento jurídico de surpresa, capturado em vídeo,[255] deixou uma marca indelével no julgamento e impressionou-se na memória visual e histórica. Essa cena da sala do tribunal tem sido desde então transmitida várias vezes no rádio e na televisão. Apesar da repetição, o poder desse momento juridicamente persuasivo não diminui, e sua força de perplexidade não diminui e não se desvanece. Permaneceu como um momento chave literalmente inesquecível, um sinal ou um símbolo de um núcleo de memória coletiva constantemente reproduzido, e ainda assim incompreendido, incompreensível.[256] Proponho tentar investigar aqui a significância desse núcleo misteriosamente material.

Quem era essa testemunha? Por acaso era um escritor. Era conhecido sob o pseudônimo Ka-Tzetnik (K-Zetnik).[257] Viu-se a si próprio um mensageiro dos mortos, um portador de significado histórico que tinha o dever de preservar e transmitir. K-Zetnik é uma gíria que significa um prisioneiro no campo de concentração, alguém não identificado por nome, mas pelo número que os nazistas tatuaram no braço de cada prisioneiro. "Eu tenho de carregar este nome", K-Zetnik testemunhou durante o julgamento de Eichmann, "enquanto o mundo não despertar após a crucificação de uma nação [...] da forma como a humanidade ergueu-se após a crucificação de um homem."[258] K-Zetnik publicou, antes do julgamento de Eichmann, vários livros que foram traduzidos em diversas línguas e que ficaram célebres nos dois lados do Atlântico. Descrevendo a existência humana nos campos de extermínio, eles foram todos publicados como volumes sucessivos do que o autor chama de "As crônicas de uma família judia no século vinte". O nome K-Zetnik foi selecionado quase automaticamente. O autor começou a escrever logo depois que foi libertado de Auschwitz, em um hospital do exército britânico na Itália. Ele solicitou ao soldado israelense que estava cuidando dele que trouxesse caneta e papel: ele fizera um juramento aos mortos, disse, para ser sua voz e para escrever crônicas de sua história; desde que sentiu que seus dias estavam contados, teve de apressar-se; sua escrita foi desde o princípio correndo contra a morte. Por duas semanas e meia ele dificilmente levantava, escrevendo em um acesso seu primeiro livro. Pediu ao soldado que estava cuidando dele para transferir a Israel o manuscrito finalizado. Ao ler o título "Salamandra" na primeira página, o soldado sussurrou: "Você se esqueceu de escrever o nome do autor." "O nome do autor?" – gritou o escritor sobrevivente em resposta: "Aqueles que foram para os crematórios escreveram este livro; escreva o nome deles: Ka-Tzetnik."[259] Então o soldado adicionou com sua letra de mão o nome que logo viria a adquirir fama mundial.

– II –

O Colapso

"Qual é o seu nome completo?" – perguntou o juiz presidente.[260]
"Yehiel Dinoor"[261] – respondeu a vítima. O promotor então prosseguiu.
"Por que razão você adotou o pseudônimo K-Zetnik, Sr. Dinoor?"
"Não é um pseudônimo", começou respondendo a testemunha (então sentado). "Eu não me considero um escritor que escreve literatura."

> Esta é uma crônica do planeta de Auschwitz. Eu estive lá por mais ou menos dois anos. O tempo lá era diferente do que é aqui na Terra. Cada fração de segundo transcorria em um ciclo de tempo diferente. E os habitantes daquele planeta não tinham nomes. Eles não tinham pais nem filhos. Eles não se vestiam como nos vestimos aqui. Eles não nasciam lá e ninguém dava à luz. Até mesmo sua respiração era regulada por leis de outra natureza. Eles não viviam, nem morriam, de acordo com as leis deste mundo. Seus nomes eram os números "K-Zetnik tal e tal" [...]. Eles me deixaram, continuaram me deixando, para trás [...] por quase dois anos eles me deixaram e sempre me deixaram para trás [...] eu os vejo, eles estão me observando, eu os vejo.

Neste ponto, o promotor interrompe gentilmente: "Sr. Dinoor, eu poderia talvez fazer algumas perguntas ao senhor, se o senhor consentir?"

Mas Dinoor continuou a falar com uma voz vazia e tensa, alheio ao arranjo da sala do tribunal, como um homem mergulhado em alucinação ou em um transe hipnótico. "Eu os vejo... Eu os vejo em pé, na fila..."

Logo após, o juiz presidente de fato interviu: "Sr. Dinoor, por favor, por favor, ouça ao Sr. Hausner; espere um minuto, agora me ouça!"

A testemunha, extenuada, levantou-se vagamente e, sem dar sinal, caiu desmaiada, desabando no chão, ao lado da tribuna da testemunha.

Policiais correram em direção a Dinoor para erguer seu corpo caído, apoiá-lo e carregá-lo para fora da sala do tribunal.[262] O público, atônito, permaneceu imóvel, fitando incrédulo. "Silêncio, silêncio, silêncio!", ordenou o juiz presidente: "Estou pedindo silêncio". Um choro de mulher foi ouvido da direção do público. Uma mulher usando óculos de sol vinha do público em direção ao corpo humano inconsciente carregado pelos policiais, dizendo que era a esposa da testemunha. "A senhora pode aproximar-se", permitiu a mesa. "Eu não acredito que possamos prosseguir." A testemunha permanecia débil e desacordada, mergulhada em coma profundo. "Devemos entrar em recesso agora", declarou o juiz presidente. "Beth Hamishpat" ("a Casa da Justiça") gritou o meirinho, enquanto o público erguia-se de pé e os três juízes em suas batas negras saíam. Uma ambulância foi chamada e apressou-se com a vítima para o hospital, onde ele permaneceu por duas semanas entre a vida e a morte, paralisado. A seu tempo, ele se recuperaria.

O jurídico contra o poético

O poeta israelense Haim Gouri, que cobria o julgamento, escreveu:

> O que aconteceu aqui foi o inevitável. A tentativa desesperada [de K-Zetnik] de transgredir o canal jurídico e retornar ao planeta das cinzas a fim de trazê-lo até nós foi uma experiência terrível demais para ele.
> Outros falaram aqui por dias e dias, e cada um nos contou sua história de baixo para cima [...]. Ele tentou partir da generalização quintessencial, tentou definir, como um meteoro, a essência daquele mundo. Tentou encontrar o caminho mais curto entre dois planetas por entre os quais sua vida passou...
> Ou talvez ele tinha de repente avistado Eichmann rapidamente, e sua alma entrou em curto-circuito na escuridão, com todas as luzes se apagando...
> *De algum modo, ele disse tudo.* Qualquer coisa que viesse a dizer depois acabaria sendo detalhe supérfluo.[263]

Essa descrição empática, que tomou o testemunho em seus termos e que, examinando-o da perspectiva de suas próprias metáforas, refletiu de volta poeticamente o choque e a emoção do público, foi cobertura do testemunho de um poeta feita por um companheiro poeta. A cobertura jurídica desse episódio que Hannah Arendt enviou ao jornal *New Yorker*, e que foi posteriormente publicada em *Eichmann em Jerusalém*, foi muito mais dura e muito menos clemente.

Arendt questionou fundamentalmente o modo como a acusação estruturou o julgamento, focando-o narrativamente nas vítimas. O estado procurou narrar uma história jurídica única que nunca havia sido contada e que falhou em ser articulada nos julgamentos de Nuremberg. Ao fazê-lo, procurou reconstruir os fatos da guerra nazista contra os judeus do ponto de vista das vítimas e estabelecer pela primeira vez na história jurídica uma "história monumental" não dos vitoriosos, mas das vítimas. Entretanto, Arendt argumenta que o julgamento deveria estar focado no criminoso, não na vítima; ela queria que fosse um julgamento cosmopolita em vez de um julgamento judeu nacionalista; ela queria que ele contasse a história do totalitarismo e dos crimes totalitários contra a humanidade, em vez da história da tragédia judia e do crime contra o povo judeu. Ela então sentiu-se impelida a combater o egocentrismo judeu em cada ponto (e em cada ponto jurídico) e sistematicamente a desconstruir e descentralizar a narrativa monumentalizante da vítima pela acusação. Em seu papel de repórter jurídica para o *New Yorker*, Arendt encontra um palco para exercitar seus dotes irônicos não apenas para desqualificar a história da acusação, mas para narrar uma história jurídica contrapontual e tornar-se, por sua vez, uma irônica ou *contrapontual acusadora* – uma advogada de acusação ou (nos termos de Nietzsche) uma historiadora crítica do julgamento monumental.[264]

Quando ela foi confrontada pela primeira vez com os crimes nazistas durante os julgamentos de Nuremberg, Arendt acreditou que a magnitude do fenômeno e o abismo aberto na percepção não poderia ser apreendido pelo direito, exceto ao romper sua estrutura jurídica. Ela então escreveu em 1946 a Karl Jaspers, seu antigo professor e permanente amigo e interlocutor alemão a quem ela reencontrou ao fim da guerra e por meio de quem ela se reconectou então com sua própria juventude alemã interrompida:

> Sua definição de política nazista como um crime ("culpa criminal")[265] pareceu-me questionável. Os crimes nazistas, assim me parece, explodem os limites do direito, e isso é precisamente o que constitui sua monstruosidade. Para esses crimes, nenhuma punição é severa o suficiente... Isto é, esta culpa, ao contrário de toda culpa criminal, ultrapassa e despedaça todo e qualquer sistema jurídico. Esse é o motivo pelo qual os nazistas em Nuremberg estão tão presunçosos. E tão desumana quanto a sua culpa é a inocência das vítimas. Seres humanos simplesmente não podem ser tão inocentes como eles todos foram frente às câmaras de gás (o usurário mais asqueroso tornou-se tão inocente quanto uma criança recém-nascida, pois nenhum crime merece tal punição). Nós simplesmente não somos equipados para lidar, em um nível humano, político, com uma culpa que está além do crime e uma inocência que está além da bondade e da virtude. Este é o abismo que se abriu diante de nós em 1933... e dentro do qual nós finalmente tropeçamos. Eu não sei como vamos um dia sair dele, pois os alemães estão agora sobrecarregados com... centenas de milhares de pessoas que não podem ser adequadamente punidas dentro do sistema jurídico; e nós, judeus, estamos sobrecarregados com milhões de inocentes, em razão de que cada judeu vivo hoje pode ver a si mesmo como a inocência personificada.[266]

Jaspers não concorda com Arendt. Sua atitude, diz ele, é *poética demais*. Mas poesia, ele enfatiza, é uma ferramenta de apreensão muito mais inadequada, muito menos sóbria que o direito. Poesia por definição é equivocada, porque, dada sua própria natureza, é feita para *perder a banalidade* do fenômeno. E a banalidade, aos olhos de Jaspers, é a característica constitutiva do horror nazista, uma característica que não deveria ser mistificada ou mitificada.

> Você diz que o que os nazistas fizeram não pode ser compreendido como "crime" – não estou totalmente confortável com sua visão, pois uma culpa que vai além de toda culpa criminal inevitavelmente adquire um traço de "grandiosidade" – de grandiosidade satânica – o que é, pra mim, tão inapropriado aos nazistas quanto toda a conversa sobre o elemento "demoníaco" de Hitler. Parece-me que *nós temos de olhar essas coisas em sua total banalidade*, em sua trivialidade prosaica, porque é isso que verdadeiramente os

caracteriza... eu vejo qualquer alusão a mito ou lenda com horror... Sua visão é atraente – especialmente se contrastada com o que eu vejo como a falsa inocência inumana das vítimas. Mas tudo isso deveria ser expresso diferentemente... Do modo como você o expressa, *você quase foi para o caminho da poesia*. E um Shakespeare nunca seria capaz de dar forma adequada a esse material – seu senso estético instintivo o guiaria à falsificação disso. Não há nenhuma ideia ou essência aqui. Crime nazista é propriamente um assunto para psicologia e sociologia, para psicopatologia e jurisprudência apenas.[267]

Desde sua origem, o futuro conceito de "banalidade do mal" emerge como um conceito que se define pela sua invalidação metodológica do "caminho da poesia", contra o qual configura a terminologia propositadamente redutiva de "jurisprudência apenas" e o caminho sóbrio do direito (e das ciências sociais). "Eu achei o que você diz a respeito de meus pensamentos sobre 'além de crime e inocência' parcialmente convincente." Arendt responde primeiro de modo ambivalente, mas concede: "Temos de combater todos os impulsos a mitologizar o horrível".[268]

Quando o julgamento de Eichmann é anunciado quinze anos depois, Jaspers e Arendt trocam de posição. Jaspers sustenta que Israel não deveria julgar Eichmann, pois o tema do julgamento – de Eichmann – seria "maior que o direito".[269] Arendt insiste em que apenas o direito pode lidar com isso. "Não temos ferramentas à mão, exceto as jurídicas", diz ela.[270] Por enquanto, a ferramenta da lei está às mãos, por excelência, *uma ferramenta de apreensão da banalidade*, uma ferramenta especificamente de *desmitologização* e de redução deliberada, sóbria. E se o ofensor deve ser banalizado e desmitologizado para ser entendido em sua luz própria, assim também deve ser a vítima. A inocência da vítima não pode mais ser permitida para estourar a estrutura jurídica ou para explodir a ferramenta do direito. A vítima não deve mais ser poupada da banalidade da inocência.

– III –

O contraponto de Arendt

Arendt reserva um pouco de sua linguagem mais dura e de sua ironia mais violenta em *Eichmann em Jerusalém* para a descrição da apresentação malograda de K-Zetnik ao tribunal. Sem dúvida, em nenhum momento o papel de Arendt como historiadora contrapontual e crítica do julgamento é mais claro e indisfarçadamente expresso que em sua narração desse episódio. Arendt vê a falha de K-Zetnik na tribuna como sintomática do fracasso geral do julgamento. Ela responsabiliza por esse fracasso geral as falhas de orientações e os enganos da acusação, cuja testemunha simbolicamente fracassou por sua própria falta.

De forma geral, Arendt faz três objeções à escolha de testemunhas pela acusação:

1. Ao contrário das regras jurídicas de evidência, as testemunhas não são selecionadas por sua relevância em relação aos atos de Eichmann, mas com os propósitos da representação de uma visão mais ampla da perseguição nazista aos judeus. "Essa acusação" – escreve Arendt em tom de desaprovação – "tem por base o que os judeus sofreram, não o que Eichmann fez" (*EeJ*, p. 16). Essa representação pelas vítimas da perseguição que eles sofreram e sua reconstrução da história global de sua vitimização é irrelevante aos olhos de Arendt. K-Zetnik como uma testemunha parece a Arendt exemplificar a irrelevância das testemunhas.

2. Ao contrário do julgamento de Arendt e do seu gosto, a acusação prefere testemunhas de proeminência. Tem uma predileção, em particular, por escritores famosos, tais como K-Zetnik e Abba Kovner. O testemunho do primeiro foi um fiasco. O outro, Arendt nota causticamente, "não prestou testemunho exatamente, mas sim se dirigiu à plateia com a facilidade de alguém acostumado a falar em público e que não gosta de interrupções" (*EeJ*, p. 251). Aos olhos de Arendt, a fama de uma testemunha é um elemento corruptor do processo judicial. A capacidade de articulação profissional de um escritor compromete a verdade do testemunho ao tornar testemunhos em discursos. Como o caso de K-Zetnik.

3. A escolha das testemunhas pela acusação é guiada – acusa Arendt – por considerações teatrais. As testemunhas são chamadas pelos efeitos sensacionalistas proporcionados por suas "histórias de terror". O colapso nervoso de K-Zetnik é uma ilustração acidental, ainda que consistente, dessa lógica que transforma testemunho em um evento teatral que parasita o julgamento.

> Em nenhum momento [escreve Arendt] se nota algum traço teatral na conduta dos juízes [...] o juiz Landau [...] está fazendo o máximo, o máximo do máximo, para evitar que este julgamento se transforme num espetáculo por obra da paixão do promotor pela teatralidade. Entre as razões pelas quais ele nem sempre consegue isso está o simples fato de que as sessões ocorrem num palco diante de uma plateia, com o esplêndido grito do meirinho no começo de cada sessão produzindo o efeito de uma cortina que sobe. Quem planejou este auditório... tinha em mente um teatro completo... Evidentemente, este tribunal não é um mau lugar para o espetáculo que David Ben-Gurion, primeiro-ministro de Israel, tinha em mente quando resolveu mandar sequestrar Eichmann na Argentina e trazê-lo à corte de Jerusalém para ser julgado por seu papel na questão da "solução final dos judeus"...
>
> No entanto, por mais que os juízes evitem os refletores, ali estão eles, sentados no alto da plataforma, na frente da plateia, como se estivessem no palco para atuar numa peça. A plateia deveria representar o mundo todo... Estas pessoas iriam assistir a um espetáculo

tão sensacional quanto os julgamentos de Nuremberg, só que desta vez "a tragédia do judaísmo como um todo constituiria a preocupação central"...

Foi exatamente o aspecto teatral do julgamento que desmoronou sob o peso horripilante das atrocidades...

Dessa forma, o julgamento nunca se transformou numa peça, mas o espetáculo que Ben-Gurion tinha em mente... efetivamente aconteceu... (*EeJ*, p. 4-9)

A maioria das testemunhas, narra Arendt, eram cidadãos israelenses "selecionados entre centenas e centenas de voluntários" (*EeJ*, p. 244). Mas Arendt suspeita de testemunhas que se voluntariam. Ela é alérgica ao narcisismo que ela continua espreitando tanto nos atores jurídicos (o promotor-chefe em particular) e nas testemunhas que ela suspeita de procurarem ou serem complacentes com os elementos de espetáculo que parasitam e comprometem o julgamento. K-Zetnik é, para ela, um exemplo característico. A narrativa de seu colapso se torna, nas mãos de Arendt, não uma explicação emotiva do *pathos* de um testemunho humano, mas uma história didática que ilustra ironicamente que acidentes podem acontecer quando a testemunha está, um tanto paradoxalmente, ávida para aparecer. É com seu estilo mais sarcástico, mais depreciativo e mais engraçado que Arendt irá abordar esse testemunho.

Como teria sido mais inteligente resistir inteiramente às pressões... e procurar aquelas que não se apresentaram voluntariamente! Como para comprovar esse ponto, a acusação chamou um escritor, bem conhecido de ambos os lados do Atlântico, sob o nome de K-Zetnik... como autor de diversos livros sobre Auschwitz que tratavam de bordeis, homossexuais e outras "histórias de interesse humano". Ele começou, como fazia em muitas de suas aparições públicas, com uma explicação do nome que adotou... Ele prosseguiu com uma breve incursão pela astrologia: a estrela que "influencia nosso destino da mesma forma que a estrela de cinzas de Auschwitz continua lá, encarando nosso planeta, irradiando para o nosso planeta". E quando ele chegou ao "poder antinatural sobre a Natureza", que o havia mantido até então, e fez uma primeira pausa para respirar, até o Sr. Hauser sentiu que era preciso tomar alguma atitude quanto a esse "testemunho" e, muito tímido, muito polido, interrompeu: "Será que eu poderia fazer algumas perguntas, se o senhor concordar?". Diante do que o juiz presidente resolveu aproveitar a oportunidade: "Sr. Dinoor, por favor, por favor, escute o que o Sr. Hausner e eu vamos dizer". Em resposta, a decepcionada testemunha, talvez profundamente magoada, desmaiou e não respondeu a mais nenhuma pergunta. (*EeJ*, p. 244-5)

Até o Sr. Hausner sentiu que era preciso tomar alguma atitude quanto a esse "testemunho". Para Arendt, este é um "testemunho" somente entre aspas. É uma aberração de testemunho. A chacota de Arendt, entretanto, não é direcionada pessoalmente a K-Zetnik, mas provém de uma percepção impessoal, de humor negro, do modo ridículo e hilário em que a sala do tribunal como um todo poderia ser confundida, neste momento juridicamente surpreendente, com um teatro do absurdo. A bufonaria vem da situação, não das pessoas: o elemento burlesco ou cômico deriva da discrepância e da total incomensurabilidade entre as duas dimensões que o testemunho inadvertidamente traz para dentro do diálogo: o natural e o sobrenatural, a racionalidade e a disciplina dos protocolos da sala do tribunal e a irrupção de irracionalidade por meio de um divagador delirante, ou o que Arendt chama de uma "incursão pela astrologia" (a viagem da testemunha a "outros planetas"). Eu argumentaria, diferentemente de Arendt, que a sala do tribunal flerta aqui, nessa essência intrinsecamente jurídica, com a loucura e com o nonsense. Para alguns, esse drama na sala do tribunal constitui uma tragédia, um choque. Para Arendt, é uma comédia. A dor é traduzida em risada. Se isso for teatro, às vezes potencialmente sublime ou trágico, então é um teatro brechtiano. Manter-se à distância, para Arendt, é a chave. O exemplo ridículo de K-Zetnik desmaiando e sua falha como testemunha ilustra, para Arendt, não a proximidade estranha revelada entre loucura e razão, não o profundo *pathos* de um abismo cognitivo aberto abruptamente dentro da sala do tribunal e materializado no corpo inconsciente da testemunha, mas a asneira da acusação tanto no desrespeito à relevância jurídica quanto em sua predileção narcisista e equivocada por uma testemunha proeminente. Essa asneira dupla da acusação torna tanto sua justiça poética como sua punição cômica quando sua própria testemunha desmaia fora da tribuna e inadvertidamente se torna uma testemunha inerte e hostil, que "não responde a mais nenhuma pergunta".

Equívocos evidenciais

Observando os fatos, a ironia feroz de Arendt, ironicamente, é baseada em duas suposições erradas.

1. Ao contrário do que Arendt presume, Dinoor não se voluntariou a compartilhar sua "história de terror" na tribuna da testemunha, mas, pelo contrário, foi uma testemunha involuntária e relutante. Como escritor, ele sempre se esquivou de aparições públicas. Por isso, num primeiro instante ele se recusou a testemunhar. Ele teve de ser pressionado pelo promotor-chefe para aceitar (relutantemente) comparecer diante da corte.

2. Dentre os testemunhos do julgamento, Arendt apresenta K-Zetnik como aquele que é evidentemente o mais enlouquecidamente distante dos fatos.[271] Ela, portanto, observa este testemunho como o mais grotesco e hiperbólico exemplo do "direito das testemunhas à irrelevância" (*EeJ*, p. 246) e presume que isso não poderia talvez ter qualquer relevância jurídica no caso de Eichmann. O que Arendt não sabe e não suspeita é que Dinoor foi um dos poucos sobreviventes que se soube ter efetivamente encontrado Eichmann em Auschwitz.[272] Se tivesse sido capaz de levar adiante seu testemunho, ele se tornaria uma testemunha ocular essencial.

Contudo, o que K-Zetnik quer não é provar, mas transmitir. A linguagem do advogado e a do artista se cruzam na tribuna da testemunha apenas para concretizar dentro do julgamento seu equívoco e seu *encontro perdido*.[273]

Na sequência, eu exploro esse "encontro perdido" (de que forma a linguagem de K-Zetnik desaponta a acusação e de que forma a sala do tribunal e o julgamento desapontam K-Zetnik). Observarei esse encontro perdido como exemplar, por um lado, de uma dimensão (da realidade, da morte e do desastre) que a lei tem de confrontar, mas que está fadada a perder. Por outro lado, mostrarei como o exato momento de incongruência – o drama decretado do equívoco e do encontro perdido entre o artista e a lei – não obstante impacta na estrutura do direito e no fim dota o julgamento de Eichmann de uma dimensão jurisprudencial sem precedentes. O encontro perdido permite a compreensão de que um encontro, ou um momento coesivo, precisava ser executado.

* * *

"Quando o promotor me convidou para vir e testemunhar no julgamento de Eichmann", escreve K-Zetnik mais de vinte anos depois do julgamento,

> Eu implorei a ele que me liberasse desse testemunho. O promotor então me disse: "Mr. Dinoor, este é um julgamento cujo protocolo precisa registrar testemunho provando que houve um lugar chamado Auschwitz e o que aconteceu lá". O simples som dessas palavras me embrulhou o estômago e eu disse: "Senhor, descrever Auschwitz está além da minha capacidade!" Ao me ouvir, sua equipe me olhou com desconfiança. "O senhor, o homem que escreveu esses livros, espera que nós acreditemos que não pode explicar aos juízes o que era Auschwitz?" Eu fiquei calado. Como eu poderia dizer a eles que eu estou consumido pela busca por uma palavra que irá expressar o olhar nos olhos daqueles que seguiam em direção ao crematório, quando passavam por mim me encarando dentro dos meus olhos? O promotor não ficou convencido, e eu compareci ao julgamento de Eichmann. Então veio a primeira pergunta do juiz a respeito de Auschwitz e, antes que eu pudesse soltar algumas poucas frases miseráveis, caí no chão e fui hospitalizado, semi-paralisado e desfigurado em meu rosto.[274]

O trauma e a linguagem do Direito

"Sr. Dinoor", segue a narrativa contrapontual de Arendt,

> "por favor, por favor, escute o que o Sr. Hausner e eu vamos dizer."
> Em resposta, a decepcionada testemunha, talvez profundamente magoada, desmaiou e não respondeu a mais nenhuma pergunta. (*EeJ*, p. 225)

Segue o comentário sério de Arendt acerca de sua própria história sarcástica e risivelmente didática:

> Se essa foi uma exceção à regra da normalidade, não mostrou ser exceção quanto à simplicidade ou à capacidade de contar uma história, muito menos a rara capacidade de distinguir entre coisas que aconteceram com o narrador mais de dezesseis, algumas vezes vinte, anos antes, e tudo o que havia lido e ouvido e imaginado entrementes. (*EeJ*, p. 245)

Por essas razões, Nuremberg, ao fim da guerra, excluiu testemunhas vivas e limitou as evidências a documentos, optando por um caso de invulnerabilidade jurídica que apenas poderia ser garantida pelas evidências de papéis desumanizados e sem vida. "Os documentos", disse Jackson, "não poderiam ser acusados de parcialidade, esquecimento ou invenção"; "testemunhas", por outro lado, "muitas delas perseguidas e hostis aos nazistas, estariam sempre suscetíveis à parcialidade, à recordação inexata e mesmo ao perjúrio". De maneira parecida, Arendt desqualifica K-Zetnik como testemunha porque seu testemunho falha em atender aos critérios jurídicos e falha ao ser contido pela autoridade das garantias restritivas das regras jurídicas. No espírito de Jackson, pelo bem do direito como representativo da cultura e como árbitro da verdade na história, Arendt exclui o discurso de K-Zetnik porque ele representa a *contaminação entre realidade e ficção* – a confusão e a interpenetração entre direito e literatura –, o que o direito, por princípio, não pode aceitar e deve eliminar rígida e rigorosamente.

Pelos padrões jurídicos, K-Zetnik representa para Arendt uma falha de comunicação. Argumentarei aqui que Arendt, por sua vez, representa, em mais de um sentido, na sua postura em relação a K-Zetnik, *os limites do direito* em seu encontro com o fenômeno do *trauma*.

Gostaria agora de contrapor a interpretação de Arendt do fracasso jurídico de K-Zetnik com a minha própria leitura desta cena da sala de tribunal.

– IV –

Intrusões

O que Arendt ironicamente esclarece é de que forma o direito é usado como uma camisa de força para domar a história como loucura.

A visão sarcasticamente positivista da falha de K-Zetnik faz um uso positivista de um vocabulário psicológico sumariamente explicativo, por meio do qual a visão jurídica despreza (e Arendt de modo complacente rejeita) a subjetividade (narcisista) da testemunha. "Em resposta, a decepcionada testemunha, talvez profundamente magoada, desmaiou e não respondeu a mais nenhuma pergunta" (*EeJ*, p. 245).

Contra esse vocabulário psicológico demasiadamente simplificado, proponho utilizar um vocabulário psicanalítico fornecido pela teoria do trauma jurisprudencial.[275] Combinarei assim uma leitura psicanalítica com uma leitura filosófica e jurídica desta cena da sala do tribunal.

* * *

Não é uma "decepcionada testemunha", do meu ponto de vista, que cai fora da tribuna, mas sim uma testemunha aterrorizada.

Argumentei no Capítulo 2 que o direito é, por assim dizer, profissionalmente cego à sua relação constitutiva e estrutural com o trauma (tanto o pessoal, quanto o coletivo, cultural) e que suas "formas de cegueira judicial" tomam forma onde quer que a estrutura do trauma involuntariamente assuma a estrutura de um julgamento e onde quer que a instituição jurídica, inadvertidamente, desencadeie uma repetição jurídica do trauma que ela põe no julgamento ou tenta curar. No caso de K-Zetnik, isso aconteceu pontualmente.

Quando o juiz adverte Dinoor a partir da posição autoritária da mesa, coagindo-o a adotar um discurso jurídico e demandando que colabore como testemunha, K-Zetnik passa por um severo choque traumático ao revivenciar os mesmos terror e pânico que o assombravam toda vez que, como prisioneiro, era repentinamente confrontado pelas inexoráveis autoridades nazistas de Auschwitz. As palavras do juiz são ouvidas não como uma declaração originada da situação presente da sala do tribunal, mas como uma censura declarada "do outro planeta", como uma ameaça intrusiva articulada direto da violência da cena traumática que está sendo reproduzida na mente de K-Zetnik.[276] A chamada à ordem pelo juiz solicitando à testemunha que obedecesse – responder estritamente às perguntas e seguir as regras jurídicas – impacta a testemunha *fisicamente* como uma chamada intrusiva à ordem por um oficial da SS. Mais uma vez, a imposição de uma regra insensível e inflexível violentamente rouba-lhe as palavras e, reduzindo-o ao silêncio, mais uma vez ameaça aniquilá-lo, apagar sua essência como testemunha *humana*. Em pânico, K-Zetnik perde a consciência.[277]

> Tremendo [escreverá ele mais tarde sobre seus implacáveis pesadelos com Auschwitz], levanto meus olhos para ver o rosto de Deus em suas iniciais, mas o que vejo à minha frente é o rosto de um homem da SS.[278]
>
> Eu começo a ficar aterrorizado [...] As regras aqui são invisíveis [...] Não se diz o que é permitido e o que é proibido.[279]

> Eu fui tomado pelo temor e pela tremedeira. Estou chorando de medo. Eu quero esconder meu rosto e não ser visto. Mas não há como escapar de Auschwitz. Não há lugar para se esconder em Auschwitz.[280]

Entre a vida e a morte: evidência-limite

> Objetividade da justiça – e nisto rigorosa – ofuscando a alteridade do rosto que originalmente significa – ou comanda – fora do contexto do mundo, e que não cessa, no seu enigma e ambiguidade, de eximir-se e de fazer exceção às formas plásticas da presença e da objetividade que, contudo, exige ao fazer apelo à justiça.
>
> Emmanuel Lèvinas, *Alteridade e diacronia*

Antes do discurso em que desmaiou, no ponto em que o promotor o interrompe, K-Zetnik tenta definir Auschwitz rememorando o aterrorizante momento da Seleção, da separação, repetida semanalmente, de prisioneiros escolhidos para um iminente extermínio e prisioneiros arbitrariamente escolhidos para a vida. Este momento é incompreensível, tenta dizer a testemunha.

> E os habitantes daquele planeta não tinham nomes. Eles não tinham pais nem filhos... Eles não viviam, nem morriam, de acordo com as leis deste mundo. Seus nomes eram os números... Eles me deixaram, continuaram me deixando, para trás... por quase dois anos eles me deixaram e sempre me deixaram para trás... eu os vejo, eles estão me observando, eu os vejo.

O que K-Zetnik continua revivendo do campo de extermínio é o momento da partida, a última mirada dos que partiam, a troca de olhares entre os moribundos e os vivos no momento exato em que a vida e a morte estão se separando, mas ainda entrelaçadas, e podem uma última vez olhar uma à outra nos olhos.

> Mesmo aqueles que estiveram lá não conhecem Auschwitz [escreve K-Zetnik em memórias posteriores]. Nem mesmo alguém que esteve lá por dois longos anos como eu estive. Pois Auschwitz é outro planeta, enquanto nós, humanidade, ocupantes do planeta Terra, não temos a chave para decifrar o nome-código Auschwitz. Como eu poderia ousar denegrir o olhar nos olhos daqueles que se dirigiam ao crematório? Eles passavam por mim, eles sabiam aonde estavam indo e eu sabia aonde eles estavam indo. Os olhos estão olhando para mim e meus olhos estão olhando para eles, os olhos dos que vão e os olhos dos que ficam, sob céus silenciosos sobre a terra silenciosa. Somente aquele olhar nos olhos e o último silêncio...
>
> Por dois anos eles passaram por mim e o olhar deles estava dentro dos meus olhos.[281]

Uma comunidade da morte, ou dando voz ao que não pode ser dito

Ao reviver constantemente, no momento da partida, a repetida separação entre a vida e a morte, o que K-Zetnik testemunha não é, no entanto, a separação ou a diferença entre a vida e a morte, mas, pelo contrário, sua interpenetração, sua definitiva semelhança. Na tribuna, ele continua revivendo sua conexão com os mortos, seu vínculo com os exterminados. Sua lealdade a eles é simbolizada pelo nome adotado, K-Zetnik, com que ele assina, assim diz, as histórias que de fato são deles:

> Desde então esse nome testemunha em todos os meus livros [...]
> Eu sou um homem! [...] Um homem que quer viver! [...]
> "Você se esqueceu de escrever o seu nome no manuscrito..."
> "Os sem-nome, eles próprios! Os anônimos! Escreva o nome deles: K-Zetnik."
> "O nome do autor?" – gritou o escritor sobrevivente em resposta: "Aqueles que foram para os crematórios escreveram este livro; escreva o nome deles: Ka-Tzetnik."[282]
>
> Como poderia eu explicar que não fui eu quem escreveu o livro; eles que foram para o crematório como anônimos, eles escreveram o livro! Eles, os narradores anônimos... Por dois anos eles passaram diante de mim em seu caminho para o crematório e me deixaram para trás.[283]
>
> Todos eles agora estão enterrados em mim e continuam a viver em mim. Eu jurei a eles que seria a sua voz e, quando eu saí de Auschwitz, eles foram comigo, eles e os tijolos silenciosos, e o crematório silencioso, e os horizontes silenciosos, e a montanha de cinzas.[284]

De alguma forma, K-Zetnik não está sozinho na tribuna da testemunha. Ele está acompanhado por todos aqueles que o deixaram mas que vivem dentro dele. "Eu jurei a eles que seria a sua voz." O escritor K-Zetnik, portanto, poderia ser visto simbolicamente como a testemunha mais central para o projeto anunciado do julgamento, de *dar voz aos seis milhões de mortos*. O testemunho de K-Zetnik e seu projeto literário retomam o projeto jurídico da acusação.

> Quando me ponho diante dos senhores, juízes de Israel, nesta corte [disse o promotor em seu discurso de abertura]... não estou sozinho. Aqui comigo... estão seis milhões de acusadores. Mas eles não podem levantar o dedo acusador na direção da cabine de vidro e gritar *"j'accuse"* contra o homem ali sentado. Pois suas cinzas estão amontoadas nas colinas de Auschwitz... Seu sangue clama o Céu, mas sua voz não pode ser ouvida. Por isso cabe a mim ser o seu porta-voz e pronunciar a infame acusação em seu nome.[285]

Entre dois nomes

Por sua vez, visto que está falando pelos mortos, K-Zetnik deve permanecer, como eles, anônimo e sem nome. Ele tem de testemunhar, assim, sob o nome de

K-Zetnik.[286] Sua memória de Auschwitz é o esquecimento de seu nome. Mas em um tribunal de direito, uma testemunha não pode permanecer sem nome e não pode testemunhar anonimamente. Uma testemunha é precisamente responsável por seu nome jurídico, tal como registrado em certidão.

"*Sr. Dinoor*, por favor, por favor, escute o que o Sr. Hausner e eu vamos dizer", diz o juiz presidente impacientemente, pondo fim à explicação que a testemunha dá sobre o nome que adotou.

K-Zetnik desmaia porque não pode ser interpelado nesse momento por seu nome jurídico, Dinoor: os mortos ainda reivindicam-no como testemunha *deles*, como K-Zetnik que pertence a eles e ainda é um deles. O tribunal, em resposta, reivindica-o como *sua* testemunha, como Dinoor. Ele não consegue resolver o conflito entre os dois nomes e as duas reivindicações. Ele mergulha no abismo entre os planetas diferentes. Na fronteira entre os vivos e os mortos, entre o presente e o passado, cai como se fosse ele mesmo um cadáver.

– V –

Passado indomado

Sem interesse nos fenômenos sociopsicológicos ou psicanalíticos, Arendt não tem nem um entendimento profundo, nem um interesse em trauma. Ela tem interesse, contudo, em seu *remédio jurídico* – no julgamento como meio de superar e controlar um passado traumático. Mas K-Zetnik não aproveita sua chance jurídica de superar o trauma na tribuna. Ele está, pelo contrário, mais uma vez dominado por ele. O que é pior, ele faz de sua queda escandalosa um espetáculo dentro do foro jurídico. K-Zetnik, assim, frustra a intenção do direito, que é precisamente *traduzir o trauma em consciência*. Ele perde a consciência e perde o autocontrole, ao passo que a intenção do direito é, ao contrário, ter sob seu controle e recuperar o domínio da consciência sobre o pesadelo traumático de uma história cujo impacto, conforme Arendt reconhece em seu estilo não patético e amenizado, continua a ter repercussões na consciência do mundo e, deste modo, permanece com todos nós precisamente como o "passado indomado" do mundo e de Israel, bem como da Alemanha.[287]

No coração do passado indomado, o julgamento tenta dominar um abismo.[288]

Julgamentos e abismos

A perda de consciência de K-Zetnik materializa na sala do tribunal o que o julgamento não pode dominar: de uma vez, um abismo do trauma e um abismo epistemológico, uma ruptura cognitiva que Arendt, de modo desvinculado, vai teorizar e enfatizar em sua explicação política e filosófica do genocídio nazista.[289] Arendt mesma vivenciou esse abismo epistemológico quando as notícias de Auschwitz chegaram até ela pela primeira vez como um choque que não poderia ser assimilado. "O que foi decisivo", confidencia Arendt a Günter Gaus em uma entrevista a uma emissora de rádio alemã em 1964,

> O que foi decisivo foi o dia em que soubemos a respeito de Auschwitz. Isso foi em 1943. E, no início, nós não acreditamos nisso [...] porque militarmente era desnecessário e indesejado. Meu marido [...] disse "não seja ingênua, não acredite piamente nessas histórias. Eles não podem ir tão longe!" E então meio ano depois nós finalmente acreditamos, porque nós tivemos a prova. Aquilo foi um choque real. Antes daquilo nós dissemos: Bem, tem-se inimigos. Isso é perfeitamente natural. Por que um povo não poderia ter inimigos? Mas isso era diferente. *Foi realmente como se um abismo se abrisse.*[290]

Mas, apesar do choque, apesar da ruptura cognitiva e da fenda epistemológica na história e na percepção histórica, a vida de Arendt consiste em atravessar o abismo e transpô-lo, indo além da ruptura que ele deixou. Mais tarde, para Arendt, como diz ela a Günter Gaus, parece que "deveria haver uma base para comunicação precisamente no abismo de Auschwitz".[291] A lei provê um foro e uma linguagem para tal comunicação.

Eu argumentaria que o julgamento de Eichmann é, para Arendt, bem precisamente o que ela chama de "a base para comunicação" dentro e sobre o abismo. Mas o mergulho de K-Zetnik em coma interrompe o processo de comunicação cuidadosamente estabelecido pelo direito. K-Zetnik permaneceu perto demais da realidade e do choque do acontecimento, talvez perto demais, para consolo de Arendt. Ele ainda é um cativo do planeta das cinzas. Ele ainda está no Holocausto, ainda à beira do abismo, que ele involuntariamente reabre na sala do tribunal quando o direito mal começou a construir sua ponte jurídica.

O direito requer que a testemunha seja capaz de narrar uma história no passado, recontar um acontecimento no pretérito perfeito. K-Zetnik é incapaz de observar o Holocausto como um acontecimento do passado, mas tem de revivê-lo no presente, por meio da infinita repetição traumática de um passado que não é passado, que não tem encerramento e do qual não se pode tomar distância.

O direito, ao contrário, requer e fornece distância do Holocausto. Seu inquérito e seu julgamento são contingentes em uma separação entre passado e presente. A lei requer e traz encerramento e totalização da evidência e de seu significado. É por isso que o testemunho de K-Zetnik, que de uma vez desafia a redução jurídica e o encerramento jurídico, deve permanecer irrealizado, inacabado.

Segunda parte:
Evidência no Direito e evidência na arte

– VI –

Entre o Direito e a Arte

Em 1964, uma importante crítica literária de vanguarda dos Estados Unidos, Susan Sontag, discutindo uma obra literária sobre o papel desempenhado pelo papa durante o Holocausto, argumentou de forma surpreendente e bastante provocativa que o julgamento de Eichmann foi "o mais interessante e comovente trabalho de arte dos últimos dez anos".[292]

> Nós vivemos em um tempo [escreveu ela] em que a tragédia não é uma forma de arte, mas uma forma de história. Dramaturgos não escrevem mais tragédias. Mas nós temos trabalhos de arte (nem sempre reconhecidos como tais) que tentam resolver as grandes tragédias históricas de nosso tempo … Se, então, o supremo evento trágico dos tempos modernos é o assassinato de seis milhões de judeus, o mais interessante e comovente trabalho de arte dos últimos dez anos é o julgamento de Adolf Eichmann em Jerusalém em 1961.[293]

Não acredito, de minha parte, que o julgamento de Eichmann – ou qualquer julgamento – pode ser reduzido a, ou classificado como, a representação ou o drama de um trabalho de arte. Há pelo menos uma diferença crucial entre um evento do direito e um evento da arte, não importa quão dramáticos ambos possam ser: um trabalho de arte não pode condenar à morte. Um julgamento, diferentemente da arte, é fundado na violência jurídica sancionada e tem o poder (e às vezes o dever) de decretar.[294]

Ao passo que isso não pode ser aceito à letra, o comentário paradoxal de Sontag sobre o julgamento de Eichmann é, entretanto, iluminador, não como um comentário sobre julgamentos, mas como uma observação sobre a relação entre a arte e a realidade (jurídica). Ao passo que o julgamento de Eichmann não pode, sob qualquer circunstância, ser considerado um trabalho de arte, trabalhos de arte têm vindo atualmente para imitar, replicar ou mimetizar as estruturas jurídicas do julgamento de Eichmann.

O mais forte e eloquente exemplo dessa tendência (que alcançou seu ápice décadas depois do artigo de Sontag) pode ser visto no filme *Shoah*, de Claude Lanzmann, um trabalho de arte feito de realidade, cujo formato testemunhal, jurídico, é informado (e talvez inspirado) pelo julgamento de Eichmann[295] e do qual poderia sem dúvida ser dito, nas palavras de Sontag, que é "o mais interessante e comovente trabalho de arte dos últimos anos".[296]

Eu falo aqui de *Shoah* como emblemático da arte após o Holocausto e como *paradigmático* do trabalho de arte de nosso tempo. Argumento que o julgamento de Eichmann é o evento complementar (o correlativo jurídico) do processo contemporâneo de invasão da arte pelas estruturas do julgamento e de sua transformação em testemunho, um processo pelo qual escritores como K-Zetnik (bem como Elie Wiesel, Celan, Camus e outros) comprometeram-se exatamente a fazer da arte mesma uma testemunha – isto é, apresentar evidências históricas e jurídicas por meio da arte. Qual é, então, a diferença entre direito e arte, quando ambos estão subscritos pelo processo jurídico e quando ambos se comprometem a perseguir a realidade? "A realidade", diz Arendt, "é diferente de, e mais que, a totalidade de fatos e acontecimentos, a qual é, de qualquer modo, inaveriguável. Quem diz o que é [...] sempre conta uma narrativa".[297] Nas palavras de Arendt, argumento que a *narrativa do direito* é focada na averiguação da *totalidade de fatos* e acontecimentos. A *narrativa da arte* é focada naquilo *que é diferente de*, e *mais que*, essa totalidade. Eu argumento que o colapso da testemunha no julgamento de Eichmann foi (involuntariamente), ao mesmo tempo, parte da totalidade dos fatos e parte do que era diferente de, e mais que, essa totalidade. Nesse sentido, foi *uma narrativa do direito* e *uma narrativa da arte* ao mesmo tempo. "A verdade", diz Lanzmann, "mata a possibilidade de ficção".[298] Da mesma forma que a arte é hoje trespassada e invadida pela linguagem e estruturas do julgamento, o julgamento de Eichmann – por meio da apresentação de K-Zetnik no tribunal – foi trespassado e invadido pela linguagem do artista, pelo testemunho do artista e pelo surpreendente colapso do artista.

A linguagem do artista não pode relegar o sofrimento traumático ao passado. "O maior crime moral e artístico que pode ser cometido ao se produzir um trabalho dedicado ao Holocausto", diz Lanzmann,

> é considerar que o Holocausto é passado. *Ou o Holocausto é lenda ou é presente: de nenhum modo é uma memória.* Um filme devotado ao Holocausto [...] só pode ser uma investigação dentro do presente do Holocausto ou pelo menos dentro de um passado

cujas cicatrizes estão ainda tão recente e vividamente inscritas em certos lugares e nas consciências de algumas pessoas, que se revela em uma *atemporalidade alucinada*.[299]

De modo parecido, K-Zetnik não trata o Holocausto como passado, mas vive-o como um presente que se repete infinitamente em uma atemporalidade alucinada. A atemporalidade alucinada – o tempo da repetição traumática e o tempo da arte – é o tempo preciso do testemunho jurídico de Eichmann. Mas a temporalidade jurídica não pode admitir, não pode incluir, não pode reconhecer a atemporalidade exceto como uma ruptura da estrutura jurídica. A apresentação de K-Zetnik no tribunal marca, assim, uma invasão do julgamento e da temporalidade jurídica pela temporalidade infinita e atemporal da arte.

O direito tem uma linguagem de abreviação, de limitação e de totalização. A arte é uma linguagem de infinitude e de irredutibilidade de fragmentos, uma linguagem de materialização, de encarnação e de encantamento materializado ou de *repetição* rítmica infinita. Como é por definição uma disciplina de limites, o direito distancia o Holocausto; a arte o aproxima. A função do julgamento de Eichmann foi paradoxalmente totalizar e distanciar o acontecimento: o julgamento *fez do Holocausto um passado*.[300] E, ainda assim, dentro da sala do tribunal, na figura de K-Zetnik, o Holocausto retornou como um fantasma ou como um presente vivo, encarnado.

O discurso de K-Zetnik no julgamento tem permanecido inacabado e, como arte, interminável. Na sala do tribunal, seu lapso para dentro da interminabilidade – para dentro da inconsciência e do silêncio – foi paradoxalmente uma chamada física do real, uma chamada física da realidade material que fraturou a totalidade de fatos almejada pelo direito. Mas o poder testemunhal desse real, dessa irreproduzível presença material da testemunha, situa-se exatamente no *pathos* – no poder do choro – de sua mudez jurídica.

"Mas que posso eu fazer quando estou acometido pela mudez?", escreverá K-Zetnik quase trinta anos depois do julgamento de Eichmann, tentando explicar de uma vez a falha jurídica de seu testemunho e o princípio de interminabilidade e de inesgotabilidade de sua contínua arte testemunhal:

> Mas que posso eu fazer quando estou acometido pela mudez? Eu não tenho nem palavra, nem nome para isso tudo. Gêneses diz: "E Adão deu nomes..." Quando Deus acabou de criar a Terra e tudo sobre ela, pediu a Adão que desse nomes para tudo o que Deus havia criado. Até 1942 não havia Auschwitz na existência. Para Auschwitz não há outro nome senão Auschwitz. Meu coração será rasgado em pedaços se eu disser: "Em Auschwitz eles queimaram pessoas vivas!" ou "Em Auschwitz pessoas morreram de fome." Mas isso não é Auschwitz. Pessoas já morreram de fome antes e pessoas foram queimadas vivas antes. Mas isso não é Auschwitz. O que, então, é Auschwitz? Não tenho palavras para expressar; não tenho um nome para isso. Auschwitz é um fenômeno primário. Eu não tenho a chave para

destravar. Mas as lágrimas do mudo não falam a sua angústia? E gritos dele não choram seu sofrimento? E seus olhos protuberantes não revelam o horror? Eu sou esse mudo.[301]

A mudez na sala do tribunal é normalmente negativa ou nula, destituída de significado jurídico. Mudez na arte, contudo, pode ser carregada de significado. É de *fora de sua própria mudez* que a escrita de K-Zetnik nessa passagem *fala*. É de fora de seu próprio silêncio que a arte testemunhal de K-Zetnik deriva seu próprio poder literário. *A arte é* o que faz o silêncio falar.

Eu argumentaria que foi precisamente por meio da *mudez jurídica* de K-Zetnik que o julgamento inadvertidamente *deu ao silêncio um poder de transmitir*, e – ainda que não com essa intenção – conseguiu transmitir o significado jurídico de trauma coletivo com o poder incremental de um trabalho de arte. Uma vez que o julgamento deu transmissibilidade ao silêncio, outros silêncios tornaram-se, dentro do julgamento, carregados de significado.[302] No limite do que poderia ser legalmente compreendido, algo da ordem do choro mudo de K-Zetnik – algo da ordem do emudecimento e da interminabilidade da arte – esteve presente na sala do tribunal como uma sombra silenciosa do julgamento ou como uma negativa dos procedimentos. Esteve presente nos interstícios da lei como um fantasma dentro da casa da justiça. O poeta Haim Gouri percebeu em sua cobertura do julgamento:

> Com uma força descomunal, o tribunal conseguiu impedir o poder avassalador do choro que irrompe, agora como se fosse pela primeira vez, e transmiti-lo parcialmente em uma linguagem de fatos e números e datas, deixando ao mesmo tempo o remanescente daquele choro flutuar por sobre o julgamento como um fantasma.[303]

– VII –

O julgamento

Ao contrário do testemunho de K-Zetnik, o julgamento de Eichmann teve um encerramento. Por seus crimes contra o povo judeu, seus crimes de guerra e seu crimes contra a humanidade, os juízes sentenciaram Eichmann à "maior punição conhecida pela lei".[304] O julgamento totalizou uma declaração da prova. Como Arendt, os juízes ressaltaram o fato de que sua autoridade para fazer justiça (e de fazer ver a justiça) era contingente da *força de limitação* do direito. "O julgamento de Eichmann", Arendt relata, pelo menos uma vez de modo aprovador, "não podia ter sido mais claro":

> Era preciso resistir a todas as tentativas de ampliar o âmbito do julgamento, por que a corte não podia "se permitir ser atraída para territórios que estão fora de sua esfera [...] O processo judicial [escreveram os juízes] tem seus próprios meios, que são determinados pela lei, e que não mudam, seja qual for a matéria do julgamento". A corte, além disso, não podia passar por cima desses limites sem terminar "em completo fracasso". Ela não só não tem a seu dispor "os instrumentos necessários à investigação de questões gerais", *como fala com uma autoridade cujo próprio peso depende dessas limitações*. (*EeJ*, p. 275-6)[305]

E ainda assim, mesmo os juízes sentiram a necessidade de apontar para o fato de que havia algo no julgamento que ia além de sua jurisdição e além da jurisdição da lei.

> Se esses forem os sofrimentos do indivíduo [escreveram os juízes], então a soma total do sofrimento de milhões – por volta de um terço do povo judeu, torturado e massacrado – é certamente além do entendimento humano; e quem somos nós para tentar dar a isso uma expressão adequada? Isso é uma tarefa para os grandes escritores e poetas. *Quiçá seja simbólico que até o próprio escritor, que passou pelo inferno chamado Auschwitz, não tenha suportado o suplício no banco da testemunha e tenha desmoronado.*[306]

O que os juízes dizem não é simplesmente que direito e arte são dois modelos de transmissão do Holocausto, duas linguagens para traduzir o incompreensível em algum tipo de sentido, dois modos de lidar com o trauma coletivo e de cruzar o abismo de uma história insana e aterrorizante.

Os juízes reconhecem que, mesmo no modo jurídico, dentro da linguagem do julgamento, a queda do escritor e seu colapso nervoso como testemunha foi dotado de significado. Eles ainda reconhecem que, quando o artista ficou inconsciente, uma dimensão de infinitude e de interminabilidade ficou registrada dentro do julgamento *como aquilo que estava incontido por sua contenção*, como aquilo que restou intotalizável justamente pela e na totalização do direito, dentro do texto estritamente legal de totalização que constitui o julgamento deles.

O julgamento do tribunal de Eichmann presta atenção ao fato de que, no ponto de intersecção entre o direito e a arte com que a sala do tribunal involuntariamente se deparou por meio do testemunho de Eichmann, *o direito travou um diálogo com seus próprios limites* e tocou em uma fronteira de significado na qual a sensatez e o absurdo, propósito e loucura se misturaram, séria e historicamente, e não podiam mais ser diferenciados. O tribunal reconhece, no entanto, que esse surpreendente momento jurídico que perturbou normas jurídicas e lançou a sala do tribunal em desordem foi profundamente significativo, e não um momento absurdo do julgamento.

Terceira parte:
Narrativas traumáticas
e estruturais jurídicas

– VIII –

História e anti-história: entre a justiça e a impossibilidade de narrar

Quero agora retornar à história de Arendt, mas de uma forma diferente: ouvir não apenas suas declarações, mas também seu discurso; procurar entender não apenas sua crítica jurídica, mas seu próprio testemunho inadvertido como escritora. Proponho mostrar como a narrativa jurídica de Arendt em *Eichmann em Jerusalém* involuntariamente exprime não apenas as considerações críticas da jornalista, mas o próprio testemunho artístico (apagado) e a narrativa traumática da própria escritora.[307]

Assim como os juízes, Arendt enxerga o desmaio de K-Zetnik como um símbolo.[308] Mas enquanto para os juízes o colapso do escritor resume – dentro do julgamento e além dele – o colapso da linguagem em face ao incontrolável e ininteligível sofrimento, para Arendt o colapso do escritor resume o *fracasso jurídico* do julgamento. Enquanto para os juízes o colapso é a dramatização de um *fracasso de expressão*, para Arendt o colapso é a dramatização de um *fracasso da narração*.

"Se essa", diz Arendt, "foi uma exceção à regra da normalidade, não mostrou ser exceção quanto à simplicidade ou à capacidade de contar uma história" (*EeJ*, p. 245). Como uma exceção que confirma a regra da normalidade – isto é, como um símbolo da anormalidade jurídica do julgamento como um todo – Arendt culpa K-Zetnik por sua *incapacidade de contar uma história* e assim testemunhar coerentemente. "Quem diz o que é [...] sempre conta uma narrativa, e nessa narrativa os fatos particulares perdem sua contingência e adquirem algum significado humanamente compreensível", Arendt escreverá em "Verdade e Política" ["*Truth and politics*"][309], sem dúvida lembrando inconscientemente do inesquecível ensaio chamado *O Narrador* ["*The storyteller*"], escrito por seu falecido amigo Walter Benjamin, cujo nome ela resgatará em 1968 – cinco anos depois do livro de Eichmann – do anonimato e do desconhecimento ao publicar o trabalho dele nos Estados Unidos, mas cuja amizade perdida ela vai lamentar silenciosamente por toda a vida como uma queixa íntima, uma ferida sem palavras, um preço individual que ela mesma pagou secretamente ao Holocausto.[310] Eu percebo uma referência a *O Narrador* na conclusão da explicação sobre o testemunho de K-Zetnik: "não mostrou ser exceção quanto à simplicidade ou à *capacidade de contar uma história*". Há diversas outras referências em *Eichmann em Jerusalém* à arte de narrar e a *O Narrador*[311]. Ao passo que o nome de Benjamin nunca é mencionado e seu texto nunca é citado no livro, palavras e formulações benjaminianas involuntariamente permeiam suas páginas, como ecos estilísticos que formam um *subtexto* filosófico fervoroso sob e através da ironia, da amargura e da secura do texto legalista. Nesse subtexto está em jogo a relação entre a morte e a escrita, uma relação intimamente pessoal, na qual o "eu" que escreve não pode possuir ou formular diretamente, mas pode relacionar-se indiretamente por meio da reflexão de Benjamin acerca da relação entre a morte e a arte de narrar. A memória e a presença de Benjamin – a presença de sua morte e de seu texto – de modo involuntário, ainda que perturbador e persistente, dá forma ao estilo de Arendt, e permeia sua escrita e seu discurso. "A morte", escreveu Benjamin exatamente nesse ensaio, "é a sanção de tudo o que o narrador pode contar. É da morte que ele deriva sua autoridade" ("O N.", p. 208).

Teria Arendt, por sua vez, emprestado sua autoridade, como narradora do julgamento, de um legado de morte do qual ela não fala e não pode falar? Eu sugeriria sem dúvida que, por meio de sua atenuada porém repetida referência ao narrador, *Eichmann em Jerusalém* é, por sua vez, o livro de luto de Arendt.[312] Isto é, em outras palavras, um livro – uma declaração articulada – sobre a *relação entre mágoa e justiça*, bem como nos correspondentes de mágoa e justiça em narrativa e arte de narrar. "É perfeitamente verdadeiro", Arendt escreverá em "Verdade e Política", "que 'todas as dores podem ser suportadas se você as coloca dentro de uma história ou conta uma história sobre elas'."[313] Tanto o julgamento de Eichmann quanto o ensaio crítico sobre ele estão preocupados – embora em diferentes estilos – com a tradução de mágoa em justiça. Ambos são, portanto, imagens espelhadas da tradução de mágoa em queixa como aquilo que sustenta precisamente a capacidade e a significância de dizer "Eu acuso", de gritar "*J'accuse*" em nome daqueles que não podem mais dizê-lo.[314]

Eichmann em Jerusalém, eu sugeriria, é habitado pelos fantasmas que receberam e que não receberam seu luto. Benjamin é um deles. (Outro fantasma, eu sugiro, é Heidegger, mas não me estenderei na significância fantasmagórica dele em *Eichmann em Jerusalém*.)[315]

Em toda linguagem, conforme Benjamin argumentou, há um lamento que a emudece.[316] "Em todo luto há uma inclinação para o emudecimento, que é infinitamente maior que a desinclinação ou a incapacidade de se comunicar."[317] O nome não mencionado e a presença subterrânea de Benjamin como um inadvertido e complexo subtexto de *Eichmann em Jerusalém* estão ligados, argumento eu, tanto ao testemunho de Arendt em seu livro, quanto ao seu silêncio, um silêncio que, por sua vez, está ligado não apenas à sua discrição como também ao seu emudecimento, ou seja, à sua *incapacidade de contar uma história*. Há, em outras palavras, uma história crucial que Arendt não conta e não pode contar, que sustenta a história do julgamento que ela de fato conta.[318]

"Por mais familiar que seja seu nome", escreveu Benjamin, "o narrador não está de fato presente entre nós, em sua atualidade viva. Ele é algo de distante, que distancia ainda mais":

> São cada vez mais raras as pessoas que sabem narrar devidamente [...] É como se estivéssemos privados de uma faculdade que parecia segura e inalienável: a faculdade de intercambiar experiências. ("O N.", p. 197-8)

Benjamin intuitivamente sabia que a inabilidade de contar uma história estava relacionada à essência da experiência traumática.[319] Especificamente, ele conectou essa incapacidade de narrar ao trauma coletivo e massivo da guerra.

> No final da guerra, observou-se que os combatentes voltavam mudos do campo de batalha não mais ricos, e sim mais pobres em experiência comunicável. ("O N.", p. 198)

Benjamin falava da Primeira Guerra Mundial.[320] O testemunho de K-Zetnik no julgamento de Eichmann mostrou como as pessoas retornaram ainda mais caladas – ainda mais pobres em experiência comunicável, ficando ainda mais silenciosas – dos campos de extermínio e do pesadelo traumático da Segunda Guerra Mundial.

> Quando eu saí de Auschwitz [escreve K-Zetnik], eles foram comigo, eles e os tijolos silenciosos, e o crematório silencioso, e os horizontes silenciosos, e a montanha de cinzas.[321]

* * *

Eu argumentaria de modo diferente de Arendt (e com uma percepção posterior que ela não poderia ter) que (imprevisivelmente, involuntariamente) foi a *essência jurídica inadvertida*, além da inovação e excepcionalidade jurídica do julgamento de Eichmann, e não seu acidente testemunhal, que expressou a mudez gerada pelo Holocausto e *articulou a dificuldade de articulação* da história catastrófica, a dificuldade de articulação e a inarrabilidade trágica do desastre incompreensível e de seu trauma imensuravelmente devastador e ininteligível. A impossibilidade de narrar não é externa à história: é o próprio coração da história.[322] O julgamento mostra como a incapacidade inerente de contar a história é ela mesma uma parte integral da História e da narrativa do Holocausto. A função do julgamento, assim, torna-se exatamente articular a impossibilidade de narrar por meio do processo jurídico e converter essa *impossibilidade narrativa* em *significado jurídico*.[323]

* * *

Minha concepção do julgamento é, portanto, fundamentalmente diferente daquela de Arendt. Logicamente falando, é, contudo, o texto de Arendt que me permitiu ler o julgamento de forma diferente dela. É exatamente a própria insistência perplexa de Arendt em "como era difícil contar uma história" (*EeJ*, p. 251) e sua própria declaração excessiva – suas alusões assombradas a Benjamin e a "O Narrador" – que contribuíram para dar forma à minha perspectiva. Desde o começo, eu venho lendo o texto de Arendt numa tentativa de entender o que havia de peculiar e único no julgamento. Meu próprio esforço foi ouvir o julgamento com a ajuda de Arendt, para alcançar uma compreensão do que estava acontecendo, em 1961, na sala do tribunal pelo intermédio da lente de aumento dos olhos atentos e criticamente perspicazes de Arendt. Neste último capítulo, sugeri que além da crítica há também um elemento implícito de mágoa no texto de Arendt, que uma relação entre mágoa e justiça, indireta e inconscientemente, dá forma ao discurso de Arendt, e que é precisamente esse excesso no discurso de Arendt sobre sua declaração que dá autoridade ao seu livro e, ao seu texto, uma profundidade literária, uma densidade existencial e um carisma político e jurídico-filosófico que vai além dos termos conscientes de seu argumento exposto.

Gostaria agora de desenvolver esse potencial implícito do texto de Arendt e persegui-lo, à minha maneira, mais além. No restante de meu argumento, irei mais longe que Arendt o faz, aproximando-me da relevância perturbadora de Benjamin em *Eichmann em Jerusalém* e, mais genericamente, usando a reflexão benjaminiana para destacar importantes aspectos do julgamento. Ainda que eu vá, a partir daqui, usar Benjamin para fazer uma leitura do julgamento de modo distinto de Arendt (para dialogar com e *além* de Arendt), minhas diferentes percepção e proposição, até onde elas puderem contar, por sua vez, com a autoridade de Benjamin e sua presença perturbadora, vão também paradoxalmente falar *com* o texto de Arendt *a partir do silêncio de seu narrador*: desde o *pathos* inconsciente do seu próprio discurso excessivo, porém silenciado, emudecido, autoapagado e autotranscendente.

– IX –

O dramático

Seguindo Benjamin, eu argumento, portanto, que a mudez testemunhal oculta (e excessiva) da narrativa jurídica de Arendt recria, ironicamente o bastante, a mudez literária da história de K-Zetnik, e que a mudez jurídica de K-Zetnik – sua incapacidade de contar uma história no tribunal – é parte da impossibilidade de narrar, que é o coração do julgamento. Sem dúvida, o discurso de K-Zetnik antes de seu desmaio esforça-se para *tematizar* exatamente a impossibilidade de narrar, tanto no uso da imagem do "outro planeta", testemunhando a exterioridade de Auschwitz e tentando expressar a escala astronômica de distância que separa a incompreensibilidade e a inarrabilidade neste lugar da narração na sala do tribunal em Jerusalém; e em seu esforço para narrar a cena do extermínio como uma repetida cena de despedida e de silêncio, uma cena primeva de silêncio cujo significado único reside sem palavras na troca de olhares entre os vivos e os mortos: entre os ainda-não-mortos e os ainda-não-sobreviventes que ficam para trás com nenhum outro propósito senão contar e recontar a história que não pode ser contada.

Mas o testemunho de K-Zetnik não conta simplesmente *a respeito* da impossibilidade de narrar: ele o dramatiza – *encena-o* – no momento em que ele mesmo entra em coma e cai em silêncio. "Foi o momento mais *dramático* do julgamento", escreve Tom Segev, "um dos momentos mais dramáticos na história do país."[324]

Para Arendt, como observadora jurídica crítica e como representante consciente da concepção tradicional do direito, no entanto,[325] o dramático de tal modo é, por definição, imaterial e extrínseco ao julgamento. A visão de Arendt segue os axiomas clássicos do pensamento jurisprudencial. "O processo", diz o juiz Oliver Wendell Holmes em uma das declarações mais imperativas da jurisprudência anglo-saxônica do século XX,

> o processo [da lei] é aquele, partindo de uma declaração de um advogado do caso, que elimina todos os elementos dramáticos [...], retendo apenas os fatos de importância jurídica, até a análise final e as noções universais abstratas da teoria jurídica.[326]

Isso é exatamente o que Arendt tenta fazer ao descartar o dramático e ao teorizar, a partir de sua proposta jurídica sobre o julgamento de Eichmann, a "noção universal abstrata" de um novo crime e de um novo criminoso sem *mens rea* – sem motivo. "A banalidade do mal", de fato, é estritamente um conceito de "jurisprudência teórica": um antisséptico jurídico formado pela estrita *redução do drama* que fez surgir sua necessidade conceitual. "Se um homem adentra o direito", diz Holmes, "paga para ser um mestre nisso, e para ser um mestre nisso precisa fingir que não vê todos os incidentes dramáticos."[327]

Arendt, portanto, inequivocamente descarta o dramático no julgamento e nega seu significado jurídico. Eu argumentaria, aqui, em oposição, que o dramático *pode ser* juridicamente significativo. Proponho que, no julgamento de Eichmann (como de fato admitiram os juízes em breve comentário), o dramático foi certamente dotado de significado jurídico, significado esse que a visão clássica jurisprudencial e legalista foi programada para não captar e que Arendt consequentemente ignorou.

"Conforme Hannah Arendt e outros apontaram", escreve Susan Sontag,

> a base jurídica do julgamento de Eichmann, a relevância de toda a evidência apresentada e a legitimidade de certos procedimentos estão abertos à discussão segundo as bases estritamente jurídicas:
> Mas a verdade é que o tribunal de Eichmann não observou, e nem poderia, os padrões jurídicos somente [...] A função do tribunal foi preferencialmente aquela do drama trágico: muito além do julgamento e punição, catarse.
> [...] o problema com o julgamento de Eichmann não foi sua legalidade deficiente, mas *a contradição entre sua forma jurídica e sua função dramática*.[328]

A própria Arendt reconheceu no epílogo de *Eichmann em Jerusalém* que, como se diz, "a justiça não deve ser apenas feita, ela deve ser vista" (*EeJ*, p. 300). A função jurídica do tribunal, em outras palavras, é, em sua *essência estritamente moral*, uma função *dramática*: não somente a de "fazer justiça", mas de "fazer ver a justiça" em um sentido mais amplo, moral e historicamente excepcional.[329] Foi por meio da perspectiva dessa maior *visibilidade histórica* e cultural, que o julgamento deu à justiça por vias dramáticas e históricas, que o julgamento de Eichmann foi (eu propória) *jurisprudencialmente dramático*.

Em um contexto diferente, Walter Benjamin, por sua vez, define o dramático:

> O mistério é, num nível dramático, aquele momento no qual ele se destaca do domínio da linguagem própria a isso para um mais alto inatingível para esse. *Portanto, este momento não pode ser expresso em palavras; é exprimível somente na representação*: é o "dramático" no senso estrito.[330]

O direito, em princípio, desconsidera o que não pode ser revelado em palavras. O dramático, ao contrário, diz Benjamin, está além das palavras. É um gesto físico pelo qual a linguagem aponta para um significado que ela não pode articular.

Assim é a queda de K-Zetnik fora da tribuna. Transforma em cadáver a testemunha viva que jurou permanecer anônima e indiferenciada dos mortos.

O corpo da testemunha tornou-se dentro do julgamento o que Pierre Nora chamaria de "um lugar da memória".[331] Em oposição ao esforço do julgamento em criar uma memória consciente e totalizadora, e uma consciência histórica totalizante, o lugar de memória é um lugar inintegrável, residual e inconsciente, que não pode ser traduzido em consciência jurídica nem em idioma jurídico.

Esse lugar materializa na memória de morte da sala do tribunal tanto como realidade física quanto como um limite de consciência na história.

Neste lugar jurídico, a testemunha evidencia por meio de seu corpo inconsciente. De repente, o testemunho é invadido pelo corpo. O corpo falante tornou-se um corpo moribundo. O corpo moribundo testemunha dramaticamente e sem palavras, além dos limites cognitivos e discursivos da fala da testemunha.

O testemunho do corpo então cria uma nova dimensão no julgamento, uma dimensão física jurídica que dramaticamente expande o que pode ser compreendido como significado jurídico. Essa nova dimensão, por sua vez, transforma e dramaticamente remodela não só o processo jurídico do julgamento de Eichmann, mas também a concepção e as próprias estruturas de percepção do direito como tal.

A cesura do julgamento: o *sem-expressão*

Como é que o corpo pode inconscientemente transformar os parâmetros do direito dessa maneira? O desmaio da testemunha – o colapso dramático do corpo no meio do depoimento verbal da testemunha – poderia visivelmente exemplificar *dentro da estrutura do julgamento* o que Walter Benjamin chama de "*sem-expressão*":

> A vida ondulando nisso [escreve Benjamin e eu especificaria: a vida ondulando no julgamento] deve aparecer petrificada e como que enfeitiçada em um simples momento [...] O que [...] enfeitiça o movimento e interrompe a harmonia é o *sem-expressão* [...] *Assim como a interrupção por meio da palavra de comando é capaz de extrair a verdade das evasões* [...] *precisamente no ponto onde ela interrompe, o* sem-expressão *força a harmonia trêmula a parar* [...] *Pois isso despedaça o que ainda sobrevive do legado do caos* [...] *o falso, a totalidade errante, a totalidade absoluta. Apenas o* sem-expressão *completa o trabalho* [completa o julgamento], *despedaçando-o em uma coisa de cacos, em um fragmento do mundo verdadeiro, no torso de um símbolo*.[332]

Para tomar emprestados os inspirados termos de Benjamin para descrever o julgamento, eu argumentaria que o desmaio de K-Zetnik e seu corpo petrificado representam o "sem-expressão" – *das Ausdruckslose* – que repentinamente irrompe dentro da linguagem do direito e interrompe o julgamento. Nos termos de Benjamin, o colapso de K-Zetnik pode ser definido como "a cesura" do julgamento:[333] um momento de petrificação que interrompe e rompe as articulações do direito e que ainda as fixa despedaçando sua falsa totalidade em "um fragmento do mundo verdadeiro"; uma repentina "ruptura contrarrítmica" na qual (conforme Benjamin o colocou) "toda expressão simultaneamente se direciona a um estado de repouso, a fim de dar livre domínio a uma expressão de poder".[334]

O desmaio que atravessa o discurso da testemunha e petrifica seu corpo interrompe o processo jurídico e cria um momento que é *juridicamente traumático* não apenas para a testemunha, mas principalmente para o tribunal e para a audiência do julgamento. Argumento, de fato, que na ruptura da queda da testemunha em coma, é o próprio direito que, por um momento, perde a consciência. Mas é pelo intermédio desse incidente da estrutura jurídica que a história emerge na sala do tribunal e, no corpo jurídico da testemunha, exibe suas próprias regras de evidência inadvertidamente dramáticas (não discursivas). É exatamente por meio dessa quebra de consciência do direito que a história, de forma involuntária e muda, ainda que ressonante, memoravelmente *fala*.[335]

E é por esses momentos nos quais a história, como injúria, falou dramática e traumaticamente – esses momentos que combinaram o jurídico, o dramático e o juridicamente traumático, ainda que sua eloquência e seu significado jurídico não pudessem ser traduzidos em idioma jurídico – que o julgamento de Eichmann é relembrado. É precisamente por meio desses momentos que o julgamento de Eichmann imprimiu-se na memória como um evento jurídico extraordinário, no qual o próprio direito foi despedaçado em um novo nível de percepção e em uma nova consciência histórica e jurídica.

Quarta parte: Conclusão

Este capítulo lidou com um momento jurídico que pegou a instituição jurídica de surpresa e deixou estupefatos, de uma vez, os juízes e a audiência do julgamento. Em sua opinião escrita, os juízes assinalaram a posição evidencial excepcional desse momento no julgamento. Eles acharam significante que esteve ali um escritor literário que entrou em colapso e que foi o testemunho de um artista que o julgamento explodiu. Sem dúvida, o direito explodiu ali a estrutura literária. Por sua vez, a confluência do testemunho literário do escritor com a lei causou uma explosão paralela da estrutura jurídica. Ambas as estruturas, jurídica e literária, desfizeram-se como resultado de seu encontro no julgamento. Argumento que esse incidente – essa cesura – foi juridicamente significativo embora (e porque) tenha sido juridicamente traumático.

Esse momento no qual a testemunha humana, pasmando tanto a audiência quanto os juízes, mergulha no abismo entre os diferentes planetas e cai como se fosse ele mesmo um cadáver é interno ao julgamento. Argumento que é um momento dentro do direito, mesmo que seu poder venha de sua interrupção do direito, de sua interrupção do discurso por aquilo que Walter Benjamin chamou de o "sem-expressão". O "sem-expressão", argumento, fundamenta tanto o significado jurídico do julgamento quanto seu inadvertido poder literário e dramático.

Com o propósito de transmissão do Holocausto, literatura e arte não bastam. E, contudo, um julgamento é igualmente insuficiente. Acredito que só o encontro entre lei e arte pode testemunhar adequadamente o significado abissal do trauma.

É notável que tal encontro entre trauma, lei e arte aconteça dentro de um julgamento. Dentro do julgamento, no drama do encontro perdido entre K-Zetnik e os atores jurídicos (juiz e promotor), há um confronto excepcional entre literatura e direito como dois vocabulários de rememoração. O choque entre essas duas dimensões e esses dois vocabulários causa um esgotamento da estrutura jurídica por meio do colapso físico da testemunha. No entanto, pelo intermédio desse inadvertido esgotamento da estrutura jurídica, a história se pronuncia de modo misterioso e poderoso. "Tudo", diz Benjamin,

> Tudo a respeito de história que, desde o princípio, tem sido inoportuno, pesaroso, malogrado, é expresso num rosto,[336] ou melhor, numa cabeça[337] da morte.

Essa cabeça da morte que emerge no julgamento como história é misteriosamente transmitida por meio do desmaio de K-Zetnik e pelo seu infinito silêncio retumbante na sala do tribunal.

* * *

Emprestando as palavras de Lanzmann, eu portanto argumento que aquilo chamado por Arendt de *fracassos*[338] do julgamento foram *fracassos necessários*.[339] Argumento que o julgamento de Eichmann articulou dramaticamente um significado jurídico que nenhuma categoria jurídica poderia apreender, precisamente por meio de suas falhas. Proponho também que é em geral uma característica de julgamentos pioneiros falar por meio da explosão da estrutura jurídica, para legalmente dizer algo (ou mostrar algo) que não é precisamente apreensível pelos conceitos e pela lógica jurídica. Momentos de ruptura da estrutura jurídica podem ser – como foram no julgamento de Eichmann – momentos de avanço conceitual e legal. Momentos de colapso intitucional e de "cesura" do discurso jurídico – tal como durante o desmaio de K-Zetnik – podem ser momentos em que a arte e a história falam involuntariamente dentro e por meio do aparato jurídico.

Ofereço isto como alimento para o pensamento: grandes julgamentos são talvez especificamente aqueles cujas muitas falhas têm sua própria necessidade e seu próprio *poder de fala* literário, cultural e jurisprudencial.

Notas de 249 a 339

249. NIETZSCHE, 1949, 1957, p. 12-7. Ver capítulo 3, seção II, subseção intitulada "História para a vida".

250. JACKSON apud HARRIS, 1954, 1995, p. xxxv-xxxvi.

251. "A novelista Rebecca West, cobrindo o primeiro julgamento 'histórico' de Nuremberg para o *New Yorker*, achou-o insuportavelmente maçante", escreve Mark Osiel (WEST, 1946, p. 34). "Essa reação não foi incomum. Como nota um repórter (ROSS, 1995, p. 37): 'Era o maior crime da história e prometia ser o maior espetáculo na sala de tribunal. [Mas] [...] o que sucedeu foi um julgamento torturantemente longo e complexo, que falhou em fascinar um mundo distraído. Sua massa de evidência criou tédio, ocasionalmente misturado com um horror abjeto diante do qual a *justice* comum parecia impotente'." Citado em Mark Osiel (2000, p. 91).

252. HAUSNER, 1968, p. 291-2.

253. Em um texto curto chamado *"The witness"* ("A testemunha"), Jorge Luis Borges escreve:
Atos que preenchem as dimensões de espaço e que alcançam seu fim quando alguém morre podem nos deixar maravilhados, mas uma coisa, ou um número infinito de coisas, morre em cada agonia final, a menos que haja um memorial universal [...] O que irá morrer comigo quando eu morrer, que forma patética e frágil o mundo irá perder? (BORGES, 1962, p. 243)
É porque humanos, ao contrário de documentos, não suportam que o julgamento de Eichmann solicite a cada testemunha narrar a história singular que irá morrer quando ele ou ela morrer. A efemeridade está inscrita no processo jurídico assim como a morte da testemunha está, desde o início, implicitamente inscrita em cada testemunho. Enquanto documentos – ao contrário de testemunhas vivas –, excluem a morte como uma possibilidade inerente à evidência, e enquanto os julgamentos de Nuremberg alegam autoridade justamente no ato de proteger o tribunal da morte de que ele fala, no julgamento de Eichmann, pelo contrário (usando a expressão de Walter Benjamin), "A morte é a sanção de tudo o que o narrador pode contar. É da morte que deriva sua autoridade". ("O N.", p. 94)

254. Atestado pela viúva do promotor-chefe em *The trial of Adolf Eichmann* ("O julgamento de Adolf Eichmann"), um documentário Home Video (B3470) da emissora PBS, uma coprodução da ABC News Productions e da Great Projects Film Company, 1997.

255. O julgamento de Eichmann foi o primeiro julgamento televisionado em sua totalidade. A gravação completa do julgamento está armazenada nos arquivos do Estado de Israel.

256. "Nossa memória", escreve Paul Valéry, "nos repete o discurso que nós não entendemos. Repetição é responder à incompreensão. Isso significa para nós que o ato da linguagem não foi realizado". VALÉRY apud VALÉRY, 1957, p. 1.510 ; tradução livre.

257. O escritor publicou a tradução em inglês de suas obras sob o pseudônimo Ka-Tzetnik 135633. Uma alternativa ortográfica ao nome do autor, usada nas transcrições do julgamento em inglês e em *Eichmann em Jerusalém*, de Arendt, é K-Zetnik (já que o nome é modelado a partir das letras alemãs KZ, pronunciadas Ka-tzet, de *Konzentrationslager*, "campo de concentração"). Esta última ortografia é a que irei usar.

258. [As citações dessa obra de Hannah Arendt reportam-se à seguinte edição: *Eichmann em Jerusalém*: um relato sobre a banalidade do mal. Tradução de José Rubens Siqueira. São Paulo: Companhia das Letras, 1999. A abreviação utilizada para se referir a essa obra é *EeJ*. A edição utilizada pela autora foi *Eichmann in Jerusalem*: a report on the banality of evil. Nova York: Penguin Books, 1994; publicado primeiramente nos Estados Unidos em 1963, por Viking Press. (N.T.)]. *EeJ*, p. 245.

259. K-ZETNIK. *Tzofan*: Edma. Tel-Aviv: Hakibbutz Hameuchad Publishing House, 1987, p. 32; em inglês, KA-TZETNIK 135633. *Shivitti*: a vision. Tradução de Eliyah Nike De-Nur e Lisa Hermann. São Francisco: Harper and Row, 1989, p. 16. Farei referência daqui em diante a este texto com a abreviação *Shivitti*. A le-

tra H (hebraico) designará a edição hebraica original; a letra E fará referência a essa edição estadunidense (American). A abreviação *tm* (tradução modificada) marcará minhas modificações ocasionais da tradução inglesa de acordo com o original em hebraico.

260. A narrativa que segue é uma transcrição literal da gravação do julgamento (sessão do testemunho de K-Zetnik's), como visto no documentário da PBS *The trial of Adolf Eichmann*. Ver também Criminal Case 40/61 (Jerusalem), *Attorney General v. Eichmann* (1961), em *Proceedings*, v. 3, p. 1.237.

261. Yehiel Dinoor tinha quarenta e quatro anos na época do julgamento. Ele faleceu em sua casa em Tel-Aviv em julho de 2000, com oitenta e quatro anos. Nascido na Polônia como Yehiel Feiner (Segev, p. 4), ele mudou seu nome jurídico para o nome hebraico Dinoor, que significa "um resíduo do fogo". O nome Dinoor é soletrado alternativamente como Dinur (na transcrição em inglês do julgamento, ver *Proceedings*, v. 3, p. 1.237), como De-nur (em *Shivitti* e, consequentemente, em Segev) e como Dinoor (em *Eichmann in Jerusalem*, de Arendt). Estou seguindo a ortografia de Arendt porque melhor corresponde à pronúncia do nome [Em português, a grafia que melhor representa a pronúncia original é "Dinur"(N.T.)].

262. "Israel inteiro prendeu a respiração", Tom Segev relembrará trinta anos depois. "Foi o momento mais dramático do julgamento, um dos momentos mais dramáticos na história do país" (Segev, p. 4).

263. GOURI, 1962, p. 124; tradução minha do hebraico.

264. NIETZSCHE, 1949, 1957, p. 12-7. Sobre as diferenças entre as versões, monumental e crítica, do julgamento de Eichmann, ver capítulo 3, seção II, subseção "História para a vida".

265. Comparar JASPERS, 2001.

266. Carta de Hannah Arendt a Karl Jaspers, 18 ago. 1946 (carta 43) (*AJ Corr.*, p. 54); destaque meu. Nas passagens citadas, a ênfase é minha, salvo indicado de outra forma.

267. Carta 46 (19 de out. de 1946), *AJ Corr.*, p. 62.

268. Carta 50 (17 de dez. de 1946), *AJ Corr.*, p. 68.

269. Carta 173 (16 de dez. de 1960), *AJ Corr.*, p. 413.

270. Carta 274 (23 de dez. de 1960), *AJ Corr.*, p. 417.

271. Arendt refere-se ao senso comum da situação. Mas, como nota Robert Ferguson, "senso comum, como antropólogos começaram a mostrar, é basicamente um uso de experiência construído culturalmente para alegar autoevidência; não é nada mais nem menos que 'uma história autoritária' feita do familiar". FERGUSON apud BROOKS; GEWIRTZ, 1996, p. 87, referindo-se a GEERTZ apud GEERTZ, 1983, p. 73-93.

272. No documentário da PBS e da ABC News *The trial of Adolph Eichmann*, a esposa de Hausner corrobora o fato, explicando porque seu marido optou por chamar K-Zetnik apesar da relutância do escritor.

273. Eu analiso esse encontro perdido e esse mal-entendido profissional por diferentes motivos que simplesmente contrastar (como faz, por exemplo, Mark Osiel) diferenças disciplinares. "É essa experiência confessadamente subjetiva – irrelevante para o direito criminal", escreve Osiel, "que historiadores orais só recentemente conseguiram explorar. A esse respeito, estudiosos têm percebido a necessidade de superar aquilo que ele percebe como uma preocupação 'jurídica' com a exatidão factual do testemunho pessoal com o objetivo de apreender seu significado histórico. Isto é, esses estudiosos tentam compreender o significado dos acontecimentos mais traumáticos do período por meio da memória contínua daqueles que sobreviveram ao trauma. Um desses estudiosos escreve:
"Testemunhos são frequentemente rotulados de 'subjetivos' ou 'tendenciosos' nos procedimentos jurídicos envolvendo crimes de guerra. Os advogados de criminosos de guerra têm feito as perguntas mais impertinentes às pessoas que tentam encontrar palavras para uma memória despedaçada que não se en-

caixa em nenhuma linguagem [...] Eles requerem declarações de fatos precisos [...] Um caso de advogado é, no fim das contas, somente outro tipo de história [...]
"[...] Não é a tarefa de historiadores orais dar o tipo de evidência requerida em um tribunal de direito... [Alguns historiadores tentam revelar] os modos por meio dos quais o sofrimento é rememorado e influencia toda a memória restante. ...Lida-se com um esforço para criar um novo tipo de história que não pode ser usada como evidência jurídica, uma vez que explicitamente registra experiência subjetiva". (LEYDERSDORFF apud PASSERINI, 1992, p. 145; 147-8). Citado e pesquisado em OSIEL, 2000, p. 103-4. Meu interesse particular não é contrastar o registro histórico do trauma com o do direito, mas explorar e analisar, pelo contrário, as maneiras por meio das quais o trauma coletivo é apreendido (e mal apreendido) pelo direito e as formas por meio das quais os próprios limites do direito em seu encontro (ou seu encontro perdido) com o fenômeno do trauma revelam exatamente aspectos culturais de seu próprio significado traumático.

274. *Shivitti*, H 50, E 32, *tm*.

275. Para uma análise elaborada de minha própria "teoria do trauma jurisprudencial", ver capítulo 2, em particular as seções I, IV, V. Para percepções filosóficas e psicanalíticas da teoria do trauma em geral, ver, em particular, CARUTH, 1995; e CARUTH, 1996.

276. Sobre o fenômeno da memória intrusiva e da repetição traumática comuns como consequência do trauma, ver, por exemplo, KOLK; HART apud CARUTH, 1995, p. 158-82.

277. Esse colapso aterrorizado é ao mesmo tempo um improvável ato de resistência, um gesto de desacato ao tribunal e ao seu regulamento.

278. *Shivitti*, H 24, E 9, *tm*. Eu usarei essa narrativa literária e autobiográfica, escrita posteriormente por K-Zetnik para descrever sua terapia psiquiátrica por seus recorrentes pesadelos de Auschwitz, a fim de retrospectivamente iluminar o drama da cena na sala do tribunal.

279. *Shivitti*, H 107, E 95.

280. *Shivitti*, H 57, E 40, *tm*. Comparar: "Mas eu não tenho escolha. Eu sou incapaz de responder perguntas. Em geral eu não consigo suportar um interrogatório. Esse é um trauma cuja origem está no porão de tortura da Gestapo em Katowice". *Shivitti*, H 37, E 20, *tm*.

281. *Shivitti*, H 8-9, E x-xi.

282. *Shivitti*, H 32, E 16, *tm*.

283. *Shivitti*, H 33, E x-xi, *tm*.

284. *Shivitti*, H 34, E 18, *tm*.

285. *Proceedings*, v. 1, p. 62 apud HAUSNER, 1968, p. 323-4; *EeJ*, p. 283.

286. Com esse nome, com o qual ele assina sua obra literária e que materializa seu juramento aos mortos, Dinoor continua não apenas a relembrar aqueles que o deixaram, mas também como escritor, a dar voz literária a seu último olhar e a seu silêncio final.

287. "Hoje parece", escreve Arendt, "que a era do regime de Hitler, com seus crimes gigantescos e sem precedentes, *constituiu um 'passado indomado'* não apenas para o povo alemão ou para os judeus do mundo inteiro, mas também para o resto do mundo inteiro, que tampouco esqueceu essa grande catástrofe no coração da Europa, e também não conseguiu aceitá-la. Além disso – e isso foi talvez o mais inesperado –, questões morais gerais, com todo o seu intrincamento e complexidades modernas, que nunca suspeitei que fossem assombrar as mentes dos homens de hoje e pesar tanto em seus corações, repentinamente passaram para o primeiro plano da opinião" (*EeJ*, p. 306; destaque meu).

288. Sobre a relação entre julgamentos e abismos históricos e culturais, ver capítulo 2, seção V.

289. Esse abismo, essa ruptura epistemológica, é o que o julgamento de Eichmann e sua história monumental (ao mesmo tempo o caso da acusação e o texto do julgamento) precisamente falha em perceber, aos olhos de Arendt. "Insisti", Arendt escreve, "[em] como Israel e o povo judeu em geral estavam pouco preparados para reconhecer nos crimes de que Eichmann era acusado um crime sem precedentes. [...] Aos olhos dos judeus, pensando exclusivamente em termos de sua própria história, da catástrofe que se abateu sobre eles com Hitler, na qual um terço deles morreu, esse não parecia o mais recente dos crimes, o crime sem precedentes de genocídio, mas, ao contrário, o crime mais antigo que conheciam e recordavam. Esse equívoco [...] está na raiz de todos os fracassos e dificuldades do julgamento de Jerusalém. *Nenhum dos participantes jamais chegou a um entendimento claro do horror efetivo de Auschwitz, que é de natureza diferente de todas as atrocidades do passado* [...] Politicamente e legalmente [...] eram "crimes" diferentes, não só em grau de seriedade, mas em essência (*EeJ*, p. 290); destaque adicionado. Comparar a insistência de Arendt em sua carta de 1946 a Jaspers a respeito do abismo que, dali por diante habitando tanto a culpa quanto a inocência, explode a ferramenta do direito ao romper suas estruturas jurídicas: "Os crimes nazistas, me parece, *explodem os limites do direito...* esta culpa, em contraste com toda culpa criminal, ultrapassa e *despedaça todo e qualquer sistema jurídico*. Esta é a razão pela qual os nazistas em Nuremberg estão tão presunçosos... E tão desumana quanto sua culpa é a inocência das vítimas. [...] *Este é o abismo que se abriu* diante de nós em 1933 [...] e dentro do qual nós finalmente tropeçamos. Eu não sei como vamos algum dia nos desvencilhar dele" (Carta 43 [18 de agosto de 1946], *AJ Corr.*, p. 54; itálico meu).

290. ARENDT apud ARENDT, 1994, p. 13-4.

291. Ibid., p. 14.

292. SONTAG apud BENTLEY, 1964, p. 118. Este comentário foi, claro, uma observação completamente surpreendente cujo valor está fundado na surpresa que ela reservou, em seu poder perturbador a respeito de qualquer entendimento legalista simplório ou reducionista do julgamento. Provocativamente, Sontag argumentou que havia uma dimensão no julgamento que era excessiva para sua definição jurídica. Ela chamou esta dimensão de "arte", pois ela sentiu que o julgamento causou sobre a plateia um impacto que era, em força e profundidade, comparável ao poder expressivo da obra de arte. O julgamento a comoveu e a engajou existencial e filosoficamente. Sontag insistiu, portanto, que o julgamento teve um *significado literário* além de seu *significado jurídico*, e que este significado extrajurídico foi de alguma forma extremamente importante para a completa compreensão daquilo que estava em questão nesse evento do direito. O valor da interpretação de Sontag está, a meu ver, não em sua categorização axiomática do julgamento como obra de arte (uma categorização que eu não posso aceitar), mas no poder dessa categorização inesperada em desestabilizar a categoria do jurídico e em abri-la para um pensamento além e para uma interrogação cultural mais ampla.

293. Ibid., p. 118-9. A arte, diz Sontag, não está mais oposta à realidade: enquanto a realidade do século XX torna-se mais e mais alucinada, mais e mais divorciada daquilo que nós costumamos chamar realidade, a arte se move para mais perto da realidade como nunca esteve e se mistura nela com seus gestos jurisprudenciais. A arte não é mais uma declaração: é uma intervenção em um conflito, uma ação, um comprometimento, um engajamento. É *politizada* e *desestetizada*. Um "trabalho de arte" não é mais estético, é político.

294. Comparar COVER apud MINOW; RYAN; SARAT, 1995e, p. 203-38.

295. Algumas das principais testemunhas de *Shoah* provêm do julgamento de Eichmann. O exemplo mais notável é o de Simom Srebnik, cujo testemunho extraordinário foi ouvido pela primeira vez durante os processos do julgamento de Eichmann. Ver *Proceedings*, v. 3, p. 1.197-201, e a extraordinariamente comovente cena de abertura de *Shoah* em LANZMANN, 1985b.

296. Assim como o julgamento de Eichmann, o filme de Lanzmann coloca em evidência diante do público um processo à procura de fatos cujo objetivo é – como aquele do processo jurídico – extrair a verdade e proibir sua evasão. Lanzmann utiliza procedimentos – suas técnicas de contrainterrogatório e de interrogações detalhadas e concretas – emprestados do modelo jurídico de um julgamento. Como o julgamento de

Eichmann, *Shoah* ouve testemunhas em uma diversidade de idiomas e usa um intérprete para simultaneamente traduzi-los na linguagem de seu processo jurídico. E como o julgamento de Eichmann, o filme deseja não apenas *provar*, mas *transmitir*. "Meu problema", diz Lanzmann, "era transmitir. Fazer com que não fosse possível deixar-se ser tomado pela emoção. Você precisa manter-se isento. [...] Eu tentei alcançar as pessoas prioritariamente por meio de sua inteligência" (LANZMANN apud FELMAN; LAUB, 1992, p. 239). Para um estudo mais elaborado do filme *Shoah*, ver FELMAN apud FELMAN; LAUB, 1992, p. 204-83.

297. ARENDT apud ARENDT, 1993, p. 261.

298. LANZMANN, 1985a.

299. LANZMANN, 1981, p. 194, destaque meu; no original em francês em *Les temps modernes* 395 (June 1979), reimpresso em DEGUY, 1990, p. 306-16.

300. Sobre o papel historicizador dos juízes, e mais genericamente sobre a relação entre lei e história, comparar a notável análise de Michal Shaked (2000, p. 36-80), em hebraico.

301. *Shivitti*, H 49, E 31-2.

302. Comparar *EeJ*, p. 253: "Durante os poucos minutos que Kovner levou para contar sobre a ajuda recebida de um sargento alemão, baixou um silêncio sobre o tribunal; era como se a multidão tivesse espontaneamente decidido observar os costumeiros dois minutos de silêncio em honra de um homem chamado Anton Schmidt". Houve momentos em que até os promotores estavam tomados pelo silêncio e, por um minuto, não podiam continuar. Nesses inesperados momentos de silêncio, comparar o testemunho retrospectivo do Juiz Gabriel Bach, naquele tempo promotor assistente no julgamento, no filme documentário *The trial of Adolf Eichmann*, e Hausner (1968, p. 324-5): "A história do extermínio na Polônia prosseguiu, e a matança por ataque pelos *Einsatzgruppen* [...] Ali, eu sabia, palavras não podiam descrever os disparos em massa sobre quase um milhão e quatrocentas mil pessoas diante de covas abertas. Eu interrompi a fala e li, no lugar, uma canção de ninar composta naquele tempo no gueto de Wilno... Quando eu terminei minha leitura havia um silêncio por um momento. Eu simplesmente não podia continuar. Felizmente eram quase seis horas da tarde, perto da hora de suspensão da sessão. O juiz presidente deve ter percebido meu apuro; ele perguntou se aquela era uma ocasião conveniente para interromper. Eu acenei confirmando, com gratidão".

303. GOURI, 1962, p. 244; tradução minha a partir do hebraico.

304. "Reading of the Judgment of the District Court", em *Proceedings*, v. 5, p. 2.218.

305. "Portanto", Arendt conclui, "à pergunta mais insistente sobre o julgamento de Eichmann – o que se pode fazer? –, só existe uma resposta possível: fazer justiça" (*EeJ*, p. 276).

306. Ver *Proceedings*, v. 5, p. 2.146.

307. Por sua vez, Arendt narra não apenas a totalidade dos fatos, mas também o que é diferente de, e mais que, aquela totalidade. O encontro de Arendt com o julgamento de Eichmann consecutivamente partilha não apenas da narração do direito (*law's story*), mas também (silenciosa e indiretamente) da narração da arte (*art's story*) ou, mais precisamente, da forma por meio da qual a narração do direito no julgamento é transpassada e permeada pelo testemunho da escritora.

308. "Talvez seja simbólico", disseram os juízes, "que até o escritor que, ele próprio, atravessou o inferno chamado Auschwitz, não tenha conseguido suportar o suplício na cabine de testemunha e tenha entrado em colapso".

309. "A narração de verdade factual compreende muito mais que a informação diária fornecida pelos jornalistas. [...] A realidade é diferente de, e mais que, a totalidade de fatos e acontecimentos que, de alguma forma, é inaveriguável. Quem diz o que é [...] sempre conta uma história, e nesta história os fatos particulares

perdem sua contingência e adquirem algum significado humanamente compreensível". ARENDT apud ARENDT, 1993, p. 261.

310. Walter Benjamin era amigo de Arendt durante seus anos de exílio em Paris. Ela admirava seus trabalhos e queria ajudá-lo a emigrar para os Estados Unidos, mas ela soube, logo depois de sua chegada à América, que ele havia cometido suicídio durante sua ilegal e abortada fuga da França (ver capítulo 1). Em 1942, quando Arendt tomou conhecimento da existência dos campos de extermínio nazistas, ela escreveu "um poema para seu amigo morto, um adeus e uma saudação", intitulado simplesmente "W.B.". "Vozes distantes, tristeza em volta / Aquelas são as vozes e estes são os mortos / quem nós enviamos adiante como mensageiros para nos guiar no descanso adentro". (Citado em YOUNG-BRUEHL, 1982, p. 162-3.) A última vez que Walter Benjamin viu Hannah Arendt, em Marselha, ele confiou a ela uma coleção de manuscritos que ele acreditava que ela pudesse enviar para os Estados Unidos. Depois de sua morte, Arendt viajou até o cemitério de PortBou na fronteira franco-espanhola apenas para descobrir que seu amigo morto, que estava enterrado ali, não tinha sequer uma lápide individual com seu nome. Em uma carta a Scholem escrita em 21 de outubro de 1940 (menos de um mês depois da morte de Benjamin), Arendt descreve o choque ao descobrir que nesse cemitério, "o mais fantástico [...] e bonito lugar" que ela já tinha "visto na vida", não havia nada para prestar testemunho à vida e à morte de Benjamin: "Não era possível encontrar [o túmulo dele], seu nome não estava escrito em lugar algum" (Citado em SCHOLEM, 1981, p. 226). Em 1968, Arendt resgata Benjamin do anonimato publicando seus manuscritos nos Estados Unidos. Em sua introdução a *Illuminations*, de Benjamin, Arendt narra (e lamenta) o suicídio absurdo, intempestivo e tragicamente irônico (desnecessário) de seu amigo (*Ill.*, p. 5-18). Ela recapitula essa narrativa e menciona brevemente seu próprio luto na carta de 30 de maio de 1946, a Gertrude Jaspers, a esposa judia do filósofo alemão (a carta fala sobre outro conhecido mútuo falecido e a relação pessoal das duas correspondentes com o problema judeu): "Ou talvez ele estivesse apenas cansado e não queria recomeçar tudo de novo, não queria enfrentar um mundo totalmente estranho (*alien*), um idioma totalmente estranho e a inevitável pobreza, que tão frequentemente, em particular no início, chega a uma completa destituição. *Essa exaustão, que frequentemente vinha junto com a relutância em fazer um grande escândalo, de juntar tamanha concentração em benefício desta pequena porção de vida*, que era certamente *o maior perigo que todos nós enfrentamos*. E essa foi *a morte de nosso melhor amigo em Paris, Walter Benjamin*, que cometeu suicídio em outubro de 1940, na fronteira espanhola, com um visto americano em seu bolso. Esta atmosfera de *sauvequipeut* naquele tempo era horrível, e suicídio era o único gesto nobre, se você acaso se importasse o suficiente para querer perecer com nobreza. [...] O que você escreveu sobre 'nosso' problema me comoveu muito [...] e hoje aquilo significa *nosso morto*" (Carta 36, *AJ Corr.*, p. 40-1; destaque meu).

311. Há outra testemunha que, ao contrário de K-Zetnik, provou a capacidade de contar uma história. Seu nome é Zyndel Grynszpan e a história que ele narra é a de sua deportação forçada, no início da guerra, da Alemanha para a Polônia. Ele é, na visão de Arendt, o narrador ideal – a testemunha ideal –, apesar de que nenhuma outra testemunha no julgamento pode corresponder a seu exemplo. Sua narrativa simplesmente factual e cronologicamente coerente se coloca em contraste ao relato desconexo de K-Zetnik. "*Agora ele vinha contar sua história*", Arendt escreve, "respondendo cuidadosamente às perguntas feitas pelo promotor; *falava com clareza, firme, sem bordados, usando um mínimo de palavras*" (*EeJ*, p. 249; itálico meu). Comparar a preferência estilística semelhante em "O Narrador": "Nada facilita mais a memorização das narrativas que aquela sóbria concisão que as salva da análise psicológica. Quanto maior a naturalidade com que o narrador renuncia às sutilezas psicológicas, mais facilmente a história se gravará na memória do ouvinte, mais completamente ela se assimilará à sua própria experiência e mais irresistivelmente ele cederá à inclinação de recontá-la um dia" ("O N.", p. 204). Arendt sem dúvida repete literalmente o testemunho de Grynszpan e não o parafraseia ou o resume, como ela faz com o discurso de K-Zetnik. Arendt está tão notável e profundamente comovida com o testemunho de Grynszpan que ela pisa fora de seus limites e (por um momento) pleiteia contra sua própria objeção jurídica à história da vítima e contra sua própria ênfase purista e legalista na relevância estritamente jurídica: "Essa história não levou mais de dez minutos para ser contada, e quando terminou – a destruição sem sentido, sem necessidade, de 27 anos em menos de 24 horas – era de se pensar que *todo mundo, todo mundo devia ter seu dia na corte*. Mas logo se descobriu, nas sessões intermináveis que se seguiram, *como era difícil contar uma história*, como – pelo menos fora do reino transformador da poesia – era necessário ter uma pureza de alma, uma irrefletida inocência de coração e mente que *só os justos possuíam*. Ninguém, nem antes, nem depois, igualou a brilhante honestidade de Zindel Grynszpan" (*EeJ*, p. 251; destaque meu).

A razão de Arendt estar tão emocionada, eu sugeriria, é que sua própria história traumática da *perda da Alemanha* está involuntariamente, inconscientemente refletida de volta a ela a partir da modesta história de Grynszpan. Essa narrativa de uma remoção forçada por meio das fronteiras nacionais é também a história de Benjamin (e a causa de sua morte).

O que é significante para meu ponto aqui, no entanto, é que Arendt descreve Grynszpan com as palavras literais de Benjamin. A apoteose do *pathos* incomum de Arendt nessa passagem é um eco estilítico literal, uma reminiscência retórica e verbal literal da sentença final de Benjamin em "O Narrador". Benjamin escreve, em sua frase de assinatura: "O narrador é a figura na qual *o justo* se encontra consigo mesmo" ("O N.", p. 221). De modo similar e ressonante, Grynszpan é descrito por Arendt como possuidor de "uma pureza de alma" que "só os justos possuíam" (*EeJ*, p. 251).

Outra referência a "O Narrador" torna-se evidente no início do livro. No primeiro capítulo, em um de seus raros momentos de autoinclusão, Arendt situa-se como parte da plateia do julgamento cuja tarefa é *"encarar o narrador"*. "A plateia era composta de '*sobreviventes*', de gente de meia-idade ou mais velha, de imigrantes da Europa, como eu, *que sabiam de cor tudo o que havia para saber*, e que não estavam ali para aprender lição nenhuma [...] Testemunha após testemunha, horror após horror, ali ficavam eles, *sentados, ouvindo, em público, histórias* que dificilmente suportariam na privacidade, quando teriam de olhar de frente o interlocutor (*storyteller*)" (*EeJ*, p. 19; destaque meu). Arendt aqui se coloca significativamente entre os *sobreviventes*, aqueles que inadvertidamente *compartilham com aqueles que levaram à tribuna o conhecimento* de como é difícil contar a história da sobrevivência (para testemunhar de uma só vez para a vida e para a morte – os moribundos – que a sobrevivência demandou). A expressão "olhar de frente o interlocutor" (em que Arendt como ouvinte e como sobrevivente também olha a si mesma) é também remanescente de "O Narrador", em que *a ouvinte se torna uma narradora* por sua vez. "Contar histórias sempre foi a arte de contá-las de novo", escreve Benjamin: "Quanto mais o ouvinte se esquece de si mesmo, mais profundamente se grava nele o que é ouvido. [...] [o ouvinte] escuta as histórias de tal maneira que adquire espontaneamente o dom de narrá-las" ("O N.", p. 205). É como se Arendt, encarando Eichmann em Jerusalém e julgando o caso no nível de suas declarações, fosse também ao mesmo tempo, no nível de seu discurso, ouvindo o suspiro da voz de Benjamin recitando, por assim dizer, "O Narrador", de seu leito de morte (como o narrador original em seu ensaio): "... é *no momento da morte* que *o saber e a sabedoria do homem* e *sobretudo sua existência vivida* – e é dessa substância que são feitas as histórias – assumem pela primeira vez uma forma transmissível. Assim como no interior do agonizante desfilam inúmeras imagens – visões de si mesmo, nas quais ele se havia encontrado sem se dar conta disso –, assim o inesquecível aflora de repente em seus gestos e olhares, conferindo a tudo o que lhe diz respeito aquela autoridade que mesmo um pobre-diabo possui ao morrer, para os vivos em seu redor. Na origem da narrativa está essa autoridade" ("O N.", p. 207-8).

312. Comparar *EeJ*, p. 16: "A Justiça [...] exige isolamento, admite mais a tristeza do que a raiva".

313. Arendt toma emprestado a sentença de Isak Dinesen, "que não apenas foi uma das grandes narradoras de todos os tempos, mas também – e ela era quase única a esse respeito – sabia o que ela estava fazendo". ARENDT apud ARENDT, 1993, p. 262.

314. Comparar a declaração de abertura do promotor (ver anteriormente e nota 285).

315. Estou argumentando que Benjamin e Heidegger são os dois *discursos ausentes* de *Eichmann in Jerusalem* (simbolicamente, a perda judaico-alemã e o comprometido filósofo alemão: uma amizade perdida e um amor perdido).

316. "Mesmo onde só há um farfalhar de plantas", escreve Benjamin liricamente, "há sempre um lamento. Porque ela é muda, a natureza lamenta [...] [e] a tristeza da natureza a torna muda" (*SWI*, p. 73).

317. Ibid.

318. Essa história muda é uma história de luto e da incapacidade de guardar luto: a história de um trauma e do silêncio do trauma e da negação obstinada.
    No meio da escrita de *Eichmann em Jerusalém*, Arendt também se envolveu em um violento acidente de carro, no qual ela quase morreu: outra ruptura interna brutal, outra relação íntima com a morte que, de forma semelhante e equitativa, foi silenciada e não deixou marca visível no argumento firme do livro.

Arendt conta a Jaspers sobre este acidente quase fatal: "Me pareceu que, por um momento, eu tive minha vida em minhas mãos. Eu estava bastante calma: a morte parecia para mim natural, de modo nenhum uma tragédia ou, de alguma forma, fora da ordem das coisas. Mas, ao mesmo tempo, eu disse a mim mesma: se é possível fazer isso *decentemente*, eu realmente gostaria de ficar neste mundo". (Citado em YOUNG--BRUEHL, 1982, p. 335; destaque meu.)

319. "É apenas por conveniência que falamos de [...] '*memória traumática*'", escreve o psiquiatra Pierre Janet. "*O sujeito é frequentemente incapaz de fazer a narrativa necessária que nós chamamos memória considerando o evento*; e ainda que ele permaneça confrontado por uma difícil situação em que ele não tenha sido capaz de representar um papel satisfatório". (Citado em KOLK; HART apud CARUTH, 1995, p. 160; destaque meu).

320. Sobre a relação de Benjamin com a Primeira Guerra Mundial e sobre o papel do silêncio e do trauma em sua obra, comparar capítulo 1, segunda parte, "O silêncio de Benjamin".

321. *Shivitti*, H 34, E 18, *tm*.

322. A importância do elemento narrativo em julgamentos é atualmente um lugar-comum nos estudos jurídicos. O que é menos conhecido é que, até onde o trauma é o que não pode ser narrado (Benjamin, Janet), também incorpora a narrativa paradoxal de uma resistência inerente à narração. Todo trauma, assim, inclui não apenas uma narrativa traumática, mas um *elemento narrativo negativo*, uma *antinarrativa*. Eu argumento que o julgamento de Eichmann é um evento jurídico sem precedentes que articula de uma só vez uma *narrativa jurídica* monumental e uma *antinarrativa* monumental coletiva, a narrativa não antecipada da impossibilidade de narrar.

Sobre a teoria do trauma como incapacidade para a narração, ver, entre outros, KOLK; HART apud CARUTH, 1995, p. 158-82; e *UE*.

Para discussões gerais sobre a relação entre direito e narrativa, ver, entre outros: ELKINS, 1985, p. 123-56; BELL, 1987; MATSUDA, 1987, p. 323-99; ELKINS, 1988, p. 577-98; DELGADO, 1989, p. 2.411-41; ABRAMS, 1991, p. 971-1.052; PAPKE, 1991; WILLIAMS, 1991; WEST, 1993; FARBER; SHERRY, 1993, p. 807-855; SHERWIN, 1994, p. 39-83; MINOW; RYAN; SARAT, 1995; DELGADO, 1995; CRENSHAW et al., 1995; SARAT, 1996, p. 353-81; BROOKS; GEWIRTZ, 1996; e SARAT; KEARNS, 1999.

323. Uma vez que a força imprevisível do acontecimento da impossibilidade de narrar pegou todo mundo desprevenido e deve ter sido surpreendente até para os arquitetos do julgamento e para seus atores jurídicos, Arendt trata-o como um sintoma do descuido e da falha do julgamento. Eu vejo como uma prova do sucesso de sua concepção além de sua compreensão.

Da mesma forma que o desmaio de K-Zetnik não podia ser previsto e não foi planejado, a narrativa jurídica da impossibilidade de narrar não poderia ser planejada. Tinha que acontecer. Foi o significado humano e jurídico do que aconteceu. *Mas ninguém poderia articular o significado naquele momento*. Foi a essência imprevisível do acontecimento, não parte da ideologia estipulada do julgamento. Somente agora em restrospecto é que este significado se revela e pode ser reconhecido e formulado.

324. Segev, p. 4, destaque meu.

325. Eu agora retorno do "subtexto" de *Eichmann em Jerusalém* para o *texto* consciente e explícito de Arendt: seu relatório crítico consciente como uma historiadora jurídica do julgamento.

326. HOLMES, 1997, p. 991.

327. Ibid., p. 1.006. "Quando estudamos direito", Holmes declara, "não estamos estudando um mistério" (Ibid., p. 991). A banalidade de Eichmann, insiste Arendt, e a banalidade do nazismo como um todo, não é um mistério. Sua essência em sua futilidade, sua falta vazia de profundidade. E isso, diz Arendt, é porque "é na natureza desse caso que nós não temos ferramentas à mão, exceto as jurídicas, com as quais nós temos que dar um veredicto sobre algo que não pode sequer ser adequadamente representado, seja em termos jurídicos ou em termos políticos" (Arendt a Jaspers, Carta 274 (23 de dezembro de 1960), *AJ Corr.*, p. 417). A ferramenta é, de modo proposital e revelador, reducionista: "Quando estudamos direito, não estamos estudando um mistério".

328. SONTAG, 1964, p. 118-9; destaque meu.

329. Nesse sentido, o julgamento de Eichmann cumpriu sua função, mesmo na visão crítica de Arendt. "Os que estão convencidos de que a justiça, e nada mais, é a finalidade da lei tenderão a endossar o ato de rapto, embora não por precedentes [...] este último dos julgamentos nacionais não servirá de precedente especialmente válido para futuros julgamentos desses crimes. Isso pode ser de pouca importância em vista do fato de que seu objetivo principal – acusar e defender, julgar e punir Adolf Eichmann – foi atingido" (*EeJ*, p. 287; 295).

330. "GEA", *SWI*, p. 355; destaque meu.

331. Comparar NORA, 1989, p. 7-25.

332. "GEA", p. 340.

333. Benjamin (usando termos de Hölderlin) fala de "a cesura da obra" (Ibid., p. 354; 340-1).

334. "Assim, na sequência rítmica das representações [...] ali torna-se necessário o que na métrica poética é chamado cesura [...] a ruptura contrarrítmica [...] aquela cesura em que, junto com a harmonia, toda expressão simultaneamente se direciona a um estado de repouso, a fim de dar livre domínio a uma expressão de poder" (Ibid., p. 340-1).

335. É como se, intimada ao tribunal, a história adquirisse poder de fala ao amplificar e ao tornar audível o próprio choro repetido, ainda que repetidamente mudo, de K-Zetnik: "Aquele choro mudo" [escreve K-Zetnik] "estava tentando novamente escapar, como ele tentava toda vez que a morte me confrontava em Auschwitz; e, como sempre quando eu encarava a morte nos olhos, assim também agora o grito mudo não vai além de meus dentes apertados que o fecharam e trancaram dentro de mim" (*Shivitti*, H 18, E 1-2, *tm*).

336. Comparar as declarações impressionantemente ressonantes do filósofo francês Emmanuel Levinas: "A relação ao rosto é, ao mesmo tempo, relação ao absolutamente fraco – ao que está absolutamente exposto, o que está nu e que é despojado [...] e, ao mesmo tempo [...] o Rosto é também o 'Tu não matarás' [...] é o fato que eu não posso deixar outrem morrer só, há como [partindo do rosto] um apelo a mim [...] para mim, ele é antes de tudo aquele por quem eu sou responsável". "É partir da relação com o rosto ou de mim diante de outrem que se pode falar de legitimidade de Estado ou de sua não legitimidade". ("Philosophie, Justice, Amour", *EN*, p. 114-5); tradução e destaques meus [*EN*, p. 144-5; Pergentino Stefano Pivatto et al. (N.T.)].

337. BENJAMIN, 1977, p. 166.

338. "E, de fato, antes de chegarmos a qualquer conclusão sobre o sucesso ou *fracasso* da corte de Jerusalém, devemos enfatizar a firme crença dos juízes de que eles não tinham o direito de se transformar em legisladores, que eles tinham de conduzir seus trabalhos dentro dos limites da lei israelense, de um lado, e da opinião legal aceita, de outro. Deve-se admitir, além disso, que *seus fracassos* não foram nem em gênero, nem em grau, maiores do que os fracassos dos julgamentos de Nuremberg ou dos julgamentos nacionais em outros países europeus. Ao contrário, parte do *fracasso da corte de Jerusalém* deveu-se a seu empenho em apegar-se ao precedente de Nuremberg sempre que possível" (*EeJ*, p. 274; destaque meu).

339. Questionado sobre qual era sua concepção do Holocausto, Lanzmann respondeu: "Eu não tinha qualquer concepção. Eu tinha obsessões, o que é diferente [...] A obsessão do frio [...] A obsessão da primeira vez [...] A obsessão dos últimos momentos, da espera, do medo. *Shoah* é um filme cheio de medo [...] Você não pode fazer um filme desses teoricamente. *Toda tentativa teórica foi uma falha, mas essas falhas foram necessárias.* [...] Você constrói um filme desses na sua cabeça, no seu coração, na sua barriga, nas suas vísceras, em todo lugar". (Entrevista dada por Lanzmann por ocasião de sua visita à Universidade de Yale e filmada no Fortunoff (Arquivo de Vídeos para Testemunhas do Holocausto) em Yale, em 5 de maio de 1986. Transcrição da fita, p. 22-3; destaque meu).

REFERÊNCIAS

ABEL, L. The aesthetics of evil: Hannah Arendt on Eichmann and the jews. *Partisan Review*, n. 30, 1963.

ABRAMS, Kathryn. Hearing the call of stories. *California Law Review*, n. 79, p. 971-1.052, 1991.

ADDRESS by President George W. Bush to a Joint Session of Congress. *Boston Globe*, 3. ed., Seção "National/Foreign", p. A29, 21 set. 2001. (Transcrito por eMediaMillWorks, Inc.).

AGAMBEN, Giorgio. *Remnants of auschwitz*: the witness and the archive. Nova York: Zone Books, 1999.

AGGER, Inger. *The blue room*: trauma and testimony among refugee women: a psycho-social exploration. Tradução de Mary Bille. Londres: Zed Books, 1994.

AGGER, Inger; JENSEN, Soren Buus. *Trauma and healing under state terrorism*. Londres: Zed Books, 1996.

ALPHEN, Ernest van. *Caught by history*: holocaust effects in contemporary art, literature and theory. Stanford: Stanford University Press, 1997.

ALTHUSSER, Louis. *Lire le capital*. v. 1. Paris: F. Maspero, 1968.

_____. *The future lasts forever*: a memoir. Olivier Corpet e Yann Moulier Bountang (Ed.). Tradução de Richard Veasey. Nova York: New Press, 1992.

AMATO, Joseph. *Victims and values*: a history and theory of suffering. Nova York: Greenwood Publishing Group, 1990.

ARENDT, Hannah. *Da revolução*. Tradução de Fernando Didimo Vieira. São Paulo: Ática, 1990a.

_____. *Eichmann in Jerusalem*: a report on the banality of evil. Nova York: Penguin Books, 1994. (Edição empregada nesta tradução: ARENDT, Hannah. *Eichmann em Jerusalém*: um relato sobre a banalidade do mal. Tradução de José Rubens Siqueira. São Paulo: Companhia das Letras, 1999.)

_____. *On revolution*. Londres: Penguin, 1990b.

_____. *The origins of totalitarianism*. Nova York: Meridian, 1968.

_____. *The origins of totalitarianism*. Nova York: Harcourt Brace, 1958, 1973.

_____. Truth and politics. In: _____. *Between past and future*. Nova York: Penguin, 1993 [1961].

_____. What remains? The language remains: a conversation with Günter Gaus. In: _____. *Essays in Understanding, 1930-1954*. Jerome Kohn (Ed.). Nova York: Harcourt Brace, 1994.

BAEHR, Stephen. Art and the Kreutzer Sonata: a tolstoyan approach. In: KATZ, Michael R. (Ed.). *Tolstoy's short fiction*. Nova York: W. W. Norton, 1991.

BALDWIN, James. *The evidence of things not seen*. Nova York: Holt, Rinehart and Winston, 1985.

BALKIN, Jack M. Deconstructive practices and legal theory. *Yale Law Journal*, n. 96, p. 743-86, 1987.

BANDES, Susan. Empathy, narrative, and victim impact statements. *University of Chicago Law Review*, n. 63, p. 361, 1996.

BARNOUW, Dagmar. *Visible spaces*: Hannah Arendt and the german-jewish experience. Baltimore: Johns Hopkins University Press, 1990.

BEATTY, Joseph. Thinking and moral considerations: Socrates and Arendt's Eichmann. In: HINCHMAN, Lewis P.; HINCHMAN, Sandra K. (Ed.). *Hannah Arendt, critical essays*. Albany: State University of New York Press, 1994.

BELL, Derrick *And we are not saved*: the elusive quest for racial justice. Nova York: Basic Books, 1987.

BELOOF, Douglas E. *Victims in criminal procedure*. Durham: Carolina Academic Press, 1999.

BENHABIB, Seyla. *The reluctant modernism of Hannah Arendt*. Londres: Sage Publications, 1994.

BENJAMIN, Walter. A Berlin chronicle. In: _____. *Reflections*: essays, aphorisms, autobiographical writings. Tradução de Edmund Jephcott. Editado com uma introdução de Peter Demetz. Nova York: Schocken Books, 1986a.

_____. *A origem do drama barroco alemão*. Tradução, apresentação e notas de Sergio Paulo Rouanet. Coordenação de Marilena Chaui. São Paulo: Editora Brasiliense, 1984.

_____. *A origem do drama trágico alemão*. Edição e tradução de João Barrento. Belo Horizonte: Autêntica, 2011.

_____. Critique of violence. In: _____. *Reflections*: essays, aphorisms, autobiographical writings. Tradução de Edmund Jephcott. Editado com uma introdução de Peter Demetz. Nova York: Schocken Books, 1986b.

_____. Experience and poverty. In: SCHWEPPENHAUSER, Hermann; TIEDEMANN, Rolf (Ed.). *Gesammelte schriften*. v. 2. Frankfurt: Suhrkamp, 1977. (Edição empregada nesta tradução: BENJAMIN, Walter. Experiência e pobreza. In: _____. *Magia e técnica, arte e política*: ensaios sobre literatura e história da cultura. 8. ed. rev. Tradução de Sérgio Paulo Rouanet. Revisão técnica de Márcio Seligmann-Silva. São Paulo: Brasiliense, 2012.)

_____. Franz Kafka: on the tenth anniversary of his death. In: _____. *Illuminations*. Editado com uma introdução de Hannah Arendt. Nova York: Schocken Books, 1969a.

_____. *Goethe's* elective affinities. Tradução de Corngold. In: _____. *Selected Writings, Volume I*: 1913-1926. Marcus Bullock e Michael W. Jennings (Ed.). Cambridge: Harvard University Press, 1996a.

_____. *Illuminations*. Editado com uma introdução de Hannah Arendt. Nova York: Schocken Books, 1969.

_____. Karl Kraus. In: _____. *Reflections*: essays, aphorisms, autobiographical writings. Tradução de Edmund Jephcott. Editado com uma introdução de Peter Demetz. Nova York: Schocken Books, 1986c.

_____. Letters. In: _____. *Selected Writings, Volume I*: 1913-1926. Marcus Bullock e Michael W. Jennings (Ed.). Cambridge: Harvard University Press, 1996b.

_____. *Magia e técnica, arte e política*: ensaios sobre literatura e história da cultura. 8. ed. rev. Tradução de Sérgio Paulo Rouanet. Revisão técnica de Márcio Seligmann-Silva. São Paulo: Brasiliense, 2012.

_____. Na linguagem como tal e na linguagem do homem. In: _____. *Selected Writings, Volume I*: 1913-1926. Marcus Bullock e Michael W. Jennings (Ed.). Cambridge: Harvard University Press, 1996c.

_____. On some motifs in Baudelaire. In: _____. *Illuminations*. Editado com uma introdução de Hannah Arendt. Nova York: Schocken Books, 1969b.

_____. On the topic of individual disciplines and philosophy. In: _____. *Selected Writings, Volume I*: 1913-1926. Marcus Bullock e Michael W. Jennings (Ed.). Cambridge: Harvard University Press, 1996d.

_____. One-Way Street. In: _____. *Selected Writings, Volume I*: 1913-1926. Marcus Bullock e Michael W. Jennings (Ed.). Cambridge: Harvard University Press, 1996e.

_____. Paralipomènes et variantes des *theses sur le concept de l'histoire'*. *Écrits français*. Jean-Maurice Monnoyer (Ed.). Paris: Folio-Gallimard, 1991.

_____. *Reflections*: essays, aphorisms, autobiographical writings. Tradução de Edmund Jephcott. Editado com uma introdução de Peter Demetz. Nova York: Schocken Books, 1986.

_____. *Rua de mão única*. Tradução de Ruben Rodrigues Torres Filho e José Carlos Martins Barbosa. 5. ed. São Paulo: Brasiliense, 1995.

_____. *Selected Writings, Volume I*: 1913-1926. Marcus Bullock e Michael W. Jennings (Ed.). Cambridge: Harvard University Press, 1996.

_____. Some reflections on Kafka. In: _____. *Illuminations*. Editado com uma introdução de Hannah Arendt. Nova York: Schocken Books, 1969c.

_____. The metaphysics of youth. In: _____. *Selected Writings, Volume I*: 1913-1926. Marcus Bullock e Michael W. Jennings (Ed.). Cambridge: Harvard University Press, 1996f.

_____. *The origin of german tragic drama*. Londres: NLB, 1977.

_____. The role of language in *Trauerspiel* and tragedy. In: _____. *Selected Writings, Volume I*: 1913-1926. Marcus Bullock e Michael W. Jennings (Ed.). Cambridge: Harvard University Press, 1996g.

_____. The storyteller. In: _____. *Illuminations*. Editado com uma introdução de Hannah Arendt. Nova York: Schocken Books, 1969d. (Edição empregada nesta tradução: BENJAMIN, Walter. O Narrador. In: _____. *Magia e técnica, arte e política*: ensaios sobre literatura e história da cultura. 8. ed. rev. Tradução de Sérgio Paulo Rouanet. Revisão técnica de Márcio Seligmann-Silva. São Paulo: Brasiliense, 2012.)

_____. The task of the translator. In: _____. *Selected Writings, Volume I*: 1913-1926. Marcus Bullock e Michael W. Jennings (Ed.). Cambridge: Harvard University Press, 1996h.

_____. Theses on the philosophy of history. In: _____. *Illuminations*. Editado com uma introdução de Hannah Arendt. Nova York: Schocken Books, 1969e.

BERGER, Vivia. Payne and suffering: a personal reflection and a victim-centered critique. *Florida State Law Review*, n. 20, p. 22, 1992.

BERNAUER, James William. *Amor mundi*: explorations in the faith and thought of Hannah Arendt. Dordrecht: Martinus Nijhoff, 1987.

_____. On reading and misreading Hannah Arendt. *Philosophy and Social Criticism*, n. 11, p. 20, 1985.

BETTELHEIM, Bruno. Trauma and Reintegration. In: _____. *Surviving and Other Essays*. Nova York: Vintage Books, 1952.

BIDEN, Joseph R. Domestic violence a crime, not a quarrel. *Trial*, p. 56, jun. 1993.

BLACKSTONE, William. Commentaries on the Laws of England 444. Chicago: University of Chicago Press, 1979 [1850]. In: ANGEL, Marina. Susan Glaspell's trifles and a jury of her peers: woman abuse in a literary and legal context. *Buffalo Law Review*, n. 45, p. 779-844, 1997.

BLANCHOT, Maurice. *The writing of the disaster*. Tradução de Ann Smock. Lincoln: University of Nebraska Press, 1986.

BORGES, Jorge Luis. *Labyrinths*: selected stories and other writings. Nova York: New Directions, 1962.

BOYLE, James (Ed.). *Critical legal studies*. Nova York: New York University Press, 1992.

BRADSHAW, Leah. *Acting and thinking*: the political thought of Hannah Arendt. Toronto: University of Toronto Press, 1989.

BREDIN, Jean-Denis. *The affair*: the case of Alfred Dreyfus. Tradução de Jeffrey Mehlman. Nova York: G. Braziller, 1986.

BRODERSEN, Momme. *Walter Benjamin*: a biography. Tradução de Malcolm R. Green e Ingrida Ligers. Martina Dervis (Ed.). Londres: Verso, 1996.

BROOKES, Robert J. Symposium: municipal liability: recent ADA and rehabilitation act cases. *Syracuse Law Review*, n. 44, p. 861-73, 1993.

BROOKS, Peter; GEWIRTZ, Paul (Ed.). *Law's stories*: narrative and rhetoric in the law. New Haven: Yale University Press, 1996.

BUTLER, Judith. Deconstruction and the possibility of justice. *Cardozo Law Review*, n. 11, 1990.

_____. Endangered/endangering: schematic racism and white paranóia. In: GOODING-WILLIAMS, Robert (Ed.). *Reading Rodney king/reading urban uprising*. Nova York: Routledge, 1993.

_____. *Excitable speech*: a politics of the performative. Nova York: Routledge, 1997.

_____. Implicit censorship and discursive agency. In: _____. *Excitable Speech*: a politics of the performative. Nova York: Routledge, 1997.

CAMUS, Albert. L'espoir et l'absurde dans l'oeuvre de Franz Kafka. (Apêndice a *Le mythe de sisyphe*). Paris: Gallimard, 1942.

_____. *La chute*. Paris: Gallimard, 1956.

CANOVAN, Margaret. *Hannah Arendt*: a reinterpretation of her political thought. Cambridge: Cambridge University Press, 1992.

CARNES, Patrick. *Don't call it love*: recovery from sexual addiction. Nova York: Bentham Books, 1991.

CARUTH, Cathy. *Empirical truths and critical fictions*. Baltimore: Johns Hopkins University Press, 1991.

_____. Introductions. In: _____ (Org.). *Trauma*: explorations in memory. Baltimore: Johns Hopkins University Press, 1995.

_____ (Org.). *Trauma*: explorations in memory. Baltimore: Johns Hopkins University Press, 1995.

_____. *Unclaimed experience*: trauma, narrative, and history. Baltimore: Johns Hopkins University Press, 1996.

CARUTH, Cathy; ESCH, Deborah (Ed.) *Critical encounters*: reference and responsibility in deconstructive writing. New Brunswick: Rutgers University Press, 1995.

CASE, Mary Anne. Couples and coupling in the private sphere: a comment on the legal history of litigating for lesbian and gay rights. *Virginia Law Review*, n. 79, p. 1.643, 1993.

CELAN, Paul. Diálogo na montanha. In: _____. *Arte poética, o meridiano e outros textos*. Tradução de João Barrento e Vanessa Milheiro. Lisboa: Cotovia, 1996.

_____. The meridian. Tradução de Jerry Glenn. *Chicago Review*, n. 29, p. 34, 1978.

CERTEAU, Michel de. *Heterologies*. Tradução de Brian Massumi. Minneapolis: University of Minnesota Press, 1986.

_____. *The writing of history*. Tradução de Tom Conley. Nova York: Columbia University Press, 1988.

CHALSMA, H. W. *The chambers of memory*: PTSD in the life stories of U.S. Vietnam veterans. Northvale: Jason Aronson, 1998.

CHEMERINSKY, Erwin. Lawyers have free speech rights, too: why gag orders on trial participants are almost always unconstitutional. *Loyola of Los Angeles Entertainment Law Journal*, n. 17, p. 311-31, 1997.

CLARKE, Barry. Beyond the banality of evil. *British Journal of Political Science*, n. 10, p. 417-39, 1980.

CLINES, Francis X. And now, the audience rests. *The New York Times*, p. 4, 8 out. 1995.

COLES, Joanna. My dinner with OJ. *The Guardian*, p. 1-3, 16 maio 1996.

COVER, Robert M. Bringing the Messiah. " The folktales of justice: tales of jurisdiction". In: MINOW, Martha; RYAN, Michael; SARAT, Austin (Ed.). *Narrative, violence, and the law*: the essays of Robert Cover. Ann Arbor: University of Michigan Press, 1995a.

_____. *Justice accused*: antislavery and the judicial process. New Haven: Yale University Press, 1975.

_____. Nomos and narrative. In: MINOW, Martha; RYAN, Michael; SARAT, Austin (Ed.). *Narrative, violence, and the law*: the essays of Robert Cover. Ann Arbor: University of Michigan Press, 1995b.

_____. Nuremberg and the creation of a modern myth. "The folktales of justice: tales of jurisdiction". In: MINOW, Martha; RYAN, Michael; SARAT, Austin (Ed.). *Narrative, violence, and the law*: the essays of Robert Cover. Ann Arbor: University of Michigan Press, 1995c.

_____. The folktales of justice: tales of jurisdiction. In: MINOW, Martha; RYAN, Michael; SARAT, Austin (Ed.). *Narrative, violence, and the law*: the essays of Robert Cover. Ann Arbor: University of Michigan Press, 1995d.

_____. Violence and the word. In: MINOW, Martha; RYAN, Michael; SARAT, Austin (Ed.). *Narrative, violence, and the law*: the essays of Robert Cover. Ann Arbor: University of Michigan Press, 1995e.

CRENSHAW, Kimberlé et al. (Ed.). *Critical race theory*: the key writings that formed the movement. Nova York: New Press, 1995.

CRENSHAW, Kimberlé. Demarginalizing the Intersection of race and sex: a black feminist critique of antidiscrimination doctrine, feminist theory and antiracist politics. *University of Chicago Legal Forum*, p. 139, 1989.

_____. Mapping the margins: intersectionality, identity politics and violence against women of color. *Stanford Law Review*, n. 93, p. 1.241-99, 1991.

CROUCH, Stanley. The agonizing whine down. *Los Angeles Times*, p. M1, 8 out. 1995.

d'ENTRÈVE, Maurizio Passerin. *The political philosophy of Hannah Arendt*. Nova York: Routledge, 1994.

DANIELI, Yael; RODLEY, Nigel S.; WEISAETH, Lars (Orgs.). *International responses to traumatic stress*: humanitarian, human rights, justice, peace and development contributions, collaborative actions and future initiatives. Prefácio de Boutros Boutros-Ghali. Amityville: Baywood Publishing, 1996.

DEGUY, Michel (Ed.). *Au sujet de* Shoah: le film de Claude Lanzmann. Paris: Belin, 1990.

DELGADO, Richard. *Critical race theory*: the cutting edge. Filadélfia: Temple University Press, 1995.

_____. Storytelling for oppositionists and others: a plea for narrative. *Michigan Law Review*, n. 87, p. 2.411-41, 1989.

DERRIDA, Jacques. *Adieu*: à Emmanuel Levinas. Paris: Galilée, 1997.

_____. Force of law: the "mystical foundation of authority". In: MINOW, Martha. Deconstruction and the possibility of justice. *Cardozo Law Review*, n. 11, p. 920-1.045, 1990.

_____. *Limited Inc*. Tradução de Samuel Weber. Evanston: Northwestern University Press, 1988.

_____. *Mémoires*: for Paul de Man. Nova York: Columbia University Press, 1986.

_____. Passages: from traumatisms to promise. Entrevista com Elisabeth Weber. In: WEBER, Elisabeth. *Points... Interviews, 1974-1994*. Stanford: Stanford University Press, 1995.

_____. *Passions*. Paris: Galilée, 1993.

_____. *Résistances*: de la psychanalyse. Paris: Galilée, 1996.

_____. *Specters of Marx*: the state of debt, the work of mourning, and the new international. Tradução de Peggy Kamuf. Nova York: Routledge, 1994.

_____. *Writing and difference*. Tradução de Alan Bass. Chicago: University of Chicago Press, 1978.

DOSSA, Shiraz. Hannah Arendt on Eichmann: the public, the private and evil. *Review of Politics*, n. 46, p. 163-82, 1984. (Reimpresso em: DOSSA, Shiraz. *Public realm and public self*: the political theory of Hannah Arendt. Waterloo: Wilfrid Laurier University Press, 1989.)

DOUGLAS, Lawrence. The memory of judgment: the law, the holocaust and denial. *History and Memory*, n. 7, p. 100; 108; 114; 120, 1996.

_____. Film as witness: screening nazi concentration camps before the Nuremberg tribunal. *Yale Law Journal*, n. 105, p. 449, 1995.

DUNLOP, C. R. B. Literature studies in law schools. *Cardozo Studies in Law and Literature*, n. 3, p. 63-110, 1991.

DUNNE, John Gregory. The Simpsons. *New York Review of Books*, p. 36, 22 set. 1994.

DWORKIN, Andrea. *Intercourse*. Nova York: Free Press, 1987.

_____. Trying do flee. *Los Angeles Times*, p. M6, 8 out. 1995.

DWORKIN, Ronald. How is law like literature? In: _____. *A matter of principle*. Cambridge: Harvard University Press, 1985.

EDWARDS, Laura F. The marriage covenant is at the foundation of all our rights: the politics of slave marriages in North Carolina after emancipation. *Law and History* Review, n. 14, p. 81-124, 1996.

EHRENREICH, Nancy S. Perceptions and decision making: gender perspectives, O. J. Simpson and the myth of gender/race conflict. *University of Colorado Law Review*, n. 67, p. 931; 939-40, 1996.

EICHMANN, Adolf. The trial of Adolf Eichmann: record of proceedings in the district court of Jerusalem. v. 1. Jerusalém: [s.n.], 1962. In: HAUSNER, Gideon, *Justice in Jerusalem*. Nova York: Harper and Row, 1968 [1966].

_____. *The trial of Adolf Eichmann*: record of proceedings in the district court of Jerusalem. v. 3. Jerusalém: [s.n.], 1963.

ELIAS, Robert. *The politics of victimization*: victims, victimology and human rights. Nova York: Oxford University Press, 1990.

ELKINS, James R. On the emergence of narrative jurisprudence: the humanistic perspective finds a new path. *Legal Studies Forum*, n. 9, p. 123-56, 1985.

_____. The quest for meaning: narrative accounts of legal education. *Journal of Legal Education*, n. 38, p. 577-98, 1988.

ENEGREN, André. *La pensée politique de Hannah Arendt*. Paris: PUF, 1984.

ERIKSON, Kai. Notes on trauma and community. In: CARUTH, Cathy (Org.). *Trauma*: explorations in memory. Baltimore: Johns Hopkins University Press, 1995.

ESLIN, Jean-Claude. *Hannah Arendt*: l'obligée du monde. Paris: Michalon, 1996.

ESPÓSITO, R. (Ed.). *La pluralità irrapresentabile*: il pensiero politico di Hannah Arendt. Urbino: Edizioni Quattro Venti, 1987.

FARBER, Celia. Whistling in the dark. Entrevista com O. J. Simpson. *Esquire*, p. 120, fev. 1998.

FARBER, Daniel A.; SHERRY, Suzanna. Telling Stories out of school: an essay on legal narratives. *Stanford Law Review*, n. 45, p. 807-55, 1993.

FELMAN, Shoshana. Crisis of witnessing: Albert Camus's postwar writings. *Cardozo Studies of Law and Literature*, n. 3, p. 197-242, 1991. (Reimpresso em: FELMAN, Shoshana; LAUB, Dori. *Testimony*: crises of witnessing in literature, psychoanalysis and history. Nova York: Routledge, 1992.)

_____. Educação em crise, ou as vicissitudes do ensino. In: NESTROVSKI, Arthur; SELIGMANN-SILVA, Márcio (Orgs.). *Catástrofe e representação*. São Paulo: Escuta, 2000.

_____. The return of the voice. In: FELMAN, Shoshana; LAUB, Dori. *Testimony*: crises of witnessing in literature, psychoanalysis and history. Nova York: Routledge, 1992.

FELMAN, Shoshana; LAUB, Dori. *Testimony*: crises of witnessing in literature, psychoanalysis and history. Nova York: Routledge, 1992.

FERGUSON, Robert A. The judicial opinion as literary genre. *Yale Journal of Law and Humanities*, n. 2, p. 201-19, 1990.

_____. Untold stories in the law. In: BROOKS, Peter; GEWIRTZ, Paul (Ed.). *Law's stories*: narrative and rhetoric in the law. New Haven: Yale University Press, 1996.

FIGLEY, Charles R. (Org.). *Trauma and Its Wake*. 2. v. Nova York: Brunner-Mazel, 1985-1986.

FINEMAN, Martha Albertson; MYKITIUK, Roxanne (Ed.). *The public nature of private violence*: the discovery of domestic abuse. Nova York: Routledge, 1994.

FISCHER, John. Reading literature / Reading law: is there a literary jurisprudence? *Texas Law Review*, n. 72, p. 135-60, 1993.

FISH, Stanley. *Doing what comes naturally*: change, rhetoric, and the practice of theory in literary and legal studies. Durham: Duke University Press, 1989.

FISS, Owen M. Objectivity and interpretation. *Stanford Law Review*, n. 34, p. 739-63, 1982.

FLETCHER, George P. *With justice for some*: victtims' rights in criminal trials. Reading: Addison-Wesley, 1995.

FRESCO, Nadine. Remembering the Unknown. *International Review of Psychoanalysis*, [s.l.], n. 11, p. 417-427, 1984.

FREUD, Sigmund. *Beyond the pleasure principle*. Tradução de James Strachey. Com uma introdução e notas por Gregory Zilboorg. MD: Bantam Books, 1959.

_____. *Moses and monotheism*. Tradução de Katherine Jones. Nova York: Vintage Books, 1967 [1939].

FRYE, Marilyn. *The politics of reality*. Trumansburg: Crossing Press, 1983.

GARBER, Marjorie B. *Symptoms of culture*. Nova York: Routledge, 1998.

GATES JR., Henry Louis. Thirteen ways of looking at a black man. *New Yorker*, p. 65, 23 out. 1995. (Reimpresso em: GATES JR., Henry Louis. *Thirteen ways of looking at a black man*. Nova York: Random House, 1997.)

GEERTZ, Clifford. Commonsense as a cultural system. In: _____. *Local knowledge*: further essays in interpretive anthropology. Nova York: Basic Books, 1983.

GEWIRTZ, Paul. Victims and voyeurs: two narrative problems at the criminal trial. In: BROOKS, Peter; GEWIRTZ, Paul (Ed.). *Law's stories*: narrative and rhetoric in the law. New Haven: Yale University Press, 1996.

GLITTER, Josephine. Expanding the role of the victim in a criminal action: an overview of issues and problems. *Pepp. Law Review*, n. 11, p. 117, 1984.

GOLDSTEIN, Abraham. Defending the role of the victim in criminal prosecutions. *Mississippi Law Review*, n. 52, p. 515, 1982.

GORDON, Linda. *Heroes of their own lives*: the politics and history of family violence, Boston 1880-1960. Nova York: Viking, 1988.

GOURI, Haim. *Facing the glass cage*: the Jerusalem trial. Tel-Aviv: Hakibbutz Hameuchad Publishing House, 1962.

GREEN, Dorothy. The Kreutzer Sonata: Tolstoy and Beethoven. In: KATZ, Michael R. (Ed.). *Tolstoy's short fiction*. Nova York: W. W. Norton, 1991.

GREY, Thomas C. *The Wallace Stevens case*: law and the practice of poetry. Cambridge: Harvard University Press, 1991.

GURION, David Ben. *Israel*: a personal history. Tradução de Nechemia Meyers e Uzy Nystar. Nova York: Funk and Wagnalls, 1971.

HALL, Donald. Victims' voices in criminal courts: the need for restraint. *American Criminal Law Review*, n. 28, p. 937, 1991.

HALL, Jacquelyn Dowd. The mind that burns in each body: women, rape and racial violence. In: SNITOW, Ann; SANSELL, Christine; THOMPSON, Sharon (Ed.). *Powers of desire*: the polities of sexuality. Nova York: Monthly Review Press, 1983.

HANSEN, Phillip. *Hannah Arendt*. Cambridge: Polity Press, 1993.

HARRIS, Angela P. Race and essentialism in feminist legal theory. *Stanford Law Review*, n. 42, p. 581-616, 1990.

_____. The jurisprudence of victimhood. *Sup. Ct. Review*, p. 77, 1991.

HARRIS, Cheryl I. Myths of race and gender in the trials of O. J. Simpson and Susan Smith: spectacles of our times. *Washburn Law Journal*, n. 35, p. 225-53, 1996.

HARTMAN, Geoffrey H. *Holocaust remembrance*: the shapes of memory. Oxford: Blackwell, 1994.

_____. On traumatic knowledge and literary studies. *New Literary History*, p. 537, 26 Summer, 1995.

HARTOG, Hendrik. Lawyering, husbands'rights and 'the unwritten law' in nineteenth-century América. *Journal of American History*, n. 84, p. 67-96, 1997.

HAUSNER, Gideon. *Justice in Jerusalem*. Nova York: Harper and Row, 1968 [1966].

HELLERSTEIN, Dina. The victim impact statement: reform or reprisal? *American Criminal Law Review*, n. 27, p. 371, 1989.

HENDERSON, Lynne N. The wrongs of victims' rights. *Stanford Law Review*, n. 37, p. 937, 1985.

HERMAN, Judith Lewis. *Trauma and recovery*: the aftermath of violence from domestic abuse to political terror. Nova York: Basic Books, 1997.

HILL, Melvin A. *Hannah Arendt*: the recovery of the public world. Nova York: Saint Martin's Press, 1979.

_____. The fictions of mankind and the stories of man. In: _____. *Hannah Arendt*: the recovery of the public world. Nova York: Saint Martin's Press, 1979.

HINCHMAN, Lewis; HINCHMAN, Sandra (Ed.). *Hannah Arendt*: critical essays. Albany: State University of New York Press, 1994.

HÖLDERLIN, Friedrich. A coragem do poeta. In: BENJAMIN, Walter. *Selected Writings, Volume I*: 1913-1926. Marcus Bullock e Michael W. Jennings (Ed.). Cambridge: Harvard University Press, 1996a.

HÖLDERLIN, Friedrich. Timidez. In: BENJAMIN, Walter. *Selected Writings, Volume I*: 1913-1926. Marcus Bullock e Michael W. Jennings (Ed.). Cambridge: Harvard University Press, 1996b.

HOLMES, Oliver Wendell. The path of the law. *Harvard Law Review*, v. 110, n. 2, p. 991; 1.006, 1997.

HOLQUIST, Michael. A new Tower of Babel: recent trends linking comparative literature departments, foreign language departments, and area studies programs. *ADFL*, n. 27, p. 6-12, 1995.

HORWITZ, Morton J. The history of the public/private dichotomy. *Pennsylvania Law Review*, n. 130, p. 1.423, 1982.

JACKSON, Robert H. Report to the President by Mr. Justice Jackson, oct. 7, 1946 (U. S. Department of State, U. S. Representative to the International Conference on Military Trials). Washington: Government Printing Office, 1949. In: COVER, Robert M. [s.n.]. In: MINOW, Martha; RYAN, Michael; SARAT, Austin (Ed.). *Narrative, violence, and the law*: the essays of Robert Cover. Ann Arbor: University of Michigan Press, p. 173-202, 1995b.

_____. In the darkness of the night: Tolstoy's Kreutzer Sonata and Dostoevsky's notes from the underground. In: _____. *Dialogues with Dostoevsky*: the overwhelming questions. Stanford: Stanford University Press, 1993.

_____. Introduction. In: HARRIS, Whitney. *Tyranny on trial*: the evidence at Nuremberg. Nova York: Barnes and Noble, 1954, 1995.

JAMESON, Fredric. *The political unconscious*: narrative as a socially symbolic act. Ithaca: Cornell University Press, 1982.

JANKÉLÉVITCH, Vladimir. *L'imprescriptible*. Paris: Seuil, 1986.

JASPERS, Karl. *The question of german guilt*. Tradução de E. B. Ashton. Nova York: Fordham University Press, 2001 [1947].

JEFFRIES, Stuart. OJ survives 10-minute trial by television. *The Guardian*, p. 2, 14 maio 1996.

JOHNSON, Barbara E. *A world of difference*. Baltimore: Johns Hopkins University Press, 1987.

_____. Anthropomorphism in lyric and law. *Yale Journal of Law and the Humanities*, n. 10, p. 549-74, 1998.

_____. Apostrophe, animation and abortion. In: _____. *A world of difference*. Baltimore: Johns Hopkins University Press, 1987.

_____. *Défigurations*: du langage poétique. Paris: Flammarion, 1979.

_____. Double mourning and the public sphere. In: _____. *The wake of deconstruction*. Oxford: Blackwell, 1994.

_____. Melville's fist: the execution of billy budd. In: _____. *The Critical Difference*: Essays in the Contemporary Rhetoric of Reading. Baltimore: Johns Hopkins University Press, 1980.

_____. *The critical difference*. Baltimore: Johns Hopkins University Press, 1980.

JORDAN, Robert A. No victory, no defeat, only an angry divide. *Boston Globe*, 8 out. 1995. ("Focus").

KAFKA, Franz. Carta a Max Brod (5 de julho de 1922). In: KOWAL, Michael (Ed.). *The Basic Kafka*. Pocket Books, 1979.

_____. *The trial*. Tradução de Willa e Edwin Muir. Rev. com trad. de material adicional E. M. Butler. Nova York: Schocken Books, 1992. (Edição empregada nesta tradução: KAFKA, Franz. *O processo*. Tradução de Modesto Carone. 6. ed. São Paulo: Brasiliense, 1995.)

KAIRYS, David (Ed.). *The politics of law*: a progressive critique. Nova York: Basic Books, 1998.

KAPLAN, Gisela T.; KESSLER, Clive S. (Ed.). *Hannah Arendt*: thinking, judging, freedom. Sydney: Allen and Unwin, 1989.

KARMEN, Andrew. *Crime victims*: an introduction to victimology. Monterey: Brooks/Cole Publishing, 1984.

KATEB, George. *Hannah Arendt*: politics, conscience, evil. Totowa: Rowman and Allanheld, 1984.

KA-TZETNIK 135633. *Shivitti*: a vision. Tradução de Eliyah Nike De-Nur e Lisa Hermann. São Francisco: Harper and Row, 1989.

KEENAN, Thomas. *Fables of responsibility*: aberrations and predicaments in ethics and politics. Stanford: Stanford University Press, 1997.

KELMAN, Mark. *A guide to critical legal studies*. Cambridge: Harvard University Press, 1987.

KENNEDY, Duncan. The stages of the decline of the public/private distinction. *Pennsylvania Law Review*, n. 130, p. 1.349, 1982.

KENNEDY, Lisa. A vingança cármica desse veredicto [O. J. Simpson] por aquela injustiça [Rodney King] possui uma qualidade vazia. *Village Voice*, p. 25, 17 out. 1995.

KEREN, Michael. Ben Gurion's theory of sovereignty: the trial of Adolf Eichmann. In: ZWEIG, Ronald W. (Ed.). *David Ben Gurion*: politics and leadership in Israel. Nova York: Frank Cass, 1992, p. 38.

KOHLER, Lotte; SANER, Hans. *Hannah Arendt and Karls Jaspers*: correspondence, 1926-1969. Nova York: Harcourt Brace, 1992.

KOLK, Bessel A. van der (Org.). *Post-traumatic stress disorder*: psychological and biological sequelae. Washington: American Psychiatric Press, 1984.

_____ (Org.). *Psychological Trauma*. Washington: American Psychiatric Press, 1987.

KOLK, Bessel A. van der.; McFARLANE, Alexander; WEISAETH, Lars (Orgs.). *Traumatic stress*: the effects of overwhelming experience on mind, body, and society. Nova York: Guilford Press, 1996.

KOLK, Bessel A. van der.; HART, Onno van der. The intrusive past: the flexibility of memory and the engraving of trauma In: CARUTH (Org.). *Trauma*: explorations in memory. Baltimore: Johns Hopkins University Press, 1995.

KRISTEVA, Julia. *Hannah Arendt*. Tradução de Ross Guberman. Nova York: Columbia University Press, 2001a.

_____. *Hannah Arendt*: life is a narrative. Tradução de Frank Collins. Toronto: University of Toronto Press, 2001b.

_____. *Le génie féminin*: Hannah Arendt. v. 1. Paris: Fayard, 1999.

KRYSTAL, Henry (Org.). *Massive psychic trauma*. Nova York: International Universities Press, 1968.

K-ZETNIK. *Tsofan*: Edma. Tel-Aviv: Hakibbutz Hameuhad, 1987.

LACAN, Jacques. Fonction et champ de la parole et du langage. In: _____. *Écrits*. Paris: Seuil, 1966.

_____. Seminar on *The purloined letter*. Tradução de Jeffrey Mehlman. In: MEHLMAN. *Yale French Studies*: French Freud, n. 48, p. 52-5, 1972.

LACAPRA, Dominick. *Writing history, writing trauma*. Baltimore: Johns Hopkins University Press, 2000.

LACEY, Nicola. Theory into practice? Pornography and the private/public dichotomy. *Journal of Law and Society*, n. 20, p. 93, 1993.

LAHAV, Pnina. *Judgment in Jerusalem*: Chief justice Simon Agranat and the zionist century. Berkeley: University of California Press, 1997.

_____. The Eichmann trial, the jewish question, and the american-jewish intelligentsia. *Boston University Law Review*, n. 72, p. 555-73, 1992.

LAMBORN, Leroy. Victim participation in the criminal justice process: the proposal for a constitutional amendment. *Wayne Law Review*, n. 34, p. 125, 1987.

LANG, Berel. Hannah Arendt and the politics of evil. In: HINCHMAN, Lewis P.; HINCHMAN, Sandra K. (Ed.). Hannah Arendt, Critical Essays. Albany: State University of New York Press, 1994.

LANZMANN, Claude. Entrevista em *L'express*. In: FELMAN, Shoshana; LAUB, Dori. *Testimony*: crises of witnessing in literature, psychoanalysis and history. Nova York: Routledge, 1992.

_____. From the Holocaust to "Holocaust". *Dissent*, p. 194, primavera de 1981.

_____. Resurrecting horror: the man behind Shoah. Entrevista com Deborah Jerome. *The Record*, 25 out. 1985a.

_____. *Shoah*: The complete text of the film. Nova York: Pantheon Books, 1985b.

LAUB, Dori; AUERHAHN, Nanette. Knowing and not knowing massive psychic trauma: forms of traumatic memory. *International Journal of Psychoanalysis*, [s.l.], n. 74, p. 287-302, 1993.

LAUB, Dori; PODEL, Daniel. Art and trauma. *International Journal of Psychoanalysis*, n. 67, p. 991-1.005, 1995.

LAWRENCE, Charles R. If he hollers let him go: regulating racist speech on campus. *Duke Law Journal*, p. 431, 1990.

LEBOWITZ, Jill. Pursuit of tort claims for domestic violence in New Jersey and the creation of a new tort cause of action for 'Battered Woman's Syndrome': Case Comment – Giovine v. Giovine. *Women's Rights Law Repórter*, n. 17, p. 259, 1996.

LEE, Cynthia Kwei Yung. Beyond black and white: racializing asian americans in a society obsessed with O. J. *Hastings Women's Law Journal*, n. 6, p. 167-207, 1995.

LEUBSDORF, John. Deconstructing the constitution. *Stanford Law Review*, n. 40, p. 181-201, 1987.

LEVINAS, Emmanuel. As if consenting to horror. *Critical Inquiry*, n. 15, p. 485, 1989.

_____. *Entre nous*: thinking-of-the-other. Tradução de Michael B. Smith e Barbara Harshaw (European Perspectives). Nova York: Columbia University Press, 1998.

_____. *Ethique et infini*. Paris: Fayard, 1982.

_____. *Le temps et l'autre*. Paris: Quadrige/PUF, 1994.

_____. Philosophy, justice, and love. In: _____. *Entre nous*: thinking-of-the-other. Tradução de Michael B. Smith e Barbara Harshaw (European Perspectives). Nova York: Columbia University Press, 1998.

_____. Reflections on the philosophy of hitlerism. *Critical Inquiry*, n. 17, p. 62, 1990.

_____. The Face of a Stranger. *UNESCO Courier*, p. 66, jul./ago., 1992.

_____. *Totality and infinity*: an essay on exteriority. Tradução de Alphonso Lingis. Pittsburgh: Duquesne University Press, 1969.

_____. Uniqueness. In: BENJAMIN, Walter. *Entre nous*: thinking-of-the-other. Tradução de Michael B. Smith e Barbara Harshaw (European Perspectives). Nova York: Columbia University Press, 1998.

LEVINE, Michael. *Writing through repression*: literature, censorship, psychoanalysis. Baltimore: Johns Hopkins University Press, 1994.

LEVINSON, Sanford. Law as literature. *Texas Law Review*, n. 60, p. 373-403, 1982.

LEVINSON, Sanford; MAILLOUX, Steven (Ed.). *Interpreting law and literature*: a hermeneutic reader. Evanston: Northwestern University Press, 1988.

LEYDERSDORFF, Selma. A shattered silence: the life stories of survivors of the jewish proletariat at Amsterdam. In: PASSERINI, Luisa (Ed.). *Memory and totalitarianism*. Nova York: Oxford University Press, 1992.

LEYS, Ruth. *Trauma*: a genealogy. Chicago: University of Chicago Press, 2000.

LIFTON, Robert Jay. *Death in life*: survivors of Hiroshima. Nova York: Basic Books, 1967.

_____. *The broken connection*: on death and the continuity of life. Nova York: Basic Books, 1979.

_____. *The nazi doctors*: medical killing and the psychology of genocide. Nova York: Basic Books, 1986.

_____. *Thought reform and the psychology of totalism*: a study of "brainwashing" in China. Nova York: W. W. Norton, 1969.

LUBAN, David. Explaining dark times: Hannah Arendt's theory of theory. In: HINCHMAN, Lewis; HINCHMAN, Sandra (Ed.). *Hannah Arendt*: critical essays. Albany: State University of New York Press, 1994.

LUKACHER, Ned. *Primal scenes*: literature, philosophy, psychoanalysis. Ithaca: Cornell University Press, 1986.

LYOTARD, Jean-François. A postmodern fable. *Yale Journal of Criticism*, n. 6, p. 237, 1993a.

_____. Critical Reflections. *Artforum*, n. 29, p. 92, 1991.

_____. *Heidegger and "the jews"*. Tradução de Andreas Michel and Mark Roberts. Minneapolis: University of Minnesota Press, 1990.

_____. *La condition postmoderne*. Paris: Minuit, 1979.

_____. *Political writings*. Tradução de Bill Readings and Kevin Paul Geiman. Minneapolis: University of Minnesota Press, 1993b.

_____. *The differend*: phrases in dispute. Tradução de Georges Van Den Abbeele. Minneapolis: University of Minnesota Press, 1988a.

_____. Ticket to a new decor (millenium). *Harper's Magazine*, n. 276, p. 26, 1988b.

MacKINNON, Catharine A. *Feminism unmodified*: discourses on life and law. Cambridge: Harvard University Press, 1987a.

_____. Feminism, marxism, method and the state: toward feminist jurisprudence. *Signs: Journal of Women in Culture and Society*, n. 8, p. 635, 1983.

_____. On exceptionality. In: _____. *Feminism unmodified*: discourses on life and law. Cambridge: Harvard University Press, 1987b.

_____. *Toward a feminist theory of the state*. Cambridge: Harvard University Press, 1989.

MAGARSHACK, David. Afterword. In: TOLSTOI, Liev. *The death of Ivan Ilych and other stories*. Nova York: New American Library, 1960.

MAN, Paul de. *Allegories of reading*. New Haven: Yale University Press, 1979.

_____. Autobiography as de-facement. In: _____. *The rhetoric of romanticism*. Nova York: Columbia University Press, 1984.

_____. *Blindness and insight*. Minneapolis: University of Minnesota Press, 1983.

_____. *The resistance to theory*. Minneapolis: University of Minnesota Press, 1986.

_____. *The rhetoric of romanticism*. Nova York: Columbia University Press, 1984.

MANSUR, Carole A. Payne v. Tennessee: the effect of victim harm at capital sentencing trials and the resurgence of victim impact statements. *New England Law Review*, n. 27, 1993.

MATSUDA, Mari. Looking to the bottom: critical legal studies and reparations. *Harvard Civil Rights-Civil Liberties Law Review*, n. 22, p. 323-99, 1987.

_____. Public response to racist speech: considering the victim's story. *Michigan Law Review*, n. 87, p. 2.320, 1989.

MAY, D. *Hannah Arendt*. Harmondsworth: Penguin Books, 1986.

MCDUFF, David. Translator's introduction. In: TOLSTOI, Liev. *The Kreutzer Sonata and other stories*. Nova York: Penguin Classics, 1985.

MENNINGHAUS, Winfried. Walter Benjamin's variations of imagelessness. In: BAHTI, Timothy; FRIES, Marilyn Sibley (Ed.). *Jewish writers, german literature*: the uneasy examples of Nelly Sachs and Walter Benjamin. Ann Arbor: University of Michigan Press, 1995.

MICHELET, Jules. Oeuvres complètes. (Histoire de France). v. 21. Paris: Flammarion, 1971.

MILLER, Alice. *Thou shalt not be aware*: society's betrayal of the child. Tradução de Hildegarde e Hunter Nannum. Nova York: New American Library, 1984.

MILLER, Christopher. *Blank darkness*. Chicago: Chicago University Press, 1985.

MINDA, Gary. *Postmodern legal movements*: law and jurisprudence at century's end. Nova York: New York University Press, 1995.

MINOW, Martha. "Speaking and writing against hate", Deconstruction and the possibility of justice. *Cardozo Law Review*, n. 11, p. 1.393, 1990.

_____. *Between Vengeance and Forgiveness*: facing history after genocide and mass violence. Boston: Beacon Press, 1998.

_____. Not only for myself: identity, politics and law. *Oregon Law Review*, n. 75, p. 647, 1996.

_____. Stories in the law. In: BROOKS, Peter; GEWIRTZ, Paul (Ed.). *Law's stories*: narrative and rhetoric in the law. New Haven: Yale University Press, 1996.

_____. Surviving victim talk. *American Criminal Law Review*, n. 28, p. 937, 1991.

_____. Surviving victim talk. *UCLA Law Review*, n. 40, p. 1.411, 1993.

MINOW, Martha; RYAN, Michael; SARAT, Austin (Ed.). *Narrative, violence, and the law*: the essays of Robert Cover. Ann Arbor: University of Michigan Press, 1995.

MORROW, Lance. A trial for our times. *Time*, p. 28, 9 out. 1995.

MOSTELLER, Robert P. Popular Justice (Book Review). *Harvard Law Review*, n. 109, p. 487, 1995.

NESSON, Charles. The evidence or the event? On judicial proof and the acceptability of verdicts. *Harvard Law Review*, n. 98, 1.357-92, 1985.

NIETZSCHE, Friedrich. *The use and abuse of history for life*. Tradução de Adrian Collins. Editado com uma introdução de Julius Kraft. Nova York: Liberal Arts Press, 1949, 1957.

NORA, Pierre. Between memory and history (Les lieux de mémoire). Tradução de Mark Roudebush. *Representations*, n. 26, primavera de 1989. (Edição especial: Memory and Counter-Memory).

_____. Entre mémoire et histoire (Ensaio introdutório a *Les lieux de mémoire*). In: _____. *La Republique*. v. 1. Paris: Gallimard, 1984.

_____. Le retour de l'événement. In: LE GOFF, Jacques; NORA, Pierre (Ed.). *Faire de l'histoire*: nouveaux problèmes. v. 1. Paris: Gallimard, 1974.

OLSEN, Frances. The family and the market: a study of ideology and legal reform. *Harvard Law Review*, n. 96, p. 1.497, 1983.

OSIEL, Mark. Ever again: legal remembrance of administrative massacre. *University of Pennsylvania Law Review*, n. 144, p. 463-7, 1995.

_____. *Mass atrocity, collective memory and the law*. New Brunswick: Transaction Publishers, 2000.

OSOFSKY, Joy D. (Org.). *Children in violent society*. Nova York: Guilford Press, 1997.

PAPKE, David Ray (Ed.). *Narrative and the legal discourse*: a reader in storytelling and the law. Liverpool: Deborah Charles, 1991.

PAREKH, Bhikhu C. *Hannah Arendt and the search for a new political philosophy*. Londres: Macmillan, 1981.

PATEMAN, Carole. Feminist critiques of the public/private dichotomy. In: _____. *The disorder of women*: democracy, feminism and political theory. Cambridge: Polity, 1989.

PATTERSON, Orlando. *Slavery and social death*. Cambridge: Harvard University Press, 1982.

PEIRCE, Charles Sanders. *Philosophical writings*. Organização de Justus Buchler. Nova York: Dover, 1955.

PEPPER, Thomas. *Singularities*: extremes of theory in the twentieth century. Cambridge: Cambridge University Press, 1997.

PITKIN, Hannah Fenischel. Justice: on relating private and public. In: HINCHMAN, Lewis; HINCHMAN, Sandra (Ed.). *Hannah Arendt*: critical essays. Albany: State University of New York Press, 1994.

PLATÃO. Crito. In: _____. *The dialogues of Plato*. v. 1. Tradução de R. E. Allen. New Haven: Yale University Press, 1984.

POSNER, Richard. *Law and literature*: a misunderstood relation. Cambridge: Harvard University Press, 1988.

PRESIDENT'S task force on victims of crime. *Final report*. Washington: U.S. Government Printing Office, 1982.

ROBERTS, Dorothy E. Rape, violence, and women's autonomy. *Chicago-Kent Law* Review, n. 69, p. 359; 366, 1993.

ROBINSON, J. *And the crooked shall be made straight*: the Eichmann trial, the jewish catastrophe, and Hannah Arendt's narrative. Filadélfia: Jewish Publication Society, 1965.

RORTY, Richard. *Contingency, irony, and solidarity*. Nova York: Cambridge University Press, 1989.

_____. Feminism and pragmatism. *Michigan Quarterly Review*, n. 30, p. 133; 231-3; 251, 1991.

ROSE, Gillian. *Mourning becomes the law*. Cambridge: Cambridge University Press, 1996.

ROSE, Jacqueline. *States of fantasy*. Oxford: Clarendon Press, 1995.

_____. *Why war?* Psychoanalysis, politics, and the return to Melanie Klein. Oxford: Blackwell, 1993.

ROSS, Alex. Watching for a judgment of real evil. *The New York Times*, seção 2, p. 37, 12 nov. 1995.

ROTHSTEIN, Arnold (Org.). *The reconstruction of trauma*: its significance in clinical work. Madison: International Universities Press, 1986.

ROTTENSTREICH, Nathan. Can evil be banal. *Philosophical Forum*, n. 16, p. 50-62, 1984.

RYAN, William. *Blaming the victim*. Nova York: Vintage Books, 1976.

SARAT, Austin. Narrative strategy and death penalty advocacy. *Harvard Civil Rights-Civil Liberties Law Review*, n. 31, p. 353-81, 1996.

SARAT, Austin; KEARNS, Thomas (Ed.). *History, memory and the* law. Ann Arbor: University of Michigan Press, 1999.

SCARRY, Elaine. *The body in pain*: the making and unmaking of the world. Nova York: Oxford University Press, 1985.

SCHARF, Michael P. The prosecutor v. Dusko Tadic: an appraisal of the first international war crimes trial since Nuremberg. In: CONCEPTUALIZING VIOLENCE: PRESENT AND FUTURE DEVELOPMENTS IN INTERNATIONAL LAW (Simpósio). Painel II: Adjudicating violence: problems confronting international law and policy on war crimes and crimes against humanity. *Albany Law Review*, n. 60, p. 861-82, 1997.

SCHMITT, Carl. *Politische theologie*. Munique: Leipzig, 1922.

SCHNEIDER, Elizabeth M. The violence of privacy. *Connecticut Law Review*, n. 23, p. 973, 1992.

SCHOLEM, Gershom. Eichmann in Jerusalem: an exchange of letters between Gershom Scholem and Hannah Arendt. *Encounter* 22, jan. 1964. In: ARENDT, Hannah. *The jew as Pariah*: jewish identity and politics in the modern age. Ron H. Feldman (Ed.). Nova York: Grove Press, 1978.

_____. *Walter Benjamin*: the story of a friendship. Tradução de Harry Zohn. Filadélfia: Jewish Publication Society of America, 1981.

_____. *Walter Benjamin*: the story of a friendship. Tradução de Harry Zohn. Nova York: Schocken Books, 1988.

SEGEV, Tom. *The seventh million*: the israelis and the holocaust. Tradução de Haim Watzman. Nova York: Farrar, Straus and Giroux, 1993.

SEWELL, Bernadette Dunn. History of abuse: societal, judicial, and legislative responses to the problem of wife beating. *Suffolk University Law Review*, n. 23, p. 983-1.017, 1989.

SHAKED, Michal. History in court and the court in history: the opinions in the Kastner trial and the narratives of memory. *Alpayim*, n. 20, p. 36-80. Tel-Aviv: Am Oved, 2000.

SHERWIN, Richard. Law frames: historical truth and narrative necessity in a criminal case. *Stanford Law Review*, n. 47, p. 39-83, 1994.

SHRIBMAN, David. Sad, but true: titillating case defines our times. *Boston Globe*, p. A32, 8 out. 1995.

SIEGEL, Reva B. The rule of love: wife beating as prerogative and privacy. *Yale Law Journal*, Carolina do Norte, n. 105, p. 1.117-2.207, 1996.

SIMPSON, Gerry J. Conceptualizing violence: present and future developments in international law and policy on war crimes and crimes against humanity: didactic and dissident histories in war crime trials. *Albany Law Review*, n. 60, p. 801, 1997.

SMITH, Anna Deavere. *Fires in the mirror*: Crown Hights, Brooklyn, and other identities. Nova York: Anchor Books, 1993.

_____. *Twilight*: Los Angeles, 1992. Nova York: Anchor Books, 1994.

SONTAG, Susan. Reflections on the deputy. In: BENTLEY, Eric (Ed.). *The storm over the deputy*. Nova York: Grove Press, 1964.

STEIKER, Carol S. The constitutional status of sexual orientation: homosexuality as a suspect classification. *Harvard Law Review*, n. 98, p. 1.285, 1985.

SZASZ, Thomas. *Ideology and insanity*: essays on the psychiatric dehumanization of man. Nova York: Doubleday/Anchor Books, 1970.

TANNER, Laura E. *Intimate violence*: reading rape and torture in twentieth-century literature. Bloomington: Indiana University Press, 1994.

TASSIN, Etienne. *Trésor perdu*: Hannah Arendt, l'intelligence de l'action politique. Paris: Payot, 1999.

TEITEL, Ruti. The universal and the particular and international criminal justice: symposium in celebration of the fiftieth anniversary of the universal declaration of human rights. *Columbia Human Rights Law Review*, n. 30, p. 285, 1999.

THERAULAZ, Yvette; TSCHOPP, Marie-Claire Caloz. *Hannah Arendt*: les sans-états et le droit d'avoir des droits. Paris: L'Harmattan, 1998.

THOMAS, Brook. Reflections on the law and literature revival. *Critical Inquiry*, n. 17, p. 510-37, 1991.

THOMAS, Kendall. Strange fruit. In: MORRISON, Toni (Ed.). *Race-ing justice, en-gendering power*. Nova York: Pantheon Books, 1992.

TOLLE, Gordon J. *Human nature under fire*: the political philosophy of Hannah Arendt. Lanham: University Press of America, 1992.

TOLSTOI, Liev. *A sonata a Kreutzer*. Tradução de Boris Schnaiderman. São Paulo: Editora 34, 2007.

_____. The Kreutzer sonata. In: _____. *The Kreutzer sonata and other stories*. Tradução com introdução de David Mcduff. Nova York: Penguin Classics, 1985.

TROYAT, Henri. *Tolstoy*. Tradução de Nancy Amphoux. Nova York: Penguin Literary Biographies, 1987 [Paris, 1965].

TSCHOPP, Marie-Claire Caloz. *Hannah Arendt*: la banalité du mal comme mal politique. Paris: L'Harmattan, 1998.

TURLEY, Jonathan. Symposium on trials of the century: transformative justice and the ethos of Nuremberg. *Loyola of Los Angeles Law Review*, n. 33, p. 655, 2000.

U. S. Department of Justice. *Four years later*: a report of the president's task force on victims of crime. Washington: U.S. Government Printing Office, 1986.

UELMAN, Gerald F. *Lessons from the trial*: the people v. O. J. Simpson. Kansas City: Andrews and McMeel, 1996.

VALÉRY, Paul. Commentaires de Charmes. In : _____. *Oeuvres*. v. 1. Paris: Gallimard, 1957.

VARVERDE, Mariana. Derrida's justice and foucault's freedom: ethics, history, and social movements. *Law and Social Inquiry*, n. 24, p. 657, 1999.

VIDAL-NAQUET, Pierre. *Les assassins de la mémoire*. Paris: La Découverte, 1987.

VILLA, Dana. Beyond good and evil: Arendt, Nietzsche, and the aesthetization of politics. *Political Theory*, n. 20, 1992.

VYTAL, Victor. Payne vs. Tennessee: the use of victim impact evidence at capital sentencing trials. *Thurgood Marshall Law Review*, n. 19, 1994.

WARD, Ian. *Law and literature*: perspectives. Bruce Rockwood (Ed.). Nova York: Peter Lang, 1996.

_____. *Law and literature*: possibilities and perspectives. Nova York: Cambridge University Press, 1995.

WATSON, David. *Arendt*. Londres: Fontana Press, 1992.

WEIS, Andrew. Peremptory challenges: the last barrier to jury service for people with disabilities. *Willamette Law Review*, n. 33, p. 1-66, 1997.

WEISBERG, Richard H. Legal rhetoric under stress: the example of Vichy. *Cardozo Law Review*, n. 12, p. 1.371-415, 1991.

_____. *Poethics*: and other strategies of law and literature. Nova York: Columbia University Press, 1992.

_____. *The failure of the word*: the lawyer as protagonist in modern fiction. New Haven: Yale University Press, 1984.

_____. Three lessons from law and literature. *Loyola of Los Angeles Law Review*, n. 27, p. 285-303, 1993.

WELLMER, A. Hannah Arendt on Revolution. *Revue Internationale de Philosophie*. v. 53, n. 208, 1999.

WEST, Rebecca. Extraordinary exile. *New Yorker*, p. 34, 7 set. 1946.

WEST, Robin. *Narrative, authority, and law*. Ann Arbor: University of Michigan Press, 1993.

WHITE, James Boyd. *Heracles' bow*: essays on the rhetoric and poetics of the law. Madison: Wisconsin University Press, 1985.

_____. *Justice as translation*: an essay in cultural and legal criticism. Chicago: University of Chicago Press, 1990.

_____. *The legal imagination*: studies in the nature of legal thought and expression. Boston: Little, Brown and Company, 1973.

WHITEFIELD, Stephen J. *Into the dark*: Hannah Arendt and totalitarianism. Filadélfia: Temple University Press, 1980.

WIESEL, Elie. *All rivers run to the sea*: memoirs, v. 1 (1928-1969). Nova York: Harper Collins, 1995.

WIEVIORKA, Annette. L'avènement du témoin. In: _____. *L'ère du temoin*. Paris: Plon, 1998.

_____. *L'ère du temoin*. Paris: Plon, 1998.

_____. *Le procès Eichmann*. Paris: Editions Complexe, 1989.

WILKERSON, Isabel. Whose side to take: women, outrage and the verdict on O. J. Simpson. *The New York Times*, p. 1; 4, 8 out. 1995.

WILLIAMS, Patricia. *The alchemy of race and rights*: diary of a law professor. Cambridge: Harvard University Press, 1991.

WINNICOTT, D. W. Fear of Breakdown. In: WINNICOTT, Clare; SHEPERD, Ray; DAVIS, Madeleine (Orgs.). *Psychoanalytic explorations*. Cambridge: Harvard University Press, 1989a.

_____. The concept of trauma in relation to the development of the individual within the family. In: WINNICOTT, Clare; SHEPERD, Ray; DAVIS, Madeleine (Orgs.). *Psychoanalytic explorations*. Cambridge: Harvard University Press, 1989b.

YOUNG-BRUEHL, Elisabeth. *Hannah Arendt*: for love of the world. New Haven: Yale University Press, 1982.

ZERTAL, Idith. From the people's hall to the wailing wall: a study in memory, fear and war. *Representations*, n. 69, p. 39-59, 2000.

ZIOLKOWSKI, Theodore. *The mirror of justice*: literary reflections of legal crises. Princeton: Princeton University Press, 1997.

ŽIŽEK, Slavoj. *For they know not what they do*. Nova York: Verso, 1991.

ZOLA, Émile. Déclaration au jury. In: _____. *J'accuse...! La Vérité en marche*. Paris: Éditions Complexe, 1988.

_____. Letter to France (7 de janeiro de 1898). In: _____. *The Dreyfus affair*: J'accuse and other writings. Alain Pagès (Ed.). Tradução de Eleanor Levieux. New Haven: Yale University Press: 1996.

_____. *The Dreyfus affair*: J'accuse and other writings. Alain Pagès (Ed.). Tradução de Eleanor Levieux. New Haven: Yale University Press, 1996. (Edição empregada nesta tradução: ZOLA, Émile. *Eu acuso!* O processo do capitão Dreyfus. Organização e tradução de Ricardo Lísias. São Paulo: Hedra, 2008.)

ÍNDICE REMISSIVO

11 de setembro, eventos de, 22, 33-4n3 e 36n7.

abismo, 119-28, 145n153, 164, 194, 205-6 e 218 (*ver também* julgamento de Simpson; Tolstoi).
  da diferença, 121 e 127.
  da memória, 123 e 127-8.
  da repetição, 127-8.
  da sexualidade, 121-2 e 127.
  de Auschwitz, 205-6.
  de trauma, 123-5, 127, 145n153 e 205-6.
  e Direito, 28, 123-8 e 146n157.
  e literatura, 125-8 e 146n157.
  entre direito e literatura, 127-8.
  verdade como, 124.
absolvição, 109 e 135-7 (*ver também* julgamento de Simpson; Tolstoi).
acontecimento, 62-4.
afro-americanos, 26, 41 e 143n143 (*ver também* negro(s); julgamento de Simpson; julgamento de Rodney King).
Alemanha, 31n3, 48-50, 57-8, 63, 158, 161, 204 e 225-6n311.
Althusser, Louis, 115 e 141n132.
anti-história, 211-4, 226n319 e 227n322 (*ver também* narração; "O Narrador").
antissemitismo, 158-60 e 162-5.
Arendt, Hannah, 27-8, 48, 50, 52, 77, 81n17, 84n42, 99, 149-72, 172n176, 187 e 193- 219.
  Isak Dinesen, 149 e 226n313 (*ver também* "O Narrador").
  "Verdade e Política", 211-2.
  Eichmann em Jerusalém, 37n10, 84n42, 149-72, 187, 193, 195, 211-2, 214, 216 e 226n318 (*ver também* "O Narrador"; narração; anti-história).
arte, 42, 89, 100, 110, 149-50, 159, 206-10 e 223 n292.
  como testemunha, 207 (*ver também* Tolstoi; Zola).
  e Direito, 150, 206-10, 216 e 223n292-293 (*ver também* Tolstoi; Zola; K-Zetnik; Kafka).
  e o holocausto, 149-50 (*ver também* Celan; K-Zetnik; Lanzmann).
assassinato, 89-137.
  assassinato em massa, 149-72 e 188-219.
  como ferramenta ideológica, 110-1.
Attorney General v. Eichmann [Procuradoria-Geral v. Eichmann], 153 e 172-3n176 (*ver também* julgamento de Eichmann).
Auschwitz, 167, 190-1, 197-209 e 213-4.
autobiografia, 53, 62-7, 70, 84-5n52 e 135.

banalidade do mal, 151-5, 173n179, 174n180, 194 e 215 (*ver também* Arendt; Jaspers).
Ben Gurion, David, 153-5, 162, 175n188 e 196.
Benjamin, Walter, 23, 27, 37n10, 39-81, 116, 170, 187 e 213-9.
  "Afinidades eletivas de Goethe" (*ver sem--expressão*).
  "Dois poemas de Friedrich Holderlin", 54.
  "Metafísica da juventude", 80.
  "O Narrador", 53-7, 64, 69, 73-4, 76, 211, 214 e 225n311.
  "Sobre o conceito da História", 53-4, 57-62, 64 e 75.

corpo de, 76.
"Critique of violence", 44-7.
Crônica berlinense, 53, 64-7, 70-1 e 73-8.
presença em Eichmann em Jerusalém, 211-4 e 225n310-311.
silêncio de, 47 e 51-81.
suicídio de, 23, 37n10 e 76-8.
Trauerspiel, 67 e 228n337.
Brown v. Ministério da Educação, 41.
Brown-Simpson, Nicole, 93, 106, 108, 114, 119, 131-2, 136 e 138n100 (ver também julgamento de Simpson).
Bush, George W., 22, 36n4 e 36n6.
Butler, Judith, 137n98, 141n131 e 142n133.

cadáver, 67-74, 76, 111, 167-8 e 215.
como mensagem, 76 e 111 (ver também Benjamin; julgamento de Simpson).
da juventude, 67-74 (ver também Benjamin; Heinle).
Camus, Albert, 131, 135 e 207.
capitalismo, 52, 54-5, 73 e 82n21.
Caruth, Cathy, 65, 29n1, 36n3, 139n108 e 142n134.
Unclaimed Experience: trauma, narrative, and history [UE], 30n2-3, 139n108 e 142n134.
casamento, 102-3, 112-8 e 134 (ver também julgamento de Simpson; Tolstoi).
caso Dred Scott, 98 e 143n143.
caso Dreyfus, 139n111, 158-60 e 179n214 (ver também Arendt; Zola).
caso Rodney King (ver King, Rodney).
cegueira,
cultural, 125 e 141n129.
da justiça, 141n128.
cega à cor, cega ao gênero, 141n128 e 145n153.
do tribunal, 134 (ver também King, Rodney; julgamento de Simpson; Tolstoi).
e espancamento, 114-5 e 142n135.
e trauma, 96 e 112-8.
judicial, 25, 89-137 e 144-5n153.
Celan, Paul, 29, 129, 172 e 207.
cena primordial (primária, primitiva, primeva), 67-8, 91, 143n143, 160-2, 145n153 e 215 (ver também Freud; repetição).
cena primitiva de linchamento, 145n153 (ver também raça; julgamento de Simpson).
cena legal primitiva (jurídica primária), 91 e 160-2 (ver também caso Dreyfus; julgamento de Eichmann).
cesura do julgamento, 217-8.
Clark, Marcia, 144n153.
Cochran, Johnny, 110 e 112.

colapso,
de linguagem, 29 e 211.
da testemunha, 29, 54, 128, 187 e 192-219 (ver também K-Zetnik; julgamento de Eichmann; Benjamin, o silêncio de; Benjamin, o suicídio de).
dos motivos, 128.
confissão, 119 e 130-7.
e a lei, 130-2.
sem fim, 133-4 (ver também Tolstoi).
corpo, o, 22, 29, 56, 62-3, 70-2, 76-7, 106, 110, 143 n143, 192-3 e 216-8.
da testemunha, 29, 192-3, 198 e 216-8.
de Walter Benjamin, 76.
e mudez/incomunicável, 56 e 106.
o corpo espancado, 112, 114 e 142n135.
Cover, Robert, 144n153, 146n157 e 170-1.
crimes,
contra a humanidade, 36n4, 46, 139n106, 157, 171, 190 e 209.
da história, 43 e 83n33 (ver também Benjamin).
guerra, 40 e 209.
crise, 24, 119-20, 138n101 e 138n103.
cultural, 24 e 138n103.
da verdade, 24.
legal, 138n101.
cross-legal (natureza do julgamento), 96-8, 117 e 139-40n111.
cultura, 24-5, 28, 48, 53, 92-3, 98, 115-6, 124, 126 e 133.
cegueira, 25 e 115-6 (ver também cegueira).
crise cultural, 2 e 138n103.
e trauma, 115-8.
testemunha cultural, 28 e 56 (ver também Arendt; Benjamin).

de Man, Paul, 33n3, 66 e 70.
Derrida, Jacques, 39, 83n31, 139n108, 144n152 e 147n169.
Dia do julgamento, 43-4 e 46-7 (ver também Benjamin).
Direito, 22-5, 28-9, 40, 46-8, 81n16, 82n25, 89-137, 137n98, 138n99, 143n139, 146n157, 150-2, 155-6, 162-3 e 187-219.
e arte, 150 e 206-10.
e história, 81n16, 82n25, 116-8 e 155-6.
e linguagem, 150-2 e 187-219.
e literatura, 29, 89-137, 137n98, 146n157 e 200.
e poesia, 137n98 e 193-5.
e repetição, 91-100 e 116-8.
e trauma, 22-5, 28-9, 40, 46-8, 91, 94-6, 143 n139, 150 e 188.

filosofia do, 162-3.
   na literatura, 138n99.
Dostoievski, Fyodor, 71 e 80.
drama, o/dramática, a, 24-6, 29, 100, 127, 153 e 214-9 (*ver também* Arendt; Benjamin; Holmes).
Dworkin, Andrea, 140n120 e 142n135.

Eichmann v. Attorney General [Eichmann contra a Procuradoria-Geral], 173n176 e 228n336 (*ver também* julgamento de Eichmann).
Eichmann, Adolf, 24-5, 90-1, 173n176, 195-6, 198 e 209 (*ver também* julgamento de Eichmann).
escritor como testemunha precoce, 129-30, 190-3 e 195-219 (*ver também* Camus; Celan; Kafka; K-Zetnik; Tolstoi; Zola).
escritores literários enfrentando lei (*ver* Tolstoi; Zola; K-Zetnik; Kafka).
espancamento, 107, 114-8, 142n133 e 142n135-137 (*ver também* julgamento de Simpson; King, Rodney; Tolstoi).
   como ato político, 115.
   de Rodney King, 114, 117-8 e 142n133.
   e invisibilidade, 114-6 e 142n135.
   e visão, 118.
   esposa, 107 e 142n135-137.
esquecimento, 110, 117, 189, 143n140, 143n143 e 145n155.
   e trauma, 23.
   política, 44.
estudos jurídicos críticos, 153 e 176n191.
éticas/o ético, 82-3n26 e 111 (*ver também* rosto; Levinas; Benjamin).
   e trauma, 29-36n3 e 82-3n26.
estrutura jurídica, explosão da, 194 e 218-9.
evento, 97-8, 152, 154-5, 157, 165, 167, 176n192 e 177n193.
   Auschwitz como incompreensível, 167.
   definição de Arendt, 177n193.
   definição de Nora, 154 e 177n193 (*ver também* Nora).
   definição de, 176n192.
   e consciência crítica, 154-5.
   e trauma, 29n1, 30n2, 30-36n3 e 36n7.
   evento narrativo inovador, 165.
   impacto do julgamento como um verdadeiro, 154.
   julgamento de Eichmann como um poderoso, 154.
   vácuo entre evento e explicações, 152.

face,
   da história, 67-8.
fantasma (espectro), 39, 93, 97 e 187-219 (*ver também* K-Zetnik; julgamento de Eichmann;
julgamento de Simpson; King, Rodney; repetição).
   de Rodney King, 97.
   e justiça, 39, 97 e 209.
   fantasmas de Arendt, 212.
fascista/fascismo, 50, 58-9 e 61-2.
feminismo (feminista), 22, 82n21 e 142n135-137 (*ver também* Butler; Dworkin; Herman; Johnson; MacKinnon; Minow).
Flaubert, Gustave, 60.
Freud, Sigmund, 22, 27-8, 30-6n3, 74, 86-7n81, 92, 97-8, 117-8, 139n13-14, 143n142 e 178n204.
   Pensamentos para os tempos de guerra e morte, 22.
   "Beyond the pleasure principle", 86-7n81 (*ver também* trauma; repetição).
   e retorno do reprimido, 92 e 143n143 (*ver também* cena primária; repetição).
   e trauma, 30-6n3, 97-8, 117-8, 139n14 e 178n204.
   Moisés e o Monoteísmo, 30-6n3, 97-8, 117, 139n13, 143n142 e 178n204 (*ver também* trauma; Caruth).

gênero, 26, 95-6, 99, 116, 123-7 e 144n153.
   e a lei, 123-4.
   trauma do, 26, 95-6, 123 e 144n153 (*ver também* feminismo).
genocídio, 25, 41, 156-7, 161-2 e 205.
Goldman, Ronald, 94, 136 e 138n100 (*ver também* julgamento de Simpson).
Gouri, Haim, 193 e 209.
Guerra do Vietnã, 22.

Hausner, Gideon, 153, 157, 176n189, 189, 192, 197, 199 e 204 (*ver também* julgamento de Eichmann).
Heidegger, Martin, 212 e 226n315.
Heinle, Fritz, 62-3, 67-71, 76, 79, 87n82 e 88n96 (*ver também* Benjamin; Scholem).
   suicídio de, 62, 67, 70 e 79.
Herman, Judith, 30n2, 32n3 e 36n3.
história crítica, 154-5 e 162-5 (*ver também* Arendt; Nietzsche; Zola).
história monumental, 154-5, 188 e 193 (*ver também* Nietzsche; julgamento de Eichmann).
história, 21-2, 31n3, 40-81, 96-9, 117-8, 154-65, 188 e 193.
   "crítica", 154-5 e 162-5 (*ver também* Arendt; Nietzsche; Zola).
   "monumental", 154-65, 188 e 193 (*ver também* Nietzsche).
   anjo da, 75-6.

críticas da, 42 e 82n21.
dualidades históricas, 97, 117 e 140n111.
e justiça, 39-81, 89-137 e 143n143.
e mudez, 61-2.
e o silêncio, 42-3, 51 e 59.
e repetição, 96-9 e 117-8.
e trauma, 21, 31n3, 61, 97-8 e 116-8.
em julgamento, 41-2.
filosofia da, 57-60, 62, 75, 156 e 162-5.
jurídica, 152, 155-62 e 193-4.
para a vida, 154-5 (ver também Nietzsche).
historicismo, 57-8 e 85n61.
Hitler, Adolf, 48, 57, 75, 85n62, 156, 164, 180n215, 194, 222n287 e 223n289.
Hölderlin, Friedrich, 63-4, 67-8 e 71.
Holmes, Oliver Wendell, 215 e 227n327.
holocausto, 24, 27, 149-72, 187, 206-8, 211-3 e 219.

inconsciente, 21, 25, 29, 29n1, 32-5n3, 36n9, 43, 54, 58, 89, 93, 98, 116, 118, 149, 193, 198, 208, 211, 214 e 216-7 (ver também Freud; Lacan; psicanálise).
a política, 44 e 83n29.
corpo inconsciente, 193, 198 e 217.
histórico, 62 (ver também Benjamin).
inconsciente de casos judiciais passados, 92.
inconsciente estrutural da lei, 25 e 91-100.
inconsciente político da lei, 92.
local inconsciente de memória, 216 (ver também Nora).
memória jurídica inconsciente, 98 e 118.
o jurídico, 25, 29 e 36n9.
invisibilidade, 112-8.
da violência doméstica, 112-8 e 142n135.
do rosto machucado, 112.
do trauma, 112-8.
Irving v. Lipstadt, 41.
Israel, no estado de, 149, 153, 156, 162, 164, 169-70 e 174-5n185.

Jackson, Robert (justiça), 171, 188, 190-1 e 200 (ver também julgamento de Nuremberg).
Jameson, Fredric, 83n29.
Janet, Pierre, 227n319 e 227n322.
Jaspers, Karl, 98-9, 153 e 193-4.
Johnson, Barbara, 137n98.
judeus/povo judeu, 24, 41, 47-8, 156-9, 161, 164, 169-70 e 194 (ver também julgamento de Eichmann; Arendt; Scholem).
juízes, 90, 156, 187, 204 e 218.
julgamento de Eichmann, 23-9, 41, 50, 99, 149-72, 187-91, 195, 199 e 206-19 (ver também *Attorney General v. Eichmann*; *Eichmann v. Attorney General*).

julgamento de Simpson, 23-7, 29, 41 e 89-137 (ver também *Povo v. O. J. Simpson*).
julgamento, 21, 23-7, 29, 41, 47, 50, 89-137, 138 n100, 138n103, 149-72, 184n247, 187-91, 194, 199 e 205-19.
"do século", 23, 25-6, 47, 90-8, 100, 110, 112, 114-5, 118, 120, 126, 136, 138n100 e 138 n103.
e trauma, 21, 27 e 95.
Eichmann, 23-7, 29, 41, 50, 53, 149-72, 187-91, 194, 199 e 206-19.
falha de, 111-2, 218-9 e 228n338.
fundacional, 184n247.
O. J. Simpson, 23-7, 29, 41 e 89-137.
provações e abismos, 127-8 e 205-6.
julgamentos de Nuremberg, 21, 23-4, 40-1, 46, 49, 81n14, 83n34, 155-6, 171, 188-94 e 200.
Caso de Justiça, 46.
júri/jurados, 25 e 124-3.
justiça, 23-4, 29, 39-80, 113-5 e 149-72.
branca, 97.
cega, 113-5.
dilema de, 23 e 39-81.
e o estado, 153.
e silêncio, 39-81, 89 e 211-4.
histórica, 40, 44-5 e 155.
imperativo da, 47.
para os mortos, 43-4.
teatros de, 24, 29, 113 e 149-72.

Kafka, Franz, 39, 47-50, 84n43, 131 e 136-7.
"Diante da Lei", 39 e 49-50.
o julgamento, 48-50 e 84n43.
King, Rodney, 97-8, 114-5, 117-8, 142n133 e 143 n43 (ver também julgamento de Simpson).
caso de, 98, 114-6 e 118 (ver também julgamento de Simpson).
Kolk, Bessel van der, 32n3 e 36n3.
Kraus, Karl, 51-2, 102 e 127.
K-Zetnik, 29, 167, 190-1 e 195-219.
testemunho de, no julgamento de Eichmann, 195-8, 200 e 205-15.

Lacan, Jacques, 33-5n3, 89, 141-2n132 e 143n140.
"Seminário sobre *A carta roubada*", 35n3.
Lahav, Pnina, 139-40n111, 172-3n176, 173-4n179, 174n181, 175n187, 181n223 e 185n247.
Lanzmann, Claude, 149, 207, 219, 223-4n296 e 228n339.
Shoah, 149, 167-8, 207 e 223n295.
Laub, Dori, 137n98 e 139n108.
leis de Nuremberg, 46 e 48-9.
leituras, do século XX, 28 (ver também Arendt; Benjamin; Freud).

Leskov, Nikolai, 54-5 e 85n60.
Levinas, Emmanuel, 42, 47, 50, 78, 82n24, 82-3n26 e 228n336 (*ver também* éticas/o ético).
Leys, Ruth, a controvérsia com, 32-6n3.
liberalismo, 85n61 e 141n128.
linguagem, 24, 28, 36-7n9, 42-3, 51-3, 61, 63-4, 67-8, 71, 135, 166-8 e 188-219.
   do direito, 188-219.
   do opressor, 168 e 181n229.
   jurídica, 24, 36-7n9, 135 e 166.
   perda da, 68 e 168.
literatura, 28-9, 42, 80, 89-137, 137n98, 138n99, 146n157 e 200.
   autoridade da, 80 e 129-37.
   como jurisprudência, 138n99.
   como modo de testemunho, 129.
   e direito, 29, 89-137, 137n98, 146n157 e 200.
luto, 66, 73, 82n20, 212, 225n310 e 226n318 (*ver também* Arendt; Benjamin; Celan; julgamento de Eichmann).
Lyotard, Jean-François, 139n108 e 181n228.

MacKinnon, Catharine, 142n136-137 e 181n229.
Marx, Karl, 39, 85n63 e 143n139.
marxismo, 60, 82n21, 85n61 e 141n132.
memória traumática (*ver* memória; Janet; julgamento de Eichmann; julgamento de Simpson).
memória, 23, 26-9, 59, 92, 98, 117-8, 143n143, 151-2, 170, 191 e 216.
   coletivo, 27, 59, 117, 143n143 e 190 (*ver também* julgamento de Eichmann; julgamento de Simpson).
   jurídica, 23, 92, 98, 118 e 152.
   local de, 29 e 143n141 (*ver também* Nora).
   lugar de, 117 e 216 (*ver também* Nora).
   negra, 143n143 (*ver também* julgamento de Simpson; King, Rodney).
   pensadores da, 27-8 (*ver também* Arendt; Benjamin; Freud).
   traumática, 128, 143n143 e 227n319.
Minow, Martha, 137n98, 141n131 e 181n228.
misericórdia, 135-7 (*ver também* julgamento de Simpson; Tolstoi).
morte, 39, 42, 45, 56, 66-8, 72, 77-80, 92, 144n152 e 188-212.
   e a lei, 45, 144n152 e 188-210 (*ver também* Benjamin; Kafka).
   e "O Narrador", 57, 80, 211-2 e 225n311 (*ver também* "O Narrador"; narração).
mudez (mutismo), 42, 44, 57, 61-2, 65-6, 75, 77, 82n22, 85n60, 88n96, 169, 208 e 213.
   do corpo, 56 e 106.
   e história, 61-2 (*ver também* Benjamin; Hausner).
   e luto, 208-14 (*ver também* Arendt; Benjamin; Celan; Gouri; K-Zetnik).
   jurídica, 208-9 e 214-5.
   literária, 214-5.
   moral, 77 e 88n96 (*ver também* Benjamin).

narração, 55-6, 73-4, 78-80, 86n67, 211-4 e 227 n322.
   antinarrativa, 211-4 e 227n322.
   e silêncio, 55-6 (*ver também* Benjamin).
   fracasso da, 211.
   pós-narrador, 73-4.
   póstuma, 78-80.
   resistência a, 119-28.
narrativa, 43, 54-7, 76, 88n96, 119, 156, 166, 170-1 e 193 (*ver também* Arendt; Benjamin).
   arte da, 54.
   fim da, 54-7.
   jurídica, 137n98, 171 e 193.
   sagrada, 171, 184-5n247.
   traumática, 89-137 e 211-8.
nazismo/nazista, 40-1, 46, 57-8, 149-72 e 187-219.
   crimes, 41, 46, 156, 164, 170 e 193-5.
   linguagem, 151 e 173-4n179.
   regime, 162 e 189.
negro(s), 24, 96-8 e 123-5 (*ver também* afro-americanos; julgamento de Simpson).
Nietzsche, Friedrich, 154-5, 157, 188 e 194.
Nora, Pierre, 117, 143n141, 154, 177n193 e 216 (*ver também* memória: local de; lugar de).

palestinos, 175-6n188.
poesia (poema)/a poética, 63-4, 67-8 e 193-5 (*ver também* Celan; Gouri).
   a natureza do lírico, 63-4 e 67-8 (*ver também* Benjamin).
   e o direito, 193-5 (*ver também* Gouri; Jaspers; Johnson).
política/político, 22, 24, 44, 47, 60, 63, 94-5, 98-100, 119, 152-3, 175-6n188 e 176n191.
   e direito, 140n112 e 176n191.
   inconsciente político, 44, 83n29 e 92.
ponto(s) cego(s),
   da sociedade, 103.
   do século, 116.
Povo v. O. J. Simpson, 114 e 89-137 (*ver também* julgamento de Simpson).
Primeira Guerra Mundial, 22, 45-6, 52-7, 62-4, 67, 69-70, 73-4 e 213.
prosopopeia, 66-7 e 80 (*ver também* de Man).
psicanálise, 22, 65, 91, 97-8, 117-8, 141n132 e 201 (*ver também* Freud; Lacan).
   e trauma, 30-6n3, 65, 97-8 e 117-8 (*ver também* Janet; Caruth).

raça, 22, 24, 26, 93-6, 123-6 e 144-5n153.
  e a lei, 124-6.
  julgamentos de raça, 25 (*ver também* julgamento de Eichmann; julgamento de Simpson; caso Dreyfus; King, Rodney; caso Dred Scott).
  ódio racial, 160-2.
  trauma de, 22, 24, 26, 95-6 e 144-5n153.
redenção, 46-7, 60-1 e 86n65 (*ver também* Benjamin).
repetição, 25, 29-30n1, 75, 78, 88n96, 96-100, 117-8, 126-7, 139n111, 157, 160-5 e 208.
  da catástrofe, 164-5.
  do trauma, traumática, 25, 33n3, 74, 92, 117 e 205.
  legal, 36n9, 89-137, 139-40n111, 159 e 178n204.
  jurídica, literária, psicanalítica e histórica, 117-8.
  monumental, 160-5.
  retorno histórico do reprimido, 92 e 143n143 (*ver também* Freud, Lacan).
revolução, 52-3, 154, 166-9 e 182n232.
  e a verdade como evento, 154-5.
  julgamento como, 182n232.
  na vítima, 166-9.
Rorty, Richard, 166, 169 e 181n229.
rosto, 42-3, 53, 67-8, 82n24, 82-3n26, 106-7, 112, 114 e 228n336.
  da história, 67-8.
  de Walter Benjamin, 53.
  do outro, 82n24.
  espancado, 106-7, 112 e 114.
  humano, 42-3, 82n24, 82-3n26 e 228n336 (*ver também* éticas; Levinas).
  sem rosto, 42-3 e 82-3n26 (*ver também* éticas; *sem-expressão*; Benjamin; Levinas).

Scholem, Gerhard, 78-80 e 155 (*ver também* Benjamin).
Segunda Guerra Mundial, 21, 54, 57-8, 60-2, 74, 80, 149, 170, 188 e 213.
sem-expressão, 42-3, 47, 50, 66, 82n20, 82n22, 82n24, 82-3n26 e 217-8 (*das Ausdruckslose*) (*ver também* Benjamin).
  história, 21-9 e 39-43.
  na literatura, 42.
  no tribunal, 43.
sexo, 41.
sexualidade, 102-5, 121-2, 127 e 141n123 (*ver também* julgamento de Simpson; Tolstoi).
  abismo da, 121-2 e 127.

julgamento sexual, 102.
vício sexual, 103-4 e 141n123.
significado jurídico, 149-72, 187-8, 213, 215-9 e 223n292.
silêncio, 27, 39, 42, 44, 51-5, 62, 72, 76-7, 80, 85n60, 86n65, 166, 169, 207, 214 e 219 (*ver também* Arendt; Benjamin; Celan; K-Zetnik).
  da narração, 54-5.
  de Walter Benjamin, 47 e 51-80.
  dimensão literária do, 29.
  e história, 43, 51 e 58 (*ver também* Benjamin).
  e justiça, 39-80 e 89.
  e "O Narrador", 39-80 e 213 (*ver também* Arendt; Benjamin; K-Zetnik).
Simpson, O. J., 24-5 e 138n100.
  caso de, 89-137 (*ver também* julgamento de Simpson).
sionismo, 152-3, 161, 174n184 e 175n185.
Sócrates, 179n206.
Sontag, Susan, 206-7, 215 e 223n292-293.
suicídio, 23, 62-81 e 88n96.
  de Fritz Heinle, 62-81e 88n96.
  de Walter Benjamin, 23 e 75-6.
Szasz, Thomas, 181n228.

testemunha, 29, 54, 65, 67, 128, 187-219 e 225n311.
  arte como, 207 (*ver também* Lanzmann; Tolstoi).
  colapso da, 29, 54, 128, 187 e 192-219 (*ver também* K-Zetnik; julgamento de Eichmann; Benjamin, o silêncio de; Benjamin, o suicídio de).
  cultural, 28 e 53 (*ver também* Arendt; Benjamin).
testemunho, 28-9, 187, 190 e 214-9 (*ver também* testemunha; lei; K-Zetnik; Simpson, O. J.; Tolstoi; Zola).
  de escritores literários, 28-9 (*ver também* Tolstoi; Zola; K-Zetnik; Kafka).
  de K-Zetnik no julgamento de Eichmann, 195-8, 200 e 206-15.
  e o corpo, 214-9.
  literário, 218.
Tolstoi, Liev, 29, 92 e 100-1.
  A sonata a Kreutzer, 89-137.
tradição dos oprimidos, 41-2, 57-60, 81-2n18 e 143n139 (*ver também* Benjamin).
transmissibilidade, 27, 74 e 208.
  da experiência, 74.
  do silêncio, 208.
Transtorno de Estresse Pós-Traumático (TEPT), 30n2 e 31n3.

trauma, 21-7, 29, 29n1, 92, 124, 129, 160, 166, 201, 208 e 221n273.
    abismo do, 123-5, 127, 144n153 e 205.
    cegueira do, 96.
    coletivo, 22-3, 25-7, 29, 129, 166, 201, 208, 29n1 e 221n273.
    da América, 22.
    da Primeira Guerra Mundial, 76.
    definição do, 29n1.
    e o outro, 32-5n3.
    e ensaios, 21, 27, 94-9, 139n111 e 178n204.
    e estudos jurisprudenciais, 30n2.
    e o evento, 29-30n1, 30n2, 33-6n3 e 36n7.
    invisibilidade do, 112-8.
    julgamentos traumáticos, 24 e 26-7 (*ver também* julgamento de Eichmann; julgamento de Simpson; King, Rodney; caso Dred Scott; caso Dreyfus; julgamento de Nuremberg).
    jurídico, 22, 25, 92 e 124.
    narrativas do, 92 e 95.
    negro, 143n143.
    privado, 23, 25-7, 29, 166 e 201.
    teoria do, 21, 28, 30n2, 32-6n3, 97-8, 117-8, 139n108, 139n111 e 178n204 (*ver também* Freud; Lacan; Janet; Herman; Caruth; Benjamin; Levinas; Nora).
Trauma: explorations in memory, 29n1 e 30n2 (*ver também* Caruth).

Varverde, Mariana, 44 e 83n31.
verdade, 24, 58, 90, 111, 117, 125, 129 e 153.
    como abismo, 124.
    crise da, 24.
    e o evento, 153.
    e poder, 59.
    julgamento como busca de, 80, 111 e 117.
    literária, 119.
    versões conflitantes da, 117.
violência, 21-2, 44-6, 96-103, 109, 112-8, 124 e 131-3.
    civilizatória e doméstica, 96-9.
    crítica da, 44-5 (*ver também* Benjamim; Derrida).
    da história, 44-5.
    doméstica, 22, 99, 103, 109, 112-8 e 131.
    e a lei, 21 e 45-6 (*ver também* Benjamin; Cover).
    e casamento, 102-3, 112-8, 134 e 140n121 (*ver também* julgamento de Simpson; Tolstoi).
    e memória, 102.
    legal, 83n33 e 206.

visão, 113-15, 118, 125 e 142n133.
    como ato político, 115 e 142n133 (*ver também* Althusser; Butler).
    e espancamento, 118 (*ver também* Tolstoi; julgamento de Simpson; King, Rodney).
    e julgamento, 113-15.
    e trauma, 113-8 (*ver também* Caruth).
vítima, 110, 153, 155-7, 159-71, 189, 193-5, 142n135, 172-3n176, 177n201, 178n203, 179n206, 179 n212, 179n214, 180n218, 181n228, 182-3n233, 223n289 e 225n311.
    definição da, 168 e 181n228.
    revolução na, 167-9 (*ver também* julgamento de Eichmann).
voz, 27, 41, 61, 159 e 203.
    da arte, 159.
    jurídica, 159.

Zola, Émile, 29, 139n111, 158-62, 179n212 e 179 n214 (*ver também* Caso Dreyfus; julgamento de Eichmann).

Impressão e Acabamento